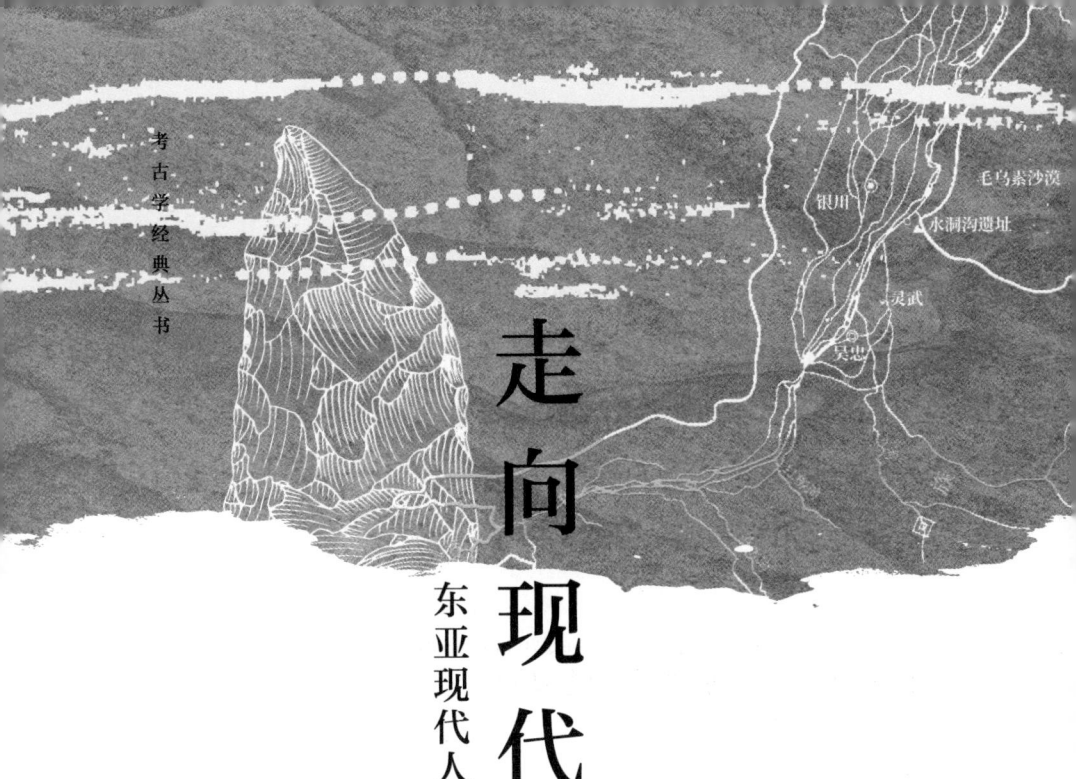

考古学经典丛书

走向现代

东亚现代人的起源与演化

高星 著

巴蜀书社

图书在版编目（CIP）数据

走向现代：东亚现代人的起源与演化 / 高星著. -- 成都：巴蜀书社，2025.4
ISBN 978-7-5531-2199-4

Ⅰ.①走… Ⅱ.①高… Ⅲ.①旧石器时代考古—中国—文集 Ⅳ.①K871.114-53

中国国家版本馆CIP数据核字（2024）第057759号

ZOUXIANG XIANDAI: DONGYA XIANDAIREN DE QIYUAN YU YANHUA
走向现代：东亚现代人的起源与演化

高星 著

策　　划	周　颖　吴焕姣
责任编辑	徐雨田　马　兰
特约编辑	史晓鹏
责任印制	田东洋　谷雨婷
封面设计	陆红强
内文设计	四川胜翔数码印务设计有限公司
出　　版	巴蜀书社
	四川省成都市锦江区三色路238号新华之星A座36楼
	邮编：610023　总编室电话：（028）86361843
网　　址	www.bsbook.com
发　　行	巴蜀书社
	发行科电话：（028）86361852　86361847
经　　销	新华书店
印　　刷	成都东江印务有限公司
版　　次	2025年4月第1版
印　　次	2025年4月第1次印刷
开　　本	155mm×230mm
印　　张	24.25
字　　数	280千
书　　号	ISBN 978-7-5531-2199-4
定　　价	98.00元

本书若出现印装质量问题，请与工厂联系调换

考|古|学|经|典|丛|书

总　序

王仁湘

考古学集结了一批又一批老少学者，他们中的老一辈将毕生献给了这门学问，年轻一代则是孜孜不倦，贡献着自己的智慧。他们人数很少，能量却很大，常常有惊天动地的发现。

亲近这些学者时，你会深切感受到他们的满腔激情，他们是那么热爱这门科学。阅读他们的著述，感受到他们的聪明才智，是考古学家们架起了连通古今的桥梁，他们为之献出青春以致生命。这座桥，我觉得可称之为"考古长桥"。

这是一座宏伟的长桥，我们由这桥上走过，后学都非常想了解这长桥的构建过程。考古学知识体系庞大，有许多分门别类的学问，它们就像是这桥上的诸多构件，不可或缺，质量也是上乘。现在由巴蜀书社呈现出来的这一套考古学家的自选集，就是我说的"考古长桥"。考古后来人，有自己的使命，要为这桥梁更新部件，为这智慧产品更新贡献心力。这一套书，值得你收藏，值得你阅读。

本系列的各位作者，自己精选了他们凝聚心血之作，这都是"考古长桥"的部件，值得珍惜，值得宝藏。

我曾将考古学家比作现代社会派去往古的使者,考古人回归文明长河,直入到历史层面,去获取我们已然忘却的信息,穿越时空去旅行与采风,将从前的事物与消息带给现代人,也带给未来人。是考古人带我们赏鉴和感触文明长河的浪花,让我们的心灵与过去和未来世界相通。

　　近年来突然间觉得冷门的考古学正在变作显学,在阅读那些普及著作的同时,我们还要了解原著,了解学者们从事科研的心路历程,了解这长桥的建造过程。尤其是正在或者即将入行的考古人,收藏与阅读给你们带来的乐趣一定是不可估量的。

代序：寻远古文明之光　探人类起源之谜
——记中国科学院古脊椎动物与古人类研究所高星教授

◎ 王德通

人类是如何起源的？又是如何演化的？我们的祖先是怎样一路高歌猛进，创造了这个五彩斑斓的世界的？……这些问题玄妙深广。我们熟知的农业时代至今也只有1万余年。而在这之前的几百万年，则是占据人类历史时光99%以上的旧石器时代。

旧石器时代充满令人臆想的神秘色彩，有混沌初开的蛮荒，有人性乍现的智慧，还有一种来自大自然底层生生不息的力量，正是这些塑造着人类的历史。比起研究后世历史，研究旧石器时代人类演化过程的专家并不多，我国著名旧石器时代考古学家、古人类学家高星教授则是其中之一。在他看来，尽管旧石器时代没有那么多精彩的故事和鲜活的人物，但是借助科学的力量，我们完全可以从那些看似不起眼的石器中挖掘出大量的信息，当我们把这些信息归纳汇总之后，一个百万年前古人类向着前方连续不断挺进的壮丽画面便会映入眼帘。从高星教授的受教和从业经历，可以看出他对旧石器时代考古、对探究人类起源的孜孜探索。

"阴差阳错"入考古　一波三折定方向

高星教授从小的理想是当一名文学家，当年高考填报的第一志愿也是北京大学中文系。那时的高考无异于"千军万马过独木桥"，在农村生活的高星想着一定要考上大学，去看看更广阔的天地，要为社会发展献出自己的力量。然而阴差阳错，造化弄人，高星确实考进了中国教育的最高学府之一——北京大学，但却不是中文系，而是考古专业。原来由于当时考古属于冷门专业，而国家有政策要照顾这些学科，因此，已达到北大录取分数线，但是在志愿书栏目里选择了服从调剂的高星就被调到了历史系考古专业。那时的年轻人，都有一股子热血，想着有番作为、做番大事，要改造世界、造福人类，都是往前走；而在年少的高星眼里，考古却是向后看，学出来又有什么用呢？当时的他并不能理解考古的真谛，以为考古就是去挖墓，为与中文系失之交臂而感到遗憾。

虽然考古是被动之选，但从小就是乖孩子、好学生的他要求自己任何课程都要学好，争取好的名次，所以到大学也是带着这种习惯，很用功地学习考古知识，成绩一直名列前茅。好成绩和老师的喜爱，慢慢让他开始喜欢上了考古学，但是同时也没有放弃文学，课余时间都会旁听中文系的课程，阅读很多文学书籍，并且决心要在考研时，考入中文系，继续自己的文学梦。不过终究是与中文系无缘，因为大三时考古系野外实习，一年里有半年不在学校，中文系的课程根本无法坚持，他明白自己亏欠的课程太多，无法与其他考生竞争中文系研究生，于是只好心不甘情不愿地放弃了。

在考古领域的诸多专业方向中，高星教授更喜欢旧石器研究。旧石器考古涉及人类起源演化的最早阶段，里面有很多未解之谜，他喜欢这个具有神秘色彩的专业，可以满足自己天马行空的探索和创作，而且旧石器研究手段、探索方法都有很大的空间可以挖掘，于是他的重心开始向旧石器考古倾斜。

步入研究识趣味　出国留学见天地

中国科学院古脊椎动物与古人类研究所有很强的研究背景，是中国古人类学和旧石器时代考古学的"国家队"，研究人类起源、探索人类演化、发掘周口店遗址等与古人类学有关的研究都是由该所主持的。初入中国科学院古脊椎动物与古人类研究所的高星，开始接触到更广阔的领域，接触到有关人类起源的问题，打开了他的视野。他经常跟着导师到野外工作，去发掘寻找化石、石器标本等，越来越多的问题和资料在他的眼前和脑海中呈现，想解开这些谜团的欲望也越来越强烈。

1989年，在中国古人类学界召开的一次国际会议中，高星意识到，国内外的学术思想和研究手段已经差别很大，几乎不在一个水平上，甚至无法找到对话交流的语言。当时我国的旧石器考古，只注重发现遗址，并对发现的物品进行形态描述与分类；而西方则着重深入研究遗存中所反映的人类行为、自然环境，真正去探索人类起源演化的深层次细节，甚至探索一些规律，这些规律和现代社会是有连接的，这就形成了一个动态的研究视野。

通过这次国际会议的交流，高星将自己的研究重心放在"我们是怎么来的""我们为什么变得直立行走""为什么我们这支人类走到现在而不是其他人类"上，而不是仅仅局限于遗址出土了什么标本，以及这些标本的形态、类型、大小、数量。他意识到必须要去西方学习古人类学最先进的理念和方法，取长补短。

1990年至1992年期间，高星被中国科学院选派到美中学术交流委员会北京办事处工作一年半，由此获得美国科学院资助的到美国做访问学者的机会。于是1992年秋天，他背起行囊，告别妻儿，来到美国亚利桑那大学人类学系，先做了一年的访问学者。1993年秋，成绩优异的他转为留学生身份，攻读博士学位。1999年底，他顺利通过博士论文答辩，完成了自己的一个夙愿，也开始书写学术生涯新的华彩篇章。当时恰逢中国科学院为延揽海外的优秀人才回国工作，启动"引进海外杰出人才计划"（即"百人计划"），他经过申报、答辩，如愿入选。

不忘初心回祖国　引领研究探起源

于2000年5月学成归国的高星教授有很多的想法，迫切地希望把在西方学到的东西应用到中国的相关研究上，通过自己的努力带动一个团队来提高我国旧石器考古的田野技术和研究水平。心怀壮志的他带领团队开展了一系列的旧石器时代考古野外调查、发掘与整理工作。

2000年至2004年间，高星教授主持重庆三峡库区旧石器时代考古遗址的抢救性发掘与研究，发掘出大量石制品和动物化石等文化遗存，最终完成了重庆库区多处旧石器时代遗址的发掘和材料整理任务，并参与相关遗产保护方案的制定和论证，获得项目委托单位和社会的高度评价，同时发表了专著和多篇论文，保持乃至扩大了古脊椎动物与古人类研究所在考古界的声誉和影响力。

理想的遗址和材料，是深化研究、培育队伍、实现与西方学术接轨、树立新时期中国旧石器时代考古标杆的必要条件。2003年至2007年间，高星教授带领粗具雏形的团队与宁夏文物考古研究所合作，联合诸多高校和文博考古研究机构的青年才俊组成水洞沟联合考古队，对水洞沟遗址第2、7、8、9、12地点开展了连续、系统的考古发掘与研究。1923年就被发现的水洞沟遗址非常重要。这里发现了中国本土很少见但在西方常见的石器技术与组合，学术界一直在争论这些材料是本土起源的还是从西方来的，如果是从西方来的，那么到底是从西方哪里来的？当时现代人起源的争论开始热起来，如果这个地方的材料是外来的，那么是不是走出非洲的人就是这批人，他们取代了本土人类？基于以上问题，他带领团队开始了精细的发掘，把不同层位、不同年代的信息提取出来，看看到底有什么样的组合和发展变化。高星教授和团队对石制品进行了热处理分析、微痕分析、残留物分析等，得到了当时人类制作和使用工具的大量信息，包括目前国内发现最早的对石器原料做热处理、用石器加工植物食材的证据等。另外，他们在第12地点发现了距今1.1万年左右的细石器，还有少量的磨制石器和精美的骨器，为水洞沟文化序列增加了一个新的环节；还发现了一些石块属于"石煮法"的遗存，这在中国也是首次发现。

2009年，高星教授及时抓住周口店遗址落实保护规划、制定重点部位加固保护方案的契机，带领课题组开展了对这处重要遗址新的发掘和研究，取得重要收获：在石器功能研究方面，考古队发现北京猿人制作形态有分化、功能有专攻的工具，证明了北京猿人是远比我们想象的更聪明的直立人的一个群体；通过铝、铍宇宙射线能力衰变测量方法,确认了北京猿人在周口店乃至华北的生存时间;对山顶洞开展动物考古学研究;引入DNA分析团队与技术,开展对田园洞人的分子生物学研究,发现遗址中挖掘出的人骨携带着早期现代人的基因,与当今亚洲人和美洲土著人(蒙古人种)有着密切的血缘关系,而与现代欧洲人(欧罗巴人种)的祖先在遗传上已经分开,分属不同的人群——该项研究从分子生物学角度辨识出了现代亚洲人群直接祖先群体中的一个成员,被认为是一项重大的研究突破。

高星教授对西藏地区开展的旧石器时代考古科考也取得重大突破。2011年及其后,高星教授和团队队员们八上高原,克服了重重困难,取得了重大突破。其中最重要的是发现尼阿底遗址并取得广受关注的研究成果。尼阿底遗址是西藏首次发现的具有确切地层和年代学依据的旧石器时代遗址,也是目前青藏高原最早的人类生存证据。这次考察的成果来之不易——高寒缺氧,资源稀缺,环境恶劣,交通不便,夏天工作都要穿着羽绒服,到晚上更是因为寒冷和缺氧而难以入睡……无论条件多么艰难,团队都要克服困难坚持下去。因为这次的科考工作意义非凡,涉及人类何时扩散到高原腹地、早期人群来自哪里、他们是如何在恶劣环境下生存的、藏族人群的来源和形成过程等重大问题。如果能把这些谜团破解,将会弥补人类史的一块空白,并对现代人类如何适应极端环境提供启示。在技术层面上,这项研究的最大挑战是年代测定,由于没有发现动物化石和木炭等便于测年的样品,课题组在埋藏遗物的地层中系统提取了石英砂开展光释光测年。经过三年的多次取样、现场信号检测测量、多个实验室对比测试和分析校对,获得三组相互支持、可信的年代数据,最终将古人类生存的年代测定为距今4万~3万年。该项研究还结合了古环境信息和分子生物学的成果，指出古人类在遗址活动的时期处于末次冰期的间冰阶，气候相对温暖湿润，为人类的迁徙和生存提供了环境和生态基础。研究成果最终以《青藏高原人类最早的生存证据》为题，于2018年11月30日在美国《科学》杂志上在线发表，向世人公布了这一考古新发现，获得了专家的高度肯定和媒体的争相报道。

关于中国乃至东亚地区现代人起源的问题，高星教授以旧石器考古学视角提供了新的观点。他系统归纳了中国旧石器时代文化遗存的演变过程与特点，认为中国乃至东亚旧石器文化及其反映的古人群生存演化是一脉相承、连续不断的，虽然有手斧、勒瓦娄哇技术、石叶等"西方元素"间或出现在不同地区，但都逐渐消失或融入本地传统文化中，这为东亚人群"连续进化附带杂交"假说提供了坚实的考古学证据。高星教授还指出，随着测年技术的进步，特别是光释光测年技术的发展，大量旧石器时代遗址或古人类化石地点被测定在距今10万~5万年之间，说明分子生物学家提出的本地区人类演化的这个空白时段并不存在，并且古环境分析也不支持末次冰期导致本土人群灭绝的假设。

团建教学两不误　弥补未诚可期

作为学科带头人，高星教授一直把建设一支高水平的团队视为己任。目前，该团队主要研究方向有三个：一是石器技术分析，二是工具功能分析，三是动物考古学研究。为了发展这些分支领域，推动旧石器考古学科发展，他于十多年前在古脊椎动物与古人类研究所推动筹建了人类演化实验室，目前该实验室成为中国科学院脊椎动物演化与人类起源重点实验室的重要组成部分。在他的主持下，古脊椎动物与古人类研究所还引进了科技考古、环境考古和古DNA分析团队，使已有的古人类学和旧石器时代考古学的学科体系更加完善，更符合"国家队"的角色。他还推动成立了亚洲旧石器考古联合会和中国考古学会旧石器考古专业委员会，使中国乃至亚洲的旧石器时代考古界有了更好的交流互动平台。

作为老师，高星教授对学生在不同阶段有不同的要求。在硕士期间，他要求学生抓问题、抓遗址、抓材料，从基本的发掘、整理材料做起，直到完成考古报告，形成自己一定的认识，这是基本功的培育。在博士期间，他则要求做专题，做新颖、深入、前沿、有理论含量的研究。在学生刚进来时，他都会细心地询问学生对于考古的哪个分支更感兴趣，帮助他们找到方向。在高星教授看来，现在这个时代跟过去不一样了，科技的飞速发展，让我们可以更快、更多地接收到各种需要的资讯。年轻的学生们在这个时代成长，有很多新的思想和手段，老一辈应该多与他们交流、互动，教学相长很重要。

为进一步探索中国乃至东亚地区人类的起源与演化，高星教授和他的团队一直在共同努力着。《走向现代：东亚现代人的起源与演化》是高星教授多年旧石器时代考古研究的成果之一，也是他多年从事人类起源与演化艰辛探索的智慧结晶。全书围绕"东亚现代人的起源与演化"这一重大研究领域的学术求索展开，有宏观上的现代中国人起源探究、中国古人类石器技术的考古阐释等；有微观上的水洞沟古人类用火研究、青藏高原人类遗存研究等。全书将宏观理论方法与微观案例探究相结合，翔实而深刻，生动勾勒出数十万年来东亚现代人在历史长河中决然挺进,在华夏大地上适应自然、改造自然,连续演化,生生不息的壮丽画面。

当下有为,未来可期。关于古人类的谜题正等着高星教授和他的更多同行者们去探索。

原载于《科学中国人》2019年第5期,略有修改

目录

| 总论 |

003　现代中国人起源与人类演化的区域性多样化模式
038　更新世东亚人群连续演化的考古证据及相关问题论述
068　朝向人类起源与演化研究的共业：古人类学、考古学与遗传学的交叉与整合
085　中国地区现代人起源问题研究进展
110　探索华夏族群与中华文明的远古根系

| 案例分析 |

131　三峡兴隆洞出土12万~15万年前的古人类化石和象牙刻划
147　河南灵井许昌人遗址大型食草类动物死亡年龄分析及东亚现代人类行为的早期出现
162　水洞沟旧石器时代晚期遗址发现带有刻划痕迹的石制品
173　水洞沟遗址第2地点古人类"行为现代性"及演化意义
190　水洞沟第12地点古人类用火研究
204　水洞沟遗址的石料热处理现象及其反映的早期现代人行为

224　马鞍山旧石器时代遗址古人类行为的动物考古学研究

| 专题探究 |

247　晚更新世东北亚现代人迁移与交流范围的初步研究
274　细石叶技术在中国北方地区的兴衰
293　青藏高原边缘地区晚更新世人类遗存与生存模式
311　MIS 3晚期阶段的现代人行为与"广谱革命"：来自水洞沟遗址的证据
329　晚更新世晚期中国古人类的广谱适应生存
　　　——动物考古学的证据
355　微痕分析确认万年前的复合工具与其功能

总论

走向现代：东亚现代人的起源与演化

现代中国人起源与人类演化的区域性多样化模式
◎ 高星　张晓凌　杨东亚　沈辰　吴新智

古人类学本是一个生僻的领域，但近20年间现代人类起源问题却成为科学界炙手可热的焦点，围绕"多地区进化说"和"出自非洲说"形成两派针锋相对的学术阵营，发生着激烈的学术论辩。其波及范围冲破了最初的人类学和遗传学藩篱而裹挟了诸多学科领域。媒体更是推波助澜，使一项单纯的学术议题成为社会大众的关注点。

中国是这一学术争鸣的中心之一。这里自出现直立人以来就是人类演化的重要地区，曾被认为是亚洲现代人类的发祥地。但在新的学术讨论中，早先建立的理论体系受到强烈冲击，人类从古至今在这里演化的脉络似乎变得模糊起来，人们不得不重新思考和寻找自己的先祖。现代人类起源于何时何地？我们的直系祖先到底是谁？我们怎样演化到了今天？这是目前很多人都在关心的问题，也是这一波学术探讨的核心课题。

让我们回顾和梳理相关争论的来龙去脉，审视和剖析上述两个理论体系的核心观点和基本证据，从中观察分析学术研究对上述问题取得了哪些进展，得出了哪些结论，是否对我们的过去和现在提供了有益的知识和启示。

一、争论缘起与背景

"现代人"从人类演化过程和解剖学角度被称为"晚期智人",他们拥有与现时地球上人群大体一致的肌肉与骨骼构造、大脑质量与结构,其行为方式有别于之前的人类。

学术界长期以来普遍认为,人类最初起源于非洲,演化到直立人后,部分群体在大约200万年前走出非洲扩散到亚洲和欧洲,进而演化成早期智人和晚期智人[1]。在这种认知之下,现代人起源原本不是一个显著的问题。Wolpoff等[2-5]在对比世界各地人类化石材料的基础上逐步发展出现代人"多地区进化"的理论,主张世界上四大"人种"都与本地区更古老的人群不可分割。这种观点得到许多古人类学家和考古学家的认同,东亚的多数相关学者支持这种学说。但1987年Cann等[6]三位遗传学家基于对现生人群的线粒体DNA分析,提出所有现代人都是20万年前生活在非洲的一位女性的后代,而这一支系之外的所有古人群都在进化中走向灭绝。这一被称为"出自非洲说"或"替代说"的理论很快得到更多遗传学研究的支持,古人类学界中很多学者加入新假说的理论阵营,使其很快风行起来。

于是学术界在现代人起源问题上出现持续了20多年的"多地区进化说"和"出自非洲说"的交锋。二者争论的焦点在于现今人类的直接祖先是起源于多个地区,还是仅在一个地区起源,然后扩散到世界各地;人类演化的链条在欧亚是否发生过中断。探讨的核心问题还包括现代人类起源的机制、迁徙扩散的路线、各地区人群间的相互关系等。围绕这些问题,参与其间的学者们开展了热烈的讨论:一方面发掘收集和展示有利于自己的证据,旁征博引论证自己的观点；另一方面质疑对方的证据或其解读，辩驳对方的观点。

中国乃至东亚逐渐成为这一波学术探讨与论战的主战场。这里原本是"古人类连续进化"理论的发源地，20世纪Weidenreich[7, 8]就已提出这一学说的雏形，其后Wolpoff等[2]进一步发展出"多地区进化"理论。吴新智[9]后来将该学说中涉及中国材料的部分扩展开来，提出中国乃至东亚人类"连续进化附带杂交"的新假说。在中国这一广阔地域内出土的丰富的人类化石和旧石器文化遗存为该理论提供着坚实的材料基础，使其在"出自非洲说"劲风的吹刮下并没有湮灭，保有许多支持者。

在"替代说"流行于西方的前10年间，中国的学术界和传媒没有明显的反应。这一方面是因为本土人类连续演化的理论已经在这里根深蒂固，另一方面是当时相关领域的探讨和交流还不是很活跃。但这一平静终究被打破，从1998年开始，一些遗传学家在学术刊物上发表一系列有关中国现代人起源问题的论文，支持"出自非洲说"[10-15]；他们质疑古人类学家基于人类化石和旧石器考古材料提出的中国人类本土连续演化的证据，认为在距今10万~5万年间这里没有人类生存。这样的研究成果给已经盛行于西方的"替代说"锦上添花，对中国传统的古人类学研究和业已建立起的理论体系则是釜底抽薪，形成巨大的冲击和挑战。

纵观这两个理论阵营的争论，不难发现二者其实并无太多的交集。研究者出自不同的科学领域，立足于不同的证据材料，往往各自强调自己的优势，忽视对方的观点，很少在不同学科间做实质性的交流、交叉和整合。有关现代人起源的真理只有一个，不同学科的研究结果和从不同的材料证据推演出的结论应当指向同一个方向，趋向同一个目标。现代人类起源问题在近20年间越出了古人类学研究的领域，发展成为一个新生命题。对相关问题的探讨，提出的问题多，回答的问题少；假设与推断多，被普遍接受的结论少。当前我们需要结合人类化石形态特征、基因证据、考古学材料、古环境学和年代学研究结果进行多学科交叉的整体思考，综合考虑各种证据，分析各学说的强弱点，选出目前有更多证据支持和相对可信的假说，并对其进行补充和完善，使我们能距科学的真理更进一步。

二、"多地区进化"与"连续进化附带杂交"假说

（一）理论的提出与发展

"多地区进化说"的形成及其针对中国的材料进一步发展为"连续进化附带杂交说"的理论有其深远的历史根源[5]。20世纪30至40年代，Weidenreich[7, 8]根据对出土于周口店的北京猿人（当时称为"中国猿人"）头骨化石的形态研究，指出北京猿人与现代蒙古人种之间有一系列共同的形态特征，主张二者之间有亲缘关系，认为人类进化可能存在4条世系，分别发生在东亚、爪哇加澳洲、欧洲和非洲。由于当时可供研究的化石很少，Weidenreich的推断是基于北京猿人与现代黄种人之间形态上的共同特征，其间存在着很长的演化链条的缺环。20世纪50年代在资阳、丁村、长阳、柳江、马坝相继发现不同时代的人类化石，Wu等[16]指出它们在一定程度上填补了北京猿人和现代人之间缺失的进化环节；1959年他和合作者在这些材料的基础上论证了中国远古人类体质演化上的连续性[16]。

其后更多的古人类化石在中国出土，包括元谋人、建始人、蓝

田人、峙峪人和丽江人等，吴新智等[17]据此指出"中国古人类的连续发展和各时期的古人类的明确的传承关系，显著地表现在其体质特征上"，并提出这些连续性体质特征主要表现为上门齿的铲形结构、颧骨位置、阔鼻、下颌圆枕等方面。1984年Wolpoff等[2]以出土于中国、印尼和澳大利亚的人类化石为主要材料依据，首次明确提出现代人类起源的"多地区进化"学说，指出现今世界各地人类与原先分布于亚、非、欧三大洲的早期智人乃至更早的直立人有连续演化的关系，在中国人类化石中较其他地区古人群出现频率更高的一系列共同的形态特征是支持该地区人类连续演化的重要证据。他们推测当今世界各人群基因水平的高度一致性是基因交流和选择性适应相互平衡的结果，基因交流是将不同地区人群维系在一个物种内的重要纽带。其后吴新智[18]基于中国和欧洲智人化石的比较研究，举出一些化石上可作为基因交流证据的形态特征，指出"中国古人类进化的这种情况可以称之为连续进化间以杂交的模式，以连续进化为主体。我们不认为曾经有过外来的古人类大量入侵而替代了原住民的现象"。1990年吴新智[4]根据新发现的大荔人、金牛山人与和县人头骨化石的形态观察，列举、论证了中国直立人和智人之间在形态方面的镶嵌性，反驳了一些学者有关直立人是进化中的绝灭旁支的观点，并从中国古人类化石的时序性、形态的共同性与异样性和与外界基因交流的形态学证据上，再次论证中国古人类以连续进化为主，但与其他地区人群发生过渐增的基因交流。1998年吴新智[9]基于对中国晚期智人颅骨和牙齿特征的观察，正式提出中国现代人类"连续进化附带杂交"的假说，指出"'附带'二字表示杂交只起次要的作用。这个模式是多地区进化说在东亚的表现形式。根据现有的关于更古老化石的证据，这个模式甚至可能贯穿中国古人类的进化历史。在局部地区可能出现过人群替代的现象，但为后来的杂交所淡化"。吴新智[9]申明"无意用这一模式概括整个现代人类起源"，认为不同地区可能存在不同的模式，并指出"现代人起源是个很复杂的多样化的过程，必须对不同地区加以区别对待"。

（二）核心观点

由此可见，"连续进化附带杂交"假说根源于Weidenreich的多元说，但立论依据大不相同，所阐述的不同地区人类趋同演化的机制也大相径庭；它是"多地区进化说"对中国乃至东亚地区材料的具体表述和纵深发展，是对该地区人类演化尤其是现代人起源过程与机制的理论概括。该理论的核心点可以归结为：（1）东亚地区自直立人以来人类进化是连续的，不存在演化链条的中断，其间未发生过大规模外来人群对本土人群的替代。（2）该地区古人类与外界有过一定程度的隔离，使其得以保持区域特点，在形态上有别于旧大陆西侧的人群。（3）本土与外界人群的基因交流发生过并与时俱增，这使得该地区的人类与外界人群作为同一物种得以维系，但这种基因的混合、交流与本土人群的代代相传相比是次要的，本地主体人群与少量外来移民之间是融合的关系，而非替代。（4）中国乃至东亚因为地域广大，生态多样，古人群可能分化成若干地方群体，局部的灭绝和区域间的迁徙交流时而发生，呈现河网状演化格局，导致区域内一个大的群体内部多样性发展。（5）由于各地区环境不同，现代人类在不同地区演化的模式应该是多样的，"连续进化附带杂交"与"完全替代"模式均不能概括整个现代人起源，不同地区应区别对待，对相关问题应做辩证思考。

（三）主要支持证据

被引述为"连续进化附带杂交"假说的支持证据主要有如下方面。

（1）人类化石形态证据。主要提取自古人类的颅骨和牙齿，这些化石材料来自中国70余处地点。显示中国古人类共同和渐变并区别于西方化石人类的性状包括：颜面在水平方向较扁平，鼻梁矮，鼻腔与眼眶之间骨表面平或稍凹，眼眶近长方形，上颌骨颧突下缘弯曲，与上颌体连接处位置较高，额骨、鼻骨和上颌骨相接的骨缝呈大致水平的弧形，额骨正中线上最突出处靠下，头骨最宽处在中三分之一部的后段，颅骨具有早期较强而中期较弱的正中矢状脊，上门齿呈铲形等。显示中国直立人和智人之间形态镶嵌的现象可举例如下：和县直立人颅骨指数大，眶后缩狭不显著，颞骨鳞部较高，这些特征不见于其他直立人却常见于智人；作为智人的马坝人的眶后缩狭，大荔人厚的眉脊和头骨壁及枕部呈角状转折，大荔人和资阳人具有角圆枕，许家窑人顶骨厚度大，等等。这些特征曾被少数学者不恰当地解读为直立人的自近裔特征或独有的衍生特征。郧县人头骨更有许多性状集直立人和智人于一体。这些现象表明两个分类单元之间难以截然分开，是连续进化的。反映因基因交流而在中国古人类化石上出现常见于西方人群的形态特征包括：大荔头骨眼眶与鼻腔前口之间的膨隆，南京头骨高耸的鼻梁，马坝头骨的圆形眼眶和其锐利的下外侧边缘，柳江、资阳、丽江头骨枕部的发髻状构造，丽江头骨的第一上臼齿有卡氏尖，山顶洞102号头骨眼眶外侧骨柱前外侧面较朝向外侧，河套头骨额骨与鼻骨之间骨缝的位置比额骨与上颌骨之间的骨缝高，等等[4,5,9]。

（2）考古学证据。此方面的证据主要来自旧石器时代考古学研究。从石器技术与类型组合的角度，更新世古人类文化体系通常被划分为前后承继的5个技术模式，即以砾石工具和简单的石片工具为标志的"模式1—奥杜威模式"，以手斧等为代表的"模式2—阿舍利模式"，以勒瓦娄哇产品为代表的"模式3—莫斯特模式"，以石叶制品为代表的"模式4—旧石器时代晚期模式"，以细石器为代表的"模式5—中石器时代模式"[19]。模式4被认为是早期现代人类的文化标识。与非洲和欧亚大陆西部这5个模式明确的阶段性演替不同，中国在整个旧石器时代，模式Ⅰ贯彻始终并占据主流，甚至延伸到新石器时代。只有很少地点表现出其他模式的技术产品，而且表现方式是局部、短暂的，没有对模式Ⅰ的演化主线构成冲击和替代。因而中国旧石器文化传统表现为连续发展为主，间或有少量与西方技术的交流[5, 20]。

随着更多学科领域加入对现代人类尤其是现代中国人起源问题的研究和对"替代说"拥护者提出的质疑的回答，一些古环境信息、年代学数据和更多考古学证据被引入讨论之中，对"多地区进化"或"连续进化附带杂交"假说提供了强有力的支持。后文对此将有更多的论述。

"连续进化附带杂交说"立足于直接证据即化石材料，从东亚地区化石人类形态演化的连续性和旧石器文化发展的承继性论证从早期人类到现代人类的连续进化，具有材料的优势和坚实的基础；该假说强调新—老和本土—外来人群间的互动，不排除基因交流的可能性并强调其在维持人类单一物种方面的作用，能成功地解释古人类在200万年前走出非洲后在世界各地进化发展而未分化为不同物种的事实，具有更大的包容性；该假说所引述的各方面证据具有高度的吻合性，自圆性和逻辑性强。但该理论所依赖的支持证据并非无懈可击。人类化石材料永远是残缺不全的，从中提取的形态信息难能拼凑出演化的连贯线条和完整图案；化石个体的形态变异也会为推导群体特征带来一定程度的不确定性；文化遗存虽然相对丰富，但其作为人类智能活动的产物，受各方面条件影响而有一定的变异，与特定群体和特定人类演化阶段的对应关系难以定量化地表述和界定。此外，对这些化石材料和文化遗存的年代测定存在一定的盲区和模糊的空间。这些都成为"出自非洲说"者对其质疑的着力点。

三、"出自非洲说"或"替代说"

（一）理论的提出及其在中国的发展

"出自非洲说"或称"替代说""夏娃假说"，其理论雏形始见于20世纪70年代中期，Protsch[21]和Howells[22]根据当时非洲发现的晚更新世古人类化石推测现代人类发源于非洲，进而向世界各地扩散。但这一理论正式提出并产生广泛的影响可追溯到1987年Cann等[6]三位分子生物学家发表的一篇论文。他们选择祖先来自5个地区，即非洲、亚洲、高加索地区、澳大利亚和新几内亚的女性（后两个地区的样本取自土著妇女）共147人，分析其胎盘内的线粒体DNA（mtDNA），得出两点认识。第一，现代非洲人群比其他大洲人群具有更丰富的遗传多样性，说明现代非洲人是一个相对古老的群体，比其他地区人群拥有更长的积累线粒体遗传变异的时期。第二，利用其mtDNA序列构建的系统发育树显示出非洲人位于树的根部，所分析的人群形成两大分支，一支仅包括非洲人群，另一支则由非洲人和其他人群共同组成，进一步说明世界其他地区的现代人起源于非洲。在利用古人类学和考古学得出的现代人类扩散到新几内亚、澳大利亚和新大陆的时间窗口而换算出mtDNA变异速率（每百万年2%~4%）并假定其在人类进化史上保持恒定的前提下，Cann等[6]计算出所有现代人类的共同祖先存活于距今29万~14万年前，其后裔可能在距今18万~9万年前走出非洲，向世界各地扩散。其后人们将被大致推断为距今20万年前生活在非洲的这位始祖母称为"夏娃"，这便是"夏娃假说"的由来。

Cann等[6]指出，选择mtDNA开展此项研究是因为它们能快速演化并以特殊方式遗传：mtDNA对变异信息的积累比核DNA要快若干倍，因而对我们现存基因库中的差异性观察具有放大的作用；mtDNA只通过母系遗传且不会重组，因而对在人类个体间建立遗传对应关系提供了利器。于是mtDNA被看作是为研究人类何时、何地和如何起源并扩展提供了一个新的视角。

以后西方的遗传学家开展了更多的同类研究，得出的结论也基本类似。例如Templeton[23]基于对几例由现代人mtDNA和Y染色体的序列构建的系统发育树的统计学分析，提出在非洲起源的现代人祖先对其他地区现代人群的基因贡献是通过至少两次迁徙扩散而实现的。一些人类学家和考古学家发现他们自己研究的化石和考古材料可以或更容易用这一假说来解释，于是"出自非洲说"在西方很快成为主流学说。

1998年以来，部分遗传学家针对中国现代人起源问题发表了一系列研究成果，支持非洲单一地区起源说，否定中国乃至东亚人类连续进化理论，认为现代中国人是外来人群入侵、替代原始土著者后演化形成的[10-15]。这样，"夏娃假说"在中国开拓了一片疆土。

与西方的同类研究主攻mtDNA的遗传变异不同，针对中国现代人类起源研究的主要对象是男性Y染色体。相对于mtDNA的母系遗传特征，Y染色体遵循父系遗传路线，被认为是研究男性群体迁移历史的理想标记；通过对Y染色体的进化及其多态位点的分析，可以揭示某个族群的父系历史和群体间的分化时间[24]。Su等[11, 13]认为父系遗传Y染色体非重组区可以有效地排除交换重组的干扰，单核苷酸多态性（single nucleotide polymorphism，SNP）突变率低，遗传更稳定，对进化事件的记录更真实，Y染色体的拟常染色体非重组区段的标记是研究早期人类演化和迁徙的理想工具。

1998年，Chu等[10]利用30个常染色体微卫星位点（microsatellites）研究了中国的28个人群的遗传结构，发现南北人群间存在明显的遗传差异，南方人群的多样性大于北方。据此提出现代中国人非本土起源，支持非洲起源说，并结合语言学资料认为现代人群先到达东南亚然后北上进入中国和东亚其他地区。其后Su等[11]研究了包括739个东亚人在内的925个男性样本的Y染色体，也发现东南亚人群的遗传多样性明显大于北方人群，并结合东亚在距今10万～5万年间缺少人类化石证据的观察，提出东亚地区的第一批现代人在6万年前首先出现在东南亚，然后开始向北扩散，而原先生活在这里的古老型人类在末次冰期或之前灭绝了，这样新的移民就进入了无人之境。柯越海等[12]研究了Y染色体SNP的17种单倍型在中国22个省市汉族人群中的分布，同样发现南北人群有较大差异，南方人群的多态性明显高于北方人群，其中有些单倍型（例如H7、H10、H11、H12）仅出现在南方群体，进一步支持现代中国人的祖先来自南方并向北迁移。他们还对携带南北人群共同的单倍型个体在3个Y染色体微卫星标记位点进行了基因组分型，在一些假定的前提下（假定突变率为0.18%，20年为一代，群体有效规模为750～2000人）推算出现代人进入中国大陆的时间大致在6万～1.8万年前。该小组在另一篇文章中对东南亚、大洋洲、东亚、西伯利亚和中央亚细亚的163个人群中的12127个男性进行了YAP、M89和M130三个Y染色体双等位基因标记分型。所有个体都携带其中一个位点的突变，这三个突变位点（YAP+、M89T和M130T）都与另一个突变位点（M168T）同时发生，而M168T大约于8.9万～3.5万年前起源于非洲。由此，文章推测东亚古老型人群对当地现代人群没有任何基因贡献[14]。张亚平及其领导的研究团队[25-28]采用群体遗传学等综合手段，建立了东亚主要mtDNA单倍型类群（haplogroup）之间的系统发育关系，进而对东亚人群特别是中国人群的源流等相关问题进行了系统的研究。他们的现有结果支持"出自非洲说"，认为现代人群的迁徙采取了南方路线，即沿着亚洲海岸线，从遗传学证据看，距今约6万年前在中国发生过一次东南亚人群的迁入。同时，他们也提出这些工作是基于有限样本和部分编码区域进行的，具体的史前人类迁徙图景还有待更多的分析研究[25, 28]。

其后又有多篇类似的研究论文发表，得出的结论基本一致。最新的一项研究是由人类基因组组织机构泛亚太地区SNP联盟（HUGO Pan-Asian SNP Consortium）发起的一项大规模的涵盖亚洲广大地区人群的常染色体变异情况通查，获得了亚洲人群SNP遗传多元化图谱，结果显示遗传结构与人群的语言状况和地理分布具有很大相关性，90%东亚人群的单倍体型见于东南亚或中南亚人群，从南向北呈现出变异递减的情况，因此认定东南亚是东亚人群基因库的主要来源。该研究进一步支持亚洲现代人群是在某一时间迁入东南亚并向北部扩散的假说[29]。

（二）核心观点

"出自非洲说"或"替代说"核心观点可以归结为：（1）现代人类（即晚期智人）是有别于直立人和早期智人的一个新的物种；（2）现代人大概在20万～14万年前起源于非洲；（3）非洲是现代人的唯一起源地，其他地区的现代人群都是在非洲诞生的早期现代人向外迁徙扩散的结果；（4）人类演化的线条只在非洲是连续的，在其他地方都曾中断过；（5）现代人从非洲向外扩散是一个完全替代的过程，即欧亚原有的古老型人群都在进化中走向灭绝，没有与迁徙过来的现代人发生过基因交流，因而对当地现生人群没有任何遗传贡献；（6）在东亚地区，现代人先到达东南亚，然后由南向北迁徙扩散；（7）在中国，现代人大约于6万年前从南部进入并向北迁移；（8）现代人到来之前，中国本土原有人群已经因末次冰期而灭绝，因而二者之间没有交集。

（三）主要支持证据

（1）对现生人群遗传变异的溯源推导。如前文列举的许多研究案例，"夏娃假说"的证据主要来自对世界各地现生人群遗传变异的分子生物学研究。这些研究利用现代男性Y染色体或女性mtDNA上的一些遗传位点进行分析，从不同地区现生人群的基因多样性顺藤摸瓜，在特定基因变化速率恒定和变异越丰富人群历史越久远的假定前提下追踪变异的源头和迁徙路线，于是非洲被锁定为所有现代人基因库的源泉。

除了对现生人群DNA所做的分子生物学研究，这一理论的支持者还陆续引述了其他方面的支持证据。

（2）古人类DNA研究。从人类化石上提取古代DNA并与现代人做比对应该是更直接和更可靠建立特定古人与今人遗传关系的手段。可惜由于DNA降解的问题，成功提取古DNA的研究案例还很少。Krings的研究小组[30]和Ovchinnikov等[31]分别对德国Feldhofer洞穴和北高加索地区Mezmaiskaya洞穴出土的尼安德特人遗骸开展古DNA研究，根据mtDNA的变异情况，推测这两处相距2500千米的尼安德特人的最近共同祖先生活在35.2万～15.1万年前，而现代人与尼安德特人mtDNA分离的时间被推测在距今85.3万～36.5万年前，据此可以推断尼安德特人的mtDNA不可能通过遗传变异成为现代人的mtDNA序列。Caramelli等[32]对距今2.4万年前的早期现代欧洲人mtDNA的一项研究发现，其变异仍处在现代人范围之内，但与同时代尼安德特人的同源序列有着显著区别，存在不可逾越的"鸿沟"（discontinuity），据此认为尼安德特人对现代人基因组没有贡献。在最新的一项研究中，Briggs等[33]对5个尼安德特人线粒体基因组分析显示7万～3.8万年前尼人的mtDNA变异仅为同时期智人的1/3，并认为尼人的长期有效群体小于现代人和现存的大猿，并且在不断减小，尤其在尼人晚期更加明显，可能与现代人从非洲开始扩张有直接或间接的关系。

（3）人类化石证据。相对于遗传变异分析对"替代说"的主导地位，人类化石的形态特征及其比较研究是作为辅助证据提出和使用的。Cann等[6]在1987年的文章中就引述过古人类学家的观点支持mtDNA分析结论，即古老型智人（archaic Homo sapiens）向解剖学上现代智人（anatomically modern Homo sapiens）转变最初发生在非洲，时间为14万～10万年前。2001年Niewoehner[34]基于对出土于西亚地区距今10万年前的晚期尼安德特人和早期现代人Skhul和Qafzeh手部骨骼的比较研究，发现二者在形态和功能方面存在诸多差异，间接支持二者存在重大行为差异的推论,并推测这种操控行为的明显改变与现代人类的肇始密切相关。其后人类学家在埃塞俄比亚北部的Herto地区找到更直接的支持证据。这里出土的人类头骨被测定为约16万年前,其年龄早于典型的尼安德特人而且在解剖学上具有现代人的特征,被认为在非洲的早期人类和现代人之间填补了空当,架起了桥梁,对现代人起源的时间、地点和环境提供了关键材料[35]。被"出自非洲说"引述的化石证据还有来自对埃塞俄比亚Omo古人头骨年代的重新研究。1967年在埃塞俄比亚南部Omo地区发现的两具人类头骨化石(Omo I和Omo II)被确定为智人类型,显示现代人的解剖学特征。这些化石以前被测定为10万年前,但新的年代学研究将其改写为距今19.5万年左右[36, 37],被认为与分子生物学推导的现代人起源时间吻合,因而为非洲起源说提供了强有力的支持。

(4)考古学证据。Cann等[6]的论述曾提及石叶工具在距今9万~8万年前已经在非洲被普遍使用,比其在亚洲和欧洲取代石片工具的时间要早得多,以此作为考古学证据来支持分子生物学研究结果。以后最著名的考古证据来自南非开普敦地区的Blombos洞穴。2002年Henshilwood等[38]发表论文,宣布在该洞穴的中期石器时代(Middle Stone Age)地层中发掘出两块具有几何纹刻划图案的赭石,时代被测定为距今7.7万年,被认为从抽象与描绘性思维和表达能力的角度证明具有现代人行为特点的人类起源于非洲。其后Mellars[39]从南非的考古遗址中挖掘出更多的支持证据,尤其是来自Blombos洞穴、Boomplaas洞穴、Klasies River遗址和Diepkloof的材料。这些考古遗存的年代被测定为7.5万~5.5万年前,被认为与非洲中期石器时代早段的文化特征迥然不同,而与距今5万~4.5万年间早期现代人在欧洲和西亚留下的材料多有相似,例如石叶技术、软锤技术、端刮器等专门用于皮革加工的工具、加工骨器和木器的雕刻器、特定形制的骨器、复合工具、被用作装饰品的穿孔螺蚌壳和大量非原地产的赭石,包括Blombos洞穴出土那两块具有被精心刻划出较为复杂的几何图案的标本。这些新的文化发展的根基被认为至少可以被追溯到15万~10万年前,可能与现代人的出现与演化直接相关。到距今8万~6万年间,这些具有现代人技术和思维特征的文化现象变得更加色彩纷呈,人口数量也快速膨胀,这就为非洲早期现代人群向外迁徙扩张提供了技术与智能的储备和驱动力。

(四)"出自非洲说"对中国现代人本土连续演化假说的质疑

"出自非洲说"具有强烈的排他性。它对与其针锋相对的"多地区进化"和中国人类"连续进化附带杂交"理论的质疑主要集中在如下方面。

(1)中国现代人群中遗传变异多样性低并缺乏古老的基因类型。该理论指出非洲以外的现生人群遗传变异的多态性远远低于非洲人群;在中国还表现为北方人群低于南方人群,而且在现生人群的遗传物质中没有发现比走出非洲的人群更古老的Y-SNP,所检测的来自中国各地的样品全部都携带来自非洲的"基因痕迹"。这样中国就不可能是本土现代人的原发地。

(2)中国人类在体质形态上不存在直立人以来的连续演化证据。Lahr[40]指出被列举出的支持连续进化的化石形态学特征并没有地区特异性,"面部扁平"在欧洲人中出现最多,"扁的鼻梁"出现率最高的地区是非洲而不是东亚,现在的东亚人没有经常存在的特别的眼眶形态组合,眼眶下外侧缘圆钝在澳洲人中最常见,其次为东南亚人和非洲人。Lieberman[41]提出虽然中国的化石人和现代人都有铲形门齿，但尼人和非洲的早期直立人也有铲形门齿，只是表现形式不同而已，同时短的面部也不是亚洲古人类的独有特征。这些研究人员据此否定中国地区的古人类从直立人到晚期智人在化石形态上存在着连续演化。

（3）中国缺乏距今10万～5万年间的人类遗存。柯越海等指出"仔细研究这些中国出土的化石证据，却发现其在古人类（*Homo sapiens*）和现代人（*Homo sapiens*）之间存在着断层，所有属于古人类的化石都有10万年以上的历史，而现代人类的化石都不到4万年（大多数在3万～1万年间），也就是说至今没有发现10万～5万年期间的人类化石这一直接证据来支持多地区起源假说"[13]。对于古人类学和考古学提出的中国在这一时段内存在人类化石与文化证据，他们则用"年代不可靠"的理由拒绝采信。

（4）末次冰期这里不具备人类生存条件。对于距今10万～5万年间中国存在人类生存的断层，柯越海等[13]认为解释这一时期在东亚地区人类化石出现断层以及现代中国人来源于非洲的可能原因是在距今10万～5万年前第四纪冰川的存在，使得这一时期包括中国大陆在内的东亚地区绝大多数的生物均难以存活；在冰川期结束后，非洲起源并经由东南亚由南至北进入中国大陆的现代中国人的祖先取代了冰川期前的古人类。

（五）点评

"替代说"立足分子生物学研究，采用现代科技手段对人类起源与演化开展分析，将探寻的触角深入分子的层面，试图找出古、今人类在遗传上的内在关联，发掘出了更多的信息和证据，为传统的基于人类化石和文化遗存形态观察分析的古人类学研究提供了一个新的技术手段和重要的补充、验证的机会，将一个古老的科学问题变成当代学术研究和媒体关注的热点，对推动相关的学术领域发展和深入研究、检视相关的科学材料和证据起到了积极的作用。该领域的优势在于科学原理和科技手段新，社会普及性、认可度和关注度高，易于获得可重复检测分析的样本，易于将分析结果做定量表述，因而给人的感觉是相对于化石形态研究而言，具有更好的科学基础和可信性。但事实上，DNA研究和其他任何研究手段一样，有其优势，也有很多的局限和假定条件。

（1）在原理方法上有欠缺，一些假设的前提有待验证。许多研究表明不同遗传位点的变异速率有很大的不同[42]。基因或DNA突变率事实上不可能是一直恒定的，不同的DNA片段、不同的基因、不同的群体经历着不同的"历史"和"选择压力"，这就能解释为什么不同研究人员对一些基因的平均突变率做出不同的估计（对有效群体人数的推定也常有很大的不同）。但在用现代DNA来回推进化时间时，研究人员只能使用恒定的突变率。如何确定突变率是一大难题，突变率过高，进化时间就会被估计过短，反之，进化时间就会被估计过长。这"过短"或"过长"的估计，对研究同一物种在不同群体中的关系，如人类群体，就有重大的影响。但很遗憾的是目前尚无可靠精准的估算恒定突变率的方法，因此不能简单接受某一具体分子生物学研究的数据及其假设前提。从现生人群检测到并用于研究的遗传变异只是我们共同祖先的后代积累的一小部分，不能代表全部。Cann等[6]也承认，"mtDNA分析无法得到那些未能将mtDNA留传下来的男女们的遗传和文化信息，从而记录下他们对这一转变所做的贡献"，因此根据被时间改变了的零碎基因变异来复原远古的历史必须考虑诸多可能性；而对少数古人类化石（主要是尼安德特人）所做的DNA测试目前还局限于对mtDNA的分析，局限于从母系角度分析，有着"先天"的不足。人类基因组每一个位点只能捕捉人类历史的一个片段，不同遗传位点可能有相当不同的谱系，只有进行了足够的分类研究之后才能形成更为全面科学的认识[43]。目前有关中国现代人起源的遗传学研究只对Y染色体上少数基因片段做过分析，其结论有待进一步验证。

（2）分析结果的不确定性。由于存在诸多假设条件的不确定性，相关的分析结果常常出现不确定性。例如Cann等[6]1987年的论文将所有现代人mtDNA遗传变异的非洲共同祖先的生存年代推断为距今28万~14万年前这样一个宽泛的时段，同时对现代人祖先离开非洲向外界扩散的时间也表达出不确定性，认为可能发生在距今18万~9万年之间，甚至晚到2.3万年前也有可能，并指出mtDNA分析结果无法确定迁徙发生的确切时间。从发表的数据看，不同研究人员根据分子生物钟计算出的现代人"最晚共同祖先"出现的年代差距很大，早的可达500万年，晚的只有5.9万年[44]，令人莫衷一是。此外，分子生物学家们对非洲早期现代人分几次向外界迁徙也不能确定，存在一次扩散与两次扩散的争论[23, 45, 46]。

（3）忽略各地区生态环境和人群的生存适应对基因变异的影响。"出自非洲说"对现代人类直接祖先的认定和现代人群迁徙扩散路线的辨识是建立在对不同地区人群基因变异多寡数据的分析和解释的基础之上的，即变异越丰富，该人群的演化历史越长。这样的解释从某种意义上讲是对的，但没有考虑到各地区不同的生态环境和当地人群采取特定适应生存方式对遗传变异的影响，因而可能是片面的。最近Schuster等[47]公布了对5个非洲南部土著人个体的完整基因组测序，包括生活在Kalahari沙漠中的4个以狩猎采集为生的

Bushman人，结果显示他们之间存在显著的基因分异，Bushmen人内部的平均变异远大于欧洲和亚洲的其他人群（Bushman人之间的核苷酸差异平均值1.2/千碱基，而一个欧洲人和一个亚洲人之间的差异平均值仅为1.0/千碱基），并含有许多新的DNA变异。这篇文章提出基因研究的功能视角，计算得知大约25%的SNPs具有功能意义，认为基因标记可以追踪人类对环境变化的适应。文章指出Bushman人的基因多样性和特异性可能是对干旱气候和狩猎采集经济适应的结果。这项研究给我们的启示是：非洲现生人群的基因变异多样性不一定是他们处在现代人类系统发育树上的根基，即演化历史更长的结果，其他因素，包括对特定环境的适应，必须加以考虑。

（4）未能充分考虑近期人类迁徙融合对现今基因变异与分布的影响。分子生物学家开展人类起源研究是采用以今溯古的方式，由分布在各地现生人群的遗传信息推导变异的源头和携带特定基因人群的迁徙路线及群体间的相关性。由于新石器时代以来尤其是历史时期人类多向的迁徙融合频繁而且缺乏准确的记录，在做上述推导时就难以排除后期的扰动性，因而其推理可能会被误导。就中国的情况而言，在有记录的历史时期就发生过多次因战争而导致的由北向南的人群大迁徙，这样南方的人群不断与北方的移民融合，在本地人群基因变异的基础上又增加了北方人群的基因和二者的混合体，基因多样性在华南表现得比华北更加丰富就不足为奇，不能因而解释成南方的人类根基更古老和早期现代人群自南向北迁移。最近人类基因组组织机构泛亚太地区SNP联盟所开展的亚洲人群的常染色体变异调查也得出结论：亚洲南北方人群存在频繁的基因交流，特别是在农业产生之后，东亚北部和中部人群开始向南扩散，改变了当地原始居民的体质特征[29]。因而用遗传学结果以今论古时必须考虑到今古之间存在着遗传历史的信息"扰乱层"。

（5）绝对性和排他性导致对与其矛盾的证据和观点的武断否定。"出自非洲说"强调非洲是现代人类的唯一起源地，其他地区的古人类群都是非洲移民的后代，非洲以外的原住民都在进化中走向灭绝。这样，该理论便具有"绝对性"和"排他性"，不允许其他地区出现与非洲早期现代人同时或更早的同种现代人类，也不允许有任何基因交流，否则，该理论就难以成立。在中国地区，直立人—早期智人—晚期智人连续演化的化石形态证据和文化证据是充分而系统存在的，但"替代说"的倡导者忽视这些证据的整体性而借用个别学者对个别化石形态演化解释的质疑而对其通盘否定，并忽视距今10万~5万年间人类在这里生存的化石和文化记录。该理论的绝对性和排他性使其不能接受与之矛盾的证据，也使其无法仔细分析与其相对理论的合理性。

（6）缺乏相关学科的支持。对"出自非洲说"尤其是它在中国的延伸部分的一个基本观察结论是：它很少引用或得到其他学科的证据或结论的支持，而更多的是在否定其他学科提出的相关证据与观点。对中国本地古人类演化中断问题的核心论点是末次冰期时本土人类因气候恶劣而灭绝，以此解决非洲新移民与原有人群的关系问题。这样的极端气候事件和人与动物大规模毁灭性的灭绝事件目前尚未在古人类学、旧石器考古学、地质学、古环境学、古脊椎动物学和年代学中找到证据，相反，从这些领域研究中得出的结论是，即使在中国华北，末次冰期期间并未发生过如此寒冷的气候条件，人类和与之伴生的哺乳动物也没有因此而大量灭绝，像披毛犀和猛犸象等大型动物一直到全新世早期仍然存在，而马、牛等动物则一直存活到现代。另外，人类是具有社会性和高度智能的动物，有一套区别于其他动物的适应生存方式,更可以在中国广袤的地域内向适宜生存的区域迁徙移动。这些都是我们探讨相关问题所要考虑的因素。

四、中国人群"连续进化附带杂交"与人类演化的区域性多样化模式

在20多年间的"出自非洲说"和"多地区进化说"两种针锋相对观点的激烈交锋中,中国乃至东亚逐渐被推向学术争论旋涡的中心,"连续进化附带杂交"的学说在沉浮中不断发展完善。应该说,与建立在许多未被证实的假设前提下的"替代说"对中国现代人起源的解释相比,"多地区进化"和"连续进化附带杂交"假说具有更坚实的证据基础,也能和本地区其他相关学科的成果有更好的统合。

(一)人类化石材料提供了系统性的支持证据

中国已经发现70余处出产人类化石的地点,这些化石材料为更新世以来本地人类连续演化、镶嵌进化和与外来人群有过少量基因交流提供了难得的实证,对此很多学者已经做过充分的表述[4, 48-52]。正如已被反复强调的那样,在诸多化石上出现的表明古人类连续演化的头颅、颜面和牙齿特征在中国的出现率比其他地区都要高,而且这些特征是系统性成组地表现在头骨上的,不是个别偶然现象[49]。另外,在东亚的近现代人头骨中以不同的频率存在头骨正中矢状突隆、下颌圆枕、夹紧状的鼻梁和第三臼齿先天缺失这四项特

征,这些特征不见于非洲近现代人[40],却可在中国古人类化石上找到近似的特征。这进一步说明东亚近现代人群演化自本地的远古人类,而与非洲人群亲缘关系更远。综合分析中国古人类化石所表现的一系列前后承继的演化特征,可以确定在中国更新世没有发生人群的重大替换,因为如果本地的原住民被非洲人群替代,前者的形态特征不可能成套地在后者身上继续存在。

(二)文化遗存从技术和行为角度提供强有力的佐证

更新世人类在中国很多遗址留下大量的石器、骨器和人类生产、生存活动遗留的其他遗物、遗迹。这些文化遗存是研究远古人类技术水平、生产能力和生计模式的重要资料,而且因为特定时期、特定人群会有特定的技术及其产品组合,考古材料就可以借以追踪史前人群的迁徙与演化路线并界定族群的时空与社会关系,成为通过化石研究人类起源与演化的重要补充与验证。

中国目前发现的旧石器时代考古遗址有1000余处。林圣龙[53]通过比较研究东西方旧石器文化中的技术模式,提出二者间存在着明显的文化传统的差别。中国旧石器文化在很早的时候就自成体系,连续而独立地发展。虽然在较晚的时候可能与外界有过局部的文化交流,但在其整个发展过程中没有发生过大规模的文化替代或文化移植的现象。张森水[54]则提出中国旧石器时代在北方和南方各自存在一个长期连续发展的"主工业",南方的主工业从早到晚文化表象高度稳定,在北方则表现为"区域渐进与文化交流",从早期到中期呈现连续、缓慢、渐进的发展格局,至距今3万年左右才在局部遗址出现因文化交流而产生的"外来因素"和突变,但新的文化因素并未取代旧有的文化传统,而是呈现并行发展和交融的局面。裴树文等[55]运用新的测年手段对井水湾等三峡地区旧石器时代遗址开展文化发展序列研究,指出该地区一直有人类在生存繁衍,包括在距今10万～5万年这一被有些学者认为在中国表现为古人类"断层"的现代人类起源的敏感时段内,而且文化与技术表现为从早到晚承继与缓慢的发展,不存在突变与替代。高星等[20]在对中国境内旧石器时代文化遗存的时空分布、埋藏情况、石器制作技术与使用功能、石制品类型—形态特征与演化趋势、对石器原料及其他资源的利用方式、区域文化传统的划分和特点考察的基础上,提出中国古人类"综合行为模式",并以此对本地区古人类演化过程和文化特点的成因进行分析和阐释,提出该区域古人类于更新世的大部分时期内在生物进化与行为演化上具有连续性、稳定性、高频迁徙性、务实简便性、灵活机动性、因地制宜性和与环境的和谐性;在文化发展方面表现为保持传统与进取创新相交织,在总体上继承多于创新,形成独特、渐变的演化格局,没有发生替代和中断,并对间或渗透的外来文化产生改造和同化的作用。这些证据和观察结论从考古学角度对中国古人类"连续进化附带杂交"的理论提供了支持[20]。另外,在三峡兴隆洞发现的早于距今12万年前的一段象牙上保留的被古人有意识刻划出的一组线条,与南非Blombos洞穴出土的赭石刻痕具有一定的可比性,是迄今为止世界范围内发现最早的带有原始艺术萌芽色彩的遗存。艺术创作是现代人类思维能力与行为标志之一,这件标本作为早期现代人类思维的可能证据,被认为对中国现代人的本地起源提供了佐证[56]。如果说人类化石还属凤毛麟角,据此建立的人类演化链条还存在诸多缺环,那么旧石器时代文化遗存则更为丰富完整,据此提出的对中国人类本土连续演化论断的支持证据还鲜有质疑的声音。

（三）不存在距今10万～5万年间的证据空白和演化中断

"出自非洲说"对中国人类演化的一个重要论断是这里存在距今10万～5万年间的化石证据空白，代表着本土人类演化中断过，而中断的原因是末次冰期的恶劣气候导致本土人类和大量生物走向灭绝。其实这是一个经不起推敲的假命题，仔细分析一下中国业已积累的古人类遗存材料，就知道距今10万～5万年间在东亚地区仍有人类"频繁"活动。例如在河南灵井遗址，山西丁村和许家窑遗址，湖北黄龙洞与白龙洞，重庆井水湾、冉家路口和枣子坪遗址，浙江桐庐延村山洞，贵州观音洞，广西咁前洞、柳江人地点和木榄山智人洞等，在相应层位出土的人类遗存都被测定在这一大致的时段[57, 58]。河南许昌灵井遗址出土的头盖骨和广西崇左木榄山出土的下颌骨都是最近发现的人类化石，说明有关中国古人类连续演化的材料还在不断丰富之中。尤其是木榄山的下颌骨具有现代人解剖特征的初始状态，显示从早期人类向现代人类过渡的性状，为现代人类在本土连续演化增加了一个关键环节[59]。

当然，目前我们缺乏对这个时段的理想测年手段，很多地点的年代数据因误差太大而无法支持对相关问题的探讨。加速器质谱（AMS）^{14}C方法无法延伸得这样久远，常规铀系法、古地磁方法、电子自旋共振法和裂变径迹法等在精度上很难满足要求，而新发展起来的钾氩法、释光法和热电离质谱（TIMS）铀系法只有在特定条件下才可获得适合的测年样品。对于这一敏感时段的人类遗存来说，测年数据不精准并不能被当作将它们统统排除的理由，从生物地层的角度看，很多晚更新世的遗存应该归属于这一时段。事实上研究者不会单纯依赖测年数据，而会结合地层对比、出土遗存的性质、伴生的古动植物群和提取的古气候事件做综合判断。其实年代学问题并不仅仅发生在中国的材料上，在其他地区也遇到同样的窘况。例如被作为"出自非洲说"最重要的化石证据的Omo头骨的测年，就出现不同的数据和激烈的争论[36, 60-62]。即使被广为引用的新测年数据，也同样在样品的层位及其与人类化石的共时性方面被质疑[63, 64]。

末次冰期气候严寒导致中国当时的人群和其他生物大规模灭绝的说法是不能成立的。末次冰期一般认为涵盖距今7.4万～1万年的漫长时期，在此期间全球普遍降温，但其间有很多波动。根据对中国黄土高原的季风气候研究，距今13万～7.4万年是末次间冰期，夏季风活动范围覆盖了整个黄土高原，年平均气温和降水量较现今增强。进入末次冰期后，在距今5.9万～2.4万年间间冰段曾一度加强，气候有所回暖，夏季风的活动范围覆盖了黄土高原中部和南部的大部分地区。即使在末次冰期的最盛期（距今1.8万年前后），夏季风的北界南移至黄土高原东南部，而其南仍是夏季风控制并发生成壤作用[65]。由此可见，中国的大部分地区在末次冰期期间并不存在足以导致生物大灭绝的极端气候条件，即使在最寒冷的时段仍有很大的区域适宜人类和其他生物生存。中国华南在整个更新世时期持续存在大熊猫—剑齿象动物群，其主要成员如猩猩、剑齿象、犀牛等都是喜温暖—炎热气候的动物。在华北，猛犸象、披毛犀、熊、鬣狗、狼、野马、野牛、野猪等大型哺乳动物都走完了更新世的征程，很多一直生存到现在。这些只能被动适应环境的动物能在末次冰期的气候条件下存活，人类作为能制作和使用工具、能有控制地用火、能有效地迁徙和选择居址、能缝制衣服这样具有更高的社会性和智能的动物反而因无法适应气候变化而绝灭；而且自更新世初人类在中国出现以来，地球经历了多次冰期—间冰期旋回，末次冰期并非最严酷者[66, 67]，这里的人群以前没有因更恶劣的冰期寒冷而灭绝，到生存能力更强的末次冰期时反而不能适应；再者经历对逐渐变冷的气候长期逐渐适应的原住民可能灭绝，而来自暖热地带的移民反而能够适应。这些都是难以解释的。

（四）旧大陆现代人起源与演化的区域多样性

中国人类连续演化和现代中国人主要繁衍自本土先祖的论断具有坚实的科学依据，有多学科多方面的证据支持。其实中国乃至东亚人类"连续进化附带杂交"与"中国现代人类非洲起源"的假说并非一定水火不容，二者可以有所交集，从不同的侧面共同构筑现代人类起源与演化的理论，但前提是后者要弱化乃至去除"绝对性"与"排他性"，走出非洲是现代人"唯一"起源地的"误区"。

遗传学证据曾经一边倒地支持"替代说"，否定"多地区进化"。但近来少量支持后者的数据与结论开始出现[24]，使分别构筑在分子生物学和化石形态学基础上的两大阵营的界限变得模糊起来。Hawks等[68]用差异分析法和聚类分析法对古澳大利亚人和其可能的祖先的体质测量数据进行分析，否认该地区的古人类被非洲人完全取代的假设；Adcock等[69]对澳大利亚人mtDNA的研究倾向于支持Hawks的结论。Zhao等[70]分析了第22对染色体的11千碱基对的非编码区域，将所有现代人类这一区域DNA序列的最晚共同祖先出现的时间估算为大约129万年前，并提示现代人的起源与演化比"出自非洲说"所描绘的非洲以外所有土著人群被非洲现代人血统完全取代的情形要复杂得多。Yu等[71]研究了非洲、亚洲和欧洲人的第1对染色体的10千碱基区域，得出的结论是最晚共同祖先出现在距今100

多万年前，而且即使允许存在一些并不现实的假设，也不会晚于50万年前。对亚非欧人群与X染色体相联系的非编码区10346碱基对分析时也发现，非洲以外的现代人源自非洲人类谱系中小规模人群的可能性非常小[43]。

最近的一项研究对相关问题的讨论提供了重要的信息和启示。Krause等[72]对西伯利亚南部Denisova洞穴出土的一段趾骨进行mtDNA测序，结果表明它属于一个前所未知的人种，与尼安德特人和现代人拥有最近共同祖先的时间大约是100万年前。地层和测年数据表明这一先民生活在距今5万~3万年前。同一时期，携带尼安德特人mtDNA的古人就生活在距这里不足100千米的另一处遗址，而被作为现代人行为标识的旧石器时代晚期文化遗存也在距今4万年前后广泛分布于Altai地区。这种时空上的共存关系表明三支基因差别显著的人群可能在西伯利亚南部同时存在，没有发生过人群的完全替代。结合印度尼西亚出土1.7万年前的Homo floresiensis的情况，我们有理由推测，欧亚地区晚更新世存在多个人类谱系长期共存的局面[72]。

从目前世界各地的资料观察并结合围绕相关问题争论的思考，我们认为现代人类起源与演化是个复杂的过程，在旧大陆的几个重要演化中心存在着区域性的多样化模式。

（1）非洲古人类持续演化并对其他地区产生影响。非洲是人类演化的重要中心之一。这里的古人类群体一直处于活跃的状态，早期现代人群承继古老型人类持续演化，并通过陆续迁徙扩散对欧亚地区的早期人类产生着影响。但这种影响不是简单的取代，而更可能是与当地本土人群的融合，从而使得世界各地人群之间的遗传联系得到加强[23]。而且这种影响并非一定是单向的，人群从欧亚大陆向非洲迁徙的可能性在理论上并不能排除。大量文字记载着阿拉伯人和腓尼基人曾由欧亚向非洲迁徙，没有理由认为类似的情况不会在远古发生。

（2）欧洲与西亚古人类演化遭遇过瓶颈，替代成为现代人演化的主旋律。生活在欧亚大陆西侧的早期智人是尼安德特人，一般认为他们在进化中走向绝灭，绝灭的原因或者是不能有效适应新的环境，或者是在与新来的技术与智能更高的现代人群竞争中居于劣势而被淘汰，或者二者兼而有之。但近来有些研究认为尼安德特人并未被早期现代人完全替代，而是与其发生过融合。美国华盛顿大学研究人员在出自罗马尼亚西南的一处洞穴中的年代被测定为距今3.5万年左右的一具头骨上发现兼具现代人和尼安德特人的解剖学特征，其既有前额扁平、耳后骨突出、上臼齿硕大等尼人性状，又具有现代人眉脊特点和头颅比例，呈现一种镶嵌进化的态势，表明尼人和迁徙至欧洲的早期现代人可能曾经杂居并混种，现代人在欧洲扩散及其后续发展是一个复杂和能动的过程[73,74]。对尼人的古DNA分析结果的表述也变得不再那样绝对，近期的一项研究发现他们的mtDNA变异为同时期智人的1/3，长期有效群体小于现代人和现存的大猿，将尼人有效群体减小的原因推测为受到迁徙而来的现代人群的直接或间接的压力，而没有明确说后者取代了前者[33]。Green及其领导的研究团队[75]公布的最新研究成果显示，现代人的基因库中存在尼安德特人的基因。尽管他们认为尼安德特人对现代人的基因贡献可能仅占1%～4%，但较之此前所提出的尼安德特人与现代人之间完全没有基因交流的结论已有很大改变。结合各方面证据，欧亚大陆西部现代人类演化可能是以非洲移民的扩张为主（也不能排除还有来自东方的现代人群），新移民与当地尼人的融合与基因交流为辅，因而是一个不完全替代的模式。

（3）东亚人类连续进化附带杂交。东亚的模式应该是居于二者之间而更加靠近非洲的模式，即本土人类连续演化，古老型人群在体质形态特性和认知行为两方面逐渐演变成现代人群。其间与来自西方、南方的其他现代人群有过融合与基因交流，但本土人类一直居于主体地位，外来人群起到一定程度的改造作用，但没有发生整体的替代。

五、结语

人类的起源与演化是一个复杂的过程，既受到生物演化规律的制约，又有智能化和社会因素的影响；既有作为人的宏观共性，也有不同地区人群因适应特定环境而产生的体质与行为变异。因而任何简单单一的理论模式都难以阐释和概括演化的本质和多样性。

"连续进化附带杂交"是在对中国乃至东亚地区长期积累的丰富化石材料和文化遗存系统研究的基础上总结出的有关该地区古人类演化和现代人起源的理论学说，具有坚实的证据基础，得到多学科研究的支持。该理论只针对东亚这一特定区域，但具有很强的包容性，并不排斥其他地区存在其他演化模式。该理论不否定非洲是现代人起源与演化的中心之一，但认为走出非洲的早期现代人群并没有完全替代世界各地的原住民，而是与原有人群发生或多或少的融合与基因交流。在欧洲和西亚，来自非洲的早期现代人可能演化成现生人群的主体，但当地的尼安德特人也做出过一定的基因贡献。在现代人类起源与演化的过程中，不同地区的人群迁徙移动是频繁而多向的，影响是相互的，他们共同繁衍出今天地球上密切关联但又色彩纷呈的人类族群。这样的认识可能是对目前旧大陆人类演化各方面证据的比较全面合理的解释，是现阶段我们试图对在现代人起源两大理论激烈争论过程中提出的各种观点和疑问进行协调所能够给出的答案。我们在此姑且把这一构想表述为"现代人类演化的区域性多样化模式"。

目前的人类演化研究还有诸多的问题和困难。化石和文化遗存材料还有很多薄弱环节，信息提取的丰度和精度还有待提高，世界范围内的古人类资料和数据还无法实现共享，来自不同方面的证据还不能很好地协调和相互补充验证，不同学科还没有在这一重大科学问题上展开实质性的交叉与协作，相关的理论探讨还缺乏深入的兼顾微观与宏观的辩证思维。因此，开展更系统的野外科考和实验室研究，获取更关键更精细的材料和信息，以大项目的形式推动多学科和多地区的实质性交叉与合作，并综合各方面资料和证据做深入全面的理论构建，应该是进一步揭示中国人的来源和世界各地人群演化过程的当务之急。

参考文献

[1] Coon C. The Origins of Races. New York: Alfred A Knopf Inc, 1962: 1-200.
[2] Wolpoff M H, Wu X Z, Thorne A. Modern Homo sapiens origins: A general theory of hominid evolution involving the fossil evidence from East Asia. In: Smith F H, Spencer F, eds. The Origins of Modern Humans. New York: Alan R Liss Inc, 1984: 411-483.
[3] Wolpoff M H. Human Evolution (1996-1997 edition). New York: McGraw-Hill, 1996.
[4] 吴新智. 中国远古人类的进化. 人类学学报, 1990, 9（4）: 312-321.
[5] 吴新智. 现代人起源的多地区进化学说在中国的实证. 第四纪研究, 2006, 26: 702-709.
[6] Cann R, Stoneking M, Wilson A C. Mitochondria DNA and human evolution. Nature, 1987, 325: 31-36.
[7] Weidenreich F. Six lectures on Sinanthropus pekinensis and related problems. Bulletin of the Geological Society of China, 1939, 19: 1-110.
[8] Weidenreich F. The skull of Sinanthropus pekinensis, a comparative study on a primitive homind skull. Palaeontologia Sinica (Series D), 1943, 10: 1-485.
[9] 吴新智. 从中国晚期智人颅牙特征看中国现代人起源. 人类学学报, 1998, 17（4）: 276-282.
[10] Chu J, Huang W, Kuang S, et al. Genetic relationship of populations in China. Proceedings of the National Academy of Sciences of the United States of America, 1998, 95: 11763-11768.
[11] Su B, Xiao J, Underhill P, et al. Y-chromosome evidence for a northward migration of modern humans into Eastern Asia during the last Ice Age. American Journal of Human Genetics, 1999, 65: 1718-1724.
[12] 柯越海, 宿兵, 肖君华, 等. Y染色体单倍型在中国汉族人群中的多态性分布与中国人群的起源及迁移. 中国科学C辑: 生命科学, 2000, 30（6）: 614-620.
[13] 柯越海, 宿兵, 李宏宇, 等. Y染色体遗传学证据支持现代中国人起源于非洲. 科学通报, 2001, 46（5）: 411-414.
[14] Ke Y, Su B, Song X, et al. African origin of modern humans in East Asia: A tale of 12, 000 Y chromosomes. Science, 2001, 292: 1151-1153.
[15] Jin L, Su B. Reply to J Hawks: The Y chromosome and the replacement hypothesis. Science, 2001, 293: 567.
[16] Wu R K, Cheboksarov N N. On the continuity of the development of physical type, economic activity and culture of humans of ancient time in the territory of China. Soviet Ethnography, 1959, 4: 3-25.
[17] 吴新智, 张银运. 中国古人类综合研究. 见: 中国科学院古脊椎动物与古人类研究所编, 古人类论文集——纪念恩格斯《劳动在从猿到人转变过程中的作用》写作一百周年报告会论文汇编. 北京: 科学出版社, 1978: 28-41.
[18] 吴新智. 中国和欧洲早期智人的比较研究. 人类学学报, 1988, 7: 287-293.
[19] Clark G. World Prehistory: A New Outline. 2nd ed. Cambridge: Cambridge University Press, 1969.
[20] 高星, 裴树文. 中国古人类石器技

术与生存模式的考古学阐释. 第四纪研究, 2006, 26 (4): 506-513.

[21] Protsch R. The absolute dating of upper Pleistocene sub-Saharan fossil hominids and their place in human evolution. Journal of Human Evolution, 1975, 4: 279-322.

[22] Howells W W. Explaining modern human evolutionists versus migrations. Journal of Human Evolution, 1976, 5: 477-495.

[23] Templeton A R. Out of Africa again and again. Nature, 2002, 416: 45-51.

[24] 盛桂莲, 赖旭龙, 王頠. 分子人类学与现代人的起源. 遗传, 2004, 26 (5): 721-728.

[25] Yao Y G, Kong Q P, Bandelt H J, et al. Phylogeographic differentiation of mitochondrial DNA in Han Chinese. American Journal of Human Genetics, 2002, 70: 635-651.

[26] Kong Q P, Yao Y G, Sun C, et al. Phylogeny of East Asian mitochondrial DNA lineages inferred from complete sequences. American Journal of Human Genetics, 2003, 73: 671-676.

[27] Palanichamy M, Sun C, Agrawal S, et al. Phylogeny of mitochondrial DNA macrohaplogroup N in India, based on complete sequencing: Implications for the peopling of South Asia. American Journal of Human Genetics, 2004, 75: 966-978.

[28] Kong Q P, Sun C, Wang H W, et al. Large-scale mtDNA screening reveals a surprising matrilineal complexity in East Asia and its implications to the peopling of the region. Molecular Biology and Evolution, 2010, doi: 10.1093/molbev/msq219.

[29] The HUGO Pan-Asian SNP Consortium. Mapping human genetic diversity in Asia. Science, 2009, 326: 1541-1545.

[30] Krings M, Stone A, Schmitz R W, et al. Neanderthal DNA sequences and the origin of modern humans. Cell, 1997, 90: 19-30.

[31] Ovchinnikov I V, GÖth-erstrÖm A, Romanova G P, et al. Molecular analysis of Neanderthal DNA from the northern Caucasus. Nature, 2000, 404: 490-493.

[32] Caramelli D, Lalueza-Fox C, Vernesi C, et al. Evidence for a genetic discontinuity between Neanderthals and 24,000-year-old anatomically modern Europeans. Proceedings of the National Academy of Sciences of the United States of America, 2003, 100: 6593-6597.

[33] Briggs A W, Good J M, Green R E, et al. Targeted retrieval and analysis of five Neandertal mtDNA genomes. Science, 2009, 325: 318-321.

[34] Niewoehner W A. Behavioral inferences from the Skhul/Qafzeh early modern human hand remains. Proceedings of the National Academy of Sciences of the United States of America, 2001, 98: 2979-2984.

[35] White T D, Asfaw B, De Gusta D, et al. Pleistocene Homo sapiens from Middle Awash, Ethiopia. Nature, 2003, 423: 742-747.

[36] Mac Dougall I, Brown F H, Fleagle J G. Stratigraphic placement and age of modern humans from Kibish, Ethiopia. Nature, 2005, 433: 733-736.

[37] Fleagle J G, Assefa Z, Brown F H, et al. Paleoanthropology of the Kibish Formation, southern Ethiopia: Introduction. Journal of Human Evolution, 2008, 55: 360-365.

[38] Henshilwood C S, d'Errico F, Yates

R, et al. Emergence of modern human behavior: Middle Stone Age engravings from South Africa. Science, 2002, 295: 1278-1280.

[39] Mellars P. Going East: New genetic and archaeological perspectives on the modern human colonization of Eurasia. Science, 2006, 313: 796-800.

[40] Lahr M M. The multiregional model of modern human origins: A reassessment of its morphological basis. Journal of Human Evolution, 1994, 26: 23-56.

[41] Lieberman D E. Testing hypotheses about recent human evolution from skulls. Current Anthropology, 1995, 36: 159-196.

[42] Rodriguez-Trelles F, Tarrio R, Ayala F J. Erratic overdispersion of three molecular clocks: GPDH, SOD, and XDH. Proceedings of the National Academy of Sciences of the United States of America, 2001, 98: 11405-11410.

[43] Yu N, Fu Y X, Li W H. DNA polymorphism in a worldwide sample of human X chromosomes. Molecular Biology and Evolution, 2002, 19: 2131-2141.

[44] Curnoe D, Thorne A. Number of ancestral human species: A molecular perspective. HOMO-Journal of Comparative Human Biology, 2003, 53: 201-224.

[45] Forster P, Matsumura S. Did early humans go North or South? Science, 2005, 308: 965-966.

[46] Thangaraj K, Nandan A, Sharma V, et al. Deep rooting in-situ expansion of mtDNA Haplogroup R8 in South Asia. PLoS One, 2009, 4: e6545.

[47] Schuster S C, Miller W, Ratan A, et al. Complete Khoisan and Bantu genomes from southern Africa. Nature, 2010, 463: 943-947.

[48] 刘武. 蒙古人种及现代中国人的起源与演化. 人类学学报, 1997, 16(1): 55-73.

[49] 张振标. 现代中国人起源的实证——颅骨特征的时空变化. 第四纪研究, 1999, 19(2): 113-124.

[50] 吴新智. 与中国现代人起源问题有联系的分子生物学研究成果的讨论. 人类学学报, 2005, 24(4): 259-269.

[51] 吴新智. 中国古人类进化连续性新辩. 人类学学报, 2006, 25(1): 17-25.

[52] 刘武, 何嘉宁, 吴秀杰, 等. 山顶洞人与现代华北人部分头骨非测量性特征比较及中国更新世晚期人类演化的一些问题. 人类学学报, 2006, 25(1): 26-41.

[53] 林圣龙. 中西方旧石器文化中的技术模式的比较. 人类学学报, 1996, 15(1): 1-20.

[54] 张森水. 中国北方旧石器工业的区域渐进与文化交流. 人类学学报, 1990, 9(4): 322-333.

[55] 裴树文, 张家富, 高星, 等. 三峡井水湾遗址的光释光测年. 科学通报, 2006, 51(12): 1443-1449.

[56] 高星, 黄万波, 徐自强, 等. 三峡兴隆洞出土12~15万年前的古人类化石和象牙刻划. 科学通报, 2003, 48(23): 2466-2472.

[57] 吴汝康, 吴新智. 中国古人类遗址. 上海: 上海科学教育出版社, 1999.

[58] 石丽, 张新锋, 沈冠军. 中国现代人起源的年代学新证据. 南京师大学报(自然科学版), 2003, 26: 89-94.

[59] 金昌柱, 潘文石, 张颖奇, 等. 广西崇左江州木榄山智人洞古人类遗址及其地质时代. 科学通报, 2009, 54(19): 2848-2856.

[60] Howell F C. Hominidae. In: Maglio V M, Cooke H B, eds. Evolution of

African Mammals. Cambridge: Harvard University Press, 1978: 154-248.

[61] Smith F H. Models and realities in modern human origins: The African fossil evidence. In: Aitken M J, Stringer C B, Mellars P A, eds. The Origin of Modern Humans and the Impact of Chronometric Dating. Princeton: Princeton University Press, 1992: 234-248.

[62] Wolpoff M H. Multiregional evolution: The fossil alternative to Eden. In: Mellars P, Stringer C B, eds. The Human Revolution: Behavioral and Biological Perspectives on the Origins of Modern Humans. Princeton: Princeton University Press, 1989: 63-105.

[63] Brown F H, Fuller C. Stratigraphy and tephra of the Kibish Formation, southwestern Ethiopia. Journal of Human Evolution, 2008, 55: 366-403.

[64] Feibel C S. Microstratigraphy of the Kibish hominin sites KHS and PHS, Lower Omo Valley, Ethiopia. Journal of Human Evolution, 2008, 55: 404-408.

[65] 刘东生. 黄土与干旱环境. 合肥: 安徽科学技术出版社, 2009.

[66] Bassinot F C, Labeyrie L D, Vincent E, et al. The astronomical theory of climate and the age of the Brunhes-Matuyama magnetic reversal. Earth and Planetary Science Letters, 1994, 126: 91-108.

[67] EPICA Community Members. Eight glacial cycles from an Antarctic ice core. Nature, 2004, 429: 623-628.

[68] Hawks J D, Oh S, Hunley K, et al. An Austrlasian test of the recent African origin theory using the WLH-50 calvarium. Journal of Human Evolution, 2000, 39: 1-22.

[69] Adcock G J, Dennis E S, Easteal S, et al. Mitochondrial DNA sequences in ancient Australians: Implications for modern human orgins. Proceedings of the National Academy of Sciences of the United States of America, 2001, 98: 537-542.

[70] Zhao Z, Li J, Fu Y, et al. Worldwide DNA sequence variation in a 10-kilobase noncoding region on human chromosome 22. Proceedings of the National Academy of Sciences of the United States of America, 2000, 97: 11354-11358.

[71] Yu N, Zhao Z, Fu Y X, et al. Global patterns of human DNA sequence variation in a 10-kb region on human chromosome 1. Molecular Biology and Evolution, 2001, 18: 214-222.

[72] Krause J, Fu Q, Good J, et al. The complete mitochondrial DNA genome of an unknown hominin from southern Siberia. Nature, 2010, 464: 894-897.

[73] Trinkaus E, Moldovan O, Milota Ş, et al. An early modern human from the Peştera cu Oase, Romania. Proceedings of the National Academy of Sciences of the United States of America, 2003, 100: 11231-11236.

[74] Soficaru A, Dobos A, Trinkaus E. Early modern humans from the Peştera Muierii, Baia de Fier, Romania. Proceedings of the National Academy of Sciences of the United States of America, 2006, 103: 17196-17201.

[75] Green R, Krause J, Briggs A, et al. A draft sequence of the neandertal genome. Science, 2010, 328: 710-722.

更新世东亚人群连续演化的考古证据及相关问题论述

◎ 高星

一、引言

人类自从700万年前从古猿中分化出来,获得直立行走的能力以后,就一直在不断演化。其间经历了地猿、南方古猿、能人、直立人(包括匠人、海德堡人)、早期智人(包括尼安德特人)、晚期智人(即现代人)的不同阶段。对于旧大陆这一整体地理板块和人类这一物种,演化是连续的,但对于不同的地理单元和不同的化石人种,演化过程可以是断续的,即在某一地区某一时段可能没有人类生存,或者缺失某个化石人种的演化证据。于是,人类演化在某个或某些地区可能出现复杂的格局。某地区的人类源自哪里?演化链条是否中断过?现生人群与古人群是否存在祖裔关系?这些都会成为地区性的重大科学问题,东亚的情况尤其如此。

自从"北京人"被发现以来,尤其是魏敦瑞提出"多地区进化"的假说[1,2]以来,东亚人群在很长时间内被认为是连续演化的,从直立人到早期智人、晚期智人,直至现生人群,不存在演化的中断和替代。但自从现代人类"出自非洲说"[3]提出以后,一些学者认为中国乃至东亚地区的古人类演化出现过中断,以"北京人"为代表的直立人和大荔人等早期智人在进化中走向绝灭,绝灭的原因之一是这些古人群未能适应末次冰期的寒冷气候;我们现生人群的直接祖先是起源于非洲而后迁徙至此的"早期现代人"[4,5]。然而,吴新智等学者坚持认为东亚现代人类演化是一个"连续进化附带杂交"的过程[6],不存在中断和替代[7,8]。

有关人类演化过程和所谓"现代人"起源的研究,多引述化石和遗传证据(DNA),考古学很少参与其中。但众所周知,人类化石在多数地区属凤毛麟角,往往具有很大的时空缺环;遗传研究主要是以今推古,从现生人群的遗传变异推导古代人群起源与扩散的过程和路线,中间有很多未经验证的假设前提[9]。相比之下,考古材料在连续性和丰富性方面具有明显的优势。目前在中国发现含更新世人类化石的地点只有70余处,而且多处地点仅出现零散的牙齿化石,但出土旧石器时代文化遗存的遗址逾2000处,石制品、骨制品、装饰品和其他遗物、遗迹不计其数。这些文化遗存虽然不能直接反映人类的体质进化和遗传变异,但对人类在某一地区出现的时间、分布的地域、延续的时段、迁徙的路线、生存的能力与方式、技术与文化特点、交流与互动等学术问题却大有用武之地。对这些问题的研究和所提取的信息,对探讨远古人群的起源和演化过程,对破解"现代人起源"这样的重大命题,会提供重要的证据与启示。

通过考古材料确定"现代人"的行为特征曾在西方学术界流行一时。被考古学家提出可作为"现代人"行为或文化的标准包括:复杂精美的石器(尤其是石叶工具),磨制骨器,复合工具,装饰品及颜料使用,墓葬,对石料的热处理,复杂的用火方式,对居址的复杂、具有功能分区的使用，娴熟的狩猎能力，食物资源上的广谱革命，复杂的语言等[10, 11]。但近来学术界又现反思潮，很多学者指出：那些所谓的现代人行为特征或曰"行为现代性"（behavioral modernity）是个开放的系统，被不断添加子项而最终失掉了标识的意义，而且它们并非狭义的"现代人"所独有，而是出现于不同时期，对应于不同的人群，无法为特定生物人种的进化属性做标注；这种做法落入了形而上学的窠臼，因而应该被摈弃，改用"行为变异性"的理念和视角去讨论相关的演化问题[12]。

由此可见，运用考古材料研究人类的起源与演化要有所为有所不为，不能超出材料属性本身去讨论力所不及的问题。本文将尝试运用考古证据系统论述更新世东亚人群演化的连续性，力图对"现代人类"本土起源的假说提供支持和启示。需要说明的是，本文只涉及直立人在东亚出现以来的演化过程，对其源头则不做追溯和讨论。

二、东亚旧石器时代文化一脉相承与连续发展的表征

从目前在中国和印尼发现的材料看，人类自更新世早期就出现在东亚及东南亚地区，安徽繁昌人字洞、重庆巫山龙骨坡、广西百色么会洞、湖北建始龙骨洞和河北阳原马圈沟等遗址就是其文化的代表。随着时间的推移，该地区旧石器时代文化遗存越来越丰富。这些考古文化显示了一脉相承的特点，表现出有别于西方而又连续发展的态势。主要体现在如下方面。

石器原料特点及开发利用方式：在旧石器时代的大部分时间

内，这里的古人类广泛采用脉石英、石英岩、砂岩、火山角砾岩等劣质原料制作工具。受制于原料的先天劣质，东方古人类对这些原料的开发方式为因陋就简，就地取材，对多种材料皆加以开发利用，很少对某类优质石料做刻意寻找并进行连续、深度开发。针对本地的材料特点，先民采取了一些简单适用、机动灵活的技术与方法。例如在周口店地区，大量采用砸击技术开发利用难以锤击剥片的脉石英材料[13]，而在三峡地区，则采用摔碰技术开发高度磨圆的卵石[14]。东亚旧石器时代人群所面临的石料特点和所采取的开发方式一直贯穿始终，在晚期有些微小的变化，这与非洲和欧亚大陆西部古人类群主要用燧石类材料制作工具、着意开发优质石料资源形成鲜明的对照。

石器制作技术：石器制作技术可分解为两个方面，即剥片技术和加工技术。东亚古人类在剥片技术上的总体特点是机会性和随意性，表现为应用锤击法、砸击法、碰砧法、摔碰法等多种方法，硬锤技术贯穿始终，软锤技术即使在旧石器时代晚期仍鲜有运用；对石核基本不加预制和修理，在晚期以前基本缺失勒瓦娄哇技术。只有在晚更新世早期，从少数遗址出土的盘状石核上所表现出的交互剥片技法，才使剥片的系统性与计划性有迹可循。在加工技术上表现出简单、随意、对坯材改造程度浅的特点，缺乏系统性和规范性，两面技术不发达，直到晚期才有系统的应用。这与西方在旧石器时代早、中期普遍采用勒瓦娄哇技术，在旧石器时代晚期以石叶技术为主导，以及广泛使用两面技术、对石器做规范的深度加工的情况形成鲜明的对比。

石制品类型、形态与组合特点：西方学者对中国乃至东亚的旧石器时代文化经常描述为"砍砸器传统"（chopper-chopping tool tradition）[15]或"简单的石核—石片工业"（simple core-flake industry）[16]。虽然这样的标签未必十分贴切，但揭示出东亚旧石器时代石制品在类型、形态和组合方面有别于西方的特点，即工具类主要是用砾石或简单石片加工的刮削器、砍砸器，辅之以尖状器、手镐、石锥、石球等；像手斧、薄刃斧这样在非洲和欧洲旧石器时代早期居于主体地位的器类在东方的大多数遗址中缺失，即使在少数地点出现，其在器物组合中的比例偏低，加工也不很规范、典型；一些器类分化不明显（例如砍砸器与刮削器，手斧与手镐），同一类型内个体变异大，规范性较差。这样的局面只在晚更新世晚期北方的一些遗址方得以改变，出现类型多样化和规范化的发展态势。这与西方在旧石器时代早期以手斧—手镐—薄刃斧组合为统领，在中期以加工规范的莫斯特刮削器—尖状器为主体器型，晚期以精致的石叶工具和骨器为特色的工具组合演变形成鲜明的反差。

区域文化传统的传承：对旧石器文化而言，一个地区长期存在的特定类型组合和技术、形态特征构成区域文化传统。贾兰坡指出华北存在贯穿始终的两大旧石器文化传统，即大三棱尖状器—砍砸器传统和小型刮削器—雕刻器传统[17]；张森水提出中国在南、北方各自长期存在"旧石器文化主工业"，即南方的砾石石器主工业和北方的小石片石器主工业[18]。虽然一些学者对这样粗线条、大跨度的文化传统归纳提出质疑，但很难否定这些地区存在继承性强并稳定持久的旧石器文化体系。当我们聚焦某一特定地区，例如重庆三峡地区，也不难发现一脉相承的发展趋势与过程，从旧石器时代早期晚段直至新石器时代早期，一直保持用砾石加工粗犷的砍砸器、尖状器和刮削器的做法，用摔碰法和锤击法开发石材，石制品类型单调，技术简单，工具厚重，形态多变[19]。文化传统的保持和延续，说明发展是连续的，人群是薪火相传的。

三、本土文化与外来因素：融合与替代

一些学者一直致力于在中国乃至东亚旧石器时代文化遗存中寻找"西方元素"[20]，借以擦掉那条所谓的"莫维斯线"，证明东西方先民在技术和智能上完全可以并驾齐驱。从本土人群的演化过程是否连续，是否发生过中断和被新移民整体替代的角度，这个问题值得深究并厘清基本事实。

被少数学者从中国旧石器时代文化遗存中发掘出的"西方元素"主要为三个方面：勒瓦娄哇技术、手斧和石叶技术。勒瓦娄哇作为一种剥片技术大约于40万年前出现在非洲和欧洲、西亚，在欧洲旧石器时代中期十分盛行。学术界对其定义并不十分统一，但在基本特征上是一致的，即系统地修整预制石核，从核体上剥下规整的石片，体现一种计划性、预见性和对技术的娴熟掌控。最经典的表现方式是龟身状石核（一面相对陡凸作为台面，另一面相对平凸作为剥片面）和三角形薄锐的石片（称为勒瓦娄哇尖状器，Levallois point）。最能代表勒瓦娄哇技术的是石核，其技术和形态特征易于辨识，而勒瓦娄哇石片并不具备特征上的排他性，用交互打击法可以从盘状石核上剥下形态与勒瓦娄哇尖状器相一致的石片，这种产品被称为"假勒瓦娄哇尖状器"（pseudo-Levallois point）[21]。由于存在这种现象，对勒瓦娄哇技术的辨识一定要谨慎，尤其在缺乏勒瓦娄哇石核并仅有少量标本在形态上接近勒瓦娄哇石片的情况下。在中国的旧石器时代遗址中，周口店第15地点、丁村、许家窑、观

音洞和大洞等遗址被个别学者认为存在勒瓦娄哇技术，但由于这些地点都没有发现真正的勒瓦娄哇石核，形似勒瓦娄哇石片的标本也十分稀少，而且在遗址发现盘状石核，因而这些遗址的所谓"勒瓦娄哇技术"被主流学术界所否定[22,23]。直到旧石器时代晚期，以水洞沟为代表的中国北方少数遗址出现勒瓦娄哇技术与石叶技术的混合体[24]。这样的标本数量很少，出土此类标本的遗址少并局限在华北，完全谈不上大规模的文化传播或影响。因而，在中国古人群的演化过程中，完全可以排除掌握勒瓦娄哇技术的西方人群的大规模移入并实现对本土人群的替代。

手斧的问题要复杂一些。虽然学术界在其起源或文化传统归属上存在不同的认识[25]，但中国旧石器时代文化体系中存在手斧这一器类已成共识，有的学者据此认为旧石器时代早期东西方人类的技术与智能并无二致[26]。是否可以由此推断，在旧石器时代的早期阶段，来自西方的阿舍利人群迁徙至此，实现了对本土人群的置换？答案应是否定的。中国旧石器时代的手斧组合与西方阿舍利技术体系存在着根本的不同[27]。（1）局限性：手斧在中国旧石器时代分布十分局限，基本只存在于南方砾石工业区内，最集中的区域是广西百色盆地和陕东南—鄂西北的秦岭—汉水地区，除此之外鲜有手斧标本出土。（2）稀少性：即使在这两个集中分布的区域，手斧在任何一个遗址也是凤毛麟角，从来没有占据器类的主体，显示其可有可无的地位。（3）不规范性：中国的手斧在形态上、技术上与旧大陆西侧有很大区别，大多数标本缺失系统的通体两面加工和薄化技术，在形态上表现为两面与两侧的对称性差，器身厚而不规整，具备原手斧的基本特性。（4）组合的本土性：这些手斧都与加工简单、器形粗大的手镐、砍砸器、刮削器共生，除洛南的一些遗址，很少与薄刃斧共出。手斧与中国南方砾石工业的主要器物伴生，显示本土传统石器组合的特点，而且从技术和形态看，大多数手斧与手镐或称大型尖状器者应属同质异型，是中国乃至东南亚砾石石器文化的特定成员，是更新世生活在热带—亚热带的先民开发利用植物根茎食材的大型挖掘工具，与该体系中的主力器型——砍砸器所拥有的砍—劈—切功能相辉映和补充，有着明显的本土砾石石器工业的根基。即使受到文化交流或小规模人群迁徙的影响，这种"西方元素"与本土文化也是融合的关系，没有替代的迹象，反而本土文化一直呈主流、持续之势。

秦岭地区的情况似乎有所不同。据报从洛南盆地内采集和发掘到的手斧包括两种类型，原型手斧与阿舍利手斧。前者以砾石为原坯，尖端修理，根端一般保留石皮；后者以大石片或扁平砾石为毛坯，形状规则。其中一些标本被描述成泪滴状，经历系统的两面修制，制作技术娴熟，被认为是在中国发现的最为精致的手斧，可与典型的阿舍利手斧相媲美[28]。另外，石制品中还包括一定数量的薄刃斧和大量的手镐，大多标准、规范、精致，这使洛南盆地的大型工具组合比东亚任何一处遗址都更加接近西方的阿舍利技术体系。但最新的研究表明，洛南盆地及更大的秦岭地区的手斧组合出现得很晚，在蓝田地区可能处于距今7万～3万年间[29]，在年代学上与西方的阿舍利体系存在很大的鸿沟；若说成西方阿舍利移民的产品，存在时间的错位和迁徙扩散路线的缺失。石叶是中国旧石器文化体系中最明确的外来文化因素。对水洞沟遗址的新发掘和测年表明，这一体系在中国出现的时间接近4万年前[30]，可能在距今2.5万年左右结束，分布区只局限在中国北方，与中亚、阿尔泰地区的同类遗存应该存在渊源关系[31]。水洞沟第2地点高分辨率文化层信息揭示,石叶体系在约2.8万年前被华北传统的小石片技术体系取代,此时的文化系统中注入了鸵鸟蛋片串珠这一新的因素,其后这一小石片体系断续至2万年前消失[32]。由此可见,具有西方技术特点的石叶体系在中国北方局部区域经历短暂的渗透和传播后,又消弭于无形,未发生对本土文化的替代或明显的改造,反而被后者取代,显示本土文化及其背后人群的演化强势。

四、关键节点的文化证据:不存在距今10万～4万年间的演化空白

"出自非洲说"对东亚人类演化的一个重要论断是这里存在距今10万～5万年间的化石证据空白,代表着本土人类演化就此中断,中断的原因是末次冰期的恶劣气候导致本土人群灭绝;直至从非洲起源、经过长距离迁徙的"现代人"到达这里,中国乃至东亚人类生存的空窗期才被填充。那么,"现代人"何时到达东亚,尤其是中国北方?DNA分析表明,出自周口店附近田园洞的人类个体在遗传特征上已经属于完全的现代人,年代为距今4万年左右[33]。在此之前直至距今10万年间中国这一地区果真没有人类生存?下述例证表明这种论断过于武断,不符合旧石器考古材料的基本事实。

许家窑—侯家窑:这是一个坐落在泥河湾盆地中的遗址群,在河北省阳原县和山西省阳高县皆有分布。1974年以来在多个地点做过多次发掘,出土大量石制品、动物化石和少量智人化石。石制品显示传统的华北石核—石片石器主工业风貌,以用石英岩、石英加工刮削器、砍砸器和石球为特征,动物骨骼上有很多人类工具留

下的痕迹。对该遗址不同地点采用不同方法测得的年代数据有很大的变异区间：陈铁梅等用铀系法对动物骨化石测年结果为距今12.5万~10.4万年[34]，长友恒人等用光释光法测得为距今6.9（±0.8）万~6（±0.8）万年[35]。该遗址应该存在不同的文化层位，古人类在此经历了较长时间的生存繁衍。

北窑：该遗址位于洛阳北郊，1998年被发现和试掘，2007年再次发掘，出土一定数量的分属不同时期的石制品，既有南方砾石工业特点，又有北方石片工业特征。根据报告，石制品出自黄土地层S2到L1底部，相当于距今20万年至距今8万~7万年，从早到晚石制品的性质没有明显变化[36]。

大地湾：甘肃秦安大地湾是一处著名的早期新石器时代遗址。2006年，中美学者在该遗址做小规模发掘，在新石器时代层位之下发现更新世时期多个文化层，揭示出传统石片技术制品、细石叶技术制品和新石器时代陶器之间前后相继的演化关系。根据黄土—古土壤序列、绝对测年（AMS ^{14}C和光释光测年）、气候事件年龄和考古分析，考古工作者在该遗址建立了距今6.5万年以来的年代框架，记录了数万年来古人群由采集狩猎经济逐步向农业经济过渡、持续生存活动的历史[37]。

徐家城：位于甘肃庄浪县，离大地湾遗址相去不远。2009年调查并发掘，出土5500余件石制品和部分动物化石，反映了中国北方石片石器的传统特色。文化遗存埋藏于水洛河第二级阶地上覆的马兰黄土中。AMS ^{14}C测年与气候事件对比相结合的综合年代研究显示，遗址主要文化层的时代集中在距今4.6万~2.3万年间，属于晚更新世晚期。而光释光测年则给出更早的数据。近年在陇西盆地发现近50处晚更新世遗址，皆埋藏于马兰黄土地层中。年代学、黄土地层学等的综合研究表明部分遗址的时代在距今6万～3万年间。结合大地湾遗址的新发现，说明该区域至少在距今6万年以来存在频繁的人类活动，留下大量的遗物、遗迹[38]。

萨拉乌苏：位于内蒙古乌审旗，自从1923年发现以来，不同地点经历了多次调查、剖面清理和发掘，采集到多件人类骨骼和牙齿，发掘出土大量动物化石和少量石制品。石制品细小，显示华北小石片工业的特点。长期以来，该遗址人类骨骼的原生层位存在疑问，有的人骨经AMS ^{14}C测年，得出300～200 BP的数据[39]。本文作者曾采集另外几具人骨标本测年，数值也在全新世的范畴之内，说明大多数人骨是近现代的，与"河套人"没有关系。但不应据此否认该遗址存在更新世的人类遗存。不同测年手段曾被运用到对该遗址地层的研究。董光荣等根据地层对比和释光测年，认为萨拉乌苏组形成于14万～7万年前[40]；尹功明等对范家沟湾地点获得距今6.8（±0.73）万～6.1（±0.49）万年的红外释光年龄[41]。

乌兰木伦：位于内蒙古鄂尔多斯市康巴什新区，2010年发现，其后经过多次发掘，出土丰富的石制品和动物化石。石制品显示小型石片工业特点，多为石核、石片和断块，说明古人类在该地制作和使用工具。花粉和木碳化石记录显示，古人类生存的环境处于从灌丛—草原向草原植被转换的状态，较现今相对温暖湿润。AMS ^{14}C测年数据为距今4.14万～3.31万年（校正后）之间，属于深海氧同位素3（MIS 3）阶段中期[42]；光释光测年给出更老的数据，可到距今7万年。结合动物群的属性、文化特点和释光年龄，有学者认为该遗址的年代为距今7万～3万年[43]。

织机洞：位于河南荥阳，1990年以来经历多次考古发掘，揭示出多个文化层位，出土丰富的石制品、动物化石和用火遗存。根据考古发掘报告[44]，文化遗存被划分为旧石器时代早段（1~12层），旧石器时代晚段（13~18层）和新石器时代早、中期（19~21层）。对第18层下的钙板做不平衡铀系测年，得出距今7.9万±1.0万年的数据。结合哺乳动物化石信息，研究者认为旧石器时代文化层位应在7万年前。研究者进一步指出：织机洞旧石器时代文化体现了中国北方主工业的特点，对现代人群的本土连续演化提供了重要证据。其后刘德成等用光释光测年法将靠近下部的旧石器时代文化层位测定为距今5万~3.5万年，并注明最下的文化层并未见底[45]，预示可能还有更早的文化遗存。

秦岭地区：秦岭是中国南北气候分界地，在该地区的洛南盆地、汉中盆地和蓝田地区先后发现密集的旧石器时代遗址，表明这里是更新世人类生存和演化的适宜、重要地区。考古学家和地质一年代学家对多处遗址和地层做测年分析，发现古人类在早更新世早、中期就在该地区活动，断续至晚更新世后段。南洛河流域的古人类活动从约80万年前开始，到约3万年前仍有遗物遗迹，其间的考古遗存出现在几个时段[46]。最近王社江等在出土蓝田人头骨化石的公王岭附近新发现多处旧石器时代遗址，其中部分遗址的石制品埋藏在灞河流域第二级阶地晚更新世黄土地层中。黄土地层对比和光释光测年数据表明，古人类在这些地点生存的时期为距今7万~3万年前后[47]。这些材料与数据表明，该地区古人类活动的年限从早更新世和中更新世顺延至晚更新世较晚的阶段，而且石器文化面貌表现出早晚相继、前后一致的共性。

井水湾：位于重庆丰都县城旁，埋藏于三峡地区长江右岸第二级阶地内，现被库区水淹没。于1998年~2002年间经历了5次系统发掘，出土大量石制品，多为石核、石片和以砾石、大石片为毛坯加工的砍砸器和刮削器，显示南方砾石石器工业特色。应用光释光技术中的单片再生剂量法对埋藏石制品沉积物中的石英颗粒进行测年，多个数据皆指向约7万年前[48]。井水湾遗址的光释光测年首次确证古人类于晚更新世早期在三峡地区的存在，从而使该地区旧石器时代早→中→晚期文化发展序列得以构建。该地区还分布着枣子坪、池坝岭、冉家路口等遗址，时代相近，表明在晚更新世早中期有频繁的人类活动，区域旧石器文化一脉相承[49]。

黄龙洞：位于湖北郧西县，发现于2004年，经历3次发掘，出土7枚人类牙齿、30余件石制品和用火遗存以及大量动物化石。动物群组合具备更新世中、晚期的特点，洞穴次生碳酸盐岩铀系测定的年代为距今10万~7.7万年[50]。

以上仅举出一些公布过测年数据的实例，而且考虑到末次冰期寒冷气候对人类生存的影响应该北方胜于南方，因而这些例证主要来自长江以北，对华南的该阶段遗存不多着墨。其实，随着新遗址的发现和新的分析测试结果的推出，中国北方距今10万~4万年间的考古证据会不断丰富，人类演化的路线图会更加清楚。例如近年在山东日照黄泥梁遗址、内蒙古大窑遗址四道沟地点上部层位和沈阳农业大学后山遗址所做的发掘和文化层测年，都得到人类在此期间内生存活动的明确信息，相关材料和数据后续会发表。

上述遗址的年代数据未必完全确凿、精准，这存在测年工作的薄弱环节：^{14}C测年鞭长莫及，而新生的光释光测年、碳酸盐岩铀系测年等方法还存在样本的适合性、精度的可靠性和学术界的接受度等问题。但考古年代学是个综合的系统，岩性地层对比、磁学地层信号、生物地层特征、文化遗存特点，都会给出各自的时代信息，与"绝对年代"相互补充和验证，使得对遗址的时代判断不至于出现大的偏差。

上述考古证据表明，距今10万～4万年间中国乃至东亚存在系列的人类生存证据。从气候环境特征和生物演化的角度看，末次冰期天寒地冻导致当时当地的人群走向灭绝的论断是不成立的。学术界一般认为，末次冰期涵盖距今7.4万～1万年的漫长时期，在此期间全球普遍降温，但中间有多次波动，发生过冷—暖、干—湿的交替。针对黄土高原季风气候所做的研究表明，13万～7.4万年前处于末次间冰期，温暖湿润的夏季风影响范围覆盖整个黄土高原，年平均气温和降水量较现今更高更强。末次冰期期间，气温下降，环境恶化，但距今5.9万～2.4万年间是间冰期，气温有所回升，夏季风活动范围涵盖黄土高原中、南部大部分地区。即使在末次冰期的高峰期（LGM，距今1.8万年前后），夏季风的活动也未完全停止，而是将影响范围南移至黄土高原东南部，其南仍被夏季风控制并继续有成壤作用[51]。据此推导，中国乃至东亚的大部分地区在末次冰期间并不存在足以导致人类和其他生物大灭绝的极端气候条件，即使在最寒冷的LGM时段仍有很大的区域适合人类和其他生物生存。华南自不必说，因为在整个更新世，该地区一直有大熊猫—剑齿象动物群生存繁衍，其成员都是喜湿喜热的种属。即使在对环境变化更敏感的华北，披毛犀、猛犸象、野马、野牛、野猪、熊、鬣狗、狼等大型哺乳动物都在更新世的大部分时间内安然度过[52]，猛犸象、披毛犀等在全新世早期灭绝，更多的种类一直生存到现在。这些只能被动适应环境变化的大型动物能挺过末次冰期，具有更高智能和技术手段的人类——能够娴熟地制作和使用工具，能进行高度的组织协调和社会分工，能建设、改变居址环境，能有控制地用火，能有效地迁徙移动，能缝制御寒衣物，反而无法适应，在气温降低、食物减少的情况下绝灭，与常理不合；自更新世初以来，地球经历了多次冰期—间冰期旋回，末次冰期并非气候最恶劣者[53]。生活在中国乃至东亚的人群以前没有在更恶劣的冰期寒冷环境下灭绝，在技术和生存能力更强的末次冰期时反而不能适应，与逻辑不符；经历对逐渐变冷的生态环境长期逐步适应的原住民走向灭绝，而来自湿热地带的移民反而在寒冷的新环境中怡然存活，与常识相悖。为何一些持"出自非洲说"者要做出这样有悖事实与逻辑的推断？或许是为了简化处理从非洲迁移过来的人群与本土人群之间的关系，避免讨论新移民与土著之间是否发生过基因交流或战争杀戮。如果存在前一种情况，那本土人群就没有灭绝，完全替代就不能成立；而如果是后一种情况，又苦于没有证据。二者根本无缘相遇，也就解除了这样的尴尬。

五、讨论

（一）咬文嚼字：关于"现代人"及相关概念、术语

论证中国乃至东亚更新世人群连续演化是对现代人类"出自非洲说"及其对中国、东亚本土人群曾经灭绝过论断的回应。"现代人"有特定的含义，是与更古老的直立人和早期智人（包括尼安德特人）相对应或对立的，是一个新的种群。需要指出的是，这个种群与此前人群的关系并不明确，在这一概念下有很多模糊的空间和未经澄清的假设前提。

按照生物学的概念，一个物种是一群可以交配并繁衍后代的个体，与其他生物不能交配，或交配后产生的后代不能再繁衍。因

而，生殖隔离是物种间最根本的区别特征。当把这一概念应用到人类身上，却发生了很多歧义。现生人类一般被划分为三个人种，即尼格罗人种（俗称黑种人）、高加索人种（俗称白种人）、蒙古人种（俗称黄种人）。这些人种可称为"肤色人种"，即主要按照肤色的差异加以区分，他们只是"种群""种族"的概念，在生物学上三者同属一个物种。化石人类按照演化阶段一般分成南方古猿、能人、直立人、早期智人、晚期智人。晚期智人即为现代人，近来学术界有淡化早期智人与晚期智人分类的倾向，笼统称为智人，并将其作为现代人的代名词。这些人种可称为"化石人种"，是按照化石所表现出来的骨骼形态的差异加以划分的，他们（或者其中的两个，尤其是进化阶段相邻者）是否属于同一物种，其实不得而知，因为科学家无法根据化石形态判断生殖隔离情况。因而化石种不能等同于生物种。近来随着分子生物学在古人类学上的应用，又诞生了新的"人种"，例如丹尼索瓦人（Denisovan），是遗传学家根据在俄罗斯阿尔泰地区丹尼索瓦（Denisova）洞穴中发掘出土的一小块指骨上所提取到的DNA信息而命名的，原因是该个体的遗传特征与同期的"现代人"和尼安德特人有很大的区别[54]。这样，古人类群体中又增加了一个新的成员，而对这一新种的鉴定标准是遗传变异。我们可以将其称为"基因种"，但这一新种与其他化石种的生物关系并不清楚，因为遗传学信息还未能精确到对生殖隔离做界定。那么，考古学家是否可以根据不同人群的文化特征定出"文化种"？这些人种的概念到底有何意义？它们是如何影响了我们的思维和理论阐释？

毋庸置疑，概念是会影响思维并误导理论论述的，而且经常会在下意识状态下发生。很多人在研究时，把人类演化史上的化石人种和基因人种等同于生物物种，对前二者与后者的区别不假思索。这样的思维方式在"现代人"起源问题的研究上造成的偏颇十分明显。首先是分子生物学家从现生人群的遗传多样性角度提出"现代人"大约在20万年前起源于非洲，其后向其他地区扩散，取代当地的土著人而演化成地球上的现代人群[55]，然后一些古人类学家和考古学家加入支持阵营，提出化石和文化证据并不断强化论述。在这一过程中，"现代人"被窄化为20万年前出现在非洲并向他地迁徙的人群，成为一个专有、特化的名词，其他人群就此与"现代"无缘。由此延伸的寓意是："现代人"是个新的生物人种，与包括尼安德特人在内的同期早期智人是不同的物种，二者之间存在生殖隔离。但没有证据表明这样的情况真正发生过。以前认为尼人与现生人群在遗传上具有不可跨越的鸿沟，尼人不可能对现代人的基因做出任何贡献[56]。其后发现尼人与现代人有过基因交流，但对现代人的遗传贡献微乎其微，只占1%~3%[57]。最近新的研究表明，尼人与从非洲迁徙过来的"现代人"之间的基因交流程度被远远低估，前者是现生人群的重要祖先群体[58, 59]。即使这样，大多数文章在谈到现代人起源时，仍将尼人排斥在外。那么中国乃至东亚的情况如何？这里有以金山人、大荔人、马坝人等为代表的早期智人群体，也有以田园洞人、山顶洞人、柳江人等为代表的晚期智人群体，二者的演化关系怎样？按照"连续进化附带杂交"的理论[60]，前者演化成了后者，二者实现了无缝对接。而按照"出自非洲说"的思路，二者之间发生了中断和间隔，后者的直接祖先是从非洲迁徙过来的"现代人"。其实，没有任何证据对上述推断提供支持，也没有任何证据表明从非洲迁徙过来的"现代人"（如果有过这样的移民的话）与本土的早期智人分属不同的物种，不能进行基因交流。

依据现有的资料和逻辑推导，我们完全有理由认为：早期现代人有多个种群，出现在非洲的"现代人"只是其中的一支，而非全部；与"现代人"在西亚、欧洲发生过混血的晚期尼人是其中的一个种群，东亚早期智人的晚期群体也是其成员。非洲的"现代人"演化自更古老的种群，欧洲和东亚也是如此，至少部分如此。很可能在直立人阶段，人类作为一个统一的生物种就已形成，其后就不断演化，而不是在种群间做新的"起源"，因而所谓的"现代人起源"是个伪命题。我们应更多着墨于现代人类演化的区域性多样化问题[61]，而不应被狭隘、有歧义的概念误导了研究方向。

（二）饮食男女：隔离、种群延续与性

从莫维斯（Movius）开始，一些学者认为中国乃至东亚古人类是特化的种群，从直立人迁入以来，一直生活在人类演化的边缘地带，与外界基本隔离，在文化上是一潭死水[62]。近来邢松等撰文指出，周口店直立人演化缓慢，原因可能是缺乏基因交流，"北京人"可能是一个相对隔离的群体[63]。根据生物学原理，长期（生殖）隔离会导致种群内部发生分化，演变成不同的物种。那么，被认为与外界发生过隔离的以"北京人"为代表的东亚古人群是否会变成与同期的西方人类不同的物种？他们是否没有能力与其他地区的人群发生基因交流？是否不能演化成现代人？邢松等在文章中引述卡瓦利·斯福扎的观点[64]做出了某种程度的否定回答：哺乳动物种群因隔离而演化出新种大约需要100万年的时间，"北京人"时间太短，不足以分化出来。其实，从化石证据和文化遗存看，中国古人群与西方同类长期隔离的假设前提是不存在的，基因交流与文化融合是时常发生的[65]，这种交流应当是将东西方古人群维系在同一个生物种内的重要条件。

对这一问题的研究，更应该引入人类行为的视角。人类有区别于其他动物的许多独特的行为方式，具有更紧密的社会性，这使得不同人群作为一个大家庭的成员更能密切交流互动，更能清楚表达彼此的关系及欲望，能以社会性强化血缘的纽带。人类有利于种群繁衍的独特的社会属性包括：（1）迁徙性——人类的迁徙特性应该主要源于食物的驱动（当然，探究新天地的好奇心和寻找异性伴侣的驱动也不可排除），而且人的迁徙不像许多动物那样在特定的季节循着固定的路线，而是随意、不定向的，这就增加了不同人群相遇并发生基因交流的可能性。（2）制作和使用工具、用火、狩猎、改造居址、缝制衣服的技能——这些技能使得人的适应能力比其他动物要强得多，可以生活在不同的地域和生态环境下，这增强了人类的生存能力和在多样性的状态下延续血脉的能力。（3）拥有复杂的语言和意念表达方式——能用肢体动作、音乐、装饰品、绘画、涂色等方式表达情感和欲望，能以此做族群的标记并建立不同群体间的联系，增强族群内的凝聚力和群体间的链接，从而增加血缘上的关联。（4）交换与互助——不同地区的人类群体因特定的环境资源与技术优势会拥有一些特殊的资源材料（例如优质燧石、黑曜石、海贝等）或生产一些特定的工具（例如勒瓦娄哇尖状器）、用品等（例如装饰品），他们会以此与其他群体进行贸易交换，互通有无，从而建立起社会关联。当然，这种物流有时是通过征伐、劫掠实现的。在这一过程中，人的互动，血脉的串通，将不可避免。（5）超强的爱欲和生殖能力——人类这方面的能力在哺乳动物中是出类拔萃的，没有发情期的限制成为其得天独厚的优势，人类的异性在适育年龄几乎可以随时随地发生性爱并繁衍后代,这使得不同群体在相遇时会或多或少发生浪漫的故事,基因在不同群体、不同地域间会不断交流,生殖隔离就此成为虚妄的假设。诚如最近有学者指出的那样,爱是人类演化的重要动力[66]。应该说,人的行为方式和社会属性使得人群会不断迁徙互动,不同人群、不同地域间的基因交流会时常发生,作为一个物种的血缘关系会不断强化。西方如此,东亚也是这样。

(三)条分缕析:关于人类演化研究的文化证据

在人类演化研究中,最重要的材料或证据来自两个方面:人类化石与文化遗存。对前者,可依据骨骼形态的时序性变化分析人类的体质演化过程,通过形态异同的比较界定族群或个体间的亲缘与演化关系,通过骨骼上的特征或痕迹研究古病理、暴力行为、伤残现象,也可在骨骼和牙齿上提取样本做稳定同位素分析来研究古人类的食谱和生态环境,在适合的时段和保存状况下还可做古DNA提取分析和^{14}C测年。后者包括古人类制作和使用的工具、用具(石器、骨牙器、竹木器等)及制作过程中的副产品,餐饮消费的动植物残留物,用火遗迹,居址、建筑遗迹等。文化遗存提供古人类生存和演化的行为与社会信息,包括工具制作技术水平、资源开发能力、生存方式与策略、扩散过程与迁徙路线、族群内部成员间的关系与分工、群体间的交流互动等。化石材料与文化遗存相互补充,方能对具有生物与社会双重属性的人类的演化过程做出全面的复原与解读。当然,遗传学研究、古环境研究、年代学分析等都从不同的侧面对人类起源与演化研究做出重要贡献。

立足文化遗存的考古学研究在探讨人类起源与演化中具有不

可替代的优势。首先是材料丰富，目前我国旧石器考古遗址与材料已经遍布各个地区和时段，在很多情况下人类化石缺位，文化遗存成为古人群生存的唯一证据。当然，这样的证据链永远不可能环环相扣，在特定区域人类演化的历史上，数万年甚至更长时间的证据空白并不稀奇，可能是当时的人类没有涉足这一区域，也可能是材料未能保留下来或者尚未被发现。考古与刑侦工作近似，一个刑事案件并不需要把事件发生过程的所有细节证据都收集齐全，具备了关键证据就可定案，考古分析亦然。其次是文化遗存对古人类社会属性的反映，例如运用特定的技术生产和加工工具并开发利用资源的生存方式，特定材料（例如黑曜石、海贝）所反映的古人群活动范围及贸易、交换关系，装饰品所表现的人类审美追求和意念表达等。

当然，文化证据有其自身的薄弱环节。由于它们是人类社会行为的产物，在很大程度上不受进化法则的控制，因而不像人类和其他生物体质演化那样严格遵循自然规律，有清晰的演化路径可循。而且人类的行为具有多变性，导致文化遗存具有多样性和不确定性，对其分析有时会出现多解与歧义。即使这样，研究者在通过文化遗存探讨诸如人群属性、群际关系及生存方式等人类学问题时，并不可随心所欲地利用、曲解材料，以迎合某种观点或理论。有学者在研究法国Grotte du Renne洞穴发现的4.45万~4.10万年前与尼人的骨骸相伴而生的石器、骨器和装饰品时，认定这些文化遗存表达了人类技术与行为的现代性，应是"现代人"的制品，不可能由尼人自主发明创作，由此断定尼安德特人模仿了他们的智人邻居，制出了这些物件的"山寨版"[67]。这样的解释十分牵强附会，明显是在"现代人"对其他人群完全替代的理论模式下先入为主地判了尼人先进技术与思维能力的死刑。另一批学者对就法国西南部多尔多涅（Dordogne）流域的两处遗址出土的尼人文化遗存所做的研究则提出不同的看法，他们指出，生活在这里的尼人在欧洲最早制作和使用专用的骨器，这种能力出现的时间要早于"现代人"到达这里的时间，也早于"现代人"拥有这种能力的时间，因而提出是尼人将这种能力传播给"现代人"[68]。于是，同样的现象因不同的视角而产生了不同的认识，而后一种解释显然更加客观合理。这提示我们：必须客观对待文化遗存，客观对待我们所研究的文化的创造者，不能带着偏见、戴着有色眼镜去做歪曲的审读。

对于用考古材料破译中国乃至东亚人类连续演化这一命题，笔者在私下交流时曾被问及这样的问题：是否因为人类的文化适应性，尤其是因新环境下石器原料的不同，从西方迁徙过来的新移民会丢掉他们自己的技术模式或生活方式，而接受了当地固有的文化传统？如果是这样，考古材料岂不就失去了分辨本土人群与外来移民的能力？答案应该是否定的。其一，中国的石器原料与非洲和欧亚大陆西部确有很多不同，这里可用的石料大多是石英岩、脉石英、砂岩等，燧石、白云岩、黑曜岩等优质材料相对少，但优质材料的缺乏并未达到彻底限制一些石器技术应用的程度。欧亚大陆西部与非洲的一些阿舍利手斧也是用石英岩、砂岩制作的，印巴次大陆更是如此，说明制作阿舍利工具并非一定要用燧石材料。百色和洛南的手斧就是明证。在更新世中国的广大地区，有同样适合制作手斧的材料，尤其是长江以南很多质地和形态都很适合的河卵石，但多数地区没有手斧，说明是人群和文化传统在起作用；近几年作者所带领的团队在内蒙古大窑遗址开展系统的发掘，揭示出中更新世至晚更新世不同时段的文化遗存。这里被公认作旧石器时代的石器制造场，有大量燧石岩块可用，石制品中有很多大型石核、石片和加工成型的工具，但自始至终没有出现手斧，更说明材料不是关键的因素。再者，水洞沟遗址出现勒瓦娄哇技术和石叶技术相结合的石制品组合，被认定是西方移民的产物，但这些工具的制造者并非随身携带西方的优质石材，而是开发利用当地的石英岩、白云岩和燧石，说明适宜的材料存在于本土，只是之前和其后没有人群将勒瓦娄哇和石叶技术施加到这些材料上，因而材料绝非决定因素。其二，如果是新移民因适应环境而丢掉了本身的文化传统，那应该是个逐渐的过程，我们应该能看到在迁徙扩散的路线上有个石器技术及工具组合转变的过程，但考古遗存中没有这样的迹象。其三，如果是像"出自非洲说"所言那样的完全移民替代，新的族群完全不表现固有的文化风貌是不可思议的，尤其是华南被认为是迁徙过来的"现代人"最早的驻足地，这里反而不见石叶等被认为是"现代人"文化标识的遗存的踪影，应是很好的反证。从中国旧石器时代考古材料特点及其发展过程看，本土人群的连续演化是主旋律，外来移民的迁入和融合是插曲。

（四）透物见人：石器技术与生存模式、演化能力

中国乃至东亚的旧石器文化体系在很大程度上一直保持模式1的主要特征，在制作技术革新和工具的规范化、精致化方面都"落后"于西方。这样的工具组合及其表现出的技术能力是否能支持东方古人类与西方人群同步演化，最终成为现生人群大家族的成员？对此有学者另辟蹊径，提出远古东方人类使用竹器，石器只是用来制作竹器的工具，不能代表古人的技术与能力[69,70]。笔者则提出"综合行为模式"的论述[71,72]，认为中国乃至东亚的古人类在生存方式与策略方面有这样一些特点。

因地制宜,简便务实。古人群充分利用大自然给予的便利条件,选择近水、向阳、易于获取石器原料和食物资源的环境生存,对制作石器的原料就地取材,对工具的加工简单随意,不追求规范化和精致化,很多时候直接使用未经加工的石片。

低限开发,与环境和谐。在原料利用方面很少刻意寻找优质材料并进行长期、深度开采,各类石器主要用于采集、肢解、加工、消费食材,很少出现大量、过度捕杀猎物的场面,对可用资源仅做浅程度的开发,在客观上与生态环境保持和谐与友好。

不断迁徙。保持经常性的迁徙移动,即当一个地区的可供资源趋于贫瘠时即迁移到新的地方,以寻找利用新的资源。这种生存方式增强了古人类群体对多变波动的气候环境的生存竞争力和适应能力,即总是迁移到最适宜的地方求得生存,而不必把一个地方的资源开发到极致从而导致生态灾难;人类群体不必强迫自己在技术和文化方面发生重大适应性改进和调整以便开发利用难于得到的资源,而是用变更环境、获取新的资源的方式来弥补技术的不足。

机动灵活。主要表现在因陋就简、因材施法,即根据原料特点的不同而采用不同的开发利用方式。例如北京猿人用砸击法开发脉石英。虽然这种方法效率低且浪费大,但对周口店地区质劣而量丰的脉石英材料,却有其合理性;而在三峡地区面对大量圆钝、扁平、不易锤击剥片的河卵石,晚更新世人类则用摔碰法撞下边缘锋利的石片,或将母体一分为二,从而为进一步剥片和加工奠定基础。这充分体现了古人灵活变通的聪明才智。诚如一些学者所断言,东亚旧石器时代人类制作和使用竹器,则其机动灵活性得到进一步的诠释。

进取创新。透过缓慢发展的表层,仍可在中国旧石器文化遗存中看到进取与创新的一面,表现在克服劣质石器原料的困难和剥片技术的不断成熟上。周口店第1地点的文化时代约为距今70万～30万年,最重要的技术特点是用砸击法从脉石英团块上砸下石片以供石器加工。该遗址上部文化层位砸击制品占石核—石片类的74%左右,其他为锤击产品。第15地点距今约14万～11万年,文化面貌与第1地点一脉相承,显示很强的渊源关系和延续性,但第15地点的砸击制品仅占石核—石片类的12%左右,锤击产品却占88%[73]。这说明生活在第15地点的人群面对同样劣质的材料大大减少了对砸击法的依赖,转而以锤击法为主要方法从脉石英块上剥制石器的毛坯,从而使加工出的石器更加规范、精致。能将锤击技术娴熟地运用到脉石英质材上,说明周口店第15地点占据者的石器技术较之第1地点的主人有了很大的进步,开发利用资源的能力有了显著的提高。另外,在周口店第15地点、许家窑、丁村等遗址出现用交互打法从盘状石核上剥取相对规整的石片的技术,较之以前从简单石核和多面体石核上随机剥片的技术模式,也是进取与创新的例证。

六、结语

丰富的旧石器时代遗址和遗存对研究中国乃至东亚更新世人群的演化过程、规律及现代人起源问题提供了翔实的资料、信息和重要的启示。透过石制品原料特点及开发利用方式,石器制作技术,石制品类型、形态与组合特点,以及区域文化传统演变等文化因素,可以看出中国乃至东亚旧石器时代文化是一脉相承的,进而说明这里的古人群是生生不息、连续演化的；通过对中国旧石器文化体系中勒瓦娄哇技术制品、具有阿舍利风格的石制品组合和石叶技术产品这些具有"西方元素"特点的文化成分的辨识与分析，可以得出结论：更新世期间中国旧石器时代石器生产技术基本维持在模式1内，即北方的小石片工具体系和南方的大型砾石石器体系，来自西方的文化因素在不同时段、不同地区间或出现过，但从来没有成为文化的主流，更没有发生对土著文化的置换，表明这一地区没有发生过大规模移民和人群替代事件。基因混合与文化交流应该发生过，但其过程是融合而非替换；许家窑—侯家窑、北窑、大地湾、徐家城、萨拉乌苏、乌兰木伦、织机洞、秦岭地区诸遗址、井水湾、黄龙洞等地点的地层和测年数据表明，神州大地不存在距今10万~4万年间的材料空白，人类演化的链条在此期间没有中断过，古气候和古生物信息也对末次冰期导致本土人群灭绝的论断提出否定。这些都从考古学的角度对中国乃至东亚古人群连续演化及现代人类"连续进化附带杂交"的理论提供了强有力的论证和支持。"综合行为模式"等学说的提出强化了对本土人群适应生存并不断向前演化能力的论述。对人类独特的行为特点与社会属性的观察和思考，也对东亚古人群与西方人群的隔离问题及不同地区的人群长期保持在单一物种内的可能性提供了有益的启示。

致谢：在文章写作过程中，王社江、关莹、李锋、葛俊逸等提供了有助的材料与信息，作者表示衷心感谢。

参考文献

[1] Weidenreich F. Six lectures on Sinanthropus pekinensis and related problems. Bulletin of the Geological Society of China, 1939, 19: 1-110.

[2] Weidenreich F. The skull of Sinanthropus pekinensis, a comparative study on a primitive homind skull. Palaeontologia Sinica (Series D), 1943, 10: 1-485.

[3] Cann R, Stoneking M, Wilson AC. Mitochondria DNA and human evolution. Nature, 1987, 325: 31-36.

[4] 柯越海, 宿兵, 李宏宇, 等. Y染色体遗传学证据支持现代中国人起源于非洲. 科学通报, 2001, 46(5): 411-414.

[5] Jin L, Su B. Reply to J Hawks: The Y chromosome and the replacement hypothesis. Science, 2001, 293: 567.

[6] 吴新智. 从中国晚期智人颅牙特征看中国现代人起源. 人类学学报, 1998(4), 17: 276-282.

[7] 吴新智. 现代人起源的多地区进化学说在中国的实证. 第四纪研究, 2006, 26: 702-709.

[8] 吴新智. 中国古人类进化连续性新辩. 人类学学报, 2006, 25(1): 17-25.

[9] Gao X, Zhang X L, Yang D Y, et al. Revisiting the origin of modern humans in China and its implications for global human evolution. Science China (Earth Sciences), 2010, 40(9): 1287-1300.

[10] Mellars P A. The impossible coincidence: A single-species model for the origins of modern human behavior in Europe. Evolutionary Anthropology, 2005, 14: 12-17.

[11] O'Connell J F. How did modern humans displace Neanderthals? Insights from hunter-gatherer ethnography and archaeology. In: Nicholas J. Conard ed. When Neanderthals and Modern Humans Met. Tübingen: Kerns, 2006: 43-64.

[12] Shea J J. *Homo sapiens* is as *Homo sapiens* was: Behavioral variability versus "behavioral modernity" in paleolithic archaeology. Current Anthropology, 2011, 52(1): 1-35.

[13] 高星. 周口店第15地点石器原料开发方略与经济形态研究. 人类学学报, 2001, 20(3): 186-200.

[14] 高星, 卫奇, 李国洪. 冉家路口旧石器遗址2005发掘报告. 人类学学报, 2008, 27(1): 79-90.

[15] Movius H L. The Lower Paleolithic cultures of southern and eastern Asia. Transactions of the American Philosophical Society (New Series), 1948, 38(4): 329-420.

[16] Schick K D. The Movius line reconsidered: Perspectives on the earlier Paleolithic of Eastern Asia. In: Corruccini R S, Ciochon R L eds. Integrative Paths to the Past. New Jersey: Prentice Hall, 1994: 569-596.

[17] 贾兰坡, 盖培, 卫奇. 山西峙峪旧石器时代遗址发掘报告. 考古学报, 1972(1): 39-58.

[18] 张森水. 管窥新中国旧石器考古学的重大发展. 人类学学报, 1999, 18(3): 193-214.

[19] Pei S W, Gao X, Wu X Z, et al. Middle to Late Pleistocene homimin occupation in the Three Gorges region, South China. Quaternary International, 2013, 175: 237-252.

[20] 黄慰文, 侯亚梅, 高立红. 中国旧石器文化的"西方元素"与早期人类进化格局. 人类学学报, 2009, 28(1): 16-25.

[21] Boëda É. Levallois: A volumetric construction, methods, a technique. In: Dibble HL, Bar-Yosef O eds. The Definition and Interpretation of Levallois Technology, Monographs in World Archaeology 23. Madison: Prehistory Press, 1995: 41-68.

[22] 高星. 周口店第15地点的剥片技术研究. 人类学学报, 2000, 19(3): 199-215.

[23] 李英华. 旧石器技术研究法之应用——以观音洞石核为例. 人类学学报, 2009, 28(4): 355-362.

[24] 高星, 王惠民, 关莹. 水洞沟旧石器考古研究的新进展与新认识. 人类学学报, 2013, 32(2): 121-132.

[25] Wang Wei, Bae C J, Huang S M, et al. Middle Pleistocene bifaces from Fengshudao (Bose Basin, Guangxi, China). Journal of Human Evolution, 2014, 69: 110-122.

[26] Hou Y M, R Potts, Yuan B Y, et al. Mid-Pleistocene Acheulean-like stone technology of the Bose Basin, South China. Science, 2000, 287(5458): 1622-1626.

[27] 高星. 中国旧石器时代手斧的特点与意义. 人类学学报, 2012, 31(2): 97-112.

[28] 王社江. 花石浪（I）——洛南盆地旷野类型旧石器地点群研究. 北京: 科学出版社, 2007.

[29] 王社江, 鹿化煜, 张红艳, 等. 陕西蓝田地区新发现黄土地层中的旧石器及其年代. 科学通报, 2014, 59(14): 1318-1326.

[30] Li F, Kuhn S L, Gao X, et al. Re-examination of the dates of large blade technology in China: A comparison of Shuidonggou Locality 1 and Locality 2. Journal of Human Evolution, 2013, 64: 161-168.

[31] 宁夏文物考古研究所, 中国科学院古脊椎动物与古人类研究所. 水洞沟旧石器考古研究的新进展与新认识. 人类学学报, 2013, 32(2): 121-132.

[32] 宁夏文物考古研究所, 中国科学院古脊椎动物与古人类研究所. 水洞沟: 2003~2007年度考古发掘与研究报告. 北京: 科学出版社, 2013.

[33] Fu Q M, Meyer M, Gao X, et al. DNA analysis of an early modern human from Tianyuan Cave, China. Proceedings of the National Academy of Sciences of the United States of America, 2013, 110(6): 2223-2227.

[34] 陈铁梅, 原思训, 高世君. 铀子系法测定骨化石年龄的可靠性研究及华北地区主要旧石器地点的铀系年代序列. 人类学学报, 1984, 3(3): 259-269.

[35] 长久恒人, 下冈顺直, 波冈久惠, 等. 泥河湾盆地基础旧石器时代遗址光释光测年. 人类学学报, 2009, 28(3): 276-284.

[36] 刘富良, 杜水生. 洛阳北窑黄土旧石器遗址1998年发掘报告. 人类学学报, 2011, 33(1): 13-21.

[37] 张东菊, 陈发虎, Bettinger RL, 等.

甘肃大地湾遗址距今6万年来的考古记录与旱作农业起源. 科学通报, 2010, 55 (10): 887-894.

[38] 李锋, 陈福友, 高星, 等. 甘肃省徐家城旧石器遗址的年代. 人类学学报, 2013, 32 (4): 432-440.

[39] 尚虹, 卫奇, 吴小红. 关于萨拉乌苏遗址地层及人类化石的年代问题. 人类学学报, 2006, 25 (1): 82-86.

[40] 董光荣, 苏志珠, 靳鹤龄. 晚更新世萨拉乌苏组的新认识. 科学通报, 1998, 43 (17): 1869-1872.

[41] 尹功明, 黄慰文. 萨拉乌苏遗址范家沟湾地点的光释光年龄. 人类学学报, 2004, 23 (增刊): 272-276.

[42] 李小强, 高强, 侯亚梅, 等. 内蒙古鄂尔多斯乌兰木伦遗址 MIS 3 阶段的植被与环境. 人类学学报, 2014, 33 (1): 60-69.

[43] 王志浩, 侯亚梅, 杨泽蒙, 等. 内蒙古鄂尔多斯市乌兰木伦旧石器时代中期遗址. 考古, 2012 (7): 3-13.

[44] 张松林, 刘彦锋. 织机洞旧石器时代遗址发掘报告. 人类学学报, 2003, 22 (1): 1-18.

[45] 刘德成, 夏正楷, 王幼平, 等. 河南织机洞旧石器遗址的洞穴堆积和沉积环境分析. 人类学学报, 2008, 27 (1): 71-77.

[46] 鹿化煜, 张红艳, 孙雪峰, 等. 中国中部南洛河流域地貌、黄土堆积与更新世古人类生存环境. 第四纪研究, 2012, 32 (2): 167-177.

[47] Wang SJ, Lu HY, Zhang HY, et al. Newly discovered Palaeolithic artefacts from loess deposits and their ages in Lantian, central China. Chinese Science Bulletin, 2014, 59 (7): 651-661.

[48] 裴树文, 张家富, 高星, 等. 三峡井水湾遗址的光释光测年. 科学通报, 2006, 51 (12): 1443-1449.

[49] 高星, 裴树文. 三峡地区远古人类的足迹: 三峡库区旧石器时代考古的发现和研究. 成都: 巴蜀书社, 2010: 1-181.

[50] 涂华, 沈冠军, 武仙竹. 古人类遗址湖北郧西黄龙洞的铀系年代. 人类学学报, 2011, 30 (3): 327-333.

[51] 刘东生. 黄土与干旱环境. 合肥: 安徽科学技术出版社, 2009.

[52] 吴汝康, 吴新智主编. 中国古人类遗址. 上海: 上海科技教育出版社, 1999: 1-307.

[53] EPICA Community Members. Eight glacial cycles from an Antarctic ice core. Nature, 2004, 429: 623-628.

[54] Krause J, Fu Q, Good J, et al. The complete mitochondrial DNA genome of an unknown hominin from southern Siberia. Nature, 2010, 464: 894-897.

[55] Cann R, Stoneking M, Wilson A C. Mitochondria DNA and human evolution. Nature, 1987, 325: 31-36.

[56] Caramelli D, Lalueza-Fox C, Vernesi C, et al. Evidence for a genetic discontinuity between Neandertals and 24,000 year old anatomically modern Europeans. Proceedings of the National Academy of Sciences of the United States of America, 2003, 100: 6593-6597.

[57] Green R, Krause J, Briggs A, et al. A draft sequence of the Neanderthal genome. Science, 2010, 328: 710-722.

[58] Benjamin Vernot, J M Akey. Resurrecting surviving Neanderthal lineages from modern human genomes. Science, 2014, 343: 1017-1021.

[59] Sriram Sankararaman, S Mallick, M Dannemann, et al. The genomic landscape of Neandertal ancestry in present-day humans. Nature, 2014, doi: 10.1038.

[60] 吴新智. 从中国晚期智人颅牙特征看中国现代人起源. 人类学学报, 1998, 17(4): 276-282.

[61] 高星, 张晓凌, 杨东亚, 等. 现代中国人起源与人类演化的区域性多样化模式. 中国科学: 地球科学, 2010, 40(9): 1287-1300.

[62] Movius H. Lower Paleolithic archaeology in Southern Asia and the Far East. Studies in Physical Anthropology No. 1, edited by WW Howells. New York: Humanities Press, 1969.

[63] 邢松, 张银运, 刘武. 周口店直立人3号头骨形态特征对比及其演化速率所反映的群体隔离. 人类学学报, 2012, 31(3): 250-258.

[64] 卡瓦利·斯福扎LL, F卡瓦利·斯福扎. 人类的大迁徙——我们来自非洲吗? 乐俊河, 译. 北京: 科学出版社, 1998.

[65] 吴新智. 中国远古人类的进化. 人类学学报, 1990, 9(4): 312-321.

[66] Enrique Burunat. Love is the cause of human evolution. Advances in Anthropology, 2014, 4: 99-116.

[67] Jean-Jacques Hublin, S Talamo, M Julien, et al. Radiocarbon dates from the Grotte du Renne and Saint-Césaire support a Neandertal origin for the Châtelperronian. Proceedings of the National Academy of Sciences of the United States of America, 2012, 109(46): 18743-18748.

[68] Marie Soressi, SP Mc Pherron, M Lenoir, et al. Neandertals made the first specialized bone tools in Europe. Proceedings of the National Academy of Sciences of the United States of America, 2013, 110(35): 14186-14190.

[69] Watanabe H. The chopper-chopping tool complex of eastern Asia: An ethnoarchaeological examination. Journal of Anthropological Archaeology, 1985, 4(1): 1-18.

[70] Pope G. Bamboo and human evolution. Natural History, 1989, 10: 48-57.

[71] 高星, 裴树文. 中国古人类石器技术与生存模式的考古学阐释. 第四纪研究, 2006, 26(4): 504-513.

[72] Gao X. Paleolithic Cultures in China: Uniqueness and Divergence. Current Anthropology, 2013, 54(Supplement 8): 358-370.

[73] Gao X. Core reduction at Zhoukoudian Locality 15. Archaeology, Ethnology & Anthropology of Eurasia, 2000, 3(3): 2-12.

原载于《人类学学报》2014年第33卷第3期

朝向人类起源与演化研究的共业：古人类学、考古学与遗传学的交叉与整合

◎ 高星

一、引言

在最近的30年中，现代人类起源与演化问题成为学界研究和媒体传播的热点，出现针锋相对的理论流派，将古人类学、考古学、分子生物学等多个学科裹挟了进去，其讨论之热烈和受关注程度之高，可以说是继直立人和南方古猿被发现并将人类历史两次大幅度前推之后掀起的人类起源研究的第三次浪潮。不同于之前的研究与讨论，在新的学术浪潮中，研究工作不再局限于古人类学和考古学这样传统的领域，而是由新兴的分子生物学或遗传学发端和引领；相关证据不再局限于人类化石和考古材料，DNA成为论据的主角；研究的视野不再囿于宏观的化石与文化遗存的形态特征，而是进入了微观的分子层面。由于参与领域的增加和科技手段的进步，此一轮的研究不断有新的发现和新的认识，不断取得新的突破，但也因为不同学科间存在研究对象、方法和思路的不同，学科间缺少了解、沟通与协作，出现一些学术语言和研究结论不被彼此理解和接受的情况，在一些问题上出现误解与无谓的争论，影响了相互之间

的借鉴、互动和成果的共享，进而影响了在一些重要问题上做整合研究并达成学术共识。因而，开展相关领域的交流合作，尤其是传统的古人类学、考古学与新兴的分子生物学之间的沟通、协作，明确彼此的关注点、需求和专长，凝练共同的学术问题和目标，整合现有的资源与成果并向着共同的学术方向一道前行，是推动相关研究走向深入并取得更大突破的必要举措。

为此目的，2016年9月6日~7日，作者与付巧妹研究员及德国马普学会进化人类学研究所的Svante Pääbo先生共同发起了一个以"人类演化与适应生存方式——遗传学、考古学与人类学的交叉研究"为题的小型国际会议。研讨会在中国科学院古脊椎动物与古人类研究所举办，来自国内外考古学、遗传学和古人类学、古环境学等不同领域的50多位学者参加了研讨和交流。我在会上做了题为 "浅谈考古学、遗传学和古人类学交叉整合研究的必要性与意义"（Call for Collaboration and Integration among Archaeology, Paleoanthropology and Genetics）的主题发言，得到一些学者的反响。在吴新智院士的鼓励下，我将报告整理成文，期望与更多的同行交流和讨论。

二、目前的研究现状与问题

自1987年三位西方遗传学家提出所有现代人的直接祖先都起源于非洲的"出自非洲说"后[1]，现代人起源与演化成为一个炙手可热的学术问题和社会关注的焦点，国际学术界围绕此问题形成两大理论阵营，分别主张现代人类"非洲单一地区起源"和"多地区进化"，发生着激烈的论辩，并各自寻找证据，推进研究，强化论述[2-11]。随着新材料的发现和新研究成果的产生，学术界对此问题的研究进一步深化，相关假说也得到发展或修正。分子生物学在继续强化现代人从非洲起源并向其他地区扩散的论述，通过高通量现生人群的遗传变异分析，进一步推断早期现代人群走出非洲的时间和到达世界各地的节点，以及现代人类各族群形成、融合的过程[12-14]，同时在早期现代人与尼安德特人的遗传关系上获得突破，提取到二者混血的DNA证据，并发现在现代人形成过程中曾有几个"遗传人种"并存，逐渐从"完全替代论"向"部分替代伦"或"融合说"调整[15-21]；而人类化石的发现也表明在晚更新世中晚期并存几个不同的"形态人种"，尼安德特人与早期现代人存在形态的混合与镶嵌[22-25]；考古学则发现所谓的"现代人行为"（Modern Human Behavior）出现在不同的时间与地区，并非与化石证据和遗传证据相一致，于是研究视角从"行为现代性"转向"行为多样性"[26]。

在此背景下，中国地区的相关研究也取得重要进展，理论认识得到深化。1998年，吴新智基于对中国晚期智人颅骨和牙齿特征的观察，正式提出"连续进化附带杂交"的假说，指出这个模式是"多地区进化说"在东亚的表现形式，该模式可能贯穿中国古人类的进化历史[27]。最近从湖南道县福岩洞、广西崇左智人洞等遗址新发现的人类化石表明，早期现代人于10多万年前即在中国南方出现，远早于"出自非洲说"限定的早期现代人移入的时间窗口[28, 29]；对一些古老型人类化石的研究发现，现代人的形态特点在本土的早期智人化石上有清晰的体现，本土连续演化、镶嵌进化的论述得到进一步强化[30-32]；遗传学研究从4万年前的"田园洞人"化石上提取到线粒体DNA与核DNA，发现该个体的基因与现代东亚人和美洲印第安人很接近，并且已经与同期的旧大陆西部古人群产生了遗传分异[33];考古学研究则表明中国乃至东亚的石器文化及其反映的人群的生存方式一脉相承,没有发生过中断或替代,"出自非洲说"所做出的该地区于距今10万~5万年间发生过本土人群大灭绝的假设可以被否定[34-36]。这些新的发现与成果,尤其是学科交叉研究所取得的进展,使该地区现代人起源与演化的脉络更加清晰起来,细节与过程正在被不断揭示与复原出来。但不同观点的争论仍在继续,很多缺环仍未被填补,很多证据仍然存在着多解的可能性,研究中的概念错误与前提误区仍然存在;参与其中的不同学科的从业人员在研究思路、方法和成果表达方式诸方面存在较大差异,阻碍了彼此之间的交流与合作,亟须做多学科的交叉和整合研究,也需要方法与理念的创新和理论阐释的突破。

三、主要学科在相关研究上的优劣势

有关现代人起源与演化、扩散的研究主要在古人类学、考古学和遗传学三个领域内进行。由于研究对象、材料、方法和所关注的问题不同,各个学科有自己的特点,在人类起源与演化研究上各有优势和强项,也各有劣势和短板。

(一)古人类学

在此使用的古人类学概念,特指对古人类体质特点和生长发育的研究,即通过人类化石的形态与结构特征研究人类的起源与演化,也可称其为"化石人类学"。

该学科研究的对象是人类化石,因而其擅长点和薄弱点取决于人类化石的丰贫度和所携带信息的完整性。人类化石保留着标本所代表的人体死亡时的某些体质特征，客观地记录着该个体的死亡年龄、性别、身高、脑量、营养健康、生长发育、古病理等生理信息（当然，信息的完整性和真实性视化石的保存情况而定），对古人类个体及其所代表的群体的演化阶段、演化地位和不同阶段的发展变化，不同地区人群的形态差异，古人类对环境变化的生理适应与调整等，提供直接的不可替代的形态证据，并在古人类生存与分布的时空信息，特定人群迁徙、扩散的路线，不同人群的基因交流等方面，提供重要的线索与启示。这些材料、证据与信息，对于研究和重建人类演化的过程、趋势与格局，对于构建人类起源与演化的理论，不可或缺。

吴新智通过对中国出土的古人类化石的形态观测和与其他地区标本的比较研究，指出东亚人类化石上存在系统性、连续性的演化特征和镶嵌进化的证据，包括颜面在水平方向扁平，鼻梁矮，鼻腔与眼眶之间骨表面平或稍凹，眼眶近长方形，上颌骨颧突下缘弯曲，与上颌体连接处位置较高，额骨与鼻骨和上颌骨相接的骨缝呈大致水平的弧形，额骨正中线上最突出处靠下，头骨最宽处在中三分之一部的后段，早期较强而中期较弱的正中矢状脊，上门齿呈铲形等，并在少量化石上提取到可能是基因交流导致的西方古人类常有的性状，进而提出东亚人类演化的"连续进化附带杂交"假说[10, 27]。近来在中国的一些古老型人类牙齿上进一步提取到向现代人演化的性状[30]，给该理论提供了更多的形态证据。在更大的层面上，人类演化出直立行走能力的时间、直立人相对于之前的人类脑量明显增大、尼安德特人独特的体质特征、现代人体质特点出现的时间和目标人群、尼人与早期现代人基因交流的形态证据等，这些重要人类演化信息的提取和科学结论的建立，都依赖于对人类化石形态和结构的观测分析，这就是为什么古人类学界对人类化石趋之若鹜，每每有所发现，都会成为轰动性的新闻，常能成为Nature、Science封面文章的缘故。

但该领域有明显的薄弱环节。人类化石毕竟凤毛麟角，被发现者往往残破不全，很难提供完整的信息，存在着很多时空缺环，无法据此建立起早期人类演化的完整证据链；人体都有个体特点和变异，化石标本也同样，其形态对一个时段或群体的代表性存在被质疑的空间；对化石的形态和结构研究依赖两方面信息：测量性性状和非测量性性状，对后者的观察分析难免受到研究者经验与主观因素的影响，具有一定的不确定性；由于标本稀缺，定量分析和重复验证能力相对较差；有些化石因发现的偶然性或非经专业工作者发掘出土，年代和出土环境信息缺失，很难将其放到一个精确的年代框架中加以讨论；体质形态有些可能受制于遗传变异，有些应该源于环境适应，目前的阶段还很难将人类体质演变的内因外力区分出来，因而形态研究能够发现人类起源与演化的现象却难以揭示其动因与机理。因为化石本身的局限，一些重大学术问题目前还无法得到令人满意的解答，例如最初的直立行走是源于何种动因，是在陆地上演化出来的行为方式还是在树栖阶段就已经发生？[37]尼安德特人的内耳迷路是其独有的特征吗？[38]具有现代人形态特点的Omo头骨被从距今10万年提前到距今20万年[39,40]，可信度有多大？中国地区年代超过100万年的古人类头骨只有蓝田公王岭出土的一具，它能代表该地区那样长时段内的古人类形态特点吗？

（二）考古学

在考古学界，涉及人类起源与早期演化研究的领域是旧石器时代考古学。该学科通过古人类留下的物质文化遗存研究早期人类的技术、行为和文化演变以及人类应对环境变化的适应生存方式。该学科研究的对象是物质文化产品，包括人类制作和使用的工具，狩猎、采集与消费后的动植物遗存，艺术作品，墓葬，建筑遗迹，用火遗存，等等。相对于人类化石不易形成、保存和数量稀少，人类物质文化遗存要丰富得多，并在时空上有更好的连贯性；由于文化遗存多成组出土于考古地层，往往具有更好的年代与埋藏学基础，有清楚的遗物、遗迹间的共生关系或相关性。这些遗存是为适应生存的需要而被制造和遗留，因而反映着人类的技术发展和智能演化过程及社会关系，以及对特定环境的适应生存能力与方式；它们的存在可以标记特定人群活动的时空范围和迁徙扩散的路线、不同人群间的交流互动、不同区域间文化差异等，对特定技术的起源、传播及农业、文明、城市、国家等的起源都会提供关键信息；对一个地区或时段而言，可以提供人群演化是否连续、是否发生过中断或替代等方面的重要信息。

就中国地区现代人起源研究而言，旧石器时代考古学提供着独特、不可或缺的视角和佐证。例如，从石器技术而言，该地区旧石器时代文化与旧大陆西部具有明确的不同，在石器原料开发利用方式、石器制作技术、石制品类型及其软肋形态与组合、区域文化传统的传承等方面，从早到晚清楚地表现出一脉相承与连续发展的趋势和特点，没有外来文化对本土文化从根本上改造、替代的证据，也不存在"出自非洲说"倡导者所提出的10万~5万年前中国地区本土人类因末次冰期灭绝而形成的人类演化空白[41]。这样的证据和研究结论为"连续进化附带杂交"学说提供了重要而关键的支持[34-36]。通过石器技术的比较研究和断代分析,还在水洞沟遗址追踪到旧石器时代晚期一支来自西北的古人群[42-44],并得以知晓东亚古人群拥有有别于西方古人群的一些适应生存方式[35, 45]。

文化遗存也有其软肋。人类行为受大脑的支配,受自然条件和技术能力的制约,存在着很多不可掌控的主客观影响因素,其文化产品必然存在着很大变异,很少受生物演化自然规律的制约,规律性不强。由于这些特点,考古遗存对文化创造者的生物属性无法做出直接、准确的反映,研究者的经验与主观因素会占有一定的成分,定量分析和重复验证能力相对较差,也难以通过文化属性揭示人类起源与演化的动因与机制。

在现代人起源与扩散问题上,西方学者曾经致力于寻找和辨识早期现代人技术与行为标识,并开出了包括石叶技术、精美的石器、磨制骨器、复合工具、装饰品、艺术品、墓葬,猎获大型动物的能力,对石料的热处理,对居址的复杂利用方式等一串清单[46-49]。但随着研究的深入,发现很多所谓"现代人行为特征"其实早已被尼安德特人所拥有,例如墓葬、艺术作品、精美的工具等[50, 51],而在现代人出现的头10万多年间并没有找到与之配套的上述文化产品,于是意识到人类的行为变化远大于体质形态与遗传变化,考古学文化无法与人类的特定演化阶段或人群相对应,那些所谓的"现代人行为标志"出现在不同时期、不同地域和不同人群中。于是,从考古方面论述现代人起源,尤其为"出自非洲说"寻找或提供文化或行为证据的做法已在很大程度上被摒弃;多数考古学家正背离"现代人行为"或"行为现代性",而开始更多关注人类行为的多样性(Behavioral Diversity)[26]。

(三)遗传学

遗传学或分子生物学是现代人起源研究中异军突起的新秀,也是这一学术命题与相关讨论的发起者。目前该学科主要从两个方面对这个问题做分析、破译。(1)对现生人群遗传信息的提取和比较分析,从不同地区人群遗传多样性的多寡和古老基因的孑遗情况回溯、反推现代人起源与扩散的过程和祖裔人群可能的生存地,并借助分子生物钟推算现代人基因的起始点。(2)在古人类化石上提取DNA并做测序分析,破译该个体及其所代表群体的遗传密码,寻找与其他人群的遗传关系以及与我们现代人类的链接点。该学科立足日新月异的现代分子生物学技术和信息科技,相较古人类学和考古学具有更好的现代科学基础,具有很强的大数据分析和重复检测能力,能从很小的骨骼碎片上提取DNA,甚至能从地层沉积物中提取人类或其他动物的DNA。该领域强于微观分析,有能力揭示人类演化的内在原因或机理,因为演化的根本原因是遗传变异或DNA复制错误,那些适应环境、有利于生存的变异经过自然选择得以保留并在群体中扩散,带来种群的基因变化,并进而发生相应的体质和行为变化[52]。

遗传学介入人类起源与演化研究,为传统的基于人类化石和文化遗存形态观察分析的研究模式带来了冲击和活力,为一些重大问题的破解提供了全新的科技手段,对古人类学得出的结论提供了一个补充、验证的机会。遗传学能做出考古学和体质人类学无法做到的事情,例如从世界各地代表性人群的DNA信息中发现现代非洲人比其他地区的人群具有更大的遗传多样性,进而通过聚类分析和演化树形分析提出现代人类"出自非洲说"[1];从一小块指骨上的DNA中发现一个前所未知的古人类群体——丹尼索瓦人[17],进一步表明人类演化的复杂性；提取到尼安德特人与现代人混血的遗传证据，证明现代人的基因库中有尼安德特人的少量遗传贡献[15]。

但该领域也同样有短板。在古DNA提取与分析方面，目前只在有限的化石上提取到DNA，除了少数特例，所提取到的DNA都在10万年以内，主要材料来自欧亚大陆，更多地区的材料尚未被触及，尤其是未能获得非洲地区早期现代人的遗传基因，因而所获得的结果与结论难免偏颇与局限。在通过现生人群的遗传变异做溯源推导时，以前很多研究依赖线粒体DNA信息在母系内追溯，存在很大的局限性，目前更多的核DNA被分析和关注，情况正在改变；现在生活在各地的人群或多或少经历了迁徙移动，其间不断混血，这样的迁徙融合对现今基因变异与分布会造成无法辨识的影响，就如考古发掘中遇见"扰乱层"一样，确凿的反推难以实现[53]；该领域所采用的某些假设前提有待验证或已被证明不可靠，例如恒定的变异率或分子生物钟[54]、将遗传多样性大小等同于演化历史的长短等；很多文章或书籍简单地将不确定的现代人起源于非洲的时间表述为十分确定的20万年前。还应该指出，通过现代人群的遗传变异对古代人群做溯源推导得出的只是有待验证的推论，却常常被作为直接证据或既成事实加以表述甚至作为新研究的出发点；在支持现代人起源于非洲假说的古人类学、考古学和遗传学的学者间，存在循环论证、相互引述支持而不是独立研究的倾向或成分。

四、学科交叉与整合研究的必要性

如上所述，参与现代人起源与演化研究的学科领域主要是古人类学、考古学和遗传学。年代学、古环境学及科技考古的一些领域也参与其间，做着某种程度的贡献。就三个主要学科而言，各有强项，也各有短板，所谓"尺有所短，寸有所长"，谁也无法包打天下。人类起源与演化研究是这些学科的共业，彼此间必须交流与协作。

目前不同学科间交流是缺乏的，互动则流于形式和表面。一些古人类学家（包括考古学家）对遗传学家通过现代人群的遗传变异推导远古人群的起源、演化的做法与结果存在疑虑，但由于缺乏遗传学的专业知识，又很难对其方法与结果做有效的深度分析；他们寄望于遗传学家答疑解惑，却发现一些遗传学家不屑于解释这些细节，而遗传学内质疑与反对的声音又将研究者推到两个相互否定的极端，让人无所适从。一些遗传学家对体质人类学与考古学缺乏基本的了解，以古人类学和考古学材料与证据存在缺环和不确定性为由质疑这两个学科的科学基础，对其研究结果不以为然，甚至将后者扣上"狭隘的民族主义"的帽子而加以否定，有时又会从后者的材料、结果或不同意见中断章取义、取其所需，强化自己的论述。当不同学科的研究结论发生矛盾时，一些学者往往固执己见，否定对方，而很少检讨自己可能存在的问题并做交叉验证或相互协调。

其实，不同学科间彼此是有所需求的。古人类学与考古学企盼遗传学能在微观上、分子层面上补强宏观证据的不足，能对体质演变和行为方式的诸多现象提供遗传机制的阐释，并在下述具体问题上对遗传学有热切的需求与期盼：在人类起源与演化的一些重大节点或事件上，例如直立行走、毛发退化、脑量增大、语言产生、享用一些特定食物、适应高寒环境等，哪些是遗传变异触发的？具体是如何发生的？人类一些体质特点演变，例如大脚趾和大拇指变化、眉脊弱化、头骨壁变薄、下颌隆突、牙齿变小、大脑越来越复杂等，基因突变起过怎样的作用？人类一些特定的生产与文化活动，诸如制作工具、追逐猎物、艺术创作、生殖繁衍、暴力与互助，都受哪些基因控制？如何控制？在人类演化过程中，如何分辨遗传变异的作用和环境的压力与改造？当然，还希望借助分子生物学技术确凿地鉴定野生与驯化的植物、动物，有效鉴别不同的食性人群（例如狩猎—采集人群与农业社群），有效区分不同生态环境下的人群（例如热带—亚热带丛林中的人群与草原地区生存的人群），有效分辨目前已高度融合的地球村人中不同族群的源头与融合的过程等。当然，对中国的材料而言，从包括金牛山人、大荔人、马坝人、许家窑人等在内的早期智人化石上提取DNA，以便研究他们是否对现代人群有过基因贡献、他们与尼安德特人和丹尼索瓦人是否有亲缘关系等疑难问题，是学术界翘首以待的。

遗传学界也会从古人类学与考古学领域得到助益。前者对后者显而易见的需求是分析材料，即做古DNA提取和测序的人类骨骼样本，而且样本所附着的地理、地层和年代信息不可或缺。在提取用于分析测试的人骨样品时，最理想的状态是遗传分析者亲临发掘现场，与考古从业者并肩工作，在防止样本被人为污染的同时，搞清人骨的地层和埋藏学信息。当然，古人类学与考古学的作用并非仅仅是为遗传学提供标本和相关信息，遗传学从微观层面破译人类演化密码，其结论需要回到化石和文化遗存的宏观层面加以检验；遗传学也需要从古人类学研究中获得学术问题和方向，针对特定的问题开展研究，并与古人类学相关领域一道，从不同的侧面构筑人类起源与演化的理论大厦。因而，搞清古人类学的研究现状，知道人类学家、考古学家的问题和需求，对遗传学研究十分重要。

五、未来方向建议

如何加强相关学科间的交流、协作，由表层的互动变为深度的整合研究？作者认为可以从下述几个方面做出努力。

发展各自的学科，发挥各自的优势。学科都在发展完善之中，尤其现代精密仪器的出现和信息技术的发展，为各个学科提供了前所未有的发展契机。体质人类学会不断克服化石材料的困难，在获得更多标本的同时会从已有的材料上提取更多的信息和精细数据，利用断层CT技术将观测的对象从表面的形态延伸到内部的结构，强化量化分析，减少结果的不确定性。考古学也在发展实验模拟、微痕分析、残留物分析、同位素分析、材料分析等分支领域，并致力于提取文化遗存精细的图像与观测数据，加强量化分析，减少研究的主观成分。遗传学的发展更是日新月异，正在从对线粒体DNA信息的依赖转向核DNA和全基因研究，减少假设前提的不确定性和分析结果的片面性。对更多古人类DNA的提取和破译，将会对人类起源与演化研究带来更多重大的变革和突破。各自学科的发展完善会为学科间的交流互动奠定更好的科学基础。

在三个主要学科间做紧密的交流、合作。体质人类学、考古学和遗传学都以研究人类起源和演化为方向与目标，这奠定了三个学科交叉与合作的坚实基础。既然相关学科彼此需求，互有所长，就应该相互学习，相互了解，加强交流、合作，致力于从其他学科汲取信息与问题的营养，消除不信任与隔阂，消除学术语言的混乱，建立畅通的交流渠道和共同的工作平台。本次"人类演化与适应生存方式——遗传学、考古学与人类学的交叉研究"研讨会的召开，就开创了一个很好的先例。

与更多相关学科横向协作、互动。随着科技发展和人类起源研究成为显学，越来越多的学科领域加入此方面的研究之中，学科的界限不断打破。年代学、埋藏学、古环境学、蛋白组学、骨组织学、食谱分析、稳定同位素分析等领域都会对人类的演化与适应生存研究提供独特而重要的信息，对三个主要学科提供助力。

共同立项，做交叉与整合研究。最有效的交叉、合作是共同立项，在同一学术目标下组成研究团队，对重大人类起源与演化问题从不同侧面做整合研究，并选取资源丰富、条件成熟的某个遗址或区域做依托。这需要凝练科学问题与学术目标，建立由各领域精兵强将组成的能有效合作的研究团队，确立合理的技术路线，制定可行的研究与管理计划。相信这样的综合性项目会取得更大的创新突破，会产生重大学术成果，也会培养具有广博视野的跨学科新型人才，促进相关学科间的交流、交叉与合作，反过来进而促进各个学科的长足发展。

致谢：本文在写作中与吴新智院士、付巧妹研究员等做过讨论，感谢他们的建议与启发。彭菲提供了文献帮助，两位审稿专家提供了建设性的意见与建议，在此表达谢意。

参考文献

[1] Cann R, Stoneking M, Wilson A C. Mitochondria DNA and human evolution. Nature, 1987, 325: 31-36.

[2] Wolpoff M H, Wu X Z, Thorne A G. Modern Homo sapiens origins: A general theory of hominid evolution involving the fossil evidence from East Asia. In: Smith F H, Spencer F eds. The origins of modern humans: A world survey of the fossil evidence. New York: Alan R Liss Inc., 1984.

[3] 吴新智. 中国远古人类的进化. 人类学学报, 1990, 9(4): 312-321.

[4] Wolpoff M H. Human Evolution (1996-1997 edition). New York: McGraw-Hill, 1996.

[5] Chu J Y, Huang W, Kuang S Q, et al. Genetic relationship of populations in China. Proceedings of the National Academy of Sciences of the United States of America, 1998, 95(20): 11763-11768.

[6] 柯越海, 宿兵, 肖君华, 等. Y染色体单倍型在中国汉族人群中的多态性分布与中国人群的起源及迁徙. 中国科学, 2000, 30(6): 614-620.

[7] 柯越海, 宿兵, 李宏宇, 等. Y染色体遗传学证据支持中国人起源于非洲. 科学通报, 2001, 46(5): 411-414.

[8] 吴新智. 与中国现代人起源问题有联系的分子生物学研究成果的讨论. 人类学学报, 2005, 24(4): 259-269.

[9] 吴新智. 中国古人类进化连续性新辩. 人类学学报, 2006, 25(1): 17-25.

[10] 吴新智. 现代人起源的多地区进化学说在中国的证实. 第四纪研究, 2006, 26(5): 702-709.

[11] 高星, 张晓凌, 杨东亚, 等. 现代中国人起源与人类演化的区域性多样化模式. 中国科学: 地球科学, 2010, 40(9): 1287-1300.

[12] Pagani L, Lawson D J, Jagoda E, et al. Genomic analyses inform on migration events during the peopling of Eurasia. Nature, 2016, doi: 10.1038/nature19792.

[13] Mallick S, Li H, Lipson M, et al. The Simons Genome Diversity Project: 300 genomes from 142 diverse populations. Nature, 2016, doi: 10.1038/nature18964.

[14] Malaspinas A S, West-away M, Muller C, et al. A genomic history of Aboriginal Australia. Nature, 2016, doi: 10.1038/nature18299.

[15] Green R E, Krause J, Briggs A W, et al. A draft sequence of the Neanderthal genome. Science, 2010, 328(5979): 710-722.

[16] Reich D, Patterson N, Kircher M, et al. Denisova admixture and the first modern human dispersals into Southeast Asia and Oceania. American Journal of Human Genetics, 2011, 89: 516-528.

[17] Krause J, Fu Q, Good J, et al. The complete mitochondrial DNA genome of an unknown hominin from southern Siberia. Nature, 2010, 464: 894-897.

[18] Vernot B, Akey J M. Resurrecting surviving Neandertal lineages from modern human genomes. Science, 2014, 343(6174): 1017-1021.

[19] Prufer K, Racimo F, Pattersonet N, et al. The complete genome sequence of a Neanderthal from the Altai Mountains. Nature, 2014, 505: 43-49.

[20] Fu Q, Li H, Moorjani P, et al.

[20] Genome sequence of a 45,000-year-old modern human from western Siberia. Nature, 2014, 514: 445-449.

[21] Fu Q, Hajdinjak M, Moldovan O T, et al. An early modern human from Romania with a recent Neanderthal ancestor. Nature, 2015, 524: 216-219.

[22] Brown P, Sutikna T, Morwood M J, et al. A new small-bodied hominin from the Late Pleistocene of Flores, Indonesia. Nature, 2004, 431: 1055-1061.

[23] Curnoe D, Xueping J, Herries AIR, et al. Human Remains from the Pleistocene-Holocene Transition of Southwest China Suggest a Complex Evolutionary History for East Asians. PloS One. 2012, 7: e31918.

[24] Darren C, Ji X P, Paul S C, et al. Possible signatures of hominin hybridization from the Early Holocene of Southwest China. Scientific Repots, 2015, 5: 12408.

[25] Soficaru A, Dobos A, Trinkaus E. Early modern humans from the Peștera Muierii, Baia de Fier, Romania. Proceedings of the National Academy of Sciences of the United States of America, 2006, 103: 17196-17201.

[26] Shea J. Homo sapiens Is as Homo sapienc s Was: Behavioral Variability versus "Behavioral Modernity" in Paleolithic Archaeology. Current Anthropology, 2011, 52: 1-35.

[27] 吴新智. 从中国晚期智人颅牙特征看中国现代人起源. 人类学学报, 1998, 17: 276-282.

[28] Liu W, Jin C Z, Zhang Y Q, et al. Human remains from Zhirendong, South China, and modern human emergence in East Asia. Proceedings of the National Academy of Sciences of the United States of America, 2010, 107: 19201-19206.

[29] Wu Liu, María Martinón-Torres, Yan jun Cai, et al. The earliest unequivocally modern humans in southern China. Nature, 2015, 526: 696-699.

[30] Liu W, Schepartz L, Xing S, et al. Late Middle Pleistocene hominin teeth from Panxian Dadong, South China. Journal of Human Evolution, 2013, 64: 337-355.

[31] 刘武. 早期现代人在中国的出现与演化. 人类学学报, 2013, 32: 233-246.

[32] 刘武, 吴秀杰, 邢松. 现代人的出现与扩散——中国的化石证据. 人类学学报, 2016, 35 (2): 161-171.

[33] Fu Q M, Meyer M, Gao X, et al. DNA analysis of an early modern human from Tianyuan Cave, China. Proceedings of the National Academy of Sciences of the United States of America, 2013, 110: 2223-2227.

[34] 高星. 更新世东亚人群连续演化的考古证据及相关问题论述. 人类学学报, 2014, 33 (3): 237-253.

[35] Gao X. Paleolithic Cultures in China: Uniqueness and Divergence. Current Anthropology, 2013, 54 (Supplement 8): 358-370.

[36] 吴新智, 徐欣. 从中国和西亚旧石器及道县人牙化石看中国现代人起源. 人类学学报, 2016, 35 (1): 1-13.

[37] Thorpe SKS, Holder R L, Crompton R H. Origin of human bipedalism as an adaptation for locomotion on flexible branches. Science, 2007, 316: 1328-1331.

[38] Wu X J, Crevecoeurb I, Liu W, et al. The temporal labyrinths of eastern Eurasian Pleistocene humans. Proceedings of the National Academy of Sciences of the United States of America, 2014, 111: 10509-10513.

[39] 尚虹，卫奇，吴小红．关于萨拉乌苏遗址地层及人类化石年代的问题．人类学学报，2006，25（1）：82-86．

[40] Fleagle J G, Assefa Z, Brown F H, et al. Paleoanthropology of the Kibish Formation, southern Ethiopia: Introduction. Journal of Human Evolution, 2008, 55: 360-365.

[41] Su B, Xiao J, Underhill P, et al. Y-Chromosome evidence for a northward migration of modern humans into Eastern Asia during the last Ice Age. The American Journal of Human Genetics, 1999, 65 (6): 1718-1724.

[42] 高星，王惠民，关莹．水洞沟旧石器考古研究的新进展与新认识．人类学学报，2013，32（2）：121-132．

[43] Fei Peng, Huimin Wang, Xing Gao. Blade production of Shuidonggou Locality 1 (Northwest China): A technological perspective. Quaternary International, 2014, 347: 12-20.

[44] Feng Li, Steven L Kuhn, Xing Gao, et al. Re-examination of the dates of large blade technology in China: A comparison of Shuidonggou Locality 1 and Locality 2. Journal of Human Evolution, 2013, 64: 161-168.

[45] 高星，裴树文．中国古人类石器技术与生存模式的考古学阐释．第四纪研究，2006，26（4）：504-513．

[46] Klein RG. Anatomy, behavior, and modern human origins. Journal of World Prehistory, 1995, 9: 167-198.

[47] Mc Brearty S, Brooks A S. The revolution that wasn't: A new interpretation of the origin of modern human behavior. Journal of Human Evolution, 2000, 39: 453-563.

[48] Bar-Yosef O. The Upper Paleolithic revolution. Annual Review of Anthropology, 2002, 31: 363-393.

[49] d'Errico F, Vanhaeren M, Barton N, et al. Out of Africa: Modern human origins special feature: Additional evidence on the use of personal ornaments in the Middle Paleolithic of North Africa. Proceedings of the National Academy of Sciences of the United States of America, 2009, 106: 16051-16056.

[50] Nowell A. Defining Behavioral Modernity in the Context of Neandertal and Anatomically Modern Human Populations. The Annual Review of Anthropology, 2010: 437-452.

[51] Rodríguez-Vidal J, d'Errico F, Pacheco F G, et al. A rock engraving made by Neanderthals in Gibraltar. Proceedings of the National Academy of Sciences of the United States of America, 2014, 111: 13301-13306.

[52] Walter, C. Thumbs, Toes, and Tears, and other Traits that Makes Us Human. New York: Walker Books, 2006.

[53] Gao X, Zhang X L, Yang D Y, et al. Revisiting the origin of modern humans in China and its implications for global human evolution. Science China (Earth Sciences), 2010, 40 (9): 1287-1300.

[54] Rodriguez-Trelles F, Tarrio R, Ayala F J. Erratic overdispersion of three molecular clocks: GPDH, SOD, and XDH. Proceedings of the National Academy of Sciences of the United States of America, 2001, 98: 11405-11410.

中国地区现代人起源问题研究进展

◎ 高星　彭菲　付巧妹　李锋

一、引言

自1987年三位西方遗传学家提出所有现代人的直接祖先都起源于非洲的"出自非洲说"（Cann等，1987）后，现代人起源与演化成为一个炙手可热的学术问题和社会关注的焦点，学术界围绕此问题形成两大理论阵营，分别主张现代人类"非洲单一地区起源"和"多地区进化"，二者发生着激烈的论辩，并各自寻找证据强化论述（Stringer，1992，2002，2014；Stringer和Andrews，1988；Wolpoff等，1984，2000；Wolpoff，1999；Ke等，2001；柯越海等，2001；Templeton，2002；吴新智，1998，2006；高星等，2010）。随着新材料的发现和新成果的产生，学术界对此问题的研究进一步深化，相关假说也得到发展或修正。对欧亚人类化石的研究表明，在晚更新世晚期存在几个不同的"形态人种"，尼安德特人与早期现代人存在形态的混合与镶嵌，有学者据此提出了"同化假说"（Smith等，1989）；近年来对早期现代人与尼安德特人的遗传关系分析获得突破，提取到二者混血的DNA证据（Green等，2010；Fu等，2014，2015；Vernot和Akey，2014），并发现在现代人形成过程中曾有几个"遗传人种"并存,一些学者也逐渐从"完全替代论"向"同化论"调整;考古学研究表明,原以为现代人群独有的"现代人行为"出现在不同的时间与地区,与化石证据和遗传证据并非一致,学术界逐步认识到"行为现代性"与现代人并无一一对应的关系,研究视角也开始转向"行为多样性"(Shea,2011)。

在此背景下,中国地区的相关研究也取得重要进展,理论认识得以拓展。从广西智人洞(Liu等,2010;金昌柱等,2009)、湖北黄龙洞(Liu等,2008)、湖南福岩洞(Liu等,2015)和河南灵井(Li等,2017)等遗址新发现的人类化石表明,具有早期现代人特征的化石人类于距今10万年前后即在中国南部和中部出现;对陕西"大荔人"(吴新智,2014)、贵州"盘县大洞人"(Liu等,2013)的研究表明,现代人的形态特点在中更新世晚期本土早期智人化石上已有萌芽;遗传学研究从"田园洞人"化石上提取到线粒体DNA与核DNA,证明东亚现代人和美洲印第安人的直接祖先于4万年前即生活在北京周口店地区,并且在遗传上已经与同期的欧亚古人群有所分异(Fu等,2013);考古学证据则表明中国乃至东亚本土的石器技术及其反映的人群生存方式一脉相承,没有发生过中断或替代,距今10万~5万年间没有发生过本土古人群的大灭绝(高星,2014)。这些新发现与新成果,尤其是学科交叉研究所取得的进展,使该地区现代人起源与演化的脉络变得清晰起来,细节与过程正在不断被揭示。然而不同观点的争论仍在继续,很多缺环仍未被填补,诸多证据仍然存在着多解性,亟须整合研究及方法与理念的创新和理论阐释的突破。

二、西方学术界在现代人起源问题上的研究现状

（一）分子生物学研究进展及对"出自非洲说"的修正与反思

近年来分子生物学对人类演化研究最重大的突破是发现尼安德特人与早期现代人之间的基因交流，前者并未完全灭绝，而是对现生人群有一定的、独特的遗传贡献。2010年，众克罗地亚Vindija洞穴中出土的尼安德特人化石的DNA被破译。测序分析表明，欧亚大陆现生人群存在多个来自尼安德特人群的基因片段，其基因组中有大概1%~4%比例的区段来自尼安德特人（Green等，2010）。2014年，对发现于西伯利亚西部距今约4.5万年的Ust'-Ishim遗址的人类股骨的全基因测序有重要发现，这个早期现代人含有大约2.3%的尼安德特人基因，并把"早期现代人"与尼安德特人基因交流的时间窗口缩小到距今约6万~5万年，进一步表明现代人演化是一个复杂的过程，"走出非洲"的路线并非只有单一的南线（Fu等，2014）。而在罗马尼亚发现的一个生活于约4.2万~3.7万年前的早期现代人（Oase 1）骨骼上被检测出6%~9%的尼安德特人基因，推断该个体的第4~6代祖先中存在尼安德特人（Fu等，2015）。尼安德特人基因在欧洲和亚洲现生人群中所占比例虽小，但在每个个体基因组中分布不同。另一项研究从大量欧亚现生人群基因组中找到这些分布不相同的区域，发现这些区域能占到20%左右，而且与尼安德特人的基因混合使得从非洲迁徙过来的"现代人"具备了抵御寒冷和在新环境中存在的流行病的能力，从而生存发展到今天（Krings等，2000；Sankararaman等，2012，2014；Vernot和Akey，2014）。对阿尔泰地区的尼安德特人和丹尼索瓦人的基因分析表明，生活在该地区的尼安德特人的祖先在大约10万年前便与走出非洲的早期现代人发生过基

因交流，早于先前的推测（Kuhlwilm等，2016）。以上证据表明，单从西亚、欧洲和西伯利亚尼安德特人与早期现代人混血的角度，当初提出"出自非洲说"时所主张的现生人类全部演化自20万年前从非洲诞生的一支早期现代人群、其他古老型人群都彻底绝灭了的"完全替代说"显然不能成立。

研究还显示，在现代人群形成的过程中，地球上曾同时生活过多个支系的早期人群，他们与现代人祖先在进化上具有或多或少的亲缘关系。丹尼索瓦人是近年通过DNA分析辨识出的一支与早期现代人和尼安德特人并存的古老型人群（Krause等，2010；Reich等，2010，2011；Meyer等，2012）。该人群发现于西伯利亚地区的丹尼索瓦洞穴，生存于约5万~3万年前。他们的遗传信息在欧亚大陆人群中难觅踪影，仅在大洋洲某些群体（约5%）及亚洲群体（约1%~2%）中有一定程度的存在（Reich等，2010，2011；Vernot等，2016）。分子生物学研究在这些古人群之间揭示出复杂的演化关系。对来自西伯利亚地区的一位女性尼安德特人所做的基因测序和相关分析发现，在尼安德特人、丹尼索瓦人和早期现代人之间都发生过基因交流，而且在丹尼索瓦人的基因中存在来自一个神秘的古老人种的遗传信息（Prüfer等，2014）。这说明现代人的演化并非是一支人群诞生于非洲，然后向世界各地扩散并迅速取代各地的原住民那样简单。

正如30年前基因分析刮起了"出自非洲说"旋风一样，分子生物学日新月异的技术进步与研究进展再次促使学界对这一重大学术问题进行重新思考。一些"出自非洲说"的支持者开始对所持模式进行修正：走出非洲的人群对其他地区的本土人群"完全取代"（Total Replacement）的假设被逐渐剔除，"杂交"（Hybridization）

在人类演化中扮演的重要角色被广泛承认，在一些地区发生过连续、镶嵌演化的可能性被认可（Stringer，2002，2014）。但修正过的"出自非洲说"或"部分替代说"（Partial Replacement）仍然坚持只有走出非洲的那支人群才可被称为"现代人"，强调他们在现代人起源与演化中占据主体地位，对我们的基因库做出了主要的贡献；走出非洲的人群同化（Assimilation）了旧大陆其他地区的人群，而非被融入其他人群的基因库中（Smith等，2005）。必须指出，这种修正是基于尼安德特人与丹尼索瓦人对现生人群的少量基因贡献的分析结果而做出的，对于中国、东亚地区古老型人群对现生人群可能的基因贡献，基本没有涉及或者避而不谈。

当然，也有少量分子生物学家从原理和方法上对"出自非洲说"提出根本的质疑和否定，认为该假说采用了一些未被证明的假设前提和错误的材料信息，实则不能成立（Templeton，2007；黄石，2015）。

（二）人类化石的新发现与研究

人类化石的新发现和研究一方面将现代人在非洲和邻近区域出现的时间提前，早于分子生物学者所推断的距今20万年；另一方面也揭示出现代人与其他化石人类基因交流或共存的证据。2011年以来，在以色列的Qesem洞穴遗址距今40万~20万年的层位中相继发现13颗人类牙齿，研究者认为它们与以色列距今10万年左右的Qafzeh和Skhul的早期现代人形态近似，而与尼安德特人的关系相对较远（Hershkovitz等，2011，2016）。近日，北非摩洛哥Jebel Irhoud遗址人类化石的发现将此区域早期现代人出现的时间提至约30万年前，研究者认为虽然该个体具有一些古老型特征，但面部已发展出诸多关键的现代形态，揭示了非洲早期现代人具有复杂的演化历史（Hublin等，2017）。

尼安德特人与早期现代人混血的证据首先是从人类化石形态的角度提出来的（Smith，1984；Trinkaus等，1999；Wolpoff，1999）。研究人员在出自罗马尼亚一处洞穴中的年代被测定为距今3.5万年左右的一具头骨上发现兼具现代人和尼安德特人的解剖学特征，既有前额扁平、耳后骨突出、上臼齿硕大等尼人性状，又具有现代人眉脊特点和头颅比例，呈现一种镶嵌进化的态势，表明尼人和迁徙至欧洲的早期现代人可能曾经杂居并混种（Soficaru等，2006）。

在印度尼西亚发现的弗洛里斯人（Homo floresiensis）显示诸多直立人的形态特征（Tocheri等，2007）。初始研究认为该化石人类生活于约1.9万~1.1万年前（Morwood等，2004），新近的年代测定显示其生存年代为距今约5万年（Sutikna等，2016）。在对早先发现于中国云南、广西的两处洞穴中的一些人类化石进行研究时，学者鉴定出一支生存于距今1.45万~1.15万年间却保留了许多古老性状的"马鹿洞人"，认为他们可能是直立人时期走出非洲到达东亚的古人群孑遗（吉学平等，2014；Curnoe等，2012）。这些化石人类的发现与研究，连同从基因角度辨识出的生存于晚更新世晚期的"丹尼索瓦人"，进一步表明人类演化的复杂性与多样性，不会是"出自非洲说"在开始阶段所描述的单向进化及简单的"完全替代"那般模式。

对一些早期人类化石的发现与整合研究也启发了对现代人类起源问题的新思路。2013年，在对格鲁吉亚德马尼西（Dmanisi）遗址新发现的一个头骨化石进行研究并与该遗址出土的5个距今约185万年的人类头骨做比较分析时，发现这些头骨在形态上存在着明显的差异，如果它们被发现在非洲大陆，可能会被视作不同的人种，这说明那些非洲早期人类化石的形态差异是否达到种的差别是有疑问的，需要对当下人属化石的分类进行重新思考（Lordkipanidze等，2013）。Antón等（2014）对早期人类化石的整合生物学研究发现，现代人的诸多生物特征并非作为一个集合体突然出现，相反，这些特征在漫长的演化历史中出现得有早有晚。尽管这两项研究是针对早期人类演化而言，但对如何界定现代人、如何看待不同时期人类的差别这类与现代人起源密切相关的学术问题，提供了反思与启示。

与此同时，"多地区进化说"的倡导者基于新的发现与研究也在进一步强化论述。长期以来，这一假说在一定程度上被误读，认为它认同现代人作为一个新的物种在非洲、欧洲、亚洲独立出现。事实上，"多地区进化说"虽然出自魏敦瑞的"直生论"，但与"直生论"阐述人类起源、演化全过程不同的是，该假说主要阐述的是人类如何逐渐演化出形态上的现代性（Modernity）特征（吴新智，2006），而非专门讨论起源问题；它强调人类演化过程中的古/新形态镶嵌与基因交流（Wolpoff等，1984）。对于形态现代性的表述，主张"多地区进化"的Wolpoff与"出自非洲说"的旗手Stringer逐渐趋向一致：Stringer认为形态现代性的发育不是某个特性或某次事件，而是在不同时期以不同模式发生的不同演化进程（Stringer，2014）；而Wolpoff更强调现代性是蕴含体质、行为、基因多方面内容并且至今仍在持续的过程，在这一进程中由于人群、人口的差异与变化，逐渐形成了体质形态与基因的多样性（Caspari和Wolpoff，2013）。

（三）考古学研究的新进展及其对"现代人行为"的反思

现代人起源问题不局限于体质、形态与基因的研究。当体质人类学家和分子生物学家试图回答解剖学上的现代人是何时、何地、如何出现和演化时，考古学家也在致力于根据文化遗存阐释"现代人行为"的独特性及其起源、演化过程（Mellars，2005；Klein，2009）。目前对这一问题的研究主要围绕以下几方面内容，并呈现出学科交叉、方法多样的特点，研究思路也在此背景下大大拓展。

"现代人行为"定义：20世纪，研究者认为现代人作为现今世界上唯一人种，在与其他古人类的竞争中取得了最终胜利，必然有着比其他古人类更为先进的文化（Mellars，1989）。立足于西欧旧石器时代文化序列，当时认为尼安德特人创造的莫斯特（Mousterian）文化被现代人创造的奥瑞纳（Aurignacian）文化取代，因而奥瑞纳文化的许多特征，包括石叶技术、使用染料、远距离贸易、艺术、装饰品等就成为最早对现代人行为定义的标准（Mellars，1989，2006a，2007）。但随着世界各地材料的增多，这一定义清单的内容被越添越多，对文化特性的区分度却越来越弱。Henshilwood和Marean（2003）认为这些清单上的内容带有明显的欧洲中心的偏见，并不适用于世界其他地区。更为重要的是这些定义具有典型的经验主义特点，即根据遗址中是否出土某种物质材料作为鉴定标准，忽视了遗址特点和埋藏要素。在他们看来，一些具有象征（Symbolic）意义的证据才应该是现代人行为最重要的标准。他们的意见近年得到越来越多学者的支持（Nowell，2010）。于是，对蕴含象征意义的考古材料，包括装饰品、遗物上的刻划痕迹、染料等古人类非功利性（Non-utility）行为遗物越来越受到学术界的重视（Bouzouggar等，2007；d'Errico等，2009；Peng等，2012；Henshilwood等，2009；

Rodríguez-Vidal等，2014），同时这些遗物所反映的人类认知能力（Henshilwood等，2002；Wadley等，2009）、意识（Tattersail，2004）、大脑发育（Coward和Gamble，2008；Coolidge和Wynn，2005）乃至语言的出现（Schepartz，1993；d'Errico等，2003）等问题也逐渐吸引了来自语言学、认知科学、脑神经科学、社会科学等多领域学者的关注。

现代行为起源与演化：现代行为曾被认为是伴随着现代人迁入西欧而突然出现并取代了尼安德特人的文化（Mellars，1992）。其后，随着更多非洲材料的发现和"出自非洲说"的影响，有学者提出"现代行为"大约5万年前起源于非洲，原因是早期现代人脑内基因的突变，导致了现代语言能力的产生，出现了复杂的文化（Klein，1995）。这两种观点都支持现代行为的起源是一次突发的革命性（revolution）事件（Bar-Yosef，2002）。因而被统称为"革命说"。然而，Mcbrearty和Brooks（2000）在系统对比研究了非洲石器时代中期（Middle Stone Age）的考古材料后，发现所谓"现代人行为"的证据，包括石叶技术、使用染料、远距离贸易、艺术、装饰品等，早在距今约30万～25万年的石器时代中期就已经萌生，并且是连续、渐次出现的。于是，对现代人行为的研究如同现代人起源一样，也出现了两种针锋相对的假说——"革命说"（Revolution）和"渐进说"（Evolution）。除了这两种假说，有学者近来还提出了"跃变说"（Saltation），其依据是北非、南非相继发掘出许多距今约10万～7万年的装饰品、带有刻划痕迹的遗物、染料等。相关学者根据基因数据评估古人群数量时发现欧洲在4万前的人口规模与非洲10万年前相似，而4万年前的欧洲正是许多象征性行为、复杂技术出现的时段。因此，持"跃变说"者认为现代行为的出现与演化呈跃变的模式，即自10万年前出现以来时隐时现，直至约4万年前才稳定下来，而人口规模和数量被认为是这一演化模式的主要动因（d'Errico和Stringer，2011）。

现代行为的人群属性及文化交流：现代行为曾被认为是现代人独有的行为特征，但近年来d'Errico（2003）及Zilhão（2006）通过对一些西欧旧石器时代中期的莫斯特遗存研究，发现一些被认为是奥瑞那文化独有的行为特征，包括装饰品、刻划符号等，其实在莫斯特遗址中已经有所发现。特别是旧石器时代中晚期过渡阶段的一些遗址共出尼安德特人化石和骨质工具、装饰品及旧石器时代晚期典型的石器，说明以前所推测的所谓现代人行为并非现代人所独有。于是，"现代人行为"这一名词逐渐被废弃，代之以"现代行为"（Modern Behaviour）或"行为现代性"（Behavioral Modernity）。但对于尼安德特人的"现代行为"是独立演化而来还是源于早期现代人的文化涵化（Acculturation），学术界仍有争议（d'Errico等，1998；Bar-Yosef和Bordes，2010；Hublin等，2012）。2015年，在重新研究爪哇直立人（Homo erectus）遗址的文化遗物时，在一些贝壳上鉴别出人工有意识的刻划痕迹（Joordens等，2015），利用氩-氩（$^{40}Ar/^{39}Ar$）法和释光方法将该遗址的年龄重新测定为不晚于距今54万~43万年。中国重庆兴隆洞遗址出土的距今约15万~12万年的象牙刻划痕迹，也提示了早期智人可能的象征性行为（高星等，2003）。这些发现不仅深化了对直立人、早期智人等古老型人类认知能力的认识，也让学术界意识到拥有现代行为的人群归属远比想象的更为复杂。

很多学者认识到人类的行为变化远大于人类的体质形态或遗传变化，考古学文化难以与人类特定演化阶段相对应，所谓的"现代人行为标志"出现在不同时期、不同地域和不同的人群中，很多也被尼安德特人所拥有，无法为"早期现代人"做标注。于是，多数考古学家正背离"现代人行为"或"行为现代性"的研究视角，而更多关注人类行为的多样性（Behavioral Diversity）（Shea，2011）。当然，仍有少数学者从考古学角度坚持"出自非洲说"，认为只有距今约5万年前走出非洲的现代人才是演化的成功者，他们利用沿海路线扩散到南亚及澳大利亚等地区，而非洲之外的非现代人群未对当今人类基因库做出任何贡献（Mellars，2006b）。

三、中国地区现代人起源研究进展

（一）分子生物学主流观点认定东亚最早现代人来自西方

中国是现代人类起源问题学术争鸣的中心之一（高星等，2010）。这里自出现直立人以来就是人类演化的重要地区，曾被认为是亚洲现代人类的发祥地。但在新的学术讨论中，早先建立的理论体系受到强烈冲击，人类从古至今在这里演化的脉络似乎变得模糊起来，人们不得不重新思考和寻找自己的先祖。按照"出自非洲说"的论述，现代人类是有别于直立人和早期智人的一个新的物种；现代人大概在20万～10万年前起源于非洲；在亚洲东部，现代人群经南方路线先到达东南亚，然后由南向北迁徙扩散；在中国，现代人大约于6万～5万年前从南部进入并向北迁移；现代人到来之前，距今10万～5万年间的末次冰期使这里不具备人类生存条件，中国本土原有人群因此而灭绝，外来的早期现代人与本土原住民之间没有交集（柯越海等，2001；Ke等，2001；Jin和Su，2000；Su等，1999；Chu

等，1998）。

近些年来，从分子生物学的角度对中国、东亚、东南亚地区早期现代人来源的研究未见重要进展和重大成果，相关学人仍在强调以前的论述。更多的研究集中在对特定现生族群源头的遗传学追溯，但大的前提是这些族群的祖先在约6万~5万年前从非洲迁徙至此（Zhang等，2013，2015）。在此方面，严实的观点具有代表性：从目前研究结果看，现代人95%以上的基因都来自非洲。因此，其他各大洲的现代人，都应是距今10万年以内从非洲走出来的。剩下的问题仅仅是，走出非洲的人类，到底是一次性走出来的，还是分成若干批走出来的。70万年前的北京人，170万年前的元谋人，200万年前的巫山人……既然现代人类是在10万年前走出非洲的，这些古人类就不可能是现代人真正的祖先。这些古人类曾经存在，但最终都消失了（杨波，2014）。

（二）古人类学对"连续进化附带杂交"论述的强化

吴新智在"多地区进化"的基础上，针对中国乃至东亚地区的古人类演化和现代人起源，提出"连续进化附带杂交"的论述，认为东亚地区自直立人以来进化是连续的，不存在演化链条的中断，其间未发生过大规模外来人群对本土人群的替代；该地区古人类与外界有过一定程度的隔离，使其得以保持区域特点，在形态上有别于旧大陆西侧的人群；本土与外界人群的基因交流发生过并与时俱增，这使得该地区的人类与外界人群作为同一物种得以维系；但这种基因的混合、交流与本土人群的代代相传相比是次要的，本地主体人群与少量外来移民之间是融合而非替代（吴新智，1998，2006；高星等，2010）。

现代人在东亚地区的起源与演化一直是古人类学研究与争议的热点,近10年来中国古人类学界在这个领域的研究取得了一系列重大进展,先后在湖北郧西黄龙洞、广西崇左智人洞、贵州盘县大洞、河南许昌灵井等多处遗址发现化石人类,对相关人类化石的年代测定、形态研究显示,这一地区人类演化远非"出自非洲说"所表述的那样简单(刘武等,2016)。

对距今约30万～25万年的陕西大荔人颅骨的新研究表明,该个体表现为中更新世晚期人类共有特征和早期现代人部分特征的镶嵌体,并且兼具东亚直立人和旧大陆西部中更新世人的特征;既不属于直立人,也不属于海德堡人;不少特征比中国的直立人和旧大陆西部中更新世人群进步,所代表的进化世系可能比中国的直立人、非洲的中更新世人群等对中国地区现代人的形成做出过更大的贡献(吴新智,2014)。对距今12.5万～10.5万年的河南许昌灵井人化石的研究,揭示出古老型形态特征与现代特征镶嵌的特点:虽然具有早期现代人与尼安德特人的诸多性状,但总体的头骨形态,尤其是宽阔的颅底和低矮的脑颅的结合等特点则承袭自欧亚大陆东部中更新世人群,表现出区域连续演化为主且存在一定程度东西方人群交流的特征(Li等,2017)。中国南方中更新世晚期及晚更新世初期多处地点的人类化石也体现出了诸多早期现代人的形态特点。发现于贵州盘县大洞距今约30万～13万年的人类牙齿已经呈现出早期现代人的特征(Liu等,2013);发现于广西崇左智人洞距今约10万年的人类下颌骨上出现一系列现代人类的衍生性状,如突起的联合结节、明显的颏窝、中等发育的侧突起、近乎垂直的下颌联合部、明显的下颌联合断面曲度等;同时保留有与古老型智人相似的粗壮的下颌联合舌面以及粗壮的下颌体等特点(Liu等,2010)。这些化石人类的镶嵌特征说明此时期中国南方和中部存在从古老型智人向现代人演化、过渡阶段的人群，属于形成中的早期现代人。在湖南省道县福岩洞发现的47枚具有完全现代人特征的人类牙齿化石则表明，至迟在距今12万～8万年间，现代人在该地区已经出现（Liu等，2015）。类似的重要发现还包括湖北黄龙洞（Liu等，2008）、广西陆那洞与土博（Bae等，2014；李有恒等，1984；沈冠军等，2001）、贵州毕节麻窝口洞（赵凌霞等，2016）等诸多地点，年代多在中更新世晚期和晚更新世早期（距今约20万～8万年间）。

采用新的研究方法对古老型化石人类的研究也取得了诸多新认识。研究者采用CT扫描技术复原了中更新世晚期或晚更新世早期的许家窑人的内耳迷路（Wu等，2014），发现许家窑人内耳迷路形态与尼安德特人相似，提供了首例东亚古代人类具有"尼人内耳迷路模式"的化石证据，挑战了以往"尼人内耳迷路模式"专属尼安德特人的看法，促使研究者重新思考应用孤立特征（包括形态上和分子遗传上）追溯人类迁徙及判断人群亲缘关系的可靠性。这项研究引发了对东亚与欧洲古老类型人群之间是否存在基因交流的新讨论、新思考。

（三）考古学的证据与视角

在现代人起源讨论的初期，中国的考古工作者很少参与其中。随着分子生物学家提出中国地区距今10万～5万年间缺乏人类生存的证据，以此推断该地区人类演化曾发生过中断（Jin和Su，2000），古人类学者开始引述旧石器时代文化材料对其进行反驳（吴新智，2005；吴新智和徐欣，2016），考古学家也随之投身到相关探讨中（高星，2014；高星和裴树文，2006）。考古学材料对该地区现代人起源研究的贡献体现在两个方面：中国旧石器时代考古文化序列支持"连续进化附带杂交"的假说；中国旧石器时代文化遗存丰富了现代行为的内涵，为行为多样性研究提供了新的区域性视角。

高星等系统归纳了中国旧石器时代文化遗存的演变过程与特点，认为中国乃至东亚旧石器文化及其反映的古人群生存演化是一脉相承、连续不断的，虽然有手斧、勒瓦娄哇技术、石叶等"西方元素"间或出现在不同地区，但都逐渐消失或被融入土著文化中（高星，2012，2014）。这为"连续进化附带杂交"假说提供了坚实的考古学证据，与分子生物学的研究结果背道而驰；随着测年技术的进步，特别是光释光技术的发展，大量旧石器时代遗址或古人类化石地点被确认在距今10万～5万年，说明分子生物学家提出的本地区人类演化的空白时段并不存在；古环境分析也不支持末次冰期导致本土人群灭绝的假设；而对中国地区古人类演化的"综合行为模式"提炼和对人类独特的行为特点与社会属性的观察和思考，也对本土人群与西方同类的隔离问题及不同地区人群长时期维系在同一物种内的可能性与动因提供了有益的启示（Gao，2013；高星，2014）。

宁夏水洞沟遗址群出土丰富的旧石器时代晚期文化遗存，为追溯特定区域可能的外来移民及其产生的文化影响以及分析现代行为的多样性提供了重要的材料和案例。这里的文化遗存除不同技术体系的石制品组合的更迭外，还有骨器、装饰品、各类用火证据，以及对居址复杂利用、对石料热处理和采食植物性食材等诸多信息，显示末次冰期期间东北亚人群复杂、能动的适应、迁徙、交流、演化过程，并可据此建立起4万年来区域人群文化演化和技术发展的序列（高星等，2008；刘德成等，2009；高星等，2013；李锋等，

2016）。该地区在约4万年前出现勒瓦娄哇与石叶的技术体系，通过遗址对比分析和技术追踪，这套技术体系应是从西方—西北方向迁移过来的古人群的遗留，代表一支外部人群的迁徙（Li等，2013，2014；Peng等，2014）。但该技术体系在后来消失，没有对本土文化产生明显的影响，表明移居者没有对本土人群实现整体替代，反而被后者取代；后者在石器技术上保持固有的传统，但文化遗存中出现小型精制石器、装饰品、石料热处理等现代行为特征（王春雪等，2009；关莹等，2011；彭菲等，2012；周振宇等，2013），反映出这里的现代人演化与扩散模式不是简单的外来移民替代，相反，本土人群连续进化并向"现代"方向发展是主旋律。

对秦岭地区旧石器文化的发掘与研究揭示出更长时间尺度内人类演化与文化发展的脉络。这里的人类生存历经百万年，先后出现以砾石砍砸器、石核、石片和简单修理的石片工具为主的模式1石器工业，以石核、石片和刮削器、尖状器、雕刻器等小型石片工具为主的技术体系，以手斧、手镐和薄刃斧等为代表的阿舍利技术体系。后者虽然具有旧大陆西部旧石器时代早期的技术特点，但发生于本土砾石工具体系内，而且延续得很晚，与西方的阿舍利体系明显不同步，显示本土文化的延续性、复杂性和与西方存在局部文化交流或人群迁徙的可能性（王社江和鹿化煜，2016）。

其他的相关研究，都揭示出中国地区晚更新世以来人群适应生存的连续性和复杂性，包括对动物资源的深度开发利用及"广谱革命"的证据，而这些适应生存方式都在某种程度上表现出"现代行为"的复杂性、多样性和强烈的区域特点（张双权等，2009；张乐等，2009a，2009b；张双权等，2012；张乐等，2013；Wang等，2016；张双权等，2016）。

四、目前研究中的问题与挑战

在现代人起源与演化研究中，不同的学科领域各有优势和劣势（高星，2017）。遗传学具有坚实的现代科技基础，以大数据、较强的重复分析能力为特点，在微观研究和揭示演化机理方面具有明显的优势。该领域发展迅速，如果能在古人类DNA的提取和破译上获得更大突破，未来会成为相关研究的利器乃至主导力量。然而目前该领域研究在一定程度上存在假设前提的不确定性和未检验性，得出的推论具有被质疑的空间；很多结论并非来自对古人类遗传信息的提取与分析，而是从现生人群的遗传变异做溯源推导，因而对现代人类起源来说，只能提出推论，而不是提供直接证据，不可把推论完全当成结论乃至事实。人类化石作为直接证据，是对人类个体、群体演化阶段、种群属性直接的形态表达，当然这种表达需要学者做观测、解读。古人类学根据化石证据建立起人类演化的宏观框架，总体上是可信的，但该领域对一定时段、一定出土环境的标本来说，存在年代测定的不精确性，会在局部进化排序乃至认知方面存在混乱或错误；由于人类化石的稀有性，研究者很难建立起完整的证据链，对具体标本的演化阶段或进化种群的代表性会因个体或时代差异而被质疑以点带面、以偏概全。考古遗存或文化证据对于人群的时空分布、技术发展、智能演进等是直接证据，对个体乃至群体的生物属性、演化阶段、人群迁徙交流等问题，则是间接证据。优势在于材料多，信息丰富，依托地层和伴生物有更好的年代学基础，有的标本可直接测年，对大的文化变迁所建立的框架基本可信；可以有效回答人类在某一区域何时出现、向何方向迁徙扩散、在某区域是否连续演化、征服开发利用了什么样的生态区域与资源、是否发生过群际交流等问题。劣势在于无法直接反映人群的生物属性、演化阶段、演化的细微过程等；人类的文化产品受个体、群体属性和材料及环境差异的影响大，变异的机制不好掌控，与体质演化和遗传变异的耦合性差。因而，开展相关领域的交流合作，尤其是传统的古人类学、考古学与新兴的分子生物学之间的交叉与协作，明确彼此的关注点、需求和专长，凝练共同的学术问题和目标，整合现有的资源与成果并向着共同的学术方向一道前行，应是推动相关研究走向深入并破译现代人起源这一重大命题的关键所在。

参考文献

[1] 高星. 中国旧石器时代手斧的特点与意义. 人类学学报, 2012, 31（2）: 97-112.

[2] 高星. 更新世东亚人群连续演化的考古证据及其相关问题论述. 人类学学报, 2014, 33（3）: 237-253.

[3] 高星. 朝向人类起源与演化研究的共业：古人类学、考古学与遗传学的交叉与整合. 人类学学报, 2014, 36（1）: 131-140.

[4] 高星, 黄万波, 徐自强, 等. 三峡兴隆洞出土12~15万年前的古人类化石和象牙刻划. 科学通报, 2003, 48（23）: 2466-2472.

[5] 高星, 裴树文. 中国古人类石器技术与生存模式的考古学阐释. 第四纪研究, 2006, 26（4）: 504-513.

[6] 宁夏文物考古研究所, 中国科学院古脊椎动物与古人类研究所. 水洞沟: 2003~2007年度考古发掘与研究报告. 北京: 科学出版社, 2013.

[7] 高星, 袁宝印, 裴树文, 等. 水洞沟遗址沉积—地貌演化与古人类生存环境. 科学通报, 2008, 53（10）: 1200-1206.

[8] 高星, 张晓凌, 杨东亚, 等. 现代中国人起源与人类演化的区域性多样化模式. 中国科学: 地球科学, 2010, 40（9）: 1287-1300.

[9] 关莹, 高星, 王惠民, 等. 水洞沟旧石器时代晚期遗址结构的空间利用分析. 科学通报, 2011, 56（33）: 2797-2803.

[10] 黄石. 用与种系发生相关的DNA序列解读人类起源. 见: 席焕久, 刘武, 陈昭. 21世纪中国人类学的发展. 北京: 知识产权出版社, 2015: 167-187.

[11] 吉学平, 吴秀杰, 吴沄, 等. 广西

隆林古人类颞骨内耳迷路的3D复原及形态特征. 科学通报, 2014, 59 (35): 3517-3525.

[12] 金昌柱, 潘又石, 张颖奇, 等. 广西崇左江州木榄山智人洞古人类遗址及其地质时代. 科学通报, 2009, 54 (19): 2848-2856.

[13] 柯越海, 宿兵, 李宏宇, 等. Y染色体遗传学证据支持现代中国人起源于非洲. 科学通报, 2001, 46 (5): 411-414.

[14] 李锋, 陈福友, 王英华, 等. 晚更新世晚期中国北方石叶技术所反映的技术扩散与人群迁移. 中国科学: 地球科学, 2016, 46 (7): 891-905.

[15] 李有恒, 吴茂霖, 彭书琳, 等. 广西柳江土博出土的人牙化石及共生的哺乳动物群. 人类学学报, 1984, 3 (4): 322-329.

[16] 刘德成, 王旭龙, 高星, 等. 水洞沟遗址地层划分与年代测定新进展. 科学通报, 2009, 54 (19): 2879-2885.

[17] 刘武, 邢松, 吴秀杰. 中更新世晚期以来中国古人类化石形态特征的多样性. 中国科学: 地球科学, 2016, 46 (7): 906-917.

[18] 彭菲, 高星, 王惠民, 等. 水洞沟旧石器时代晚期遗址发现带有刻划痕迹的石制品. 科学通报, 2012, 57 (26): 2475-2481.

[19] 沈冠军, 王颉, 王谦, 等. 广西柳江土博咁前洞的铀系年代. 人类学学报, 2001, 20 (3): 238-244.

[20] 王春雪, 张乐, 高星, 等. 水洞沟遗址采集的鸵鸟蛋皮装饰品研究. 科学通报, 2009, 54 (19): 2886-2894.

[21] 王社江, 鹿化煜. 秦岭地区更新世黄土地层中的旧石器埋藏与环境. 中国科学: 地球科学, 2016, 46 (7): 881-890.

[22] 吴新智. 从中国晚期智人颅牙特征看中国现代人起源. 人类学学报, 1998, 17 (4): 276-282.

[23] 吴新智. 与中国现代人起源问题有联系的分子生物学研究成果的讨论. 人类学学报, 2005, 24 (4): 259-269.

[24] 吴新智. 现代人起源的多地区进化学说在中国的实证. 第四纪研究, 2006, 26 (5): 702-709.

[25] 吴新智. 大荔颅骨在人类进化中的位置. 人类学学报, 2014, 33 (4): 405-426.

[26] 吴新智, 徐欣. 从中国和西亚旧石器及道县人牙化石看中国现代人起源. 人类学学报, 2016, 35 (1): 1-13.

[27] 杨波. 超六成汉人是5个超级祖先后代. 重庆晚报, 2014年8月11日A4版.

[28] 张乐, 王春雪, 张双权, 等. 马鞍山旧石器时代遗址古人类行为的动物考古学研究. 中国科学: 地球科学, 2009a, 39 (9): 1256-1265.

[29] 张乐, 王春雪, 张双权, 等. 切割痕迹揭示马鞍山遗址晚更新世末人类肉食行为. 科学通报, 2009b, 54 (19): 2871-2878.

[30] 张乐, 张双权, 徐欣, 等. 中国更新世末全新世初广谱革命的新视角: 水洞沟第12地点的动物考古学研究. 中国科学: 地球科学, 2013, 43 (4): 628-633.

[31] 张双权, 李占扬, 张乐, 等. 河南许昌灵井人遗址大型食草类动物死亡年龄分析及东亚现代人类行为的早期出现. 科学通报, 2009, 54 (19): 2857-2863.

[32] 张双权, 李占扬, 张乐, 等. 河南灵井许昌人遗址大型食草类动物的骨骼单元分布. 中国科学: 地球科学, 2012, 42 (5): 764-772.

[33] 张双权, 张乐, 栗静舒, 等. 晚更

新世晚期中国古人类的广谱适应生存——动物考古学的证据. 中国科学: 地球科学, 2016, 46 (8): 1024-1036.

[34] 赵凌霞, 张立召, 杜抱朴, 等. 贵州毕节发现古人类化石与哺乳动物群. 人类学学报, 2016, 35 (1): 24-35.

[35] 周振宇, 关莹, 高星, 等. 水洞沟遗址的石料热处理现象及其反映的早期现代人行为. 科学通报, 2013, 58 (9): 815-824.

[36] Antón S C, Potts R, Aiello L C. Evolution of early Homo: An integrated biological perspective. Science, 2014, 345: 1236828.

[37] Bae C J, Wang W, Zhao J, et al. Modern human teeth from Late Pleistocene Luna Cave (Guangxi, China). Quaternary International, 2014, 354: 169-183.

[38] Bar-Yosef O. The Upper Paleolithic revolution. Annual Review of Anthropology, 2002, 31: 363-393.

[39] Bar-Yosef O, Bordes J G. Who were the makers of the Châtelperronian culture? Journal of Human Evolution, 2010, 59: 586-593.

[40] Bouzouggar A, Barton N, Vanhaeren M, et al. 82000-year-old shell beads from North Africa and implications for the origins of modern human behavior. Proceedings of the National Academy of Sciences of the United States of America, 2007, 104: 9964-9969.

[41] Cann R L, Stoneking M, Wilson A C. Mitochondrial DNA and human evolution. Nature, 1987, 325: 31-36.

[42] Caspari R, Wolpoff M H, The process of modern human origins: The evolutionary and demographic changes giving rise to modern humans. In: Smith F, Ahern C M eds. The Origins of Modern Humans: Biology Reconsidered. Hoboken: John Wiley and Sons Inc, 2013: 355-392.

[43] Chu J Y, Huang W, Kuang S Q, et al. Genetic relationship of populations in China. Proceedings of the National Academy of Sciences of the United States of America, 1998, 95: 11763-11768.

[44] Coolidge F L, Wynn T. Working memory, its executive functions, and the emergence of modern thinking. Cambridge Archaeological Journal, 2005, 15: 5-26.

[45] Coward F, Gamble C. Big brains, small worlds: Material culture and the evolution of the mind. Philosophical Transactions of the Royal Society B-Biological Sciences, 2008, 363: 1969-1979.

[46] Curnoe D, Ji X P, Herries AIR, Kanning B, et al. Human remains from the Pleistocene-Holocene transition of Southwest China suggest a complex evolutionary history for East Asians. PloS One, 2012, 7: e31918.

[47] d'Errico F. The invisible frontier: A multiple species model for the origin of behavioral modernity. Evolutionary Anthropology, 2003, 12: 188-202.

[48] d'Errico F, Henshilwood C, Lawson G, et al. Archaeological evidence for the emergence of language, symbolism, and music: An alternative multidisciplinary perspective. Journal of World Prehistory, 2003, 17: 1-70.

[49] d'Errico F, Stringer C B. Evolution, revolution or saltation scenario for the emergence of modern cultures? Philosophical Transactions of the Royal

Society B-Biological Sciences, 2011, 366: 1060-1069.

[50] d'Errico F, Vanhaeren M, Barton N, et al. Additional evidence on the use of personal ornaments in the Middle Paleolithic of North Africa. Proceedings of the National Academy of Sciences of the United States of America, 2009, 106: 16051-16056.

[51] d'Errico F, Zilhão J, Julien M, et al. Neanderthal acculturation in western Europe ? A critical review of the evidence and its interpretation. Current Anthropology, 1998, 39: S1-S44.

[52] Fu Q, Hajdinjak M, Moldovan O T, et al. An early modern human from Romania with a recent Neanderthal ancestor. Nature, 2015, 524: 216-219.

[53] Fu Q, Li H, Mooijani P, et al. Genome sequence of a 45000-year-old modern human from Western Siberia. Nature, 2014, 514: 445-449.

[54] Fu Q, Meyer M, Gao X, et al. DNA analysis of an early modern human from Tianyuan Cave, China. Proceedings of the National Academy of Sciences of the United States of America, 2013, 110: 2223-2227.

[55] Gao X. Paleolithic cultures in China. Current Anthropology, 2013, 54: S358-S370.

[56] Green R E, Krause J, Briggs A W, et al. A draft sequence of the neandertal genome. Science, 2010, 328: 710-722.

[57] Henshilwood C S, d'Errico F, Watts I. Engraved ochres from the Middle Stone Age levels at Blombos Cave, South Africa. Journal of Human Evolution, 2009, 57: 27-47.

[58] Henshilwood C S, d'Errico F, Yates R, et al. Emergence of modern human behavior: Middle stone age engravings from south Africa. Science, 2002, 295: 1278-1280.

[59] Henshilwood C S, Marean C W. 2003. The origin of modern human behavior. Current Anthropology, 44: 627-651.

[60] Hershkovitz I, Smith P, Sarig R, et al. Middle pleistocene dental remains from Qesem Cave (Israel). American Journal of Physical Anthropology, 2011, 144: 575-592.

[61] Hershkovitz I, Weber G W, Fornai C, et al. New Middle Pleistocene dental remains from Qesem Cave (Israel). Quaternary International, 2016, 398: 148-158.

[62] Hublin J J, Ben-Ncer A, Bailey S E, Freidline S E, et al. New fossils from Jebel Irhoud, Morocco and the pan-African origin of Homo sapiens. Nature, 2017, 546: 289-292.

[63] Hublin J J, Talamo S, Julien M, et al. Radiocarbon dates from the Grotte du Renne and Saint-Cesaire support a Neandertal origin for the Chatelperronian. Proceedings of the National Academy of Sciences of the United States of America, 2012, 109: 18743-18748.

[63] Jin L, Su B. Natives or immigrants: modern human origin in east Asia. Nature Reviews Genetics, 2000, 1: 126-133.

[64] Joordens JCA, d'Errico F, Wesselingh F P, et al. Homo erectus at Trinil on Java used shells for tool production and engraving. Nature, 2015, 518: 228-231.

[65] Ke Y, Su B, Song X, et al. African origin of modern humans in East Asia: A tale of 12000 Y chromosomes. Science, 2001, 292: 1151-1153.
[66] Klein R G. Anatomy, behavior, and modern human origins. Journal of World Prehistory, 1995, 9: 167-198.
[67] Klein R G. The Human Career: Human Biological and Cultural Origins. Chicago: University of Chicago Press, 2009.
[68] Krause J, Fu Q, Good J M, et al. The complete mitochondrial DNA genome of an unknown hominin from southern Siberia. Nature, 2010, 464: 894-897.
[69] Krings M, Capelli C, Tschentscher F, et al. A view of Neandertal genetic diversity. Nature Reviews Genetics, 2000, 26: 144-146.
[70] Kuhlwilm M, Gronau I, Hubisz M J. Ancient gene flow from early modern humans into Eastern Neanderthals. Nature, 2016, 530: 429-433.
[71] Li F, Kuhn S L, Gao X, et al. Re-examination of the dates of large blade technology in China: A comparison of Shuidonggou Locality 1 and Locality 2. Journal of Human Evolution, 2013, 64: 161-168.
[72] Li F, Kuhn S L, Olsen J W, et al. Disparate stone age technological evolution in North China. Journal of Anthropological Research, 2014, 70: 35-67.
[73] Li Z Y, Wu X J, Zhou L P, et al. Late Pleistocene archaic human crania from Xuchang, China. Science, 2017, 355: 969-972.
[74] Liu W, Jin C Z, Zhang Y Q, Cai Y J, et al. Human remains from Zhirendong, South China, and modern human emergence in East Asia. Proceedings of the National Academy of Sciences of the United States of America, 2010, 107: 19201-19206.
[75] Liu W, Martinon-Torres M, Cai Y J, et al. The earliest unequivocally modern humans in southern China. Nature, 2015, 526: 696-699.
[76] Liu W, Schepartz L A, Xing S, et al. Late Middle Pleistocene hominin teeth from Panxian Dadong, South China. Journal of Human Evolution, 2013, 64: 337-355.
[77] Liu W, Wu X, Li Y, et al. Evidence of fire use of late Pleistocene humans from the Huanglong Cave, Hubei Province, China. Chinese Science Bulletin, 2008, 54: 256-264.
[78] Lordkipanidze D, Ponce de Leon M S, Margvelashvili A, et al. A complete skull from dmanisi, georgia, and the evolutionary biology of Early Homo. Science, 2013, 342: 326-331.
[79] Mcbrearty S, Brooks A S. The revolution that wasn't: A new interpretation of the origin of modern human behavior. Journal of Human Evolution, 2000, 39: 453-563.
[80] Mellars P. Major issues in the emergence of modern humans. Current Anthropology, 1989, 30: 349-385.
[81] Mellars P A. Archaeology and the population-dispersal hypothesis of modern human origins in Europe. Philosophical Transactions of the Royal Society B-Biological Sciences, 1992, 337: 225-234.
[82] Mellars P. The impossible

coincidence. A single-species model for the origins of modern human behavior in Europe. Evolutionary Anthropology, 2005, 14: 12-27.

[83] Mellars P. Archeology and the dispersal of modern humans in Europe: Deconstructing the "Aurignacian". Evolutionary Anthropology, 2006a, 15: 167-182.

[84] Mellars P. Going east: New genetic and archaeological perspectives on the modern human colonization of Eurasia. Science, 2006b, 313: 796-800.

[85] Mellars P. Rethinking the human revolution: Eurasian and African perspectives. In: Mellars P, Boyle K, Bar-Yosef O, et al. eds. Rethinking the Human Revolution: New Behavioural and Biological Perspectives on the Origin and Dispersal of Modern Humans. Cambridge: Mcdonald Institute for Archeological Research, 2007.

[86] Meyer M, Kircher M, Gansauge M T, et al. A high-coverage genome sequence from an archaic Denisovan individual. Science, 2012, 338: 222-226.

[87] Morwood M J, Soejono R P, Roberts R G, et al. Archaeology and age of a new hominin from Flores in eastern Indonesia. Nature, 2004, 431: 1087-1091.

[88] Nowell A. Defining behavioral modernity in the context of neandertal and anatomically modern human populations. Annual Review of Anthropology, 2010, 39: 437-452.

[89] Peng F, Gao X, Wang H M, et al. An engraved artifact from Shuidonggou, an Early Late Paleolithic Site in Northwest China. Chinese Science Bulletin, 2012, 57: 4594-4599.

[90] Peng F, Wang H M, Gao X. Blade production of Shuidonggou Locality 1 (Northwest China): A technological perspective. Quaternary International, 2014, 347: 12-20.

[91] Prüfer K, Racimo F, Patterson N, et al. The complete genome sequence of a Neanderthal from the Altai Mountains. Nature, 2014, 505: 43-49.

[92] Reich D, Green R E, Kircher M, et al. Genetic history of an archaic hominin group from Denisova Cave in Siberia. Nature, 2010, 468: 1053-1060.

[93] Reich D, Patterson N, Kircher M, et al. Denisova admixture and the first modern human dispersals into Southeast Asia and Oceania. American Journal of Human Genetics, 2011, 89: 516-528.

[94] Rodríguez-Vidal J, d'Errico F, Giles Pacheco F, et al. A rock engraving made by Neanderthals in Gibraltar. Proceedings of the National Academy of Sciences of the United States of America, 2014, 111: 13301-13306.

[95] Sankararaman S, Mallick S, Dannemann M, et al. The genomic landscape of Neanderthal ancestry in present-day humans. Nature, 2014, 507: 354-357.

[96] Sankararaman S, Patterson N, Li H, et al. The date of interbreeding between neandertals and modern humans. PloS Genet, 2012, 8: e1002947.

[97] Schepartz L A. Language and modern human origins. American Journal of Physical Anthropology, 1993, 36: 91-126.

[98] Shea J J. Homo sapiens is as Homo sapiens Was. Current Anthropology, 2011, 52: 1-35.

[99] Smith F H. Fossil hominids from the Upper Pleistocene of central Europe and the origin of modern Europeans. In: Smith F, Spencer F eds. The Origins of Modern Humans: A World Survey of the Fossil Evidence. New York: Liss, 1984, 137-209.

[100] Smith F H, Falsetti A B, Donnelly S M. Modern human origins. American Journal of Physical Anthropology, 1989, 32: 35-68.

[101] Smith F H, Janković I, Karavanić I. The assimilation model, modern human origins in Europe, and the extinction of Neandertals. Quaternary International, 2005, 137: 7-19.

[102] Soficaru A, Dobos A, Trinkaus E. Early modern humans from the Pestera Muierii, Baia de Fier, Romania. Proceedings of the National Academy of Sciences of the United States of America, 2006, 103: 17196-17201.

[103] Stringer C B. Reconstructing recent human evolution. Philosophical Transactions of the Royal Society B-Biological Sciences, 1992, 337: 217-224.

[104] Stringer C. Modern human origins: Orogress and prospects. Philosophical Transactions of the Royal Society B-Biological Sciences, 2002, 357: 563-579.

[105] Stringer C. Why we are not all multiregionalists now. Trends in Ecology & Evolution, 2014, 29: 248-251.

[106] Stringer C B, Andrews P. Genetic and fossil evidence for the origin of modern humans. Science, 1988, 239: 1263-1268.

[107] Su B, Xiao J, Underhill P, et al. Y-chromosome evidence for a northward migration of modern humans into Eastern Asia during the Last Ice Age. American Journal of Human Genetics, 1999, 65: 1718-1724.

[108] Sutikna T, Tocheri M W, Morwood M J, et al. Revised stratigraphy and chronology for Homo floresiensis at Liang Bua in Indonesia. Nature, 2016, 532: 366-369.

[109] Tattersall I. What happened in the origin of human consciousness? Anatomical Record, 2004, 276B: 19-26.

[110] Templeton A. Out of Africa again and again. Nature, 2002, 416: 45-51.

[111] Templeton A R. Genetics and recent human evolution. Evolution, 2007, 61: 1507-1519.

[112] Tocheri M W, Orr C M, Larson S G, et al. The primitive wrist of Homo floresiensis and its implications for hominin evolution. Science, 2007, 317: 1743-1745.

[113] Trinkaus E, Churchill S E, Ruff C B, et al. Long bone shaft robusticity and body proportions of the Saint-Césaire 1 Châtelperronian Neanderthal. Journal of Archaeological Science, 1999, 26: 753-773.

[114] Vernot B, Akey J M. Resurrecting surviving neandertal lineages from modern human genomes. Science, 2014, 343: 1017-1021.

[115] Vernot B, Tucci S, Kelso J, et al. Excavating Neandertal and Denisovan DNA from the genomes of Melanesian individuals.

Science, 2016, 352: 235–239.

[116] Wadley L, Hodgskiss T, Grant M. Implications for complex cognition from the hafting of tools with compound adhesives in the Middle Stone Age, South Africa. Proceedings of the National Academy of Sciences of the United States of America, 2009, 106: 9590–9594.

[117] Wang X M, Guan Y, Cai H Y, et al. Diet breadth and mortality patterns from Laoya Cave: A primary profile of MIS 3/2 hunting strategies in the Yunnan-Guizhou Plateau, southwest China. Science China (Earth Science), 2016, 59: 1642–1651.

[118] Wolpoff M H, Hawks J, Caspari R. Multiregional, not multiple origins. American Journal of Physical Anthropology, 2000, 112: 129–136.

[119] Wolpoff M H, Wu X Z, Thome A G. Modern Homo sapiens origins: A general theory of hominid evolution involving the fossil evidence from East Asia. In: Smith F H, Spencer F eds. The Origins of Modern Humans: A World Survey of the Fossil Evidence. New York: Alan R Liss Inc, 1984: 411–483.

[120] Wolpoff M. Paleoanthropology. 2nd ed. New York: Mcgraw-Hill, 1999.

[121] Wu X J, Crevecoeur I, Liu W, et al. Temporal labyrinths of eastern Eurasian Pleistocene humans. Proceedings of the National Academy of Sciences of the United States of America, 2014, 111: 10509–10513.

[122] Zhang X M, Liao S Y, Qi X B, et al. Y-chromosome diversity suggests southern origin and Paleolithic backwave migration of Austro-Asiatic speakers from eastern Asia to the Indian subcontinent. Scientific Reports, 2015, 5: 15486.

[123] Zhang X M, Qi X B, Yang Z H, et al. Analysis of mitochondrial genome diversity identifies new and ancient maternal lineages in Cambodian aborigines. Nature Communications, 2013, 4: 2599.

[124] Zilhão J. Aurignacian, behavior, modern: issues of definition in the emergence of the European Upper Paleolithic. In: Bar-Yosef O, Zilhão J eds. Towards a Definition of the Aurignacian: Proceedings of the Symposium Held in Lisbon. Portugal. Lisbon: Instituto Português de Arqueologia, 2006: 53–70.

探索华夏族群与中华文明的远古根系[*]
◎ 高星

习近平总书记在主持中共中央政治局第二十三次集体学习时指出,"中华文明具有独特文化基因和自身发展历程,植根于中华大地","经过几代考古人接续奋斗,我国考古工作取得了重大成就,延伸了历史轴线","实证了我国百万年的人类史"[1]。那么,中国境内的远古人类怎样演变成今天的华夏民族?洪荒时代的古文化如何发展为现今的中华文明?深埋于地下的历史与当今社会又有怎样的关联?毋庸讳言,这些问题目前还没有清晰的答案,拉长了的华夏历史尚有很多空白,族群与文化演变的过程和原因仍有待深入解读。本人不揣浅陋,尝试将中华民族及其文明的根基溯源至旧石器时代,用考古材料勾连起先民生存繁衍的些许篇章,将对华夏根系的研讨引向深入。

---

[*] 本文系中国科学院"战略性先导科技专项"(XDB26030203)、郑州大学"中华文明根系研究"(XKZDJC202006)和"国家重点研发专项"(2020YFC1521500)阶段性成果。

一、中华大地人类肇始

盘古开天，女娲造人，这是华夏大地流传久远的有关宇宙诞生、人类起源的神话故事。但在讲求实证的科学世界里，人类，尤其是中华大地上的人类，如何起源？来自何处？

自1871年达尔文出版《人类的由来及性选择》以来，人类起源于非洲、演化自一支古猿，逐渐成为学术共识。目前学术界对人类的定义是灵长类中能常规两足直立行走的类群。因而追溯人类起源就是寻找最早的直立行走证据，亦即人类与血缘关系最近的黑猩猩相揖别的节点。最近20年来在非洲已发现700万年前开始直立行走的撒海尔人、600万年前的原初人，以及其后的地猿、南方古猿等。这些早期人类还保留着很多古猿的体质与行为特征，呈现亦猿亦人的状态，虽然能直立行走，但早期行走姿态蹒跚移步，其后逐渐稳定、矫健。与直立行走相关的证据，提取自这些古人类化石枕骨大孔的位置、腿骨形态和足迹特征等，证据确凿[2]。其后，在非洲又演化出最早的人属成员——能人，以及其后的匠人、直立人等，构筑了人亚族起源与早期演化的化石证据链。最早的文化证据也出自非洲，包括肯尼亚Lomekwi 3遗址出土的约330万年前的石制品、埃塞俄比亚Gona遗址出土的约250万年前的石制品等。地质学研究表明，非洲大陆发生过剧烈的气候变化，热带丛林退缩，很多区域变成疏林草原、干草原乃至荒漠，使部分树栖古猿被迫改变栖居方式到地面生活，这被认为是从猿向人过渡、直立行走出现、人类在非洲起源的环境动因。

中国是人类的起源地吗？中国乃至亚洲的早期人类来自哪里？这是学术界长期关注的热点。20世纪初叶，西方学者认为人类起源于包括中国的青藏高原、新疆、内蒙古及中亚在内的亚洲内陆地区,因为亚洲有曾经繁盛的早期灵长类动物,喜马拉雅山脉的隆升又改变了中亚的生态和气候,具有促使早期大猿改变生活习性而演变为人的环境。于是很多学者到东方科考,寻找人类起源的化石证据,便有了爪哇直立人、北京猿人等重要发现。在爪哇和周口店发现的直立人遗存强化了东南亚、中国是人类发祥地或起源地之一的认知。20世纪50年代末,随着东非一系列更古老人类化石的发现,学术界将探寻人类起源证据的注意力转移到非洲,中国、亚洲作为人类起源地的观点逐渐被淡化。20世纪七八十年代,在云南发现中新世禄丰古猿,生活在800万~600万年前。这被当时学术界部分学者和媒体看作中国、东南亚是人类起源地的力证,人类发祥地的钟摆又短暂移向东方。但其后研究表明禄丰古猿最终走向绝灭,与人类演化并无直接关系。此后,中国作为人类起源地的可能性在国际学界鲜有提及,在国内仅有少数学者持这种观点。

相关证据的缺失使中国乃至亚洲不再被看作人类的起源地。虽然以云南为代表的中国南方曾有多种古猿生存,但这些古猿的演化在约600万年前基本终止。在距今600万~200万年的时段内没有确凿的古人类化石证据,相关文化遗存也出现较晚。20世纪末,国家启动"九五攀登专项——早期人类起源及环境背景研究"项目,旨在找到东亚人类起源的证据。虽有收获,但主要目标并未实现。有研究认为,约3400万年前全球气候急剧变冷,经历这个"演化滤器"之后,亚洲的类人猿走向灭绝,而非洲的类人猿却日渐繁盛,最终演化为人类[3]。当然,这是研究过程中的阶段性结论,不一定成为定论。

不再被认作人类的起源地,那么中国乃至亚洲是否就对人类的演化不再重要？恰恰相反，中国一直是学界关注的早期人类演化中心之一，是非洲之外人类化石和文化遗存最古老、最丰富的地区。目前早期人类的文化证据已在安徽繁昌人字洞、重庆巫山龙骨坡、湖北建始龙骨洞、陕西蓝田上陈等遗址或地区被发现，年代在距今240万~200万年。这些材料多为原始、粗糙的石制品，人类化石稀少并存在争议，个别遗址的年代数据也存在不确定性，但约200万年前中国乃至亚洲有古老人类生存的事实越来越得到学术界的认可。这些人类遗存被认为是非洲人类最早向外扩散的结果，即他们都来自非洲。一般认为他们是直立人，少数学者认为在能人阶段可能就开始了走出非洲的征程。这些早期人类到达东方后，开始了漫长的适应生存。直立人这个种群是在中国、东南亚地区发展壮大的，构成具有区域体质特征、文化特点和行为方式的重要演化阶段。

二、东方古人类生生不息

对中国乃至东亚人类百万年连续演化的认识，经历了长期、曲折的寻找证据和论证的过程。

周口店北京猿人遗存的发现是东亚人类百万年连续演化研究的发端。1929年底，裴文中在周口店第1地点发掘出第一个北京猿人头盖骨，其后在其他地点也发现了不同阶段的人类化石和文化遗存。20世纪三四十年代，德裔解剖学家魏敦瑞对周口店出土的人类化石进行了观测研究，出版多部专著，详细描述了北京猿人的体质特征，并尝试探讨北京猿人与现代蒙古人种之间的关系。他发现，北京猿人与现生华北人有一系列相似的特征，包括头骨正中矢状脊及其两边的凹陷,有印加骨、颧骨颧面和额蝶前突,眼眶下缘呈圆形,有下颌圆枕、铲形门齿等。他认为二者之间存在形态上的连续性,首次提出北京猿人是现代中国人乃至蒙古人种祖先的观点。其后魏敦瑞又提出,在东亚、欧洲、非洲和东南亚—澳洲存在四个人类演化世系,并在东亚世系上标出了北京猿人—山顶洞人—蒙古人种的承继关系[4]。

20世纪50年代,在四川资阳、山西丁村、湖北长阳、广西柳江、广东马坝等遗址或地区相继发现时代介于北京猿人与现代人之间的人类化石,填补了直立人和现代中国人之间的证据缺环。吴汝康等据此进一步论证了中国地区古人类演化的连续性[5]。20世纪六七十年代,在云南元谋、贵州桐梓、湖北建始、陕西蓝田等地发现更多早期人类化石。吴新智等通过对中国人类化石的综合分析,指出大多数中国古人类头骨存在明显的相似性,包括有矢状脊,面部突出,颧骨高而前突,阔鼻,上门齿呈铲形,有下颌圆枕,等等。据此认为,中国不同时期的古人类连续演化,具有明确的传承关系,并首次提出不同地区古人群之间可能存在基因交流[6]。

20世纪80年代末,西方遗传学家提出所有现代人类的祖先皆可追溯至非洲一位老祖母的假说[7]。这种假说很快在西方人类学、考古学界流行起来,并对中国学术界产生了影响。按照这一假说,非洲之外人类演化的链条都中断过,中国—东亚在距今10万~5万年间出现人类生存的空窗期,欧亚大陆的现代人与土著古人类群之间没有遗传关系[8]。1998年,吴新智在现代人起源"多地区进化说"的基础上,提出"连续进化附带杂交"假说,认为东亚自直立人以来人类连续演化,不存在整体上的中断,未发生过外来人群对本土人群的整体替代。同时指出,东亚本土与外界人群的基因交流时而发生,与时俱增,使得该地区的人类虽与外界有一定的隔离并形成一些区域特点,但仍与西方人群维持同一物种;与本土人群的代代相传相比,不同人群的混血是次要的,本地主体人群与少量外来移民之间是融合而非替代关系[9]。

近20年来,中国在相关学术领域取得重大进展。在湖北郧西黄龙洞、广西崇左智人洞、贵州盘县大洞、河南许昌灵井、安徽东至华龙洞等多处遗址发现人类化石。在新科技条件下,对以前发现的遗址和人类化石开展了新研究,揭示出距今30万~10万年中国地区人类演化的连续性和复杂过程。在安徽东至华龙洞发现的30余件人类化石和100余件石制品,年代为距今33万~27万年。这批人类化石具有第三臼齿先天缺失等东亚古人类的典型特征,并在头骨、下颌骨、牙齿上提取到一系列与现代人相似的性状,显示出直立人向智人过渡阶段的形态镶嵌特点,为东亚古人类连续演化增添新实证[10]。对距今30万~25万年陕西大荔人颅骨的最新研究表明,该个体表现为中更新世晚期人类共有特征和早期现代人部分特征的镶嵌体,并兼具东亚直立人和旧大陆西部中更新世人群特点,有诸多进步性状,所代表的世系可能比其他人群对中国现代人的形成做出过更大的遗传贡献[11]。

距今12万~10万年的河南许昌灵井人化石,亦显示出古老形态与现代特征镶嵌的特点,兼具早期现代人与尼安德特人的诸多性状,头骨的总体特征,尤其是宽阔的颅底和低矮的脑颅等,明显承袭自东亚中更新世人群,表现出区域连续演化为主,同时存在一定程度东西方人群交流的特点。发现于贵州盘县大洞遗址年代为距今30万~13万年的人类牙齿,已经呈现早期现代人的特征;广西崇左智人洞出土的距今约10万年的下颌骨亦出现现代人类的衍生性状,如突起的联合结节、明显的颏窝、中等发育的侧突起、近乎垂直的下颌联合部、明显的下颌联合断面曲度等,同时保留粗壮的下颌联合舌面及下颌体等原始特点。这些人类化石的镶嵌特征说明,当时中国存在从古老型智人向现代人演化的过渡阶段人群,属于形成中的早期现代人。而在湖南道县福岩洞和湖北郧西黄龙洞等遗址发现的一些距今12万~5万年的人类牙齿,则具有完全现代人的形态特征。约4万~3万年前的周口店田园洞人与山顶洞人更是尽显现代人特征。这些都表明中国境内古老型人类向现代人演化是一个连续、无缝衔接的过程[12],从非洲迁徙至此的早期现代人整体替代本土古人群的假说得不到任何化石证据支持。

三、华夏旧石器时代文化薪火相传

从文化角度划定的人类历史的第一个发展阶段是旧石器时代,从文化遗存(主要是石器)的出现起始至大约1万年前结束,占据人类历史的99%。古人群在不同地区、不同时段留下的文化遗存具有区域性、时代性特点,可以据此分析人类在特定区域的生存时间、迁徙路线、技术文化特点与生存方式以及人群间的互动。

非洲旧石器时代文化,可以追溯到330万年前的简单、人工特征初显的石制品(肯尼亚Lomekwi 3遗址出土)[13]。在约250万年前进入奥杜威技术模式,即模式1,用砾石加工简单、古朴的砍砸、切割、挖掘工具。约170万年前出现阿舍利技术模式,即模式2,在大石片或砾石上修制两面加工、器身对称的手斧、薄刃斧和手镐等大型切割、挖掘工具。随着直立人的扩散,这套技术体系被传播到西亚、欧洲和东亚。在距今30万~20万年间，旧大陆西部出现莫斯特技术模式，即模式3，用勒瓦娄哇技术生产规范的石片并以此加工小型、规整的刮削器、尖状器等。此技术传统续存很长时间。在距今4.5万~4万年，旧大陆西部出现精美的石叶技术，其后又出现小巧精细的细石叶工具组合。当然，这仅是以典型石器技术为代表的西方旧石器时代文化发展的大致轮廓，其间还有石器技术与组合的时空变异、艺术创作与墓葬所体现的审美追求、社会标识和宗教萌芽等。

中国的旧石器时代文化可追溯到距今200万年前后。虽然有遗址或遗存经测年获得了更早的年代数据，但存在争议和不确定性。中国旧石器时代文化有很多异于西方的特征，表明东方的古人群与西方有异，同时东西方之间又有一定的文化相似性，从中可以提取到人群迁徙与文化交流的证据。现有资料表明，中国、东亚旧石器时代在很长时间内保持一脉相承并有别于西方的文化特征[14]，主要表现在如下方面：

（1）就地取材，机动灵活。在旧石器时代的大部分时间内，东方古人类主要采用脉石英、石英岩、白云岩、有杂质的燧石、砂岩、火山角砾岩等材料制作工具。相对于旧大陆西部古人类常用的大块优质燧石，东方的石器原料大多质劣，存在先天不足。针对这样的资源条件，这里的古人因陋就简，就地取材，对多种石材皆加以利用，开采方法简单实用、机动灵活。例如周口店遗址古人类大量采用砸击技术开发质劣而量丰的脉石英，三峡地区古人类则采用摔碰技术开发高度磨圆的河卵石。这样的原料特性和开发利用方式对石器技术及文化特点产生了重大影响。

（2）制作简朴，加工随意。打制石器技术可分解为两个层面，剥片技术和加工技术。东亚旧石器时代人类剥片技术的总体特点是机会性和随意性，使用锤击法、砸击法、碰砧法、摔碰法等多种方法，对石核基本不做预制和修理。加工技术亦以简单、随意为特征，对坯材加工程度浅，缺乏系统性和规范性，两面技术在大部分地区和时段不发达。这与旧大陆西部普遍采用两面加工技术和勒瓦娄哇预制技术、对石器做规范的深度加工情况形成鲜明对比。

（3）器类有限，变异性大。西方学者对中国、东亚的旧石器时代文化经常以"砍砸器传统""砾石石器传统""简单石核—石片工业"等加以描绘。虽然这些标签未必贴切，但东亚旧石器时代文化在石器类型、形态和组合上确有别于西方，工具主体是用砾石或简单石片加工而成的刮削器、砍砸器、尖状器、手镐等类型，比西方石器的种类少、规范性差，器类间分化不明显，同一类型个体间形态变异大。

（4）南北分异，多样性强。综观中国旧石器时代，在南、北方长期存在区域性文化传统。在华南的大部分地区，以砾石加工的粗大石器占据统治地位，器类少，加工简单粗犷。北方则以石片加工的小型石器为主，种类多于南方，加工也相对精细。当然，这样的南北二分法过于简单，两大区域内有各自的文化变体，表现出多样性。例如南方的云贵高原石片石器居于优势，而北方少数区域流行粗大的砾石石器。这种南北分异、文化多样的状态长期存在。

（5）发展缓慢，格局稳定。相对于旧大陆西部明显的阶段性发展变化，中国旧石器时代文化发展缓慢，并在诸多方面表现出稳定性。华南居于主体的大型砾石工具组合和云贵高原的简单石片工具组合，从早期到晚期变化不明显，虽然用石片加工的石器逐渐增加，精致产品也逐渐增多，但无明显阶段性变化。北方虽然发展变化比南方显著，但大部分时期仍是简单石片石器传统，只在距今5万~4万年靠近北部边陲地区出现新的文化因素——勒瓦娄哇技术、石叶技术及细石叶技术体系，文化发展出现加速。

（6）"西方元素"寥若晨星。旧大陆旧石器时代文化曾被所谓的"莫维斯线"划分为东西两大板块[15]。其后研究表明，以手斧类工具的有无作为两大文化圈的标识不能成立，但东西方旧石器时代文化的差异显著[16]，在中国石器文化中稀有甚至缺失一些西方技术体系中的重要元素，尤其是勒瓦娄哇、手斧和石叶技术。勒瓦娄哇技术于距今30万~4.5万年在非洲和西亚、欧洲盛行，但在中国只在距今5万~4万年的新疆、内蒙古和宁夏少数遗址中昙花一现。石叶技术于旧石器时代晚期流行于旧大陆西部，中国仅在距今4万~3万年在北方边陲和青藏高原少数地点短暂出现。手斧类工具在中国分布稍广[17]，于广西百色、洛南盆地、汉中盆地、丹江口地区和川西高原等区域有集中分布，但其丰度、技术规范性与西方存在很大差别，年代也更晚。这些带有"西方元素"的石器技术，在东亚旧石器时代文化中凤毛麟角，被本土主流文化淹没并逐渐消融。

（7）不存在演化空白期。现代人类"出自非洲说"的一个假设前提是，末次冰期的恶劣气候使东亚原住民灭绝，导致东亚于距今10万~5万年存在人类演化空白或中断期，直至从非洲长途迁徙的"现代人"到达这里。这一假设完全不成立。在洛阳北窑，甘肃杨上、大地湾、白石崖溶洞，河南织机洞，陕西疥疙洞，湖北黄龙洞，重庆井水湾、枣子坪、池坝岭等遗址，都发掘出距今10万~5万年的文化层位和人类遗存。古环境资料表明，中国大部分区域在末次冰期不存在导致生物大灭绝的极端气候条件。华南在整个更新世一直有大熊猫—剑齿象动物群生存繁衍，其成员都是喜暖的种属；

在华北，披毛犀、猛犸象、野马、野牛、野驴、野猪、熊、鬣狗、狼等哺乳动物都安然度过末次冰期。如果说这些动物可以挺过寒冷期，然而能用火、可以制作和使用工具及制衣的人类却无法生存，与常理不合。在更新世地球经历了多次冰期—间冰期旋回，末次冰期并非最寒冷者。东亚人群没有在以前更恶劣的冰期灭绝，反而于技术和生存能力更强的阶段不能适应末次冰期，与逻辑不符。长期生活在本土的人群不能应对逐渐变冷的环境，来自非洲热地的移民却可在寒冷的新环境中怡然存活，与常识相悖。

由此可见，中国乃至东亚旧石器时代文化有很多异于西方的特征，主体文化绵延不断、缓慢发展，表明这里的古人群连续演化、薪火相传，形成了稳定的文化传统。间或有外来人群及文化带来新元素，但很快被主体人群与文化吸收、同化，未发生过人群与文化的置换或替代。

四、交流与融合铸成现代族群

主张中国本土人类连续演化，并非排斥外来人群迁徙、混血和融合的可能性。相反，越来越多的证据表明，没有一个地区是某一特定族群长期繁衍的专属领地，没有一个族群是不含其他人群基因的"纯种"。交流与融合铸就了当代族群，中华民族亦如此。在新石器时代，中国南北方人群格局已经形成，南北方人群不断交融，构筑了华夏族群的遗传基础[18]。这一过程早在旧石器时代即已开始。

对北京田园洞4万年前人骨的DNA分析表明，该个体是古老型东亚人，其基因在东亚蒙古人种和美洲印第安人中仍被携带和流传，但该个体并非现代东亚人的直接祖先，其后还经历了复杂的混血和演化过程[19]。DNA分析还揭示，现代东亚人群携带少量尼安德特人（以下简称"尼人"）和丹尼索瓦人（以下简称"丹人"）的基因。尼人曾被认为是彻底灭绝的群体，遗传学研究在我们身上找到了他们的遗传信息。通过CT扫描技术，在许家窑人、灵井人、马坝人等中国古人类化石上发现了"尼人内耳迷路模式"，说明尼人曾经扩散到中国、东亚，与本土人群发生过基因交流。丹人以前只发现于西伯利亚，通过古蛋白和古DNA分析，证明他们在更早的时候就长时间生存于青藏高原边缘的甘南白石崖洞穴[20]，说明丹人原本就是中国古人类的一个支系。

　　文化证据也显示，至少在局部地区发生过不同人群与文化的交流、互动。新疆通天洞遗址和内蒙古金斯太遗址下部层位出土的勒瓦娄哇产品，和旧石器时代中期典型的刮削器、尖状器，其组合及技术风格与中国、东亚本土文化明显不同，更接近欧洲、西亚、中亚、西伯利亚旧石器时代中期的莫斯特技术体系，即模式3，这一体系常与尼人化石共生。宁夏水洞沟遗址群也发现了相似案例。对该遗址数个地点的发掘研究和测年表明，距今4万年前后古人类进入该地区，初来者制作具有勒瓦娄哇遗风的石叶工具，与欧亚大陆西部、北部旧石器时代晚期早段的石器遗存有高度相似性。石叶技术在中国本土没有根基，因而可以合理推断这种技术是由西方人群在末次冰期带入中国北方的。但这种"外来"技术在水洞沟地区并未存续多久，即在3.3万~2.7万年前被中国北方常见的石核—石片技术体系替代，并出现非本地的优质石料、装饰品、磨制骨器、复杂用火等具有现代人行为特点的文化遗存。这些现象表明，外来人群没有替代本土人群,很可能发生了融合与文化交流;本土人群在简单石核—石片体系内产生了一系列技术和认知革新,进入现代人群的序列[21]。

具有西方旧石器时代中晚期文化特点的遗存,在中国分布的时空范围有限,发现于靠近中亚与东北亚边陲地带的少数遗址,未能成为文化的主流,遑论对本土文化的更新替代。为何这样的文化体系未能继续向东、南方向扩张进入华夏腹地,而是很快消弭于无形?通过对莫斯特—石叶技术遗存与中国北方本土小石片石器遗存分布区域与数量的比较研究,我们认为,一个重要原因是新来人群在华北遭遇本土人群阻挡,后者人数更多、更强势,更适应本土的生态环境,占据了资源优裕的生态位,使前者只能止步、退却或者被同化吸收[22]。不同人群迁徙互动、竞争互鉴,这应该是旧石器时代中华大地人群繁衍、生存、融合、发展的主旋律,中华民族及其文明多元一体的远古根基就这样孕育、伸展并在后世变得根深叶茂。

五、中华民族及其文明形成的机理

为何华夏先民能长期在这片土地上生生不息,发展壮大,成为有强大生存力、向心力、有别于其他族群的中华民族?为何中华大地从旧石器时代传承下来的文化能延绵不绝,自成体系,演化成世界古文明中唯一不曾中断的中华文明?其外部条件与内在动因是什么?

一方水土养一方人。中国地处东亚中心,幅员辽阔,生态多样。生活在这样广袤地理空间的先民可以充分利用环境便利,获取各类动植物食材和生活资源,并在气候波动时做南北间和高程上的迁徙移动,趋利避害,维持生存。地质学和古环境学研究表明,东亚在更新世气候波动远逊于欧洲和美洲,即使在冰期,其寒冷程度也远不及欧美,甚至中国有无真正的冰期一直是学术界争论的话题[23]。这说明中国大部分地区在旧石器时代适宜人类生存繁衍,这是东方古人类能长期固守家园的环境条件。

中国地理位置相对独立,地貌、地理环境对中华民族及其文化特点的形成产生了重要影响。西有阿尔泰山、天山、昆仑山等高山耸立,西南有世界屋脊喜马拉雅山,西部、北部还有青藏高原、中亚沙漠和蒙古戈壁荒漠。它们虽不能完全构成人类迁徙的屏障,但在环境恶化时会对大规模人群迁徙构成挑战,主要困难是食物和饮水匮乏[24]。大陆东方面海,人类无法继续东迁,形成阻挡效应。在这样相对封闭的环境中,适宜期迁徙至此的早期直立人生存演化,形成具有区域特点的人群和文化。其间虽然会有少量人群移入、迁出,但大规模移民很少发生,新来的人群只能融入本土主体人群中,其体质特征和文化特点偶有存留,但无法成为主流。由于地理空间广大且资源充足,人群能保持生存繁盛和多样性,不至于特化和自生自灭。这样的演化过程在历史时期仍然存续。

中国、东亚古人群能连续演化,文化不断发展,还有内在原因,即特定的生存之道。笔者曾用"综合行为模式"表述中国、东亚古人类赖以生存发展的适应生存方式[25],今日细思,可表述为"旧石器时代东方行为模式"。其涵盖的主要内容有:

(1)因地制宜,因陋就简。东方古人群充分利用便利条件,选择近水、向阳、易于获取石器原料和食物资源的环境生存;制作石器的原料就地取材，剥制石片时很少做预制处理，对工具加工简单随意，不追求规范化和精致化，一器多用，而且经常直接使用未经加工的石片。这与旧大陆西部古人类用两面技术系统制作对称的手斧，用勒瓦娄哇技术以特定流程预制石核、剥制标准化的石片，在经过预制的石核上以固定方向剥制长薄、两侧平行的石叶等做法相比，显示出不同的思维和技术追求。

（2）低限开发资源，与环境和谐发展。华夏古人群在资源利用方面很少刻意寻找优质石器原料并进行长期、深度开采；所使用的石器主要用于加工、砍伐、挖掘和肢解动物；所拥有的尖锋利刃、具有致命杀伤力的工具稀少，过度捕杀猎物的证据很少。这些表明华夏先民对可用资源仅做浅程度的开发，在客观上与生态环境保持和谐与友好。

（3）不断迁徙，趋利避害。多数遗址为短暂占据，出土遗物丰度相对小，表明东方古人群不断迁徙移动。当一个地区的资源——主要是食物趋于贫乏时，随即迁移他处以寻找新的资源。这种栖居方式增强了先民对气候变化的适应能力，不必把一个地方的资源开发到极致从而导致生态灾难，也不强迫技术和文化发生重大改进和调整，以便开发利用难于得到的资源。这样的后果之一是简单工具可以维持生计，技术创新的动力不足。

（4）机动灵活，简便务实。主要表现在就近取材、因材施法，根据原料特点采用不同的开发利用方式。例如北京猿人用效率低而浪费大的砸击法，开发周口店地区劣质而量丰的脉石英；而在三峡地区，面对大量圆钝、扁平、不易锤击剥片的河卵石，古人则用摔碰法撞击出边缘锋利的石片，或将石体一分为二，从而为进一步剥片和加工奠定基础。这些方法简便实用，没有太高的技术含量，但充分体现了先民灵活变通的聪明才智。

（5）开放包容，兼收并蓄。中国、东亚古人类在一个相对独立的空间中生存演化，但并非与外界完全隔离，人群迁徙、交流时有发生。中国南北方旧石器时代文化相互渗透，南方砾石石器体系中夹杂少量具有西方阿舍利技术，即模式2特点的石制品组合，北方小石片石器文化同来自西方与北方的莫斯特、石叶技术遗存，即模式3、模式4遗存并存，且出现装饰品等源自西方元素的文化现象等，都说明东方古人类的开放包容，对外来人群与文化并非一概排斥，而是兼收并蓄，为生存演化、文化发展注入新活力。

（6）进取创新，发展增益。透过石器文化缓慢发展的表层，我们仍可在中国、东亚古人类身上看到进取、创新、不断演进的一面，这主要表现在克服劣质石器原料的困难和剥片技术不断成熟、石器加工不断精良和开发利用不同材质原料等方面。在周口店第1地点，五六十万年前的北京猿人依赖简单的砸击法从脉石英团块上打下石片用以加工石器。而在其后的第15地点，同样面对脉石英石材，锤击打片却变为主要方法，生产的石片和石器更加规范、精致。在周口店第15地点、许家窑、丁村、灵井等遗址，出现在盘状石核上交互打击剥取相对规整石片的技术，较之以前随机剥片模式无疑是技术的改良与创新。宁夏水洞沟第2地点在传统小石片体系中出现石器加工的系统化和精细化，在贵州桐梓马鞍山遗址约3.4万年前的地层出现精细加工的磨制骨器，等等。这些都是东亚古人类不断创新进取的明证。

考古研究的要义是透物见人。"旧时器时代东方行为模式"不一定适合所有时期和所有东方人群，但它在一定程度上揭示了东方古人有别于西方人群的认知模式、技术特点、行为方式和生存方略。这些文化特点和行为模式的铸就,是环境背景、资源条件、社会结构、人际关系、思维习惯、文化传统等因素综合作用的结果,一旦形成,就有了强大生命力、裹挟力和延续性,对中华民族及其文明的形成产生深远影响。现如今,中国的一把菜刀能把各类食材加工成各种尺寸和形状,而西方的厨刀则须分门别类,业有专攻;东方人用一双筷子能吃尽天下美食,西方人却要用刀叉勺搭配使用。其中没有文化的优劣,但有思维与习惯的不同。这种差别,折射出史前与历史时期东西方文化与技术长期分异的影子。

中华文明源远流长,有深厚、复杂的历史根基和久远、强大的文化基因。中华民族屹立于世界东方,中华文明五千年连续发展而不断裂[26],其根系可以追溯到旧石器时代。古人类在华夏大地已有200多万年的演化历史,从直立人一路走来,生生不息,绵延不绝;东方旧石器时代文化特色鲜明,丰富多彩,兼收并蓄,一脉相承,使中华民族及其文明根基深植大地,吸收了东方水土的滋养并孕育了文化的基因。历史的轴线在这里被拉伸、延展,并贯连起东方人类的古与今。

华夏民族的祖先与中华文明的根基,历经百万年未中断且历久弥新,这应成为考古界、史学界的共识。"夏商周断代工程"和"中华文明探源工程"业已取得骄人成就,但中华文明并非一蹴而就,相关探索应继续向更久远的旧石器时代推进。我们应以"东方人类故乡"为题设立重大研究专项,汇集考古学、遗传学、人类学、古环境学和年代学诸领域的科研力量和科技条件协同攻关,从源头上厘清中华大地人类起源、演化及文明孕育、发展的脉络和动因,让历史不再模糊,过程不再缺环,原因不再混沌,争议不再纷扰;使我们更好认识源远流长、博大精深的中华文明,展示中华文明起源和发展的历史轨迹，彰显华夏民族及其文化对世界的重大贡献。

参考文献

[1] 习近平. 建设中国特色中国风格中国气派的考古学 更好认识源远流长博大精深的中华文明. 求是, 2020 (23): 4-9.

[2] 吴新智, 徐欣. 探秘远古人类. 北京: 外语教学与研究出版社, 2015.

[3] Ni X, Li Q, Li L, et al. Oligocene primates from China reveal divergence between African and Asian primate evolution. Science, 2016, 352 (6286): 673-677.

[4] Franz W. Apes, giants and man. Chicago: The University of Chicago Press, 1946.

[5] 吴汝康, 贾兰坡. 中国发现的各种人类化石及其在人类进化上的意义. 科学通报, 1955 (1): 23-29.

[6] 吴新智, 张银运. 中国古人类综合研究. 见: 中国科学院古脊椎动物与古人类研究所编, 古人类论文集——纪念恩格斯《劳动在从猿到人转变过程中的作用》写作一百周年报告会论文汇编. 北京: 科学出版社, 1978: 28-42.

[7] Cann R L, Stoneking M, Wilson A C. Mitochondrial DNA and Human Evolution. Nature, 1987, 325 (6099): 31-36.

[8] 高星, 张晓凌, 杨东亚, 等. 现代中国人起源与人类演化的区域性多样化模式. 中国科学: 地球科学, 2010, 40 (9): 1287-1300.

[9] 吴新智. 从中国晚期智人颅牙特征看中国现代人起源. 人类学学报, 1998, 17 (4): 276-282.

[10] Wu X J, Pei S W, Cai Y J, et al. Archaic human remains from Hualongdong, China, and Middle Pleistocene human continuity and variation. Proceedings of the National Academy of Sciences of the United States of America, 2019, 116 (20): 9820-9824.

[11] 吴新智. 大荔中更新世人类颅骨. 北京: 科学出版社, 2020.

[12] 刘武, 吴秀杰, 邢松. 更新世中期中国古人类演化区域连续性与多样性的化石证据. 人类学学报, 2019, 38 (4): 473-490.

[13] Harmand S, Lewis J E, Feibel C S, et al. 3.3-million-year-old stone tools from Lomekwi 3, West Turkana, Kenya. Nature, 2015, 521 (7552): 310-315.

[14] 高星. 更新世东亚人群连续演化的考古证据及相关问题论述. 人类学学报, 2014, 33 (3): 237-253.

[15] Movius H L. The Lower Palaeolithic Cultures of Southern and Eastern Asia. Transactions of the American Philosophical Society, 1948, 38 (4): 329-420.

[16] Bar-Yosef O, Wang, Y. Paleolithic Archaeology in China. Annual Review of Anthropology, 2012, 41: 319-335.

[17] 高星. 中国旧石器时代手斧的特点与意义. 人类学学报, 2012, 31 (2): 97-112.

[18] Yang M A, Fan X C, Chen C Y, et al. Ancient DNA indicates human population shifts and admixture in northern and southern China. Science, 369 (6501), 282-288.

[19] Yang M A, Gao X, Theunert C, et al. 40,000-Year-Old Individual from Asia Provides Insight into Early Population Structure in Eurasia. Current Biology, 2017, 27 (20): 3202-3208.

[20] Zhang D, Xia H, Chen F, et al. Denisovan DNA in Late Pleistocene sediments from Baishiya Karst Cave on the Tibetan Plateau. Science, 2020, 370 (6516): 584-587.

[21] 李锋, 高星. 东亚现代人来源的考古学思考：证据与解释. 人类学学报, 2018, 37 (2): 176-191.

[22] Li F, Chen F Y, Wang Y H, et al. Technology diffusion and population migration reflected in blade technologies in northern China in the Late Pleistocene. Science China (Earth Sciences), 2016, 59 (8): 1540-1553.

[23] 刘东生. 黄土与干旱环境. 合肥：安徽科学技术出版社, 2009.

[24] Dennell R W. The Palaeolithic Settlement of Asia. Cambridge: Cambridge University Press, 2009.

[25] 高星, 裴树文. 中国古人类石器技术与生存模式的考古学阐释. 人类学学报, 2006, 26 (4): 504-513.

[26] 刘庆柱. 不断裂的文明史：对中国国家认同的五千年考古学解读. 成都：四川人民出版社, 2020.

原载于《历史研究》2021年第1期

案例分析

走向现代：东亚现代人的起源与演化

三峡兴隆洞出土12万~15万年前的古人类化石和象牙刻划*

◎ 高星　黄万波　徐自强　马志帮　J.W.Olsen

艺术创作是人类独具的行为，而且通常被认为与现代人类体质的进化和认知能力的提高紧密相连[1, 2]。最近在南非的Blombos洞穴出土的7.7万年前的赭石块上带有几何形刻划图案，被认为是最早的有关人类艺术创作起源的考古发现和现代人类行为的最早记录[3]。现代人类，尤其是东亚地区现代人类起源的时间和地域近来成为学术研究的热点，"外来基因替代"和"本土连续演化"两种假说针锋相对[4, 5]，人类学和考古学界正致力于寻找新的材料和证据以解答这一重大科学命题。2001年9月8日，以黄万波为队长的"三峡洞穴考察队"在位于著名三峡风景区

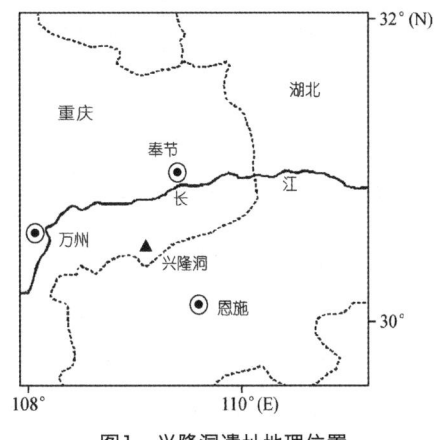

图1　兴隆洞遗址地理位置

---

* 本工作受中国科学院"百人计划"和科学技术部重大基础研究项目前期专项（2001CCA01700）资助。

"天坑地缝"附近的重庆市奉节县云雾土家族乡兴隆村的兴隆洞中发现动物化石（图1）。在随后近1个月的野外工作中，考察队员从洞内中更新世晚期地层中发掘清理出古人类牙齿、石器和大量哺乳动物化石。在1枚剑齿象门齿上研究人员发现痕迹清楚并成组分布的古人类用石器刻划的线条图案。这是迄今为止在世界范围内发现最早的带有原始艺术萌芽色彩的遗存，为研究石器时代艺术的起源和具有现代人类体质与行为特点的东亚人种的起源和演化提供了重要的信息。

一、地质、地层与埋藏情况

兴隆洞位于七曜山西端之山原期夷平面下限，海拔高程1100米。该地区山势起伏大，岩溶峰丛发育。兴隆洞就坐落在岩溶峰丛与槽谷之间的边坡上，岩体为石灰岩，洞口朝向西南，入口处目前高度不足1.5米，底部被堆积物充填。从洞内堆积厚度和地层走向判断，原始洞口高度应在3米左右。目前所露洞室较窄，长大于50米，宽8米~14米，呈廊道形，但因西壁被堆积物覆盖，洞室整体形态尚不明朗。发掘队根据遗物出露情况在距离洞口50米深的位置布设了7个2米×2米的探方，依次编号为A，B，C，D，E，F和G（图2）。

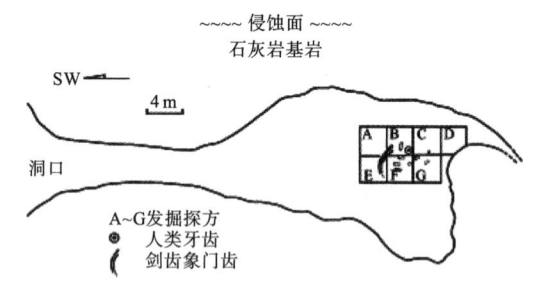

图2 遗址发掘区探方分布图和古人类牙齿、石器、剑齿象门齿出土部位

发掘表明，兴隆洞内的堆积产状近于水平。自上而下可以划分为6层（图3）。

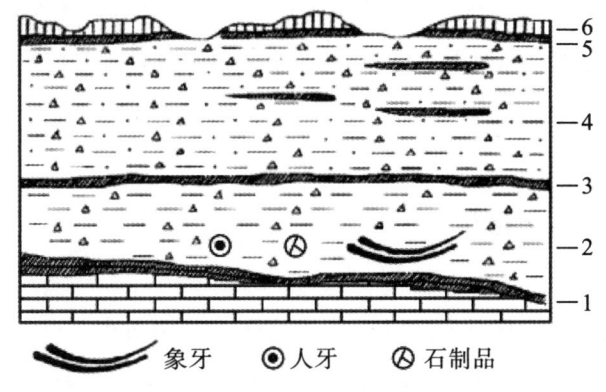

图3 兴隆洞遗址地层剖面图
1.下层钟乳石钙板 2.褐色砂质黏土，含人类化石、石器和哺乳动物化石，象牙刻划出自此层 3.中层钟乳石钙板 4.褐黄色黏土 5.上层钟乳石钙板 6.扰乱层

⑥砂质黏土、石灰岩角砾和近现代人类遗物混合层：为当地农民挖掘岩泥、炼硝而形成的扰乱层。

⑤上层钟乳石钙板：棕黄色，致密，不含化石，厚5厘米~10厘米。

④黏土：褐黄色，含薄层钙质条带和灰岩碎块，局部钙质胶结，较硬，底部含零星哺乳动物牙齿化石，厚140厘米。

③中层钟乳石钙板：棕黄色，由细粒方解石结晶体和泥质成分组成，不含化石，厚10厘米~15厘米。

②砂质黏土：褐色，夹有少量石灰岩角砾。古人类牙齿、有刻划痕迹的象牙、石制品和大量哺乳动物化石均出自此层，厚60厘米~80厘米。

①下层钟乳石钙板：厚15厘米~35厘米。

此洞内的上层钟乳石钙板被局部打破，其下的各沉积层保存完整。尤其是出土人类牙齿、石器和动物化石的第2层完全为中层钟乳石钙板所覆盖和封存，堆积保存完整，无层理，角砾、化石和砂土无分选和定向排列，出土遗物无任何搬运、扰动的迹象，应为原生的洞内沉积，保留了文化遗物和其他沉积物生成以来的原始信息。

二、人类化石

2001年发掘出土1枚人类右下第3臼齿。其近中—远中径为9.78毫米，颊侧径9.68毫米。嚼面磨耗严重，根部因啮齿动物啃咬而部分缺失，但保留有两个牙根，牙根髓腔很小，成一弧形。从嚼面磨耗情况判断，该牙齿代表一老年个体。测量值表明该标本比北京猿人牙齿要小，处在智人变异范围之内，结合时代推断其为早期智人（*Archaic Homo sapiens*），建议简称"奉节人"。

三、石制品

2001年发掘出石制品20件，包括石核、石片、刮削器、尖状器和砍砸器（图4）。这些石制品的原料全部为石灰岩，分为硅质灰岩和泥晶灰岩两大类，原坯为河卵石和石灰华断块。此外在出土材料中还有几件燧石断块和裂片，性质无从判断；若干灰

图4 遗址出土的砍砸器

岩石块上有零乱的疤痕，可能是人类加工与使用产生的不易辨识的痕迹。砍砸器（13件）是该器类组合的主体，刮削器（4件）处于辅助地位，尖状器只有1件。加工石器的方法为锤击法，大多数标本为单向加工，少量为错向加工。器体多粗大，修疤少且大小不一，刃缘多较短，刃口不平整，刃角普遍大，多在70°以上，具有陡向加工的特点。在总体上这批石制品形态不规则，加工简单、粗糙、随意，这与石器原料的影响与制约应有很大的关系。

兴隆洞遗址石制品的类型组合、形态特点和毛坯选择显示出强烈的中国南方旧石器工业特点[6]，同时也折射出古人类在此生存活动的信息。在石制品中只有1件石核和1件石片，石器全部以砾石、断块为毛坯，个体粗大，加工简单，可供使用的刃口部位有限。这些事实说明古人类并未在该洞穴进行系统的剥离石片和制作石器，或者说石器未在其特定生产与生活中扮演重要的角色。可以推测当时占据该洞穴的古人类只在需要石器时从洞穴附近拣拾起可用的石块，进行简单的加工，用完即废弃。从刃口的特点和大而钝的刃角判断，这样的工具很难满足切割、刮削、刺穿等日常需要，很可能是用来加工木器和竹器等软质材料的工具，而这些未被保存下来或尚未被发现的工具则承担着日常生产和生活的各种功能。当然由于目前遗址的发掘范围较小，出土遗物有限，其文化面貌还远未被完整地揭示出来，上述推论还有待进一步工作的检验。

四、象牙刻划

带有刻划痕迹的剑齿象门齿发现于2001年9月19日，发掘自第2

层褐色砂质黏土。出土时它与属于另一剑齿象个体的1枚门齿根靠根、尖并尖排列（图5），从探方B延伸到探方E。

图5　带有刻划纹的象牙出土场景

（一）材料描述

该门齿属东方剑齿象（*Stegodon* cf.*orientalis*），其远端（牙尖）残缺，残存部分保存完好，通体光滑，长184厘米。刻划痕迹集中在远端约50厘米范围内。刻划纹起、止点清楚，线条粗犷有力，形态简单，成组出现，其中有两组最为醒目，描述如下：

第1组：由6条刻划纹组成，纵向排列，从结构看，可以区分为远、中、近三部分：远部由3条细而直的斜向刻划纹组成，其中两条从位于二者中间的第3条上引出并向两侧延伸，形如灌木顶端的分叉。3条刻纹长度分别为12毫米、26毫米和16毫米；中部由1条既长且宽又深的笔直的竖纹（长37毫米，宽1.5毫米）和1条宽而浅的横纹（长7毫米，宽1.4毫米）组成，横向刻划纹叠压在纵向刻划纹的远端，二者近于垂直，组成"十字形"；近部为1条长41.5毫米的略为弯曲成"撇形"的斜纹，起点靠近并斜切过中部竖向刻划纹的近端,向牙根方向延伸并尖灭。在显微镜观察下这6条刻划纹的断面皆呈"V"字形。总体来看,这3个部分组成近似于一条灌木枝的图案[图6(a)]。

第2组:由4条刻划纹组成。第1条与门齿长轴平行,基本平直,深而长(长110毫米,宽1.2毫米~1.5毫米);第2~4条为3条粗短而相对浅平的曲线(长20毫米~30毫米),从第1条刻划纹的中部侧向引出并向齿根方向延伸,越远离第1条长纹者曲度越大,构成露鸟的羽冠状[图6(b)]。

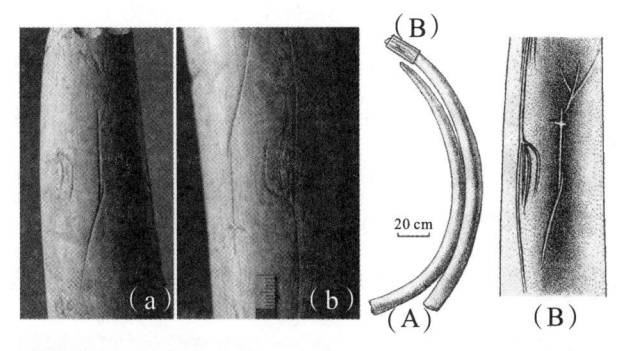

图6 本文描述的第1组刻划纹:灌木枝状组合(a),本文描述的第2组刻划纹:羽冠状组合(b);人工刻划纹在象牙上出现的部位(A)和刻划纹组合(B)线图

(二)成因分析

带有刻划纹的剑齿象门齿与属于另一剑齿象个体的1枚无刻划痕迹的门齿在洞内距洞口50米深处并排出土,其产状和无其他部位化石的情况说明它们绝非大象在此死亡后的自然遗留物;其出土位置排除了活着的大象将死去的同伴的遗骸搬运放置于此的可能性。其他动物也不可能将如此硕大无肉的象牙拖至洞内深处。地层沉积物特征表明不存在将它们从他处搬运到洞内的水流或其他地质动力的

作用。因此这2枚剑齿象门齿应是当时生活在洞中的人类搬运并摆放在现位置上的。

历经地质时代变迁的动物骨骼和牙齿上可以产生各种痕迹，包括动物生前的创伤和擦痕、死后植物根茎在其表面腐蚀的痕迹、滚动的石块的砸痕划痕，以及水流的搬运碰撞、大型动物的践踏、食肉类的啃咬抓挠、啮齿类的啃咬、地层错动所造成的挤压与摩擦、化学腐蚀和人类作用所产生的各种痕迹[7]。大象在生活时用门齿与同类或其他动物争斗或与树木、岩石发生碰撞摩擦所产生的线状条痕往往成组平行出现，多浅平、纤细并与长轴斜交（图7），显然与本文描述的痕迹有别。该象牙上的一些线条和疤痕的成因是可以用非人工的营力加以解释的，但上述两组线纹从形态和排列来看只能用人工的作用来解释，这是因为：（1）线条粗犷有力，非简单的擦痕；（2）线条长短深浅有所变化，起止点和延伸方向不同，非为某种自然营力偶然的产物；（3）一些刻划纹，尤其是第1组者，断面

图7 在繁昌人字洞出土的早更新世象牙上保存有大象生活时留下的自然擦痕，与本文描述的人工刻划纹显然不同

呈"V"字形,为常见的由锋利的石器刃口所留下的切割、刻划的痕迹,与大型食肉类动物牙齿留下的断面呈"U"字形的咬痕明显不同;(4)其中的曲形纹弧度大且每条线纹的弧度不同,很难用自然营力来解释;(5)一些线纹的起始点有内在逻辑的衔接,前后呼应,似有规律可循;(6)线条排列有序,成组分布,构成一定的图案[图6中的(A)和(B)]。

综上所述,从埋藏环境和遗迹的特征、组合来看,这两组线条非自然营力所留,只能是人类所为,而且是人类为模仿自然现象或为表达某种意念而有意识地刻划产生的,是早期人类的刻划作品。至于刻划的工具,从痕迹来看应是尖端锋利的石器。剑齿象于幼年时期在门齿尖部生有一层很薄的珐琅质,但在成年后因磨蚀,该层珐琅质会消失,牙体上只有牙本质,而无珐琅质的保护,硬度并不很高。兴隆洞出土的2枚象门齿上已无任何珐琅质残留。我们曾用遗址出土的硅质灰岩尖角在现代象门齿上进行简单的实验,发现可以刻划出与遗址出土象牙上近似的条纹,证明遗址中所出石器是可以作为刻划工具的;而地层中出土的燧石断块、残片则提供了该遗址存在质地更好、硬度更高的刻划工具的可能性。

五、哺乳动物化石

兴隆洞第2层堆积中的哺乳动物化石相当丰富,分属8目、50种,以小哺乳动物居多。现按分类系统将名单记述如下。

(1)食虫目Insectivora Bowdich,1821。中国毛猬*Hylomys sinensis*,鼩鼱*Uropsilus soricipes*,鼹(未定种)*Talpa* sp.,麝鼩

（未定种）Crocidura sp., 顾氏短尾鼩Anourosorex kui, 短尾鼩Anourosorex squamipes, 纹背鼩鼱Sorex cylindricauda, 普通鼩鼱Sorex araneus, 川鼩Blarinella quadraticauda, 印度长尾鼩（相似种）Soriculus cf.leucops, 川西长尾鼩Soriculus hypsibius。

（2）翼手目Chiroptera Blumenbach, 1779。蹄蝠（未定种1）Hipposideros sp.1, 蹄蝠（未定种2）Hipposideros sp.2, 管鼻蝠（未定种1）Murina sp.1, 管鼻蝠（未定种2）Murina sp.2。

（3）啮齿目Rodentia Bowdich, 1821。隐纹花松鼠Tamiops swinhoei, 长吻松鼠（未定种）Dremomys sp., 飞鼠Pteromys volans, 毛耳飞鼠（未定种）Belomys sp., 鼯鼠（未定种）Petaurista sp., 大绒鼠（相似种）Eothenomys cf.miletus, 灰猪尾鼠Typhlomys cinereus, 巢鼠Micromys minutus, 云南攀鼠Vernaya fulva, 齐氏姬鼠Apodemus chevrieri, 大耳姬鼠Apodemus latronum, 针毛鼠Niviventer fulvescens, 社鼠Niviventer confucianus, 家鼠（未定种）Rattus sp., 竹鼠（未定种）Rhizomys sp., 江山豪猪Hystrix kiangsenensis。

（4）灵长目Primates Linnaeus, 1758。长臂猿（相似种）Hylobates cf.sericus, 金丝猴Rhinopithecus roxellanae tingianus。

（5）食肉目Carnivora Bowdich, 1821。貉（未定种）Nyctereutes sp., 巴氏大熊猫Ailuropoda melanoleuca baconi, 柯氏西藏熊Ursus thibetanus kokeni, 南方猪獾Arctonyx collaris, 果子狸（未定种）Paguma sp., 似剑齿虎（未定种）Homotherium sp., 豹（未定种）Panthera sp.。

（6）长鼻目Proboscidea Illiger, 1811。东方剑齿象（相似种）Stegodon cf.orientalis。

（7）奇蹄目Perissodactyla Owen，1848。华南巨貘*Megatapirus augustus*，和县双角犀*Dicerorhinus hexianensis*。

（8）偶蹄目Artiodactyla Owen，1848。野猪*Sus scrofa*，黑麂*Muntiacus crinifrons*，毛冠鹿*Elaphodus cephalophus*，水鹿（相似种）*Cervus cf.unicolor*，广西巨羊（相似种）*Megalovis cf.guangxiensis*，大鬣羚亚种*Capricornis sumatraensis kanjereus*，谷氏大额牛亚种*Bibos gaurus grangeri*。

兴隆洞动物群里的许多成员，如长臂猿（相似种）（*Hylobates cf.sericus*）、金丝猴（*Rhinopithecus roxellanae tingianus*）、巴氏大熊猫（*Ailuropoda melanoleuca baconi*）、柯氏西藏熊（*Ursus thibetanus kokeni*）、东方剑齿象（相似种）（*Stegodon orientalis*）、华南巨貘（*Megatapirus augustus*）、和县双角犀（*Dicerorhinus hexianensis*）、水鹿（相似种）（*Cervus cf.unicolor*）、黑麂（*Muntiacus crinifrons*）和谷氏大额牛（*Bibos gaurus grangeri*）等曾出现于相邻的万县盐井沟动物群中[8]；两个动物群均以本地分子为主，缺少北方动物群的典型成员。可见在更新世的中、晚期，华北动物群由于受到长江的阻碍而难于扩展到江南。兴隆洞小哺乳动物群基本具有本地现生动物群的特点，20个可定种主要生活于森林或森林灌丛之间，但有一定数量的秦岭、横断山、大巴山山地类型分子的侵入，而这些分子分布的海拔高度在1500米~4500米之间。因此该动物群反映着亚热带森林环境，气候比现在要湿冷一些。

六、年代测定

兴隆洞因出土早期智人牙齿和原始象牙刻划，年代测定十分重要。与人类遗存伴生的50种哺乳动物中有一定数量的绝灭分子，包括似剑齿虎（*Homotherium* sp.）、似东方剑齿象（*Stegodon* cf.*orientalis*）、和县双角犀（*Dicerorhinus hexianensis*）、似广西巨羊（*Megalovis* cf.*guangxiensis*）、江山豪猪（*Hystrix kiangsanensis*），占组合成员的1/10。再考虑其与盐井沟动物群的相似性，故将兴隆洞遗址的地质时代定位在中更新世晚期是恰当的。这一初步结论得到了铀系测年数据的印证。

铀系年代测定在中国科学院地质与地球物理研究所和南京师范大学海洋与第四纪研究所同时进行，测试材料分别取自与人类遗存同层的1枚东方剑齿象臼齿的第3和第2齿脊，包括珐琅质和牙本质。样品测量是在国产B-1221型微机4096道α谱仪上完成的，真空度为$(2\sim4)\times1.33$ Pa，能量分辨率约为35 keV。分析结果见表1。

表1　东方剑齿象臼齿铀系测年数据

样品编号[a]	$U/\text{g}\cdot\text{g}^{-1}$（×10^{-6}）	$^{234}U/^{238}U$	$^{230}Th/^{234}U$	年龄/万年
WS-1a	1.154 ± 0.036	1.475 ± 0.052	0.711 ± 0.023	距今12.8 ± 0.8
WS-1b	1.187 ± 0.026	1.493 ± 0.034	0.691 ± 0.023	距今11.6 ± 0.7
平均值	1.171 ± 0.017	1.484 ± 0.009	0.701 ± 0.010	距今11.95 ± 0.35
WS-2a	42.7 ± 1.7	1.410 ± 0.051	0.686 ± 0.023	距今11.8 ± 0.7
WS-2b	44.7 ± 1.2	1.396 ± 0.033	0.706 ± 0.017	距今12.2 ± 0.5
WS-2c	41.2 ± 1.1	1.443 ± 0.032	0.717 ± 0.028	距今12.4 ± 0.8
平均值	42.9 ± 1.4	1.416 ± 0.020	0.703 ± 0.013	距今12.13 ± 0.25
0238	36.3	1.622 ± 0.025	0.812 ± 0.022	距今15.4 ± 0.9

注：a）WS-1为珐琅质，WS-2为牙本质，由中国科学院地质与地球物理研究所测试；0238为牙本质，由南京师范大学测试。a, b, c为平行分析结果，其中a, b用本实验室^{232}U-^{228}Th平衡稀释剂；c用美国南加州大学铀系实验室的^{236}U-^{229}Th稀释剂。表中数据的分析误差为±1σ。

以上两个科研单位的分析结果分别为距今12万年左右和距今15万年左右，比较接近，与依据古生物地层得出的中更新世晚期的推论相吻合。因此本文认为"奉节人"及其文化遗存的年代在距今15万年～12万年之间。近来年代学研究表明，用动物骨骼和牙齿所测定的考古遗址的铀系年代有比实际年龄偏晚的倾向[9]，因此本文所给出的遗址年龄应该是一个保守的数字。兴隆洞堆积物中有三层完整的钙板，尤其是含人类化石、石器和象牙刻划的层位上有一层钙板封盖，在理论上提供了通过碳酸岩铀系测定得出较精确的文化层上限年龄的可能性。但在发掘时采集的数块钙板样本含泥质过多，纯度不够，未能得出有意义的结果。

七、讨论与结语

本文记述的人类化石、动物化石和考古材料发掘出土于兴隆洞中更新世晚期地层堆积中。该洞穴沉积只在顶层被局部扰动破坏，下部保存完整，尤其是"文化层"被下钙板层封盖，出土物层位单元清楚，空间位置明确，并保持原生状态，保留了遗址使用后的原始信息，是一处珍贵的古人类学和考古学遗址。生物地层资料和铀系分析结果表明古人类在该遗址的生存行为至少发生在距今15万～12万年之间。

该遗址出土1枚老年早期智人下臼齿、少量石器和一些动物化石。目前发现的痕迹清楚的石制品皆以石灰岩为原料，多为砍砸器，类型单调，加工简单，风格古朴。这与劣质的石器原料不无关系，也可能表明石器并非这些文化的创造者的主要生产工具与生活用具，还可能有未能保存或未被发现的其他材料的工具存在。与人类遗存伴生的动物化石多属食草类，大型食肉类只有种类少、个体数量小的熊和剑齿虎等，动物化石多不完整。我们推测，其中一部分可能是古人类的食物残留。

在兴隆洞遗址出土的文化遗物中，剑齿象门齿上出现的人工刻划是一项寓意深远的发现。从该象牙的出土位置、产状和其中两组刻划纹的起止位置、走向、深度、曲度和排列情况看，它们有别于各种自然营力的痕迹，是人类行为的产物，是古人类为模仿自然现象或为表达某种意念而有意识地刻划、创作出来的，是目前所知最早的具有原始艺术萌芽色彩的远古人类作品。

作为人类思维与意念表达方式之一的图像艺术起源于旧石器时代。目前所发现的考古材料还支离破碎，无法复原这一艺术形式演化的完整过程。在西欧和非洲距今4万～3万年前的旧石器时代晚期考古遗址中，出土的人与动物雕像和洞穴壁画是公认的早期人类艺术作品[10]。1999年出土于南非Blombos Cave的赭石块上的几何线条，将人类进行有现代思维特点的刻划创作的时间提前至7.7万年前。而本文描述的象牙刻划则产生于15万～12万年前，这对探索艺术的起源提供了新的资料。图像艺术在近3万年间演化的大体趋势是由写实而变为抽象，我们根据现有的考古资料认为，最初或萌芽时期的图像艺术可能经历过一个与此相反的过程：最早的图像作品表现为单线条刻划，着力控制性差，线条稀疏粗犷，构图简单，寓意很难解读，与自然界产生的痕迹易于混淆，兴隆洞出土的象牙刻划即为其代表；在进一步的发展时期，出现多线条刻划组合，着笔控制性增强，线条变细腻，构图趋于复杂，图形仍抽象但与自然界产生的痕迹有明显的区别，Blombos Cave出土的几何形图案可视为其代表；而成熟时期的图像艺术则表现为用熟练的手法和流畅的线条或颜色勾划出形态清楚、造型生动、易于解读的图案。发现于法国西南部和西班牙旧石器时代晚期考古遗址中的"维纳斯"雕像和洞穴壁画中的彩色动物图案是其典型的代表[11]。

艺术创作是现代人类的思维能力与行为标志之一，因此与艺术起源相关的议题是现代人类的起源。目前有关现代人类起源的两种假说，即"出自非洲说"和"多地区起源说"相持不下，都在寻找考古依据。南非Blombos洞穴的赭石刻划图案一经面世就被当作现代人类起源于非洲的支持证据。那么本文描述的材料是否支持了现代人类多地区起源或东亚起源学说？我们认为至少可以这样说，兴隆洞的材料表明早在15万~12万年前，青藏高原东侧的某些人类在智力发育和适应生存中萌生了接近"现代"的意识和行为。他们不仅制作石器和从事采集、狩猎活动，而且还在象牙上着意刻划出一些具有一定组合的线条。这些线条组成的图案或者在模仿某种自然现象，或者在试图表达某种意念。而长江三峡地区更新世以来气候条件适宜，生活资源丰富，适于人类的持续生存和繁衍。兴隆洞的发现为研究古人类在该地区的演化历史、行为方式和原始艺术的起源提供了重要的线索。

致谢：重庆市文化局和奉节县政府对于野外工作给予了多方面的支持；刘东生、顾玉珉、郑绍华、王宪曾、沈冠军、赵贵林、邱占祥、吕遵谔、谭明、尤玉柱、曹春生、孙家钵、李培福等诸多先生、同人对研究工作给予了指导和帮助，作者表示衷心感谢。

参考文献

[1] Mellars P A, Gilson K. Modelling the Early Human Mind. Cambridge: McDonald Institute Monographs, 1996.

[2] Clark G A, Willermet C M. Conceptual Issues in Modern Human Origins Research. New York: de Gruyter, 1997.

[3] Henshilwood C S. Emergence of modern human behavior: Middle Stone Age engravings from South Africa. Science, 2002, 295: 1278-1280.

[4] 吴新智. 从中国晚期智人颅牙特征看中国现代人起源. 人类学学报, 1998, 17 (4): 276-282.

[5] 柯越海, 宿兵, 李宏宇, 等. Y染色体遗传学证据支持现代中国人起源于非洲. 科学通报, 2001, 46 (5): 411-414.

[6] 王幼平. 更新世环境与中国南方旧石器文化发展. 北京: 北京大学出版社, 1997: 1-170.

[7] Lyman R L. Vertebrate Taphonomy. Cambridge: Cambridge University Press, 1994.

[8] Colbert E H, Hooijer D A. Pleistocene mammals from the limestone fissures of Szechuan, China. Bulletin of the American Museum of Natural History, 1953, 102: 41-71.

[9] Shen G J, Wang J Q. Chronological studies on Chinese Middle-Late Pleistocene hominid sites, actualities and prospects. Acta Anthropologica Sinica, 2000, 19 (Supp): 279-284.

[10] Breuil H. Four hundred centuries of cave art. Centre des Études et de Documentation Préhistorique, Montignac, 1952.

[11] Klein R G. The Human Career: Human Biological and Cultural Origins. Chicago: The University of Chicago Press, 1989.

原载于《科学通报》2003年第48卷第23期

河南灵井许昌人遗址大型食草类动物死亡年龄分析及东亚现代人类行为的早期出现

◎ 张双权　李占扬　张乐　高星

现代人类行为的起源问题是旧石器时代考古学研究中的一个争论热点。Klein等[1-3]以及其他学者认为，现代人类行为起源于非洲，并且这一行为的出现是一个相对快速的"革命性"的过程，大约是在距今5万～4万年之间；McBrearty等[4]及d'Errico[5]则认为，现代人类行为的出现应该远远早于这一时间，而且，这一行为的最早出现可能并非仅仅局限于非洲，近东甚至包括欧洲都有可能是其发源之地[5]。

专业化的狩猎能力是现代人类行为出现的一个重要标志[4, 6]。从20世纪80年代初期至今，古人类狩猎能力的成熟与否一直是旧石器时代中期（MP）以及与其大致相当的石器时代中期（MSA）考古动物群研究中的主要问题。Binford等[7-10]根据非洲以及欧亚大陆MSA/MP时期动物群的骨骼单元分布模式、食肉类的破坏痕迹、死亡年龄分布等方面的证据认为，这一时期的古人类在大中型动物资源的利用方面是以食腐作为其主要生存手段和策略的；狩猎活动只是古人类在对付一些中小型食草类动物时才能够采用的一种生存手段。Binford等[7-10]的这一假说受到了来自以Marean等[11, 12]为代表的一大批学者的强烈批评。最近一段时间，在MSA/MP时期古人类的狩猎食腐行为争论之外，学者们又为这一阶段的动物群研究赋予了新的学科张力，从而也催生了新一轮的学术思想争鸣。以Klein[2,13]等学者为代表的一批学者认为，MSA/MP时期的古人类已经能够猎捕一些有蹄类动物，但是，他们的狩猎技能却明显要劣于石器时代晚期（LSA）/旧石器时代晚期（UP）阶段的古人类。Klein认为，发生在距今5万~4万年左右的一次古人类神经系统的重组或变异使古人类具备了真正意义上的现代人的智能水平；古人类在智能方面的提升又催生了更为有效的狩猎方式的出现以及随后发生的现代人类的全球性扩散[1,2,13]。在Klein之外的另外一些学者，却坚持认为这一时期的古人类已经是非常熟练的狩猎者，现代狩猎行为的出现也只是MSA/MP时期出现的一系列现代人类行为标志中的一个；至于现代人类向欧亚大陆的扩散则可以归因于古人类在技术发展、社会活动性乃至人口扩张等方面的演进[4,14]。

遗憾的是，在这几波现代人类行为之争的浪潮中，目前几乎所有的声音都来自非洲、欧洲以及近东地区；相反，东亚地区的考古动物群材料却总是处于一种相对缄言的状态，没有得到国际学术界的足够关注与重视[15]。近期灵井许昌人遗址考古材料的出土是我国古人类旧石器研究领域内的一个重要发现，同时也为东亚地区现代人类行为起源问题的研究提供了良好的契机。到目前为止，该遗址出土的人类骨骼材料包括顶骨、枕骨、乳突等近20件；与古人类头骨化石伴生的则是数量可观的旧石器文化遗物及动物化石材料。李占扬等[16]根据生物地层学的原则判断，这一动物群的时代应与许家窑动物群的时代相似，为晚更新世早期，其绝对年龄约在距今10万年左右。周力平等完成的初步光释光测年结果表明，埋藏古人类头骨化石层位的时代应该在距今10万~8万年之内，甚至可能稍早于10万年（详细成果将另文发表）。这一时间段是探讨东亚地区现代人类行为起源时间与地点的一个关键节点。

一、材料与方法

灵井许昌人遗址位于河南省许昌市西北约15千米的灵井镇西侧。2005年至2009年，河南省文物考古研究所对该遗址进行了新的发掘与研究，在近300平方米的范围内出土人类头骨化石断块近20件、石制品近万件以及包括部分骨器在内的动物骨骼化石万余件。到目前为止，灵井许昌人遗址出土的哺乳动物化石种类包括啮齿类2种，食肉类3种，长鼻类1种，奇蹄类4种，偶蹄类8种，共计18个属种[16]。灵井动物群的埋藏学分析表明，原始牛（*Bosprimigenius*）和普通马（*Equuscaballus*）是该动物群中居于绝对数量优势的两个属种（图1）[17]。

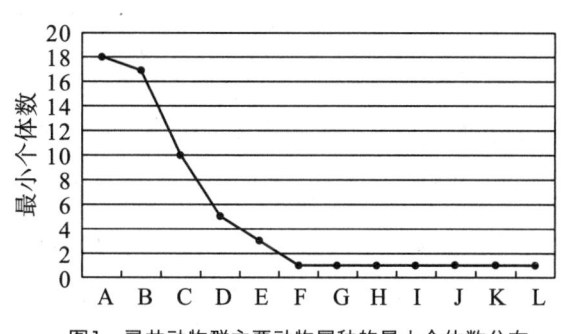

图1 灵井动物群主要动物属种的最小个体数分布

A, *Equus* sp.; B, *Bos primigenius*; C, *Megaloceros ordosianus (Cervus elaphus)*; D, *Coelodonta antiquitatis*; E, *Procapra przewalskii*; F, *Dicerorhinus mercki*; G, *Pachycrocuta* cf. *sinensis*; H, *Palaeoloxodon* sp.; I, *Viverra* cf. *zibetha*; J, *Ursus* sp.; K, *Sus lydekkeri*; L, *Hydropotes pleistocenica*

在考古动物群的研究中，判定动物的死亡年龄或死亡季节对于遗址埋藏学历史的重建具有非常重要的意义[18,19]；同时，通过此类研究，我们还有可能进一步提取古人类行为能力、社会组织、群体规模乃至狩猎方式、技能、生存模式等方面的重要信息。通常情况下，可以判断动物死亡年龄及季节的方法主要有3种：骨骺愈合、牙齿亚质的年轮以及齿冠高度等（牙齿冠面的磨蚀特征也是许多研究后期动物群的考古学家经常使用的一种方法，但是对于更为早期的动物群而言，这一手段的应用似乎远远没有其他方法那样普遍）。一般情况下，对于大型有蹄类动物而言，由于骨骺愈合和牙齿亚质分析方面的诸多困难，齿冠高度的测量和统计目前依然是埋藏学家确定动物死亡年龄时最常采用的一种方法。在本项研究中，我们依据埋藏学研究的经典做法分别测量了灵井动物群中的两种优势动物——原始牛和普通马的齿冠高度，并根据相应的回归方程计算得出了这些牙齿标本所代表的动物个体的死亡年龄[18-20]。在各动物个体的年龄确定之后，我们遵循Klein等学者的传统做法，将其归类并入各年龄组别（这里，我们采取的是6阶段的划分方案），并以直方图的形式较为直观地表示了各年龄段的个体数量差异。

在原始牛和普通马死亡年龄的研究过程中，我们同时也采用了Stiner所创立的动物年龄分组方案。Stiner[9,10,21]将动物个体按照其年龄差别分成了3个阶段，即幼年、壮年和老年，这是目前国际动物考古学界较为广泛采用的一种规范化手段[22,23]。我们之所以采用这一分组体系，一方面是由于它与动物个体的生命史相互吻合，从而可以较为合理地反映古人类在狩猎趋向、能力方面的一些时空变化；同时，由于20世纪90年代以后的绝大多数考古动物群研究都把这一分组体系纳入了动物死亡年龄模式的构建方面，因此这一方法客观上也增加了不同动物群之间以及多个动物属种之间进行对比研究的可能性。

在Stiner的这一分组方案中，某一动物属种幼年与壮年的界限对应于动物个体的某一乳齿系牙齿被其相应位置的恒齿系牙齿所替代的年龄（如dp4和p4）；壮年与老年的界限则大约是在该物种最大寿命值的65%左右[10, 21]。这里，我们将原始牛幼年与壮年的界限定义为4岁；由于原始牛的理论最大寿命一般多被界定为25岁[24]，因此其壮年与老年的分界线年龄应在15岁左右。对于普通马而言，它们的p2一般在4岁之前已经完全萌出并开始接受磨蚀，而其m3的相应年龄一般则在2.5～5岁左右[25]；结合现代马骨骺愈合年龄的有关数据[26]，我们这里以4岁作为普通马幼年个体的上限年龄；同时，我们依据Levine[26]的研究结论以17岁作为其壮年与老年的界限值。

需要特别说明的是，无论是在Klein还是Stiner的分类体系中，用来构建动物死亡年龄图式的基本统计单元更多情况下都是最小个体数（MNI），其所依据的牙齿材料都是某一侧的dp4和m3（或者是dp4和p4）。但是，在本次灵井动物群的研究方面，我们却采取了一些有别于传统做法的调整性方案。以原始牛为例，其最小个体数仅为17个，样本规模稍显偏小一些，并不十分有利于统计分析的进行。出于这一考虑，我们在保留传统研究方法的同时也适当增加了用于统计分析的动物牙齿材料。这一调整明显扩大了用于动物死亡年龄统计的样本规模，从而也较为有效地避免了由此而带来的可能偏差。实际上，在考古动物群的研究中，欧洲的部分学者同样采用了这一手段以规避因样本规模大小而带来的一些问题[18, 19, 27]；在周口店田园洞梅花鹿化石的年龄结构分析方面，李青和同号文[28]采用的也是这一处理方案。

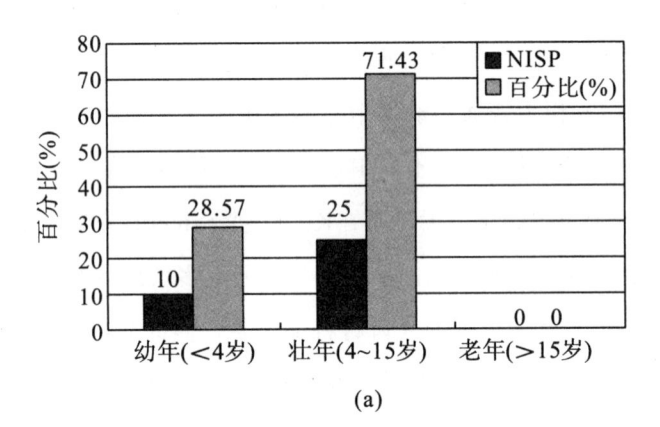

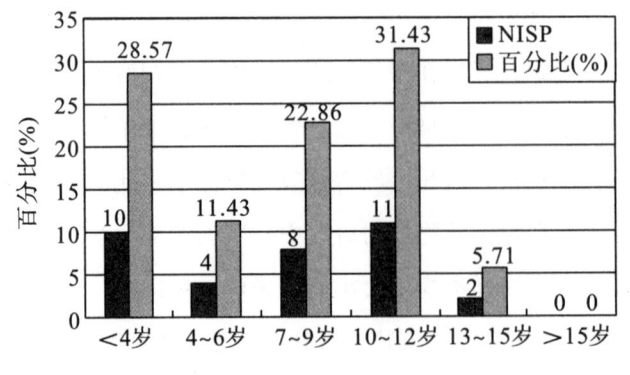

二、结果

（一）原始牛的死亡年龄分布模式

灵井动物群中原始牛个体的死亡年龄分析结果表明，无论是在Stiner的三分体系中还是在我们相对细化的六阶段划分方案中，无论是以最小个体数（MNI）作为统计单元还是以包含更多齿列标本的可鉴定标本数（NISP）作为统计基数，这一动物属种都呈现出了一种相当典型的"壮年居优型"的死亡年龄分布模式[29]（图2）。

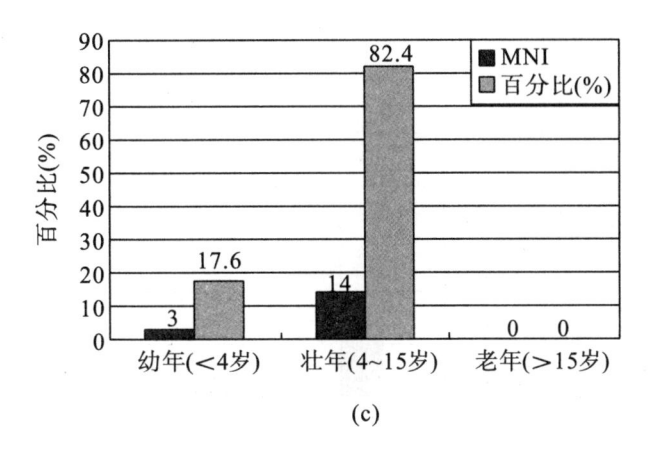

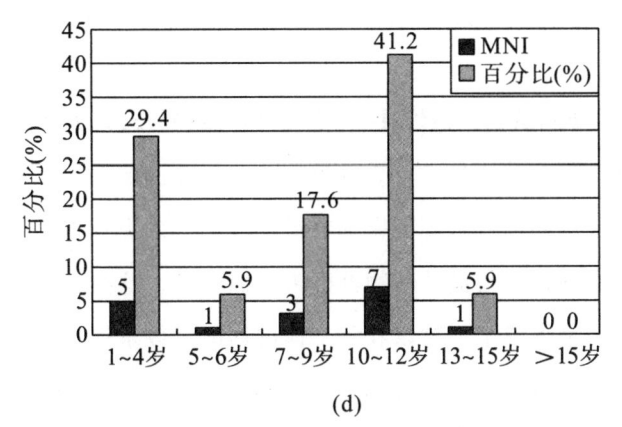

```
     90 ┐                82.4          ■ MNI
     80 ┤                              □ 百分比(%)
     70 ┤
  百  60 ┤
  分  50 ┤
  比  40 ┤
  (%) 30 ┤
     20 ┤      17.6
     10 ┤  3          14
      0 ┴───────────────────────  0    0
       幼年(<4岁)  壮年(4~15岁)  老年(>15岁)
                    (c)
```

```
     45 ┐                41.2         ■ MNI
     40 ┤                             □ 百分比(%)
     35 ┤
  百  30 ┤  29.4
  分  25 ┤
  比  20 ┤         17.6
  (%) 15 ┤
     10 ┤                      
      5 ┤  5     5.9    3   7    5.9
      0 ┤      1           1        0  0
       1~4岁 5~6岁 7~9岁 10~12岁 13~15岁 >15岁
                    (d)
```

图2 灵井动物群原始牛的死亡年龄分布

（二）普通马的死亡年龄分布模式

灵井动物群中普通马个体的死亡年龄分析结果表明（这里我们仅以最小个体数的三阶段分组方案予以说明），与此前我们看到的原始牛的分布模式基本类似，普通马的死亡年龄分布模式同样是以壮年个体占有绝对优势，幼年个体则相对较少，而老年个体更是只有1例，仅占最小个体数的约5.6%（图3）。

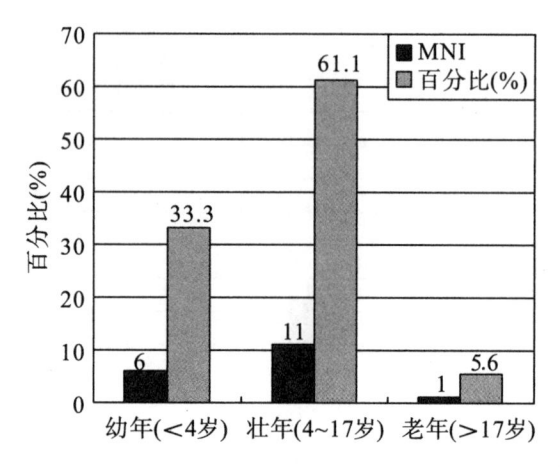

图3 灵井动物群普通马的死亡年龄分布（MNI-3年龄组）

（三）灵井许昌人遗址原始牛死亡年龄结构与相关动物群的比较

在旧石器时代中期的许多遗址中，包括欧洲的法国、意大利、德国以及近东的以色列等国家都曾经发现了古人类狩猎和屠宰原始牛或野牛的证据。与灵井动物群极为相似的是，这些遗址中的许多动物种类都呈现出了一种以壮年个体占据绝对数量优势的死亡年龄结构。这其中就有我们比较熟知的法国的La Borde和Mauran遗址、苏联境内的Il'skaya遗址、以色列的Hayonim和Kebara两个洞穴遗址以及意大利的Bruil遗址等。此外，在欧洲旧石器时代晚期的Palidoro、Polesini等几个遗址以及美国历史时期的Agate Basin、Casper、Lamb Spring Site和Garnsey等遗址，也都是以原始牛或野牛的壮年个体占据绝对数量优势的一种死亡年龄组合[30, 31]。

这里，我们认为特别值得一提的就是法国的La Borde遗址。与灵井许昌人遗址近似，La Borde也是一处旧石器时代中期的旷野遗址。这一遗址中的动物化石材料无论是从可鉴定标本数（NISP），还是最小个体数（MNI）来看，都以原始牛占据其绝对优势地位；此外，在

27个原始牛个体中，壮年个体占到了其中的约76.4%，幼年个体约占21.6%，老年个体仅为2%左右[31]。尽管这一动物群的骨骼表面保存情况不佳，无法进行切割痕、砍砸痕以及食肉类齿痕的分析统计，但是较为系统的原始牛死亡年龄结构的研究还是为这一遗址的考古学解释奠定了良好的基础。研究者将这一遗址最终解释为古人类的一个狩猎营地，古人类在此以原始牛的"育儿群（Nursery group）"为其狩猎对象，从而导致了这些动物骨骼的大量聚集[31]。

从灵井动物群原始牛与上述多个遗址类似动物属种的年龄比较来看，它们基本上都落在了"壮年居优型"的年龄分类范围内。也就是说，与这些已经得到广泛认可的动物群一样，灵井动物群反映了旧石器时代中期古人类的相对成熟而系统的生存活动和社会组织形式（图4）。

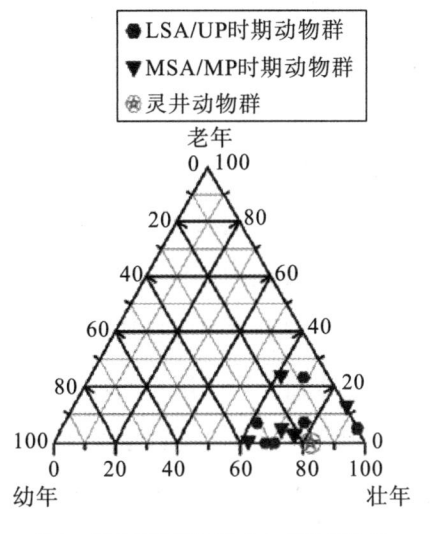

图4 灵井动物群原始牛与相关动物群的死亡年龄分布模式对比

三、讨论

（一）动物死亡年龄分布模式中的埋藏学因素

灵井动物群中的原始牛、普通马两种动物都是以壮年个体占据数量优势，同时又有一定比例幼年成员的一种死亡年龄组合。这种以壮年成员为主要代表类群的动物死亡模式在考古动物群的研究上具有非常特殊的意义。Stiner[10, 21]认为，这一模式是古人类行为的独特体现，反映了古人类在狩猎活动中的选择性倾向；西方许多学者也将这一现象与古人类的生存能力、狩猎方式以及现代人类行为的出现等问题联系在了一起[30-32]。

然而，与此同时，也有学者开始从现代生态观察以及实验研究、埋藏学分析等多种角度质疑这一年龄分布模式的合理性。事实上，埋藏学的研究已经表明，考古动物群中出现的相对较少的幼年个体有时也许并非是古人类的行为所致，因为包括沉积成岩作用在内的许多埋藏学过程都有可能造成某些动物属种的幼年牙齿标本的大量减少和消失[33]。此外，对于许多考古遗址而言，由于大型食肉类动物的后期破坏作用，许多幼年动物个体的骨骼单元，有时也包括它们的牙齿，同样很难完整保留下来。也就是说，许多情况下，我们最终发现的也许只是一个严重"扭曲"了的动物群年龄组成[34, 35]。

对于灵井许昌人遗址而言，尽管我们目前还无法完全排除食肉类以及水流作用、沉积成岩作用等埋藏学过程对于动物群面貌的改造，但是，灵井动物群中保存良好的骨骼表面状况、极低比例的水流磨蚀标本数量以及均一而极端弱化的骨骼风化程度无不说明在动物骨骼沉积之后的水动力作用、风化作用等破坏性的埋藏学过程对于这一动物群的影响是较为有限的；同时，在骨骼的沉积成岩过程中，依然没有特别明显的破坏性因素的出现和作用，证明了灵井动物群形成过程中相对较弱的原地破坏作用的存在[17]。

大中型食肉类动物能够造成中小型食草类动物（如山羊和绵羊等）乳齿系标本的大量缺失[36]；但是，对于牛、长颈鹿等大型有蹄类动物而言，即便是鬣狗这样的最为强悍的骨骼破坏者，往往也很难导致这些动物牙齿标本数量的大幅锐减[37]。同时，灵井动物群中低至5.4%的齿痕比例及其分布特点也强烈暗示了相对较为微弱的食肉类活动的影响；人工切割痕的分布规律及组合特点进一步验证了古人类在这一动物群形成过程中的主导性作用[17]。

综上所述，我们相信，灵井动物群原始牛、普通马的年龄结构很少受到后期埋藏学过程的影响；这一动物群的当前面貌基本应是其原始死亡群的真实体现。因此，我们对于这些动物属种年龄结构的考古学分析和研究应该是较为客观和真实的。

（二）"壮年居优死亡模式"的考古学意义

"壮年居优死亡模式"是晚更新世和全新世考古动物群中非常典型的一种年龄结构[10, 21, 38]；欧亚大陆MP时期的动物群记录中同样不乏类似的记录[30, 31]。民族学及民族考古学的证据往往将"壮年居优死亡模式"与人类的潜伏式狩猎联系在了一起，而不论狩猎人群的规模大小[38]。

长期以来，动物考古学家都把原始牛和非洲水牛，尤其是其成年个体视为极端危险而难以猎捕的动物[2, 39, 40]。"壮年居优死亡模式"在灵井动物群原始牛以及普通马化石材料中的出现表明，这一时期的古人类已经掌握了足够的狩猎知识与技能；他们对于周边的自然环境也已有了非常深入的了解和适应。尤其是在和大型食草类动物的关系方面，古人类显然已经熟知了这些"邻居"的生活习性及迁徙规律，因此他们总是能够适时实地地调整自己的狩猎方式和生存策略，从而确保他们可以经常性地猎取到性情极度凶猛的原始牛和普通马的壮年个体。

四、结语

目前,已有越来越多的考古材料表明,欧亚大陆旧石器时代中期与晚期的古人类都已经能够经常性地狩猎某些大中型的食草类动物,而食腐行为只是偶尔伴随在古人类主流狩猎活动身边的一种随机现象[4,40]。同样,在狩猎技能方面,这两个时期的古人类也都能够熟练地猎捕如原始牛、野牛之类的凶猛的大型食草类动物[14,22,30,31,38],甚至还包括体型更为庞大的猛犸象和犀牛[41,42]。此外,在社会组织和专业化的狩猎行为方面,这两个时期的古人类几乎也已是别无二致:他们不仅能够通过相关的社会性活动组织群体的狩猎行为;而且,在现实需要的情况下,他们也都能够集中于某一种或两种猎物或是其中某些特定年龄或性别的个体,从而实现专业化的狩猎策略。灵井许昌人遗址原始牛和普通马的化石材料不仅印证了这一时期古人类成熟而系统的狩猎能力和群体组织行为,同时也为东亚地区现代人类行为起源的早期理论提供了十分重要的考古学证据。

参考文献

[1] Klein R G. The Human Career: Human Biological and Cultural Origins. 2nd ed. Chicago: The University of Chicago Press, 1999.
[2] Klein R G. Archeology and the evolution of human behavior. Evolutionary Anthropology, 2000, 9(1): 17-36.
[3] Mellars P. The impossible coincidence: A single-species model for the origins of modern human behavior in Europe. Evolutionary Anthropology, 2005, 14(1): 12-27.
[4] McBrearty S, Brooks A S. The revolution that wasn't: A new

interpretation of the origin of modern human behavior. Journal of Human Evolution, 2000, 39 (5): 453-563.

[5] d'Errico F. The invisible frontier. A multiple species model for the origin of behavioral modernity. Evolutionary Anthropology, 2003, 12: 188-202.

[6] Henshilwood C S, Marean C W. The origin of modern human behavior: Critique of the models and their test implications. Current Anthropology, 2003, 44: 627-651.

[7] Binford L R. Bones: Ancient Men and Modern Myths. New York: Academic Press, 1981.

[8] Binford L R. Faunal Remains from Klasies River Mouth. New York: Academic Press, 1984.

[9] Stiner M C. The use of mortality patterns in archaeological studies of hominid predatory adaptations. Journal of Anthropological Archaeology, 1990, 9: 305-351.

[10] Stiner M C. Honor Among Thieves: A Zooarchaeological Study of Neandertal Ecology. Princeton: Princeton University Press, 1994.

[11] Marean C W, Kim S Y. Mousterian large-mammal remains from Kobeh Cave: Behavioral implications for Neanderthals and early modern humans. Current Anthropology, 1998, 39: 79-113.

[12] Thompson J. Zooarchaeological tests for modern human behavior at Blombos Cave and Pinnacle Point Cave 13B, Southwestern Cape, South Africa. Ph. D Dissertation. Arizona: Arizona State University, 2008.

[13] Klein R G. Out of Africa and the evolution of human behavior. Evolutionary Anthropology, 2008, 17: 267-281.

[14] Faith J T. Eland, buffalo, and wild pigs: Were Middle Stone Age humans ineffective hunters? Journal of Archaeological Science, 2008, 55 (1): 24-36.

[15] Norton C J, Gao X. Hominin-carnivore interactions during the Chinese Early Paleolithic: Taphonomic perspectives from Xujiayao. Journal of Human Evolution, 2008, 55: 164-178.

[16] 李占扬, 董为. 河南许昌灵井旧石器遗址哺乳动物群的性质及时代探讨. 人类学学报, 2007, 26 (4): 345-360.

[17] 张双权. 河南许昌灵井动物群的埋藏学研究. 博士学位论文. 北京: 中国科学院研究生院, 2009: 1-216.

[18] Fernandez P, Legendre S. Mortality curves for horses from the Middle Palaeolithic site of Bau de l'Aubesier (Vaucluse, France): Methodological, palaeo-ethnological, and palaeoecological approaches. Journal of Archaeological Science, 2003, 30: 1577-1598.

[19] Fernandez P, Jean-Luc G, Philippe F. Applying dynamics and comparing life tables for Pleistocene Equidae in anthropic (Bau de l'Aubesier, Combe-Grenal) and carnivore (Fouvent) contexts with modern feral horse populations (Akagera, Pryor Mountain). Journal of Archaeological Science, 2006, 33: 176-184.

[20] Klein R G, Cruz-Uribe K. The Analysis of Animal Bones from Archaeological Sites. Chicago: University of Chicago Press, 1984.

[21] Stiner M C. The Faunas of Hayonim

Cave (Israel): A 200000-Year Record of Paleolithic Diet, Demography and Society. Cambridge: Peabody Museum Press, 2005.

[22] Adler D S, Bar-Oz G, Belfer-Cohen A, et al. Ahead of the game: Middle and Upper Palaeolithic hunting behaviors in the southern Caucasus. Current Anthropology, 2006, 47: 89-118.

[23] Bar-Oz G, Adler D S. Taphonomic history of the Middle and Upper Palaeolithic faunal assemblages from Ortvale Klde, Georgian Republic. Journal of Taphonomy, 2005, 3: 185-211.

[24] Gifford-Gonzalez D. Examining and refining the quadratic crown height method of age estimation. In: Stiner M C, ed. Human Predation and Prey Mortality. Boulder: Westview Press, 1991: 41-78.

[25] Hillson S. Teeth. 2nd ed. Cambridge: Cambridge University Press, 2005.

[26] Levine M A. Archaeo-zoological analysis of some Upper Pleistocene horse bone assemblages in Western Europe. Ph. D Dissertation. Cambridge: University of Cambridge, 1979.

[27] Enloe J G, Turner E. Methodological problems and biases in age determinations: A view from the Magdalenian. In: Ruscillo D, ed. Recent Advances in Ageing and Sexing Animal Bones: 9th ICAZ Conference, Durham 2002. Oxford: Oxbow Press, 2006: 129-144.

[28] 李青, 同号文. 周口店田园洞梅花鹿年龄结构分析. 人类学学报, 2008, 27 (2): 143-152.

[29] Norton C J, 张双权, 张乐, 等. 上/更新世动物群中人类与食肉动物"印记"的辨识. 人类学学报, 2007, 26 (2): 183-192.

[30] Gaudzinski. On bovid assemblages and their consequences for the knowledge of subsistence patterns in the Middle Palaeolithic. Proceedings of the Prehistoric Society, 1996, 62: 19-39.

[31] Jaubert J, Lorblanchet M, Laville H, et al. The Hunters of Aurochs of La Borde (in French). Documents of French Archaeology. Paris: The Maison of Sciences of Humans, 1990.

[32] Steele T E. Red deer: Their ecology and how they were hunted by Late Pleistocene hominids in Western Europe. Ph. D Dissertation. Stanford: Stanford University, 2002.

[33] Lyman R L. Vertebrate Taphonomy. Cambridge: Cambridge University Press, 1994.

[34] Marean C W, Blumenschine R J. Captive hyaena bone choice and destruction, the schlepp effect and Olduvai archaeofaunas. Journal of Archaeological Science, 1992, 19: 101-121.

[35] Munson P J, Marean C W. Adults only? A reconsideration of Middle Paleolithic "prime-dominated" reindeer hunting at Salzgitter Lebenstedt. Journal of Human Evolution, 2003, 44: 263-273.

[36] Munson P J. Age-correlated differential destruction of bones and its effect on archaeological mortality profiles of domestic sheep and goats. Journal of Archaeological Science, 2000, 27: 391-407.

[37] Bunn H T, Kroll E M. Systematic butchery by Plio-Pleistocene hominids

at Olduvai Gorge, Tanzania. Current Anthropology, 1986, 27: 431-452.

[38] Bar-Oz G. Epipaleolithic Subsistence Strategies in the Levant: A Zooarchaeological Perspective. Boston: Brill Academic Publishers, 2004.

[39] Speth J D, Clark J. Hunting and overhunting in the Levantine late Middle Palaeolithic. Before Farming, 2006, 3: 1-42.

[40] Speth J D, Tchernov E. Neandertal hunting and meat-processing in the near East: Evidence from Kebara Cave (Israel). In: Stanford C B, Bunn H T, eds. Meat-Eating and Human Evolution. Oxford: Oxford University Press, 2001: 52-72.

[41] Callow P, Cornford J, eds. La Cotte de St. Brelade, 1961-1978. Norwich, UK: Geo Books, 1986.

[42] Villa P, Lenoir M. Hunting weapons of the Middle Stone Age and the Middle Palaeolithic: Spear points from Sibudu, Rose Cottage and Bouheben. Southern African Humanities, 2006, 18: 89-122.

原载于《科学通报》2009年第54卷第19期

水洞沟旧石器时代晚期遗址发现带有刻划痕迹的石制品

◎ 彭菲　高星　王惠民　陈福友　刘德成　裴树文

在关于现代人行为起源与扩散问题的争议中，带刻划痕迹遗物常常被视作证明"行为现代性"的重要特征之一[1-3]，也被认为是认知和象征的一个标志，甚至被作为语言出现的证据[4-6]。越来越多的带有刻划痕迹的骨、赭石、鸵鸟蛋皮及石制品被发现于南非、欧洲、近东勒凡特地区，甚至北亚地区旧石器时代遗址中[7-13]。但在东亚地区却鲜有关于更新世地层中发现带有刻划痕迹遗物的报道[14-17]。本文介绍发现于水洞沟遗址旧石器时代晚期早段[18]地层中的一件带有刻划痕迹的石制品。

水洞沟遗址位于我国宁夏回族自治区银川市市郊，西距黄河约18千米。该遗址涵盖时代从旧石器时代晚期早段到末段的共12个地点[19-22]。在这12个地点中，水洞沟第一地点（SDG1）作为我国发现的第一处旧石器时代遗址，因其以勒瓦娄哇技术产出大量长石片和石叶这一特点而在我国北方旧石器时代晚期石器工业中占有独特地位。20世纪20年代、60年代和80年代共对SDG1进行了4次发掘，出土大量石制品、鸵鸟蛋皮串珠和疑似火塘遗迹，学者们对多数材料也进行了报道和研究[19, 22, 23]。我们注意到，在分析1923年发掘出土的材料时，研究者Boule等[22]曾观察到"在一些硅质灰岩的表面有一些平行的刻划痕迹"，他推测这些痕迹是用雕刻器刻划的。但遗憾的是，他并没有提供关于这些带刻划痕迹的砾石的更多细节。

2011年8月，为对保存于宁夏回族自治区文物考古研究所的1980年发掘出土的石制品做进一步的石器技术分析，本文第一作者重新观测了SDG1该次发掘出土的石制品，这件带有刻划痕迹的石制品即发现于此次研究中。这是我国旧石器时代首次发现带有刻划痕迹的非有机质遗物，也进一步验证了Boule的观察。

一、SDG1年代及石器工业概述

对于水洞沟遗址地层与环境，已有学者从各个学科展开了综合研究[24-28]。从考古学文化角度，SDG1的地层可分为两个文化单元。剖面中部砾石层之上，包括1、2层，是全新世沉积，属上文化层，砾石层之下的3~7层属下文化层，为更新世晚期沉积，这件带有刻划痕迹的石制品就出自遗址下文化层。目前对SDG1的年代研究一般认为下文化层年代大约是距今3万年[24-28]。

然而在2011年8月对该遗址地层的重新考察中，我们于下文化层剖面采集到1件木炭样品，并送美国佐治亚大学应用同位素研究中心进行AMS ^{14}C年代测定，结果显示其年代为距今36200±140年（未校正）。尽管这是目前SDG1仅有的大于距今30000年的AMS ^{14}C年代数据，但结合已有的铀系测年数据[30]，其提示我们SDG1的年代存在更早的可能性（表1）。

1980年对SDG1的考古发掘共出土约6700件石制品和15种共63

件动物化石，其中约5500件出自下文化层[19]。该石器工业主要的剥坯方法是采用勒瓦娄哇循环式剥片技术从石核上剥取长石片和石叶作为加工工具的毛坯。主要工具类型包括刮削器、尖状器、雕刻器、砍砸器、边刮器和锯齿刃器，其中边刮器数量最多（图1）。SDG1石器工业具有欧亚大陆西侧旧石器时代晚期早段的技术特征，并与蒙古及俄罗斯阿尔泰地区一些距今4万～3万年的遗址内涵相似[31]，对该遗址石器工业详细的技术经济学分析内容将另行撰文介绍。

表1 SDG1下文化层年代数据

材料	测年方法	实验室编号	年代（距今）/万年	文献来源
沉积物	OSL	S1-3	2.87 ± 0.06	[28]
沉积物	OSL	S1-4	2.93 ± 0.04	[28]
沉积物	OSL	S1-5	3.28 ± 0.03	[28]
沉积物	OSL	S1-6	1.58 ± 0.11	[28]
沉积物	OSL	S1-7	1.77 ± 0.09	[28]
沉积物	OSL	S1-8	3.48 ± 0.15	[28]
沉积物	OSL	S1-9	3.57 ± 0.16	[28]
钙结核	^{14}C	PV0317	2.545 ± 0.08	[29]
鹿骨	^{14}C	PV0331	1.676 ± 0.021	[29]
马牙	U-series	BKY82042	3.8 ± 0.02	[30]
马牙	U-series	BKY82043	3.4 ± 0.02	[30]
炭屑	^{14}C	SDG01-001	3.62 ± 0.014	UGAMS报告（未发表）

图1　SDG1石制品
(a)～(c) 石核；(d) 刮削器；(e) 尖状器；(f)～(h) 石叶

二、带刻划痕迹的石制品

该石制品原料为硅质灰岩，是一件双台面对向剥片的石核，长68.2毫米，宽35.57毫米，厚22.7毫米。石核两面为石皮，一面为剥片面，三个面相交使石核横截面呈三角形。剥片面长57.3毫米，宽34.6毫米。剥片面上疤痕呈现对向剥片特征，共有4个片疤保留于剥片面上，最大的一个尺寸为57.3毫米×34.6毫米［图2（c）］。相对的两个台面都经过修理，台面角分别为72°和79°。

其中1个石皮面（62.09毫米×26.09毫米）保留8条刻划在砾石表皮的线条，肉眼即可识别［图2（a），（b）］。这8条刻痕基本与石核长轴相垂直，其中2条相交，其余的接近平行排列。除最右侧较短的刻划痕，其余刻痕都接近由2个石皮面构成的自然棱脊（约90°），有两条刻划痕甚至延伸至另一个石皮面。

为了更好地观察这些刻划痕迹及获取更多定量和定性数据，我们应用中国科学院古脊椎动物与古人类研究所人类演化实验室KEYENCEVHX-600数字显微镜对标本进行了观测，同时借助配套软件也对这些刻划痕迹进行了三维重建。基于强大的技术支持，显微观测获得了比肉眼观察更多的数据和信息。

图2 石核的刻划细节及其三维重建
（a），（b）刻划面；（c）剥片面

在显微镜下，我们发现有几处后期侵蚀痕迹破坏了部分切割痕。这说明刻划行为发生于这件标本被埋藏前，也证明刻划痕迹并非发掘过程之中或之后形成的。8条刻痕均线条笔直且没有间断，说明每条痕迹均形成于短时间内的一次行为。我们对每条刻划痕迹选择3处测量其长、宽和深。从测量数据可知，最长为25.15毫米，最短为11.2毫米。大多刻痕较轻，并没有划透石皮面。所测点中刻痕最深处为0.254毫米，平均深度值最大的刻痕为0.177毫米，平均宽度值最大的刻痕为1.791毫米。这些刻痕在宽度和深度上存在一定变异，并没有表现出明显的模式。如有两处深度均为0.053毫米，但宽度却分别为0.398毫米和1.025毫米，说明刻划线条的宽度与深度并不存在显著相关性。

我们注意到，在水洞沟遗址附近采集的许多硅质灰岩砾石表面都带有自然的裂纹。将这些自然裂纹与SDG1石核表面的刻划痕迹做三维重建后进行对比，发现它们在剖面形态上存在明显不同：石核上的刻痕呈"V"形，而自然裂纹呈"U"形（图3）。同时，相比石核上刻痕的深度主要集中于0.1毫米～0.2毫米这一区间范围，自然裂纹的深度变异范围明显更大。此外，我们还发现自然裂纹常常沿其砾石自身的节理面分布，而在SDG1所发现的这件石核上并无明显节理，根据上述特征，我们认为该石核上的刻痕确非自然力量所致。

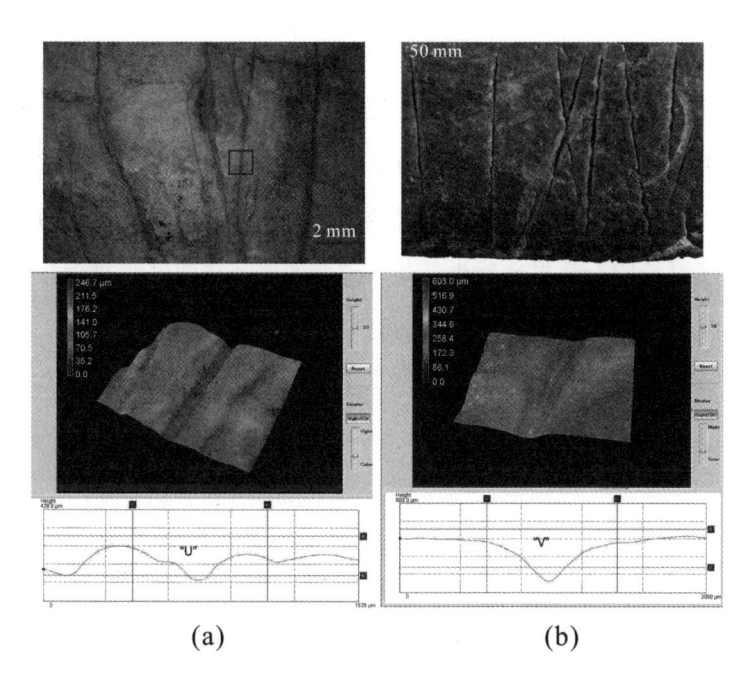

图3 自然裂纹与有意识刻划痕迹剖面形态的比较
(a) 自然裂纹呈"U"形；(b) 有意识的刻划痕迹呈"V"形

这件石核原料为硅质灰岩，在硬度上远大于如骨、角或象牙等有机质原料，因此这些刻痕如若是动物行为所致，是很难达到现有深度的，同时，硅质灰岩的硬度也不符合啮齿类动物磨牙的需求，而刻痕的分布方式也不同于杂乱无规则的食肉动物咬痕迹[32]，因而也可以排除动物行为的作用。

另一个可能产生类似痕迹的是后期埋藏过程中的影响，如踩踏行为。通常踩踏行为在石头或骨头等埋藏物上产生的痕迹是随意的，没有明确统一的方向[33]。但SDG1这件石核表面的刻痕基本都与石核长轴相垂直，其中的2条还相交，并且除了这8条清晰的刻痕，在石皮面上并无其他类似痕迹发现，这充分说明这些刻痕并非踩踏行为所致。

然而，当其他非人为因素被排除后，我们仍然需要考虑一个问题：这些刻痕是人类有意识所为还是无意识的副产品？有研究表明古人类会利用一些石制品作为石砧打制石器或肢解动物，因此可能会在这些石砧上留有一些非有意刻划的痕迹。而SDG1发现的这件带刻划痕迹的石核尺寸较小，并且横截面呈三棱形，很难被作为石砧，因而也可以排除它是人类无意识的副产品这一假设。

综合上述分析，我们可以判定这件石核上的刻划痕迹是人类有意所为。

三、讨论与结论

对于"现代人行为"问题的讨论目前集中于探讨它的出现与演化是一个突变现象还是一个渐进的过程？这种"行为的现代性"特

征是否为现代人所独有[34]？但不论以何种标准定义所谓"行为的现代性"，蕴含象征行为和认知能力的考古材料都被视作重要的证据。学者们常以遗址中出土的非功利性遗物作为分析史前人类认知能力和象征性行为的重要材料。尽管他们推测这些非功利性行为可能与语言、象征、艺术[5, 6]甚至历法[4, 35]相关，但对这一问题的讨论仍然没有一个共识。

　　SDG1石核上的刻划线条与西欧旧石器时代晚期奥瑞那至马格德林时期出土的骨、角、砾石上的刻划痕迹相比[4]，很难说是构成了某种带有描述性的图案，甚至较之年代更早的发现于南非Blombos洞穴遗址赭石上的刻划痕迹[8]与我国兴隆洞遗址象牙上的刻划痕迹[16]也显得过于简略。SDG1刻划行为选择的对象是一件石核，而在其他遗址发现的刻划痕迹多作用于一些非功利性遗物，这说明这一刻划行为并非专门是为了制作装饰品，但的确SDG1这些刻划线条表达了一种设计因素。虽然我们不能确认这些线条的功能和目的，但考虑到每条线条都很直，显示它们都是在很短时间内一次形成的，我们推测这一行为可能是为临时计数或其他记录行为，它也预示可能存在的如语言等复杂的交流系统。

　　在我国，更新世地层中带有刻划痕迹的遗物见诸报道的不多。目前最早的发现是在我国南方的兴隆洞遗址发现带有刻划痕迹的象牙，铀系测年显示其时代大约在距今15万～12万年[16]。在北方，Pei[36]介绍过周口店山顶洞人遗址出土的带有刻划痕迹的鹿角，尤玉柱[14]发现峙峪遗址出土有距今3.2万～2.8万年的带有刻划痕迹的骨头，Bednarik[15, 37]也报道过龙骨洞洞穴遗址发现有距今13065±270年的带有刻划痕迹的鹿角。但有学者认为这些刻划制品的属性大多仍有争议，需要进一步分析[15, 17]。因此，根据现有的非功利性刻划遗物判断现代人行为在中国的出现和演化模式为时尚早。但SDG1这一带刻划痕迹的石制品至少证明了在旧石器时代晚期早一阶段的中国北方，SDG1的古人类已经有了相当的认知能力或现代人行为特征[38]。

致谢：中国科学院古脊椎动物与古人类研究所梅惠杰博士帮助拍摄石制品照片，祁国琴研究员与张晓凌博士就文中相关问题与作者进行多次讨论，并在显微镜观测工作中提供帮助；美国加州大学戴维斯分校R.Bettinger教授、匹兹堡大学L.Barton博士及犹他州大学C.Morgan博士就SDG1地层及年代与作者进行过多次讨论，并提供了该遗址最新的^{14}C测年结果；以色列耶路撒冷希伯来大学E.Hover教授提供了部分文献，作者谨致谢意。

参考文献

[1] McBrearty S, Brooks A S. The revolution that wasn't: A new interpretation of the origin of modern human behavior. Journal of Human Evolution, 2000, 39: 453-563.
[2] d'Errico F. The invisible frontier: A multiple species model for the origin of behavioral modernity. Evolution Anthropology, 2003, 12: 188-202.
[3] Henshilwood C S, Marean C W. The origin of modern human behavior. Current Anthropology, 2003, 44: 627-651.
[4] Marshack A. Cognitive aspects of Upper Paleolithic engraving. Current Anthropology, 1972, 13: 445-477.
[5] Marshack A. Some implications of the Paleolithic symbolic evidence for the origin of language. Current Anthropology, 1976, 17: 274-282.
[6] d'Errico F. Henshilwood C, Lawon G, et al. Archaeological evidence for the emergence of language, symbolism, and music-An alternative multidisciplinary perspective. Journal of World Prehistory, 2003, 17: 1-70.
[7] Henshilwood C S, d'Errico F, Watts

I. Engraved ochres from the Middle Stone Age levels at Blombos Cave, South Africa. Journal of Human Evolution, 2009, 57: 27-47.

[8] Henshilwood C S, d'Errico F, Yates R, et al. Emergence of modern human behavior: Middle Stone Age engravings from South Africa. Science, 2002, 295: 1278-1280.

[9] Hovers E, Vandermeersch B, Bar-Yosef O. A Middle Palaeolithic engraved artefact from Qafzeh Cave, Israel. Rock Art Research, 1997, 14: 79-87.

[10] Hovers E. Art in the Levantine Epi-Paleolithic: An engraved pebble from a Kebaran site in the Lower Jordan valley. Current Anthropology, 1990, 31: 317-322.

[11] Marshack A. A middle Paleolithic symbolic composition from the Golan Heights: The earliest known depictive image. Current Anthropology, 1996, 37: 357-365.

[12] Mackay A, Welz A. Engraved ochre from a Middle Stone context at Klein Kliphuis in the western Cape of South Africa. Journal of Archaeological Science, 2008, 35: 1521-1532.

[13] Marshack A, Bandi H G, Christensen J, et al. Upper Paleolithic symbol systems of the Russian Plain: Cognitive and comparative analysis. Current Anthropology, 1979, 20: 271-311.

[14] 尤玉柱. 峙峪遗址刻划符号初探. 科学通报, 1982, 27 (16): 1008.

[15] Bednarik R G. The Pleistocene art of Asia. Journal of World Prehistory, 1994, 8: 351-375.

[16] 高星, 黄万波, 徐自强, 等. 三峡兴隆洞出土12~15万年前的古人类化石和象牙刻划. 科学通报, 2003, 48 (23): 2466-2472.

[17] Norton C J, Jin J H. The evolution of modern human behavior in East Asia: Current perspectives. Evolutionary Anthropology, 2009, 18: 247-260.

[18] Gao X, Norton C J. A critique of the Chinese "Middle Paleolithic". Antiquity, 2002, 76: 397-412.

[19] 宁夏文物考古研究所. 水洞沟: 1980年发掘报告. 北京: 科学出版社, 2003: 1-233.

[20] 关莹, 高星, 王惠民, 等. 水洞沟旧石器时代晚期遗址结构的空间利用分析. 科学通报, 2011, 56 (33): 2797-2803.

[21] 王惠民, 裴树文, 马晓玲, 等. 水洞沟遗址第3、4、5地点发掘简报. 人类学学报, 2007, 26 (3): 206-221.

[22] Boule M, Breuil H, Licent E, et al. Le Paleolithique de la Chine. Paris: Archives de l'institut de Paleontologie Humaine, 1928, 4: 1-138.

[23] 贾兰坡, 盖培, 李炎贤. 水洞沟旧石器时代遗址的新材料. 古脊椎动物与古人类, 1964, 8 (1): 75-83.

[24] 周昆叔, 胡继兰. 水洞沟遗址的环境与地层. 人类学学报, 1988, 7 (3): 263-269.

[25] 刘德成, 陈福友, 张晓凌, 等. 水洞沟12号地点的古环境研究. 人类学学报, 2008, 27 (4): 295-303.

[26] 高星, 袁宝印, 裴树文, 等. 水洞沟遗址沉积——地貌演化与古人类生存环境. 科学通报, 2008, 53 (10): 1200-1206.

[27] 高星, 李进增, Madsen D B, 等.

水洞沟的新年代测定及相关问题的讨论. 人类学学报, 2002, 21 (3): 211-218.

[28] 刘德成, 王旭龙, 高星, 等. 水洞沟遗址地层划分与年代测定新进展. 科学通报, 2009, 54 (19): 2879-2885.

[29] 黎兴国, 刘光联, 许国英, 等. ^{14}C 年代测定报告 (PV) I. 见: 中国第四纪研究委员会碳十四年代学组编. 第四纪冰川与第四纪地质论文集第4集: 碳十四专集. 北京: 地质出版社, 1987: 16-38.

[30] 陈铁梅, 原思训, 高世军. 铀子系法测定骨化石年龄的可靠性研究及华北地区主要旧石器地点的铀子系年代序列. 人类学学报, 1984, 3: 259-269.

[31] Brantingham P J, Krivoshapkin A I, Li J Z, et al. The initial Upper Paleolithic in Northeast Asia. Current Anthropology, 2001, 42: 735-746.

[32] Binford L R. Bones: Ancient Men and Modern Myths. New York: Academic Press, 1981: 1-320.

[33] Shea J J, Klenck J D. An experimental investigation of the effects of trampling on the results of lithic use wear analysis. Journal of Archaeological Science, 1993, 20: 175-194.

[34] d'Errico F, Stringer C B. Evolution, revolution or saltation scenario for the emergence of modern cultures? Philosophical Transactions of the Royal Society B-Biological Sciences, 2011, 366: 1060-1069.

[35] d'Errico F. Palaeolithic lunar calendars: A case of wishful thinking. Current Anthropology, 1989, 30: 117-118.

[36] Pei W C. A preliminary report on the Late Paleolithic cave of Choukoutien. Bulletin of the Geological Society of China, 1934, 13: 327-358.

[37] Bednarik R G. Paleolithic art found in China. Nature, 1992, 356: 116.

[38] 关莹, 高星, 李锋, 等. MIS 3晚期阶段的现代人行为与"广谱革命": 来自水洞沟遗址的证据. 科学通报, 2012, 57 (1): 65-72.

原载于《科学通报》2012年第57卷第26期

水洞沟遗址第2地点古人类"行为现代性"及演化意义

◎ 李锋　陈福友　高星

现代人（*Homo sapiens*）的演化与传播是古人类学和旧石器考古学关注的重大科学问题之一，同时也是近年来学术争论的焦点。当下，学者们针对该科学问题不断争锋，逐渐形成了以"多地区进化说"和"出自非洲说"为理论核心的两大学术阵营[1]。当古人类学家激烈探讨现代人的起源、扩散等问题时，与现代人差不多同时出现的人类行为创新（如石叶技术、装饰品、骨角器、埋葬行为等）成为旧石器考古学研究者关注的焦点之一。

学者们对东亚境内古人类行为现代性的关注较晚，直到近年才有学者专门探讨此问题[2-8]，并将现代行为出现的时间和表现等作为重要的研究课题。然而，以往的研究重点在于寻找遗址中现代行为是否存在，而较少关注所谓的现代行为所代表的考古学意义；同时也往往忽视遗址整体文化面貌与"现代行为"之间的关系。水洞沟遗址是研究旧石器时代东西方文化交流的重要遗址之一，也是近来讨论行为现代性的重要区域。本文重新审视该遗址群第2地点的"现代行为"，同时结合该地点不同文化层的整体文化面貌，讨论这些创新行为的意义及其在中国现代人的起源、扩散等学术问题讨论中的应用。

一、什么是"行为现代性"

"现代行为"（modern behavior）被认为是区别现代人与其他古人类的重要标志，也就是说这些行为的现代性使得拥有它们的古人类成为文化意义上的现代人类[9-11]，即现今人类的直接祖先。"现代行为"说明的是行为的表现，而"行为现代性"（behavioral modernity）则反映的是人类行为的性质[12]。长久以来这些行为创新多被看作是"现代人"独有的行为（modern human behavior），伴随着现代人的扩散而传播到世界各地。然而无论史前时代抑或当今社会，我们都无法期待人类体质演化与技术演化阶段一一对应[13, 14]。非洲、欧亚大陆西部的旧石器时代中期遗址以及与尼安德特人（Neanderthals）共存的遗址中发现较多表现行为现代性的物质遗存，如装饰品、颜料、埋葬行为等[15-19]；西南亚的现代人与旧石器时代中期的文化遗物共存[20, 21]等证据都已说明人类行为的演化过程是多样化的，这与同属于现代人的当今社会中技术或文化发展的多样性类似。学术界开始反思现代行为的归属，不再将其与现代人严格对应，而是发展出不同的名词代指此阶段人类行为的变化[10, 12, 22, 23]。

研究欧非地区旧石器考古学材料的学者对行为现代性的表现进行了总结，进而列出了现代行为特征清单[24-27]，包括石叶技术、特殊类型工具（端刮器、雕刻器等）、非石质材料（骨角牙等）的强化使用、石器标准化、装饰品以及长距离交换或贸易的出现等。学者们最早通过欧洲旧石器时代中期和晚期的对比，将晚期出现的特征作为行为现代性的表现，故而这一清单近来多被学者们批评为是欧洲中心论的[12, 20, 23]。虽然它的始创者之一坚持认为其并未刻意以此清单代表全球化的文化创新，而只是适用于区域尺度[26, 28]，但它的应用范围在实践中明显被扩大化了[23]。

McBrearty等[20]总结现代行为的研究成果,并结合欧非地区,尤其是非洲发现的考古学材料,将现代行为分为四组:生态、技术、经济与社会组织、象征行为(表1)。每组行为包括若干个行为创新,最早出现的时间各不相同,从距今28万年到距今约5万年,且在各地区出现的频率和时间也具有多样性。Henshilwood等[10]认为应该采用"具有充分象征意识的智人行为"(fully symbolic sapiens behavior)来代替"现代行为",并将象征意识的出现作为现代行为的核心,更有甚者认为象征行为是世界范围内行为现代性出现的标志[29]。然而Shea[12]则从理论层面上反思现代行为的研究,认为"现代行为"或"行为现代性"皆为定性的、本质的、历史性的术语,代表了一种单线进化论的思路,继而提出以行为变异性(behavioral variability)代替"现代行为",并倡导以关注人类行为变异性的原因为中心的研究新视角。

表1　"行为现代性"的考古表现[20]

生态:居住区域的扩大,如热带低地森林、岛屿、欧亚大陆北端;食谱拓宽。
技术:石器技术创新,如石叶、细石叶、琢背技术等;工具类型的标准化;装柄与复合工具;新型工具材料的使用,如骨、角等;特殊目的工具,如抛射尖状器、几何形器等;石器类型的多样化;工具类型的时空多样性;控制很好的用火。
经济与社会组织:长距离的原料获取和交换;外域原料的高强度利用;大型、危险动物的特定猎取行为;资源开发的计划性和季节性;资源开发的强化,特别是水生和植物资源;遗址再利用;长距离的交换网络;通过人工制品的风格进行群体或个体自我认同;有组织地利用遗址内空间。
象征行为:人工制品地域风格;个人装饰品,如串珠和饰品;颜料使用;带锯齿或雕刻的产品,如骨、蛋皮、赭石、石头;图画和画像;具有随葬品、赭石、仪式用品的埋葬。

文化的发展是不平衡、多样性的,新文化因素可能在不同地区

重复、镶嵌出现。任何试图列出现代行为清单的做法或者已存在的清单都是有问题的，这些标准既非全球性的，也非永恒不变的[30]。人类行为演化的多样性要求学者们采用区域视角，在一定的演化尺度上讨论人类行为的变化，并在有良好时空控制的前提下探讨人类行为的创新。

二、水洞沟遗址第2地点人类行为创新的表现

水洞沟遗址隶属于宁夏回族自治区灵武市，位于毛乌素沙漠西缘，西距黄河约18千米，目前已发现12个地点，散布于黄河的支流边沟河两岸（图1）。第2地点是该遗址群的

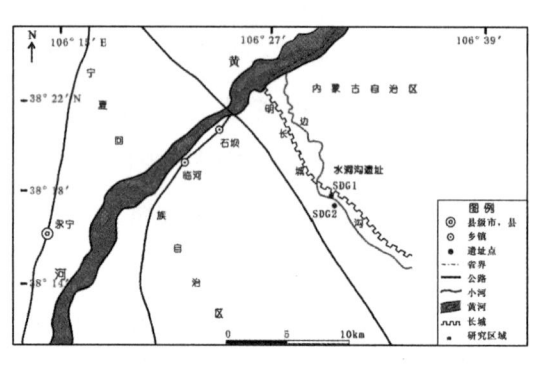

图1 水洞沟遗址旧石器地点分布（修改自刘德成等[31]）

重要地点，地层主要为河湖相堆积，包含7个文化层（自上而下编号为CL1～CL7），出土石制品1万5千余件、大量动物化石、用火遗迹及鸵鸟蛋皮装饰品等，年代在距今4.1万～2万年间[4, 32, 33]。遗址文化堆积连续，文化遗物丰富，代表了水洞沟地区MIS 3阶段中晚期完整的地层和文化堆积序列[31, 32]。对不同文化层的人类行为研究有助于了解该地区人类行为演化过程。

关莹等[3]根据总结自欧洲、非洲等地的现代行为清单认为，

第2地点存在的现代行为包括石器类型的多样化和标准化、骨器的使用、鸵鸟蛋皮串珠饰品的大量出现、火塘的大规模使用、遗址空间发生功能性分化和禾本科植物种子所体现的营生模式转变。本文的研究显示，石叶制作、装饰品使用、骨器使用、遗址空间利用的分化、用火等创新行为在不同层位有着不同的表现（表2），预示了不同的行为演化意义。

表2 水洞沟第2地点行为创新表现

行为表现		CL1a	CL1b	CL2	CL3	CL4	CL5a	CL5b	CL6	CL7
生态	植物资源利用	+	?	+	+	?	?	?	?	?
技术创新	石叶	-	-	-	-	-	+	-	-	+
	端刮器	++	-	++	+	-	-	+	-	-
	石器标准化（端刮器加工技术）	+	-	++	-	-	-	-	-	-
	骨器	-	-	+	-	-	-	-	-	-
经济社会组织	远距离原料输入	-	-	+	-	-	-	-	-	-
	外来原料高强度利用	-	-	+	-	-	-	-	-	-
	植物资源强化利用	?	-	-	-	-	-	-	-	-
象征行为	装饰品（鸵鸟蛋皮串珠）	-	-	++	-	-	-	-	-	-

注：+，有；++，多；-，无；?，存疑

（一）生态

食谱的拓宽是行为现代性的表现之一，第2地点存在的植物资源利用被认为是现代行为之一。残留物分析显示，遗址各层均存在不同程度的植物资源利用[34]。学者们对在此之前的中国古人类食谱的细致分析较少，但零星的证据显示周口店第1地点古人类便有可能食用植物资源[35]，所以目前无法仅以植物资源的利用得出第

2地点古人类食谱拓宽的结论。第2地点能够鉴定到种属的动物类别包括：蒙古野驴（*Equus hemionus*）、牛科（Bovidae）和大型食肉类（Carnivora）。然而化石数量少且十分破碎，难以进行有效的动物考古学分析，给遗址古人类食谱的全面分析带来了不可避免的困难。

（二）技术创新

第2地点的技术创新主要体现在剥片技术、石器类型、石器加工及非石质材料的应用上。石叶制作技术出现在第7、5a文化层（图2：8，9），然而这些层位并未出现其他类型的现代行为。上述层位可对应到水洞沟第1地点含石叶遗存的层位[36]。第1地点石核上的刻划线条预示此时古人类存在象征行为，是行为现代性的表现之一[6]。

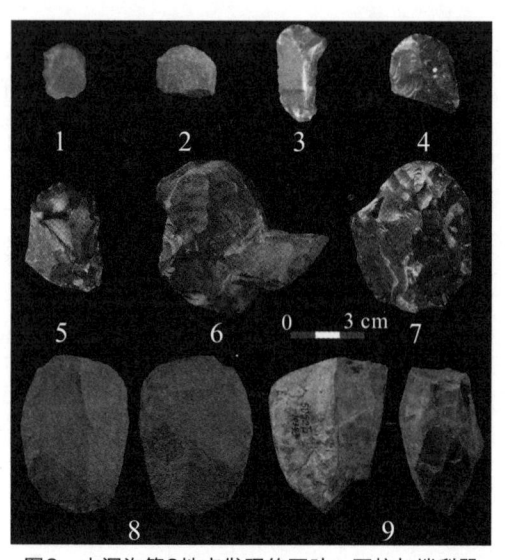

图2 水洞沟第2地点发现的石叶、石核与端刮器

第2地点的石器类型比较单一，主要以边刮器和端刮器为主，其他类型石器数量极少（表3）。虽然CL1与CL2石器类型有增加的趋势，但B-R相似系数[37-39]（Brainerd-Robinson Coefficients）的对比显示，各层位不同石器类型比例并没有明显的差别（表3）。CL2、CL1端刮器加工规则，技术特征一致。以CL2层为例，完整端刮器凸刃突出度比较一致（$N=6$，Mean=3.2，SD=0.3），加工部位基本在

石片的远端和侧缘，形成以圆凸刃为主、直侧刃为辅的类型（图2：1~7）。从边刮器和端刮器的形态看，个体间变异较大，并无标准化趋势（表4）。第2地点CL2出土一枚磨制骨器（残），由于缺失了两端，难以准确判断类型，据尺寸和形状推测为骨针。

表3　水洞沟第2地点各文化层石器类型（N，%）及B-R相似系数

文化层	CL1a	CL1b	CL2	CL3	CL4	CL5a	CL5b	CL6	CL7
边刮器	43, 56.58%	2, 100%	28, 58.33%	5, 83.33%	1, 100%	–	6, 75.00%	1, 100%	–
端刮器	12, 15.79%	–	8, 16.67%	1, 16.67%	–	–	2, 25.00%	–	–
尖状器	3, 3.95%	–	–	–	–	–	–	–	–
石锥	2, 2.63%	–	3, 6.25%	–	–	–	–	–	–
雕刻器	1, 1.32%	–	–	–	–	–	–	–	–
凹缺器	3, 3.95%	–	2, 4.17%	–	–	–	–	–	–
砍砸器	2, 2.63%	–	1, 2.08%	–	–	–	–	–	–
石器残段	10, 13.16%	–	6, 12.50%	–	–	–	–	–	–
总计	76	2	48	6	1	–	8	1	–
B-R系数（Mean）	159	*	162	159	*	*	159	*	*

注：–，无；*，数量过少，未统计

表4　水洞沟第2地点CL1、CL2边刮器、端刮器尺寸（毫米）

类型—文化层	边刮器—CL1a（N=43）			端刮器—CL1a（N=12）			边刮器—CL2（N=28）			端刮器—CL2（N=8）		
	长	宽	厚	长	宽	厚	长	宽	厚	长	宽	厚
Mean	28.3	27.9	9.7	21.3	19.8	7.1	32	31.1	9.2	39.4	37	11
SD	14.7	14.8	5.5	12.3	6.6	3.6	13.3	17	6.2	16.5	16.3	2.8

第2地点的大规模及复杂用火、遗址空间的功能性分化被认为

是现代行为[3]。遗址野外发掘共编号用火迹象11处，可称为火塘者8个，其他则为灰烬堆积。其中CL1层火塘2个、CL2层4个、CL3层1个、CL4层1个。各文化层火塘未发现被明显构筑的痕迹，多为原地平面或挖浅坑堆烧。火塘中心（红烧土）范围直径在20厘米～55厘米不等，厚4厘米～6厘米。除CL2层火塘数量较多外，其他层位数量基本为1个。即便是存在较多火塘的CL2层，不同用火迹象也可能是多次短期活动的结果。火塘周围常分布有动物化石，显示动物资源消费与用火的密切关系；石制品断块和碎屑产生后较少被人为移动，因此其分布可比较真实地反映石器加工和制作的原始区域。CL1层断块和碎屑的分布[3]显示石器制作和加工存在于遗址的多个区域，并不与用火迹象直接相关；火塘附近的残断骨器也并不一定预示古人类围绕火塘进行骨器制作和使用；遗址内石料热处理制品主要根据颜色识别[40]，然而遗址周边砾石层的调查显示，红色燧石石料可见于天然砾石层中，故而第2地点石料热处理的性质有待进一步确定。概括而言，水洞沟第2地点古人类的用火规模并不庞大，也不甚复杂；除食物资源消费与火塘关系密切外，遗址空间的利用也未有明确的分化。

（三）经济与社会组织

第2地点CL2层黑色优质燧石原料表面显示结核风化面的特征，区别于遗址常见的砾石原料；同时遗址周围的石料调查显示，5千米范围内未发现此类优质燧石原料，暗示它们来自远离遗址的燧石结核产地。优质燧石的石片加工率（14.3%）高于本地原料（2.9%）、未发现相应石核、存在利用砸击技术开发小尺寸原料等现象，表明古人类对远距离输入原料的较高程度的利用。

植物资源强化利用是行为现代性的表现之一，第2地点古人类对禾本科植物种子等的利用被认为是现代行为特征[3]。由于残留物分析具有局限性，并不能确定古人类利用植物资源的比例和程度，所以暂时无法推断遗址植物资源开发的强化与否。CL1层出土的1件磨石暗示古人类可能对植物资源进行一定程度的强化利用，但还需要进一步的证据。

（四）象征行为

象征行为是行为现代性的核心内容，预示了个体与群体间复杂交流方式（如语言）的产生，成为区别现代人与其他古人类的主要标志。第2地点出土鸵鸟蛋皮装饰品70余件，全部发现于CL2层。串珠为完整或破碎的成品，环形，表面磨光；部分装饰品上保留有红色赤铁矿粉。它们皆为成品，未见半成品，也少见制作过程中产生的鸵鸟蛋皮碎片，表明古人类并未在所发掘区域内制作装饰品。目前依据考古材料无法判断第2地点古人类是否制作装饰品，然而装饰品的使用则明确显示了CL2层古人类具有象征行为能力。

三、水洞沟遗址第2地点行为创新的人群归属及演化意义

石器技术分析显示，水洞沟第2地点的石器工业可分为两大技术系统[4, 32, 33]。CL7、CL5a出土石叶、石核，虽数量不多，但预示着石叶技术系统的存在；CL6、CL5b、CL4出土简单石核与石片工具，代表着石片石器技术系统。前者与水洞沟第1地点的石器技术相类似，多数学者认为其自西伯利亚或蒙古传播而来[32, 33, 36, 41-45]；后

者与中国北方晚更新世流行的石片石器技术系统类似[32, 33]。

两种不同的石器技术系统可能代表着两种不同的人类群体或文化群体[4, 46]。水洞沟的石叶技术暗示着外来的群体，行为具有"现代性"。然而由于临近地区古人类学与分子生物学所揭示的人类群体的复杂性[47, 48]，且目前水洞沟尚未发现与石叶共存的人类化石，很难明确该群体的人群属性。石片技术暗示了本土群体，其中CL2是"现代行为"出现最为集中的层位，包括外来原料的输入与精致化、装饰品的使用、磨制骨器使用、石器加工技术标准化等。

第2地点不同层位的行为创新具有不同的演化意义。CL7、CL5a层属于外来群体，与第1地点共同形成石叶技术群体，行为的现代性暗示外来技术的传播或人群的迁入。CL5b、CL4层属于石片技术系统，其中CL2与CL1中的行为创新既有本土群体技术的延续，也有与外来群体的信息交换。CL1的古人类延续CL2的端刮器制作及加工技术的标准化等行为特征，是本土技术的创新。CL2层的装饰品全为完整或破碎的成品，未反映原地加工行为，可能得自于与其他群体的交换；该层远距离原料的输入也暗示当时古人类的活动范围较大，存在交换的可能性；同时西伯利亚和蒙古旧石器晚期含石叶的遗存中常出现装饰品，存在的年代远早于水洞沟地区者，且连续性较好[49]，故而推测第2地点装饰品可能来自与北方或西方群体的交换。虽然CL2层的"现代行为"部分可能源自与邻近群体的信息交换，但装饰品的使用显示，至少在CL2时水洞沟石片石器技术群体具有了与邻近石叶技术人群同样的象征行为能力。

四、讨论

目前,关于现代人演化的假说主要有两种:其一为单地区起源论,其二为多地区起源论。支持单地区起源假说的学者认为现代人类自非洲产生,后逐渐扩散到欧亚大陆、澳洲及美洲,并在扩散的过程中替代了当地原住居民[50, 51],这种假说在欧美学界颇为盛行[1]。东亚,尤其是中国古人类及行为研究是多地区起源假说得以提出的重要依据,中国的古人类学者和旧石器考古学者是该学说的重要支持者[1, 52-62]。支持者认为中国古人类自直立人以来连续演化,并未存在演化的中断和外来人群的替代。近年来,高星等[1]对比了现代人单地区和多地区演化假说,提出了"现代人类演化的区域多样化模式",认为在非洲、欧亚大陆西部、欧亚大陆东部各自有着不同的现代人类演化历程。

第2地点的人类行为演化过程预示了中国本土古人类在连续演化的同时,也存在外来人群和技术的迁入及传播,支持中国现代人类连续演化的假说。第2地点的石叶技术系统在中国古老的旧石器遗址中没有源头,明显来自西方或北方,是技术或人群传播的结果。然而该技术在水洞沟地区存在的时间较短,其后被本土连续演化的小石片石器技术系统所替代[4, 32, 33]。这表明中国北方石片石器发展的连续性,而石叶技术仅是一个插曲。

在"现代人演化的区域多样化模式"的背景下,现代行为的研究应该关注各自地区人类行为的演化过程,进而总结人类行为的创新性。如果承认现代人演化的多地区性,那么既无理由也无必要使用以总结自非洲、欧洲的现代行为清单来比对中国的旧石器考古学材料,从而概括或评估中国古人类行为的现代性。水洞沟第2地点的考古学材料显示，属于小石片石器系统的人类群体中存在不同的行为创新，有自身技术演化的创新，如端刮器技术的标准化、外来石料的使用和精致化等；同时也有可能得益于文化交流的技术传播，如装饰品的使用等。中国境内发现的旧石器遗址分散，具有良好时空控制的研究地区相对较少，目前仅依据水洞沟单个区域的研究还不能明确现代人出现后中国古人类的行为创新性表现。今后对晚更新世人类行为变化的细致研究有助于在区域视角下理解中国现代人类行为创新出现的时间节点及演化意义。

古人类行为演化具有时空多样性，行为现代性的出现与现代人出现的时间并不完全一致。从目前的古人类学材料看，距今10万年左右现代人特征便开始在中国南方出现[63]，至少在距今4万年左右，真正意义的现代人便在中国北方出现[64,65]。然而随后的中国旧石器遗址中并未广泛、成组地出现总结自欧非的现代行为特征，而仅仅零星出现在中国的西北和北方的北部，如水洞沟地区[6,32]、峙峪[66,67]、山顶洞[68]、小孤山[69]等，而中国的大部分旧石器时代晚期遗址中仍然延续着古老的石器技术系统和适应方式[52,62,70,71]，直到距今2万年左右细石叶技术的出现。这些所谓的现代行为很可能是技术或人群交流的结果，故而研究此类文化因素应该更多地关注人群迁徙、社会网络及文化交流，而非将讨论重点放在行为的现代与否之上。考虑到现代人出现后中国旧石器考古学材料的特殊性及所谓的现代行为的时空多样性，不能以总结自欧非的现代行为的有无来断定东亚现代人的社会属性现代与否。Shea[12]所提出的摒弃"现代行为"或"行为现代性"的提法，进而思考"行为变异性"及原因的研究视角是值得借鉴的。中国境内旧石器时代人类行为演化的过程及原因的研究将为"行为变异性"的理论思考提供良好的材料。

五、结语

水洞沟第2地点古人类的行为分析显示，距今4万~2万年间中国本土连续演化的石片石器技术传统中存在多样的行为创新，不同的行为创新具有不同的演化意义。本土技术的连续性支持中国古人类的连续演化假说，在此理论背景下，探求中国古人类的行为创新需要关注中国古人类生态、技术、经济与社会组织以及象征行为方面的变化，而非将总结自欧非的行为现代性清单与中国的考古学材料简单比对；同时，研究中国境内旧石器遗存中所谓的现代行为应该更多地关注人群交流和文化传播。现代人出现后中国古人类行为的特殊性和多样性，促使研究者应该更多地思考古人类的行为多样性及多样策略产生的原因，而非将一系列的特征总称为现代行为；同时提醒学者们不应以总结自旧大陆西部的现代行为清单衡量和定性中国乃至东亚旧石器时代晚期人群的生物学属性和社会行为能力。水洞沟处于旧石器时代东西方文化交流的重要区域，对该遗址及周围地区人类行为演化的研究有助于了解欧亚大陆东西两端人类行为的多样性、技术传播以及人群交流。

致谢：水洞沟第2地点的发掘得到国家文物局、宁夏文物考古研究所、水洞沟旅游文化中心等单位的大力支持；宁夏文物考古研究所罗丰所长、王惠民研究员给发掘工作提供了大量支持和帮助；感谢两位匿名审稿人的诸多有益意见；感谢彭菲博士关于"现代行为"讨论的建议；感谢关莹博士对部分英文名词翻译的建议；感谢参与水洞沟第2地点发掘的所有考古队员！

参考文献

[1] 高星, 张晓凌, 杨东亚, 等. 现代中国人起源与人类演化的区域性多样化模式. 中国科学: 地球科学, 2010, 40 (9): 1287-1300.

[2] 高星, 黄万波, 徐自强, 等. 三峡兴隆洞出土12~15万年前的古人类化石和象牙刻划. 科学通报, 2003, 48 (23): 2466-2472.

[3] 关莹, 高星, 李锋, 等. MIS 3晚期阶段的现代人行为与"广谱革命": 来自水洞沟遗址的证据. 科学通报, 2012, 57 (1): 65-72.

[4] 李锋. "文化传播"与"生态适应"——水洞沟遗址第2地点考古学观察. 博士学位论文. 北京: 中国科学院大学, 2012: 1-157.

[5] 彭菲. 中国北方旧石器时代石叶遗存研究——以水洞沟与新疆材料为例. 博士学位论文. 北京: 中国科学院大学, 2012: 1-218.

[6] 彭菲, 高星, 王惠民, 等. 水洞沟旧石器时代晚期遗址发现带有刻划痕迹的石制品. 科学通报, 2012, 57 (26): 2475-2481.

[7] Pei S W, Gao X, Wang H M, et al. The Shuidonggou site complex: New excavations and implications for the earliest Late Paleolithic in North China. Journal of Archaeological Science, 2012, 39: 3610-3626.

[8] Norton C J, Jin J J E. The evolution of modern human behavior in East Asia: Current perspectives. Evolutionary Anthropology, 2009, 18: 247-260.

[9] Conard N J. Cultural modernity: Consensus or conundrum? Proceedings of the National Academy of Sciences of the United States of America, 2010, 107: 7621-7622.

[10] Henshilwood C S, Marean C W. The origin of modern human behavior: A review and critique of models and test implications. Current Anthropology, 2003, 44: 627-651.

[11] Marean C W. Heading North: an Africanist perspective on the replacement of Neanderthals by modern humans. In: Mellars P, Boyle K, Bar-Yosef O, et al. (eds.). Rethinking the Human Revolution: New Behavioral and Biological Perspectives on the Origin and Dispersal of Modern Humans. Cambridge: Mcdonald Institute Monographs, 2007: 367-379.

[12] Shea J J. Homo sapiens is as Homo sapiens was: Behavioral variability versus "behavioral modernity" in Paleolithic Archaeology. Current Anthropology, 2011, 52: 1-35.

[13] Conard N J. Laminar lithic assemblages from the last interglacial complex in northwestern Europe. Journal of Anthropological Research, 1990, 46: 243-262.

[14] Conard N J. A critical view of the evidence for a southern African origin of Behavioral Modernity. South African Archaeological Bulletin (Goodwill Series), 2008, 10: 175-179.

[15] d'Errico F, Henshilwood C, Lawson G, et al. Archaeological evidence for the emergence of language, symbolism, and musician alternative multidisciplinary perspective. Journal of World Prehistory, 2003, 17: 1-70.

[16] Caron F, d'Errico F, Moral P D, et al. The reality of Neanderthals symbolic behavior at the Grotte du Renne, Arcy-sur-Cure, France. PLoS ONE, 2011, 6: e21545.

[17] Zilhão J. The emergence of ornaments and art: An archaeological perspective on the origin of "behavioral modernity". Journal of Archaeological Research, 2007, 15: 1-54.

[18] Zilhão J, Angelucci D E, Badal-García E, et al. Symbolic use of marine shells and mineral pigments by Iberian Neandertals. Proceedings of the National Academy of Sciences of the United States of America, 2010, 107: 1023-1028.

[19] Zilhão J, d'Errico F, Bordes J G, et al. Analysis of Aurignacian interstratification at the Châtelperronian-type site and implication for the behavioral modernity of Neanderthals. Proceedings of the National Academy of Sciences of the United States of America, 2006, 103: 12643-12648.

[20] McBrearty S, Brooks A S. The revolution that wasn't: A new interpretation of the origin of modern human behavior. Journal of Human Evolution, 2000, 39: 453-563.

[21] Shea J J. The Middle Paleolithic of the East Mediterranean Levant. Journal of World Prehistory, 2003, 17: 313-394.

[22] Chase P G. Comment on "The origin of modern behavior: A review and critique of models and test implications" by Henshilwood and Marean. Current Anthropology, 2003, 44: 637.

[23] Nowell A. Defining behavioral modernity in the context of Neandertal and anatomicallly modern human populations. Annual Review of Anthropology, 2010, 39: 437-452.

[24] Mellars P. The character of the Middle-Upper Paleolithic transition in south-west France. In: Renfrew C eds. The Explanation of Culture Change: Models in Prehistory. London: Duckworth, 1973: 255-276.

[25] Mellars P, Stringer C eds. The Human Revolution: Behavioral and Biological Perspectives on the Origins of Modern Humans. Edinburgh: Edinburgh University Press, 1989.

[26] Mellars P, Boyle K, Bar-Yosef O, et al eds. Rethinking the Human Revolution: New Behavioral and Biological Perspectives on the Origin and Dispersal of Modern Humans. Cambridge: Mcdonald Institute Monographs, 2007.

[27] White R. Rethinking the Middle/Upper Paleolithic transition. Current Anthropology, 1982, 23: 169-192.

[28] Mellars P. The impossible coincidence: a single species model for the origins of modern human behavior in Europe. Evolutionary Anthropology, 2005, 14: 12-27.

[29] Texier PJ, Porraz G, Parkington J, et al. A Howiesons Poort tradition of engraving ostrich eggshell containers dated to 60,000 years ago at Diepkloof Rock Shelter, South Africa. Proceedings of the National Academy of Sciences of the United States of America, 2010, 107: 6180-6185.

[30] Soffer O. Defining modernity, establishing rubicons, imagining the other-and the Neanderthal enigma. In: Camps, Chauhan (eds.), Sourcebook of Paleolithic Transitions. Springer, 2009: 43-64.

[31] 刘德成, 王旭龙, 高星, 等. 水洞

沟遗址地层划分与年代测定新进展. 科学通报, 2009, 54: 2879-2885.

[32] 陈福友, 李锋, 王惠民, 等. 宁夏水洞沟遗址第2地点发掘报告. 人类学学报, 2012, 31: 317-333.

[33] Li F, Gao X, Chen F Y, et al. The development of Upper Palaeolithic China: New results from the Shuidonggou. Antiquity, 2013, 87: 368-383.

[34] 关莹, 高星. 水洞沟第2地点残留物分析. 见: 宁夏文物考古研究所, 中国科学院古脊椎动物与古人类研究所编, 水洞沟: 2003~2007年度考古发掘与研究报告. 北京: 科学出版社, 2013: 260-289.

[35] Chaney R. The food of Peking Man. New Service of Bulletin, Carnegie Institute of Washington, 1935, 3: 197-202.

[36] Li F, Kuhn S L, Gao X, et al. Re-examination of the dates of large blade technology in China: A comparison of Shuidonggou Locality 1 and Locality 2. Journal of Human Evolution, 2013, 64: 161-168.

[37] Brainerd G W. The place of chronological ordering in archaeological analysis. American Antiquity, 1951, 16: 303-313.

[38] Robinson W S. A method for chronologically ordering in archaeological deposits. American Antiquity, 1951, 16: 293-301.

[39] Odell G. Lithic Analysis. New York: Kluwer Academic/Plenum Publishers, 2004.

[40] 周振宇, 关莹, 高星, 等. 水洞沟遗址的石料热处理现象及其反映的早期现代人行为. 科学通报, 2012, 58: 815-824.

[41] Madsen D B, Li J Z, Brantingham P J, et al. Dating Shuidonggou and the Upper Paleolithic blade industry in north China. Antiquity, 2001, 75: 706-716.

[42] 高星, 李进增, Madsen D B, 等. 水洞沟的新年代测定及相关问题讨论. 人类学学报, 2002, 21: 211-218.

[43] 贾兰坡, 盖培, 李炎贤. 水洞沟旧石器时代遗址的新材料. 古脊椎动物与古人类, 1964, 8: 75-83.

[44] Licent E, Teilhard de Chardin P. Le Paléolithique de la Chine. L'Anthropologie, 1925, 25: 201-234.

[45] Brantingham P J, Krivoshapkin A I, Li J Z, et al. The initial Upper Paleolithic in northeast Asia. Current Anthropology, 2001, 42: 735-747.

[46] Li F, Kuhn S L, Olsen J W, et al. Disparate stone age technological evolution in North China: Lithic technological variability and relations between populations during MIS 3. Journal of Anthropological Research, 2014, 70: 35-67.

[47] Krause J, Fu Q M, Good J M, et al. The complete mitochondrial DNA genome of an unknown hominin from southern Siberia. Nature, 2010, 464: 894-897.

[48] Reich D, Green R E, Kircher M, et al. Genetic history of an archaic hominin group from Denisova Cave in Siberia. Nature, 2010, 468: 1053-1060.

[49] Derevianko A P. The Upper Paleolithic in Africa and Eurasia and the Origin of Anatomically Modern Humans. Novosibirsk: Institute of Archaeology and Ethnography SB RAS Press, 2011.

[50] Cann R, Stoneking M, Wilson AC. Mitochondrial DNA and human evolution. Nature, 1987, 325: 31-36.

[51] Stringer C B, Andrews P. Genetic and fossil evidence for the origin of Modern Human. Science, 1988, 239: 1263-1268.

[52] 高星, 裴树文. 中国古人类石器技

术与生存模式的考古学阐释. 第四纪研究, 2006, 26（4）: 504-513.

[53] 裴树文, 张家富, 高星, 等. 三峡井水湾遗址的光释光测年. 科学通报, 2006, 51（12）: 1443-1449.

[54] Wolpoff M H, Wu X Z, Thorne A. Modern Homo sapiens origins: A general theory of hominid evolution involving the fossil evidence from East Asia. In: Smith FH, Spencer F（eds.）. The Origins of Modern Humans. New York: Alan R Liss Inc, 1984: 411-483.

[55] 吴新智. 中国远古人类的进化. 人类学学报, 1990, 9（4）: 312-321.

[56] 吴新智. 现代人起源的多地区进化学说在中国的实证. 第四纪研究, 2006, 26（5）: 702-709.

[57] 吴新智. 从中国晚期智人颅牙特征看中国现代人起源. 人类学学报, 1998, 17（4）: 276-282.

[58] 吴新智. 中国古人类进化连续性新辩. 人类学学报, 2006, 25（1）: 17-25.

[59] 刘武. 蒙古人种及现代中国人的起源与演化. 人类学学报, 1997, 16（1）: 55-73.

[60] 刘武. 中国第四纪人类牙齿大小的演化及其意义. 第四纪研究, 1999, 19（2）: 125-138.

[61] 武仙竹, 刘武, 高星, 等. 湖北郧西黄龙洞更新世晚期古人类遗址. 科学通报, 2006, 51（16）: 1929-1935.

[62] 张森水. 中国北方旧石器工业的区域渐进与文化交流. 人类学学报, 1990, 9（4）: 322-333.

[63] Liu W, Jin C Z, Zhang Y Q, et al. Human remains from Zhirendong, South China, and modern human emergence in East Asia. Proceedings of the National Academy of Sciences of the United States of America, 2010, 107: 19210-19206.

[64] Shang H, Tong H W, Zhang S Q, et al. An early modern human from Tianyuan Cavem Zhoukoudian, China. Proceedings of the National Academy of Sciences of the United States of America, 2007, 104: 6573-6578.

[65] Fu Q M, Meyer M, Gao X, et al. DNA analysis of an early modern human from Tianyuan Cave, China. Proceedings of the National Academy of Sciences of the United States of America, 2013, 110: 2223-2227.

[66] 尤玉柱. 峙峪遗址刻划符号初探. 科学通报, 1982, 27（16）: 1008-1010.

[67] 贾兰坡, 盖培, 尤玉柱. 山西峙峪旧石器时代遗址发掘报告. 考古学报, 1972（1）: 39-58.

[68] Pei W-C. A preliminary report on the Late Paleolithic cave of Choukoudian. Bulletin of the Geological Society of China, 1934, 13: 327-358.

[69] 黄慰文, 张镇洪, 傅仁义, 等. 海城小孤山的骨制品和装饰品. 人类学学报, 1986, 5（3）: 259-266.

[70] 林圣龙. 中西方旧石器文化中的技术模式的比较. 人类学学报, 1996, 15（1）: 1-20.

[71] 高星. 关于"中国旧石器时代中期"的探讨. 人类学学报, 1999, 18（1）: 1-16.

原载于《人类学学报》2014年第33卷第4期

水洞沟第12地点古人类用火研究
◎ 高星　王惠民　刘德成　裴树文　陈福友　张晓凌　张乐

一、引言

水洞沟遗址群自1923年发现后一直被中外学术界关注[1]，该遗址的分布范围不断扩大，地点数量不断增加，出土材料不断丰富，学术探讨的领域不断拓展。在该遗址出土的大量旧石器时代晚期文化遗存中，部分石制品明显具有欧亚大陆西部旧石器时代中、晚期文化的技术风格，在中国旧石器考古文化体系中特立独行，因而成为探讨晚更新世人类迁徙、东西方文化交流和古人类对特定生态环境适应生存方式与能力的学术热点[2,3]。

到目前为止，对水洞沟遗址考古材料的研究主要集中在石制品的类型与技术方面。自21世纪初在遗址开展新的调查、发掘和研究以来，遗址出土的大量古人类用火材料引起本文作者们的极大兴趣，意识到这些材料提供着古人类应对环境变化而采取的特定适应行为方式的重要信息，是研究当时人类智能发展、生存方略和人群间、人与环境间互动关系的不可多得的材料。其实，水洞沟遗址文化层中的用火材料在遗址发现和发掘伊始便被记录过，尤其是1980年宁夏博物馆与宁夏地质调查队进行的第四次发掘更是多有发现[4]，但当时没有对此加以重视和展开研究。2002年高星等公布过一批采自于第2地点的火塘材料[5]，但侧重点是用火塘中的样品做年代测定，对用火遗迹本身并未开展进一步研究。

2003年至2007年期间，中国科学院古脊椎动物与古人类研究所和宁夏文物考古研究所组成联合考古队对遗址数个地点开展了系统发掘，清理出大量火塘遗迹、木炭、灰烬、烧石、烧骨等用火材料。这些用火遗迹、遗物出自文化层，时代明确，与石制品、动物碎骨等文化遗物有清楚的共生关系。其中在第2、8、12地点发现的用火遗存最为集中和丰富，保存状况也最佳[6]。这些用火材料分属两个不同的时段，提供着旧石器时代晚期先民用火模式发生重大转变的重要信息，对整个旧石器时代人类用火能力发展过程的研究有一定的启示。本文系对第12地点古人类用火行为的专题研究，包括对用火材料的观察、分析和实验研究，并据此对晚更新世末古人类的生存方式和智能发展提出探讨。

二、第12地点发掘出土的用火材料与成因

第12地点位于宁夏灵武水洞沟遗址核心区以北约4千米处，地理坐标为东经106°29′49″，北纬38°19′40″。该地点发现于2005年，2007年做了面积为12平方米的小规模发掘。文化层埋藏于边沟河Ⅱ级阶地中上部，为厚层的灰黑色含细砂灰烬层。^{14}C和光释光测年表明，该文化层形成于距今1.2万~1.1万年之间[7]。

该地点保存的旧石器时代灰烬层分布范围和厚度十分罕见，代表古人类在遗址长时间、大范围的用火行为和对火的高度依赖性。

该地点大部分堆积已被砖场取土破坏，但在残存的堆积剖面上仍可见灰烬层南北延长逾50米，东西延展约10米，呈透镜状分布。灰烬集中分布的最厚处达1.16米。据砖场人员陈述，他们取土时在现残留剖面的西侧见到过更厚、更集中的灰烬堆积。该地点的灰烬层为灰烬、木炭、砂土、石块的混合堆积，不见明确的分层现象。地层中出土大量石制品、骨制品和动物碎骨。石制品包括细石核、细石叶、刮削器、局部磨光的石器、石磨盘—棒、石杵等；骨制品包括制作精美的骨锥、骨针和有刻槽的骨片等动物碎骨中有明显烧烤过的标本（图1）。

图1　水洞沟第12地点出土的细石器

地层堆积物中包含大量石块，这些石块皆被烧灼过，本文称其为"烧石"。烧石的大量存在是该遗址文化遗存的一个鲜明特点，在旧石器时代遗址中罕见。在2007年发掘期间共发现、收集烧石13000多块，总质量307千克，在12平方米发掘探方堆积中密集分布，与其他文化遗存混杂共生，无一定分布规律。这些烧石形态各异，多呈多面体不规则形状，除烧裂和色变迹象，没有打、砸等人工加工改造的痕迹。它们个体大小有一定差异，质量多在12克~280克区间内变异，其中60%者质量为20克~50克，18%者质量为50克~100克，5%者质量为100克~150克，超过150克者仅占1.5%；55%的个体粒径在2.5厘米~5厘米之间。总体看来烧石个体间的差异不是很大，以小型者为主，应该是人工选择、利用的结果。

约98%的烧石是经烧烤后破裂的石块，表面多呈现裂纹和高温导致的灰白、灰褐颜色，与敲开后出露的岩石本色有明显区别。少量个体完整的烧石表面出现不规则龟裂纹。约40%的烧石保留原生石皮，说明他们系自然石块被直接用作烧石使用。裂解的石块的破裂面多为不规则裂面，部分破裂面是岩石的节理面（图2、图3）。少量标本表面在出土时黏附着微量烧灰。岩性分析统计表明，该地区常见的石料主要有灰岩、白云岩、石英砂岩、石英岩及少量变质岩和燧石小砾石，而烧石的材料几乎全是石英砂岩和白云岩，且以前者为多，基本不见该地区最普遍的灰岩和遗址中常用来制作石器的燧石、脉石英等原料。

图2　出现龟裂纹的烧石

图3　破碎成小块的烧石

上述特点说明这些烧石不是偶然出现在遗址地层中自然破碎的石块，而是人类有意识选择、搬运到遗址并经烧裂所致；并且不是作为制作石器的原料偶尔被热火烧过，而是经人类长时间高温烧烤。从其个体大小、出现数量和破裂程度看，它们也不是考古遗址中和现代野外生活中常见的火塘或炉灶的圈石，而是有其特殊和专门的用途。我们对其功用的判断是：它们是被古人烧热后用来熟食或烧水使用的，体现了先民用火用热的特殊技能与方式以及当时的人群对当地特定生态环境的特定适应生存方略。

三、模拟实验研究

为了解这些烧石的性质和成因，量化特定的石料达到遗址出土标本破裂程度与状态的火温和烧烤方式，我们对在遗址周边采集到的与遗址出土烧石岩性相同、形态相近的砾石、石块进行了烧烤的模拟实验。实验的基本设计如下：a.具有可对比性的合适原料的采集、选择；b.对石料进行低热灼烧后形态改变状态的观察（包括不浸水与浸水2种方式）；c.对石料进行高热灼烧后形态改变状态的观察（包括不浸水与浸水2种方式）；d.用已浸过水的烧石进行再灼烧、浸水反复实验观察；e.用发掘出土的烧石进行相同的实验观察。

为了获得接近古人在旷野用火状态下产生的火温，我们尝试了2种火塘模式。

开放式火塘：模拟旷野中简单的不做封围的火塘，在平地上选择稍低的小坑，用当地的灌木、小乔木燃起篝火，不予吹火增氧，用自然、低温的火焰对其上的石料进行烧灼。经检测，这种情况下火焰外部温度一般在500～600℃。将石料烧烤15分钟后观察，记录不同岩性的石料在不浸水与浸水2种状况下形态变化的情况。结果发现：（1）烧热而不浸水的石料均不发生破裂，但有些石料表面出现裂纹（我们将这种情况定为1级破裂）；（2）浸水后个别石料分裂为两半，多是沿着石料原有的节理面裂开（此种情况被定为2级破裂）；（3）被浸之水不能沸腾或不能长时间沸腾。

炉灶式火塘：用土石做出炉灶式相对封闭的火塘，将通风口迎着自然风方向，以此在不变更燃烧质的条件下吹火增氧助燃，而在无风情况下用人工吹火助燃，制造出相对高温的灼烧条件。火焰外部温度一般可达600～800℃。将石料烧烤15分钟后观察，记录不同岩性的石料在不浸水与浸水2种状况下形态变化的情况。结果发现：（1）烧热而不浸水的石料大部分表面出现裂纹但不开裂（1级破裂），小部分裂为两半或沿

图4 实验产生的2级破裂烧石

节理面裂开，破裂面较为平滑（2级破裂，图4）。此种条件下烧热的石灰岩发生颜色变浅、变白的现象，有的成为生石灰。（2）烧热浸水后，石英砂岩、白云岩石料一般破裂为3~5块，破裂面无一定方向且均为不平滑面（此种情况被定为3级破裂），性状与地层出土的大粒径烧石相同。对此类原料重复同类实验操作，石料再次破裂成更小的石块，与发掘出土的小块烧石性状相同。（3）脉石英、燧石和其他变质岩等材料的烧石浸水后爆裂为碎屑或粗颗粒状（此种情况被定为4级破裂）。（4）石灰岩烧石浸水后发生质变并污染水质。（5）被热石浸灼的水沸腾时间长，可达2分钟。当然，持续放入热石可使水长时间沸腾。

模拟实验过程中所观察到的几个现象对研究烧石的成因和用途具有启示意义。

（1）按照实验产生的石块的破裂定级标准，第12地点出土的烧石大多处于2级~3级破裂状态，尤以3级居多，说明这些烧石经历了高温热烧和浸水的处理过程，而且很多还不止一次被重复处理、利用。从利用价值判断，虽然热烧和浸水是两个连贯的程序，但前者应该是后者的预备程序，即烧石的真正用途是浸到水中，将水或液体食物（汤、粥类）加热、煮沸。

（2）对石灰岩石料的热烧实验发现，经低温烧灼者虽一般不破裂，但浸水后表皮会产生大量的片状碎屑；而经高温热烧者即成为熟石灰块，浸水之后立即分解为碎末，随即变为浆状乳白色熟石灰。高温灼烧的石灰石无论浸水与否均不能变成发掘出土的烧石形态，而且使浸过的水浑浊不可用。这有助于我们理解为何石灰岩在当地最易于获取却并未成为烧石的材料，因为其特性不符合当时人类的特别需求，被人类有意识地排除在适用材料之外。

（3）脉石英、燧石等材料在经高温热烧、浸水后往往发生爆裂，分解为碎屑或粗颗粒状，也会造成水质一定程度的污染；如果水中有食物，则碎屑、砂粒与食物相互混杂不易分离，影响人类对食物的享用。这应该是在遗址内古人类会用这些材料制作工具，而不把它们作为烧石使用的原因。

（4）如果上述推理成立，那么说明该遗址的古人类在用火技能方面发生了重大变革或进步，即他们不再满足于更早的人类直接用火烧烤食物的方式，而是进化到用烧石热水、熟食的间接用火方式，使火温更易掌控，热量更有效利用。对烧石原料的选择说明当时的先民在经历生产生活的实践后对当地各种石头的特性有了深入的了解，积累了丰富的环境知识和生活经验，知道对其所面临的资源如何用其利、避其害。

该地点的古人用这种烧石加热何种对象？是什么样的生态环境促使他们产生这样的适应反应？我们试图从遗址的古环境信息中找到答案。

四、遗址周边古环境特点、食物资源和水质测试

（一）古环境和食物资源

水洞沟毗邻鄂尔多斯台地西南缘的毛乌素沙地，西侧10千米以外便是黄河及其冲积平原，遗址所在盆地处于黄河冲积平原与温带荒漠草原的过渡带，考古遗址点处于这个过渡带之内的河流沼泽近岸草甸与低矮木本植物为主的小环境。古环境资料表明，水洞沟地区晚更新世后期至全新世的几万年内均处于荒漠草原大环境中；

孢粉组合特征显示在第12地点整个地层发育期内该地区是以麻黄属+藜科+霸王+蒿属+禾本科组合为主的植被类型,为干旱—半干旱荒漠草原植被景观。在该地点文化层堆积时期,气候相对暖湿,附近生长着沼生植物和榆、栎、桦等温带落叶阔叶乔木,为稀树荒漠草原环境[7]。从人类食物资源的角度看,这些乔灌木的根、茎、叶和果实可被人类食用的部分较少;目前在遗址附近有沙漠里生长的蒙古葱、沙蒿、沙米、锁阳、甘草和盆地河湖近岸生长的黑果枸杞、苦菜、胖娃娃菜等近20种可食性植物[8],它们大多出现在晚更新世孢粉样品中,其果实、籽粒或根、茎、叶一般须经煮沸甚至长时间蒸煮才能成为人类的盘中餐。此外,遗址文化层出土兔(*Lepus* sp.)、狗獾(*Meles meles*)、鹿(Cervidae)、普氏羚羊(*Gazella przewalskyi*)、水牛(*Bubalus* sp.)、野猪(*Sus* sp.)、普氏野马(*Equus przewalskyi*)以及鸟类和啮齿类遗骸,其中普氏羚羊和兔的标本最多。这些动物主要是食草类,与人类文化遗存伴生,其遗骸是先民作为食物消费后的残余物,不排除他们对这些肉食进行过烹煮享用。很可能肉食资源是当时人类加热熟食的主要对象。

(二)水洞沟遗址的水质测试

为考察水洞沟遗址附近可供水对于先民的可利用性,我们从两个水源提取样本做水质分析检测。水样①来自遗址区内第2级阶地堆积下部砾石层的潜流泉水。该潜流距地表深度11米~15米,在遗址区内不同地点有泉眼外溢。水样②来自遗址附近的红山湖,红山湖是由发源于水洞沟上游26千米清水营的边沟流水形成的活水湖,在沿途间断加入泉水并最终流入黄河。对这两处水样的分析测试结果见表1[10]。

表1 水洞沟遗址区水质检测对比表

检测项目		标准（mg/L）	检测结果（mg/L）		检测项目		标准（mg/L）	检测结果（mg/L）	
			水样①	水样②				水样①	水样②
感官性状和一般化学指标	色度	15度	0度	0度	毒理学指标	氟化物	1.0	2.01	5.05
	浑浊度	5度	<DL度	4度		氰化物	0.05	<DL度	<DL度
	臭和味	无	无	无		砷	0.05	0.0044	0.0014
	肉眼可见物	无	微量泥沙	无		硒	0.01	<DL度	<DL度
	pH值	6.5~8.5	7.7	8.1		汞	0.001	<DL度	<DL度
	铁	0.3	1.10	0.12		镉	0.01	<DL度	<DL度
	锰	0.1	<DL度	<DL度		六价铬	0.05	0.041	0.015
	铜	1.0	<DL度	<DL度		铅	0.05	<DL度	<DL度
	锌	1.0	<DL度	<DL度		银	0.05	<DL度	<DL度
	挥发酚	0.002	<DL度	<DL度		硝酸盐氮	20	8.89	4.04
	硫酸盐	250	118	523	细菌学指标	细菌总数	100个/mL	8个/mL	240个/mL
	氯化物	250	345	367		总大肠杆菌群	3个/mL	70个/mL	92个/mL
	溶解性总固体	1000	588	1690		游离余氯	mg/L	<DL度	<DL度
	总硬度	450	133	310					
	阴离子洗涤剂	0.3	0.01	0.05					
检测结论	水样①检测项目：除肉眼可见物、铁、氟化物、总大肠杆菌群不符合国家生活饮用水卫生标准（GB5749—1985）外，其他项目均符合国家生活饮用水卫生标准。 水样②检测项目：除硫酸盐、氯化物、溶解性总固体、氟化物、细菌总数、总大肠杆菌群不符合国家生活饮用水卫生标准外，其他项目均符合国家生活饮用水卫生标准。								

从表1可以看出，水样①的感官性状与一般化学指标大多数符合饮用标准，其中肉眼可见物和含铁量虽然超标，但饮用后不会使人体产生较明显或确定的生理不适，饮用氟化物超标的水对骨骼和牙齿影响较大，但在短期内对人体没有明显的伤害，而且这种伤害是非致命的。水样①总大肠杆菌每升高达70个，远远高出每升3个的标准，直接饮用会立即对人体造成明显的伤害，体现为腹痛、腹泻，

严重时危及生命，对童叟病弱者伤害更剧。但是富含大肠杆菌的水一经加热沸腾水质即得到改善，可直接饮用。水样②中除了含有水样①的超标信息（肉眼可见物、铁除外）之外，还有硫酸盐、氯化物、溶解性总固体、细菌总数几项也超标，其中溶解性总固体接近水样①的3倍，细菌总数是水样①的30倍。应该注意的是，两个水样虽然细菌总数差别非常大，但深层地下水①与地表水②的总大肠杆菌比例却非常接近。水样②是现代流水样本，不可避免带有现代工农业污染影响的成分；水样①为地下水，在一定程度上可以代表这一地区早期人类可用水的水质。上述测试结果显示：生活在当地的人群，无论在现代和还是万年前，都不可以直接食用本地的生水，而必须对其进行煮沸加热。这应该是生活在水洞沟第12地点先民们发明用烧石煮水这一独特的用火方式，并在遗址中给我们留下大量烧石的主要原因。当然，现代水质与史前人类利用的水质会有一定差别，因此这项研究结论还需更多材料的支持和检验。

五、第12地点古人类用火方式、作用与意义

水洞沟遗址第12地点出土的大量破裂的经过高温烧烤的石块是1.2万~1.1万年前生活在该地区的先民用来烧水、煮食的烧石的残留，这样的结论得自于对出土碎石形体的观察并得到了模拟实验分析的验证。当时的先民之所以要对生水进行煮沸是因为当地的水中含有大量大肠杆菌，直接饮（食）用会对人体造成明显乃至致命的伤害，这样的结论得到对遗址区内两处水源水样的水质检测分析的支持。用烧石热煮的另一个可能对象是食物，包括动、植物。孢粉

分析信息和当地具有可比性的现代植物种类提示当时的人类可以利用多种植物的可食性果实、籽粒或根、茎、叶，而这些食物资源中很多种类必须经过烹煮才能享用。第12地点灰烬层中与这些烧石共生的石磨盘—棒、石杵等工具具有加工植物种子的功能；将这些可食性植物的籽粒捣碎、研磨的程序应该与烹煮环节相衔接，也加强了对先民烧煮食物行为推测的可信性。

用烧热的石头来煮水熟食，民族学资料中有很多记载，多被称为"石烹法"[10]。例如鄂伦春族人将掺了水的食物放到桦皮桶或清理干净的大型动物的胃里，将炽热的石块投入其中煮沸；傣族人在剽牛时，在地上挖一个坑，将牛皮垫在坑里，盛水放肉，把烧红的石块丢在其中，加热至熟。类似的煮食法在北美印第安人部落中也常见[11, 12]，其中阿西尼本族（Assineboins）名字的意思就是"石煮者"（Stone Boilers），他们宰牛后在地上挖一个坑，将牛皮铺在上面，将水、牛肉置于内，在旁边生火，将石头烧热投入其中，直到肉熟为止。学者认为这种烧煮食物的方法是在旧石器时代晚期从东北亚地区传入的，但它的源头并没有找到。水洞沟第12地点的烧石材料将这种"石烹法"的历史提前了1万多年，并可能在东北亚的晚更新世人群和美洲印第安人之间建立起新的历史纽带。

控制火、使用火是一种高层次的智力行为，在所有动物类中只有人类具备这样的能力。在漫长的人类演化历史中，人类对火的驾驭和利用能力是不断发展、不断加强的[13]。来自以色列Gesher Benot Ya'aqov遗址和北京周口店遗址的考古材料表明，至少在80万～70万年前的立人演化中期，古人类已能控制用火、保存火种[14, 15]。来自湖北黄龙洞的材料表明，距今10万年前的早期智人能在洞穴深处有效地用火来熟食和取暖[16]。近3万年前的水洞沟第2地点大量火塘遗迹表明当时人类对火高度依赖，对火的控制能力增强，但还是停留在简单、直接用火的模式。而距今1.1万年前的水洞沟第12地点的烧石及其反映的先民用火方式与功用则表明古人类对火的控制和利用能力发生了飞跃，由简单的直接用火转入复杂的间接用火，用火方式由火与受热对象的直接接触变为通过烧石间接传导热能；受热对象不再局限于有形的固体，而是包括了无形的、难以掌控的液体，并因此促成了盛器的发明、利用；火的功能在熟食、取暖、照明、防身等之外又增加了改善水质这一项，将原本不可生活的环境变得利于生存。

水洞沟第12地点的烧石是首次确认并得以论证的古人类间接用火、掌握"石烹法"的证据，对古人类用火的历史研究具有里程碑的意义，也从一个侧面反映了当时的先民对资源环境的高度认知、利用能力和因地制宜、机动灵活的生存方略。当时的先民处在更新世向全新世的过渡期，气候条件在从末次冰期向冰后期转变，人类的生计则从迁徙游动的狩猎—采集经济向定居的农业经济转型，文明的种子在孕育发芽。水洞沟第12地点的先民正生活在这一时期，他们用烧石烹煮食物、改善水质的创举，或许给我们提供了一个窗口，使后人得以窥见先祖在向文明挺进的征程上的一个壮美画面。

致谢：感谢宁夏回族自治区水环境监测中心惠允使用尚未发表的《水洞沟地下水、地上水分析测试报告》；感谢关莹、马宁、王春雪等提供参考文献和相关资料并参与讨论；感谢周振宇、宋艳花、梅惠杰、彭菲、罗志刚等参与遗址的发掘和材料的整理与研究。

参考文献

[1] Licent E, Teilhard de Chardin P. Le Paléolithique de la Chine. LpAnthropologie, 1925, 25: 201-234.

[2] Kozlowski JK. The problem of the so-called Ordos culture in the light of the Paleolithic finds from northern China and southern Mongolia. Folia Quaternaria, 1971, 39: 63-99.

[3] 高星, 裴树文. 中国古人类石器技术与生存模式的考古学阐释. 第四纪研究, 2006, 26(4): 504-513.

[4] 宁夏文物考古研究所. 水洞沟: 1980年发掘报告. 北京: 科学出版社, 2003: 12-33.

[5] 高星, 李进增, Madsen D B, 等. 水洞沟的新年代测定及相关问题讨论. 人类学学报, 2002, 21(3): 211-218.

[6] 高星, 王惠民, 裴树文, 等. 水洞沟遗址调查与发掘的新进展. 见高星, 石金鸣, 冯兴无主编. 天道酬勤桃李香: 贾兰坡院士百年诞辰纪念文集. 北京: 科学出版社, 2008: 230-239.

[7] 刘德成, 陈福友, 张晓凌, 等. 水洞沟12号地点的古环境研究. 人类学学报, 2008, 27(4): 295-303.

[8] 内蒙古畜牧局草原研究所编. 草原手册. 呼和浩特: 内蒙古人民出版社, 1964: 152-164.

[9] 宁夏水环境监测中心. 水洞沟地下水、地上水分析测试报告. 宁水环检字[2006]第35-36号 (2006年2月17日印制, 未发表).

[10] 宋兆麟, 黎家芳, 杜耀西. 中国原始社会史. 北京: 文物出版社, 1983: 358-359.

[11] Thoms A V. The fire stones carry: Ethnographic records and archaeological expectations for Hot-Rock cookery in Western North America. Journal of Anthropological Archaeology, 2008, 27: 443-460.

[12] Thoms AV. Rocks of ages: Propagation of Hot-Rock cookery in Western North America. Journal of Archaeological Science, 2009, 36: 573-591.

[13] James S. Hominid use of fire in the lower and middle Pleistocene. Current Anthropology, 1989, 30: 1-26.

[14] Goren-Inbar N, Alperson N, Kislev M, et al. Evidence of hominin control of fire at Gesher Benot Ya'aqov, Israel. Science, 2004, 304: 725-727.

[15] Wu X. Investigating the possible use of fire at Zhoukoudian, China. Science, 1999, 283: 299.

[16] Liu Wu, Wu Xianzhu, Li Yiyin, et al. Evidence of fire use of late Pleistocene humans from Huanglong Cave, Hubei Province, China. Chinese Science Bulletin, 2009, 54(2): 256-264.

原载于《人类学学报》2009年第28卷第4期

水洞沟遗址的石料热处理现象及其反映的早期现代人行为

◎ 周振宇 关莹 高星 王春雪

现代人行为的出现是人类体质、脑力演化到一定程度，为适应环境，谋求生存的必然产物。现代人行为的主要特征包括：象征性行为及装饰品的出现[1-4]；骨角器的使用；石叶技术出现，石器类型标准化及多样化；构造相对复杂的火塘；合理、系统化的空间利用行为；交换行为出现；采用季节性迁徙的生存模式；严酷环境下的生存能力；捕鱼猎鸟行为等[5-14]。热处理技术的应用为大部分现代人行为的出现和发展提供了技术支撑，其产生和发展与现代人行为紧密联系并互相促进。旧石器考古学中，热处理特指针对石料进行加热、保温、冷却处理改变石料的表面及内部结构，从而改变原料质地、颜色，以满足古人类在应对不同环境时日益增长的石器制作技术需求，以及人类脑演化到一定阶段产生颜色认知，而导致的对象征性物质、装饰品等的需求。因此，对石制品热处理的探讨与研究成了解读史前社会人类生产生活状态的重要线索。热处理技术反映了古人类对石料的深度利用，是现代人行为中重要的因素之一。对热处理行为的判断与研究可以帮助我们了解古人类对石料的选择与认知能力、石器打制技术的发达程度、利用与开发资源的能力，据此阐释远古人类行为模式，乃至推测早期社会组织行为。

目前发现人类最早有目的地用火对石料进行热处理是在南非南部海岸的Pinnacle Point遗址。在该遗址距今16.4万年和距今7.2万年的文化层中发现的经过热处理的石制品表明人类早在十几万年前就开始有目的地对石料进行热处理并已经熟练掌握了针对硅质岩类进行系统化的热处理以达到改变石料性能的技术[15]。此外，非洲其他地区和欧洲的旧石器时代中期遗址也都发现了热处理石制品。旧石器时代晚期，热处理技术已经分布于世界大部分地区，除上述区域外，美洲大陆、西伯利亚、印度、巴基斯坦、阿富汗等地区也都发现了热处理行为[16-19]。此前，东亚地区未发现存在热处理石制品的旧石器遗址。本文通过对宁夏水洞沟遗址出土石制品的观察、模拟实验、实验室检测和显微观察，证实水洞沟存在距今2万多年的热处理石制品。此项发现为我们探索更新世晚期中国北方地区古人类行为模式，以及现代人行为在中国的出现及其表现形式提供了重要证据。

一、遗址简介

水洞沟遗址位于银川盆地东部边缘，毛乌素沙地西南缘，宁夏回族自治区首府银川市以东28千米，行政区划属灵武市临河乡（图1）。

水洞沟遗址2号地点（简称"SDG2"，下同）主要文化层的时代为距今2.9万~2万年之间，热处理标本来自遗址第1至第4文化层，主要集中于第1文化层，距今2万年左右；SDG12文化层的时代为距今

1.1万年左右[20, 21];SDG8尚无测年数据,根据地层及文化对比,推测其文化层年代为距今2.7万~2万年[22]。各地点空间分布较近,主要地层水平发育且连续,可进行对比。

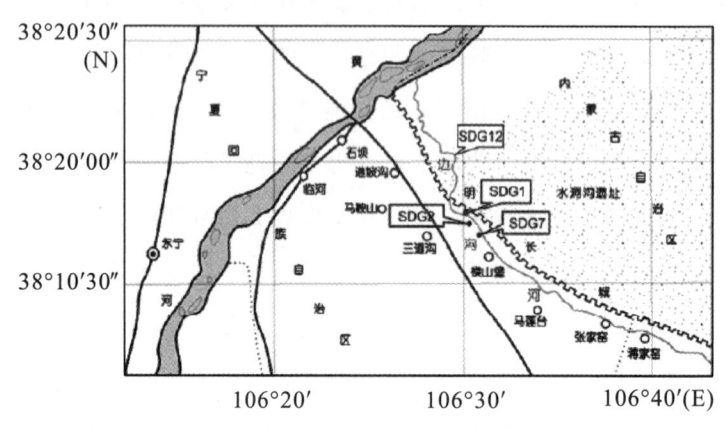

图1 水洞沟遗址地理位置图[20]

水洞沟遗址石制品的岩性主要为硅质白云岩和燧石。根据水洞沟地区的地质资料和相关地质调查工作结果[23, 24],硅质白云岩和燧石在水洞沟周边地区并无出露。调查发现遗址区各级阶地中都发育有厚薄不等的砾石层,砾石层比较松散,砾石磨圆度高。调查采样发现砾石层包含了水洞沟古人群所使用的大部分石料种类,推测其为水洞沟遗址原料产地。

水洞沟遗址已经发现了极为丰富的石制品,在2万余年的时间跨度内,出现了包括细石叶技术、石叶技术在内的3种不同类型的石器工业,还有反映人类象征性意识的鸵鸟蛋皮装饰品;石制品原料较为多样,包括燧石、硅质白云岩、石英砂岩、石英岩、硅质灰岩等;除文化遗物外,遗址区内还发现了数量较多的火塘遗迹及相关用火遗物,表明水洞沟古人类有足够的使用火、控制火的能力[25-30],这使得热处理成为可能。在对出土遗物的整理过程中，我们发现了数件疑似经过热处理的石制品。这些标本的外部特征与热处理石制品特征一致。距今约3万年前，热处理技术已经比较成熟，在欧洲、非洲、中亚等地较为普及，且多用于提高石叶、细石叶的剥片效率。水洞沟遗址自发现之日起就因其与西方旧石器文化类似而受到学术界的关注，石叶技术更是有别于中国北方旧石器主工业类型。水洞沟石器工业中的外来因素向西在中亚地区、向北在西伯利亚—蒙古高原一带都可以找到相似的文化遗存，而这些地区在旧石器时代晚期已经出现了成熟的热处理技术。在上述背景下，我们选择水洞沟遗址进行石制品热处理研究。

二、材料和方法

（一）材料

本研究涉及材料包括水洞沟遗址出土的石制品和模拟实验样品。

水洞沟遗址自20世纪发现以来，共历经8次大规模的系统发掘，积累了极为丰富的考古标本。本文热处理石制品涉及SDG2、SDG8、SDG12历年发掘出土的标本。石制品原料主要是白云岩、燧石、石英岩、石英砂岩和硅质灰岩。石制品类型包括普通石核、细石叶石核、石片、细石叶、工具等。由于上述材料（除SDG8外）的室内工作仍在进行中，观察范围无法涵盖所有出土石制品。为避免研究结果受到这种不利因素的干扰，在观察过程中遵循按类别随机挑选的原则，即所有石制品类型均被观察。

实验标本来自第SDG2和SDG12号地点附近的2、3级阶地出露较好的砾石层中采集的不同岩性的用于热处理实验的砾石。实验原料包括硅质白云岩、燧石、石英岩和石英砂岩。

（二）模拟实验

热处理模拟实验的主要目的是通过模仿古人类的热处理方法获取实验标本，用以与出土石制品对比研究。实验分室外和室内两种环境。室外实验根据民族学及考古研究资料构建火塘对石料进行加热（图2），不同热处理环境下分别使用快速降温、慢速降温两种形式；热处理原料使用砾石和石片（石片取自同时进行热处理的砾石）两种形式。民族学及考古研究表明，古人类在进行热处理时多将石料覆盖细沙以降低原料因温度快速变化而破损的概率，因此加

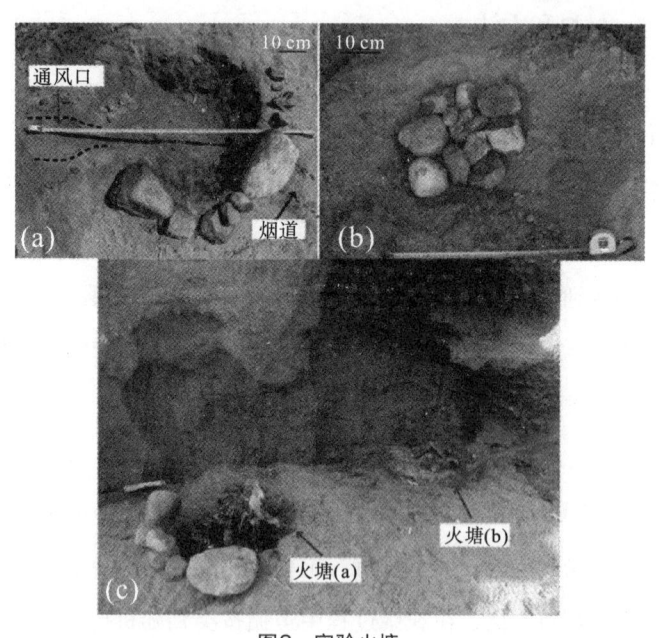

图2　实验火塘
(a)高投入火塘；(b)低投入火塘；(c)实验中的火塘

热方式分为直接放在火中加热和细沙覆盖间接加热两种；通过实验我们得到有意识热处理和无意识受热两种类型的标本，直接置于火塘中的石片及砾石为无意识受热标本，细沙覆盖的原料为热处理标本。实验过程中，火塘中心温度最高为600℃左右，热处理原料温度为最高400℃左右，快速降温经6小时左右，石料自然冷却；慢速降温通过保温措施，经16小时左右冷却至常温。室外实验侧重全方位模拟，获取的标本主要用于热处理石制品外部特征的比对。实验过程中使用TM902C测温仪进行测温。

室内实验使用GW-300C箱式电阻炉进行加热。热处理分快速增温、降温和慢速增温、降温两种加热方式；热处理原料使用砾石和石片两种形式；按不同温度进行多次实验，加热起始温度为100℃，最高温度从300℃到550℃，以50℃为一个梯度，快速增温速率为100℃/小时，慢速增温速率为50℃/小时，保持最高温2小时后开始降温，快速降温冷却时间为3小时，慢速降温冷却时间为14小时；实验前将同一石料切割为几块，分别以不同温度进行加热，确保不同温度下热处理的对比标本均来自同一块砾石，以增加实验结果的客观性。通过室内实验我们能获取不同升降温形式、不同温度、不同热处理时长下的岩石样本。室内实验侧重精度控制，获取标本主要用于显微观察。

（三）外部特征观察

岩石经过热处理后的外部形态特征主要指肉眼可鉴定的特征，包括油脂状光泽、石料破裂（破碎、裂纹）、颜色变化（大多数趋向于变红）、遗址石制品的测量统计特征等。油脂状光泽通过肉眼判断；颜色通过芒赛尔土色表（Munsell soil chart）辅助判定；岩石经过高温可能导致完全破碎、茶壶盖状破裂、片状劈裂、横向断裂、表面裂纹等,这些特征是初步判断石料是否经过热处理的重要依据[31, 32],因此石制品本身的破裂和测量特征也作为重要的观察标准。

(四)显微观察

在通过外观形态无法准确判断热处理行为时,高温作用下岩石内部特征的改变可以帮助我们甄别经过热处理的石制品。上述方法侧重点各不相同,本文主要目的为判定水洞沟遗址是否存在热处理行为,因此使用显微观察方法更加直观有效。扫描电子显微镜可以直接观察到热处理造成的岩石晶体大小、形状、结构的变化,特别是岩石受热的再结晶现象[33-35]。

三、结果

(一)外部特征

室内热处理实验标本57件,颜色趋于变红38件,约占67%(图3)。白云岩在不同温度和控温方式下进行热处理,其颜色均趋于变红;燧石、玉髓经300～400 ℃热处理颜色变红明显(图4);石英砂岩和石英岩经过热处理后颜色变化不明显。所有实验样品,仅有4件(约7%)发生了破裂,其中1件出现茶壶盖状裂片,且均为550 ℃热处理样品(表1)。这表明,只要在热处理过程中控制最高温度及温度变化速率,避免标本与明火直接接触,就可以有效地避免破损事故。当遗址中出现较多因受热破裂的石制品,更可能是由无意识的加热行为造成。

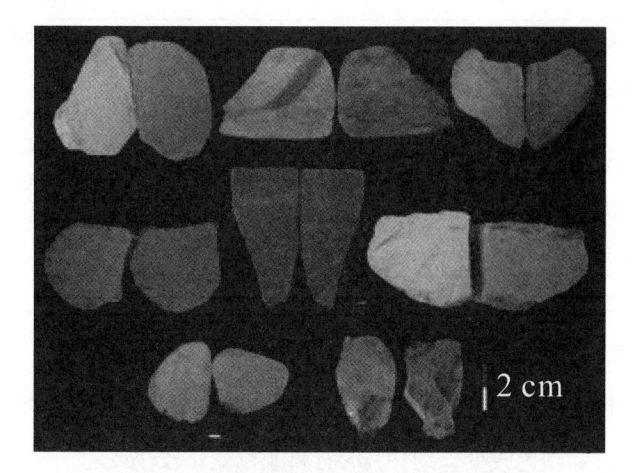

图3 室内实验标本热处理前后颜色对比

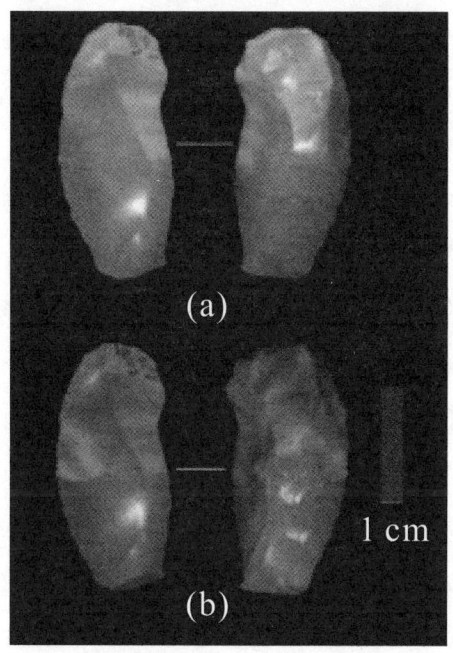

图4 室内实验燧石标本热处理前后颜色对比
(a) 热处理前；(b) 热处理后

表1 热处理标本颜色变化趋势统计

原料类型	热处理温度/℃	颜色趋于变红/%	受热破损/%
白云岩	450~550	83（n=24/29）	14（n=4/29）
	300~400	80（n=8/10）	无
燧石、玉髓	450~550	25（n=2/8）	无
	300~400	100（n=2/2）	无
石英砂岩	550	0（n=0/4）	无
石英岩	550	50（n=2/4）	无

室外热处理实验标本肉眼可鉴定特征主要包括：颜色、光泽、破损。67件样品中约55%的石料经过热处理后颜色趋于变红，部分石料肉眼即可观察到颜色改变，约19%的石料颜色变化较小或趋于变淡，另有约26%的石料原始颜色和热处理后颜色都不属于红色系，多为深灰、灰白等色，颜色变化趋于变淡。所有原料当中，68%的白云岩颜色趋于变红，余下的32%颜色趋于变淡。约23%的燧石颜色趋于变红，剩余的约77%颜色趋于变淡，这种比例与大多燧石颜色为黑灰色，热处理后颜色趋于灰白或不变有关（表2）。

直接置于火塘中用于模拟无意识加热的36件石片，呈现出与热处理标本不同的外部特征（表2）。13件（约36%）经过热处理后颜色趋于变红；7件（约20%）过度氧化颜色呈灰白色；剩余的16件颜色趋于变淡或不明显。18件（50%）经过火烧后表面呈现炭黑色；10件（约28%）表面出现光泽；其中2件石英岩、石英砂岩光泽为炭黑状态下石英颗粒闪耀光泽，剩余8件白云岩和燧石表面为油脂状光泽。6件（约17%）经过热处理后断裂或出现裂纹（图5）。无意识加热石制品外部特征无明显规律性，呈现破裂、颜色变化、光泽等不同的特征，较容易与热处理标本区分。

表2　室外实验热处理标本颜色变化趋势统计

受热方式	原料类型	颜色趋于变红/%	受热破损/%	光泽/%
热处理	白云岩	68（n=17/25）	—	—
	燧石、玉髓	23（n=5/22）	—	—
	石英砂岩	83（n=10/12）	—	—
	石英岩	63（n=5/8）	—	—
	小计	55（n=37/67）	—	—
无意识加热	白云岩	39（n=7/18）	28（n=5/18）	22（n=4/18）
	燧石、玉髓	29（n=2/7）	—	57（n=4/7）
	石英砂岩	33（n=2/6）	—	33（n=2/6）
	石英岩	40（n=2/5）	20（n=1/5）	—
	小计	36（n=13/36）	17（n=6/36）	28（n=10/36）

实验结果显示，石制品热处理后肉眼可鉴定特征为颜色，大部分石料经过热处理后颜色趋于变红，部分石料肉眼即可观察到明显的颜色变化，室内、室外实验均表现出这一规律。整体上看，不同温度下热处理石料颜色改变的区别不大，经过300~400℃热处理的石料颜色全部趋于变红。实验者对于野外用火的水平经验有限，因

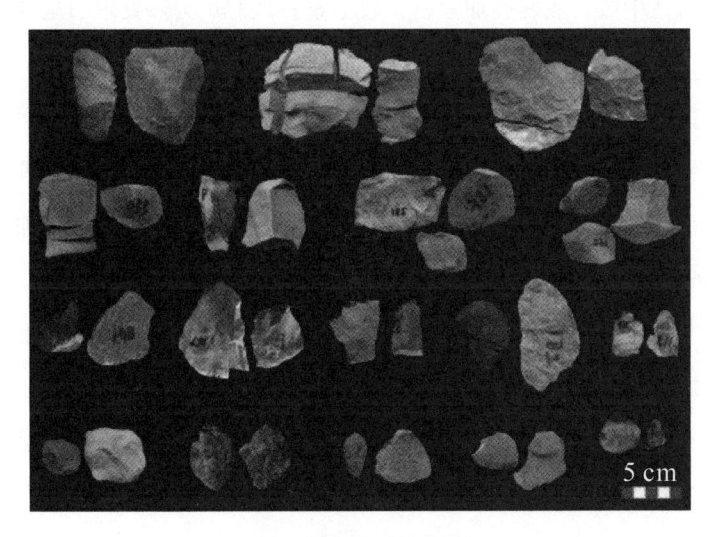

图5　无意识加热石片

此室外实验温度控制性较差，石料外部特征变化规律性较差，室内实验则规律性较强。通过上述实验结果，我们了解了水洞沟石料热处理后外部特征的改变，以及无意识加热石制品的特征。面对较大标本量时，据此可以初步筛选出热处理石制品。

（二）显微观察

水洞沟的主要原料经过热处理后，最显著的特征是颜色趋于变红，油脂状光泽及裂纹、破碎出现概率较低。尽管有研究表明，光泽比颜色更能反映标本是否经过热处理[36]，但是本文实验结果表明，水洞沟遗址原料经过热处理后，光泽并不明显且不具有规律性，因此我们以颜色为判断标准，从出土石制品中挑出热处理标本，并选择有代表性的石制品，通过扫描电子显微镜观察其内部结构。

未经热处理的实验标本在电子显微镜下呈现自形到半自形片状结构，晶体粒度为2微米～5微米，磨圆呈次棱角状，不等粒结构，整体定向性中等，层间叠加紧密，较平整；经350 ℃热处理后呈现自形到半自形板状结构，晶体粒度为2微米～8微米，磨圆呈次圆状，等粒结构，整体定向性中等，层间叠加紧密、平整，晶体边缘出现熔合迹象，界限模糊连接紧密，形成非常平整的平面；经400 ℃热处理的观察特征与350 ℃基本一致，但是出现熔合现象的范围更大、更加平整（图6）。

依据外部特征挑选出的热处理考古标本的显微镜下特征与实验标本完全一致，无论是燧石还是白云岩都体现出类似的特征：颗粒分布均匀，以等粒结构为主；磨圆呈次圆状；有晶体熔合现象出现，连接紧密，表面平整［图7（a）］。未经过热处理标本的显微镜下特征也完全一致［图7（b）］。相比来说，燧石经过热处理后上述特征更加明显。扫描电子显微镜观察验证了通过外部特征鉴别热处理石制品的准确性，表明通过外部特征的观察可以有效判断水洞沟的热处理标本。

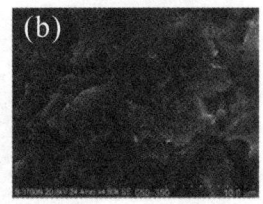

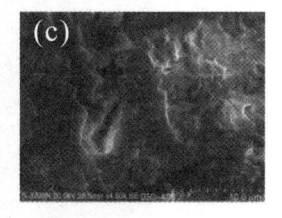

图6　实验标本热处理前后扫描电子显微镜对比
（a）热处理前；（b）350 ℃热处理；（c）400 ℃热处理

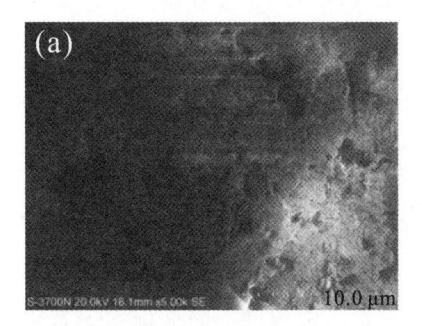

图7　水洞沟遗址出土标本扫描电子显微镜观察
（a）经过热处理（SDG12L3，未编号）；（b）未经过热处理（SDG12L5-7879）

（三）热处理考古标本

通过考古标本与实验标本的外部特征观察、比对，以及扫描电子显微镜观察的进一步确认，我们发现水洞沟SDG2和SDG12存在热处理石制品110件（图8），SDG8未发现热处理石制品。

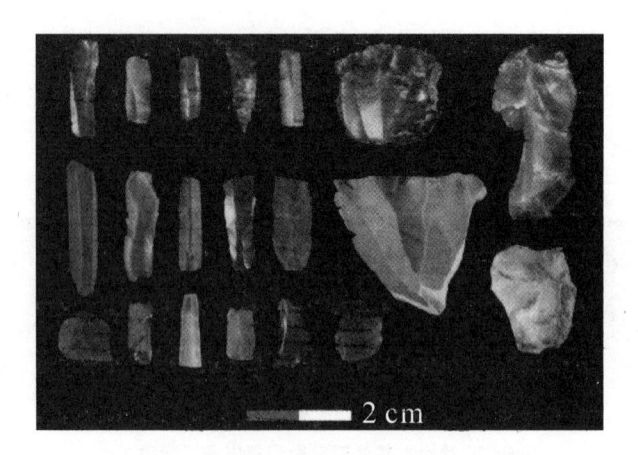

图8 12号地点热处理石制品(部分)

外部特征和扫描电子显微镜观察可以帮助鉴定标本是否经过加热,但目前除肉眼观察外,还没有直接的检测手段判断经过火烧的标本是古人类有意为之,还是无意掉落在火塘里,或者被自然火加热,因此需要结合标本的空间位置等指标综合推断。关莹等[37]对SDG2文化层所反映的人类空间利用行为进行了深入探讨。我们将热处理标本的三维坐标导入其空间分析数据库中,发现热处理标本全部位于中心火塘之外,这种分布状况在一定程度上降低标本无意识加热的可能性。

通过将实验标本与考古出土标本比对、扫描电子显微镜观察以及考古学背景分析,我们确认SDG2和SDG12地点存在热处理石制品110件,分别为45件和65件,无意识加热标本分别为3和10件;8号地点未发现热处理石制品(表3)。因研究过程中,SDG2和SDG12出土标本整理工作仍未完成,无法观察全部标本,特别是SDG12仅观察了小部分石制品。因此水洞沟热处理石制品数量极可能超过110件。尽管观察数量不全,但已观察标本覆盖了所有石制品类型,在一定程度上可以代表水洞沟热处理石制品的全貌。

表3 水洞沟热处理石制品统计表

	SDG2			SDG12			SDG8
	观察数量[a]	热处理	无意识加热	观察数量[a]	热处理	无意识加热	标本数量
石核	61	2		69	6	2	14
砸击石核				40			
石器				331	12		11
石片	1927	11	1	1684	46	6	733
砸击石片				65			
微片				44	1	1	
碎片	1501	9	1				
断块	3805	23	1	51		1	15
小计	7294	45	3	2284	65	10	773
原料统计							
白云岩	934（12.8%）	6（13.3%）		1163（50.9%）	22（33.8%）		
燧石	3497（47.9%）	39（86.7%）		623（27.3%）	19（29.2%）		
石英砂岩	2157（29.6%）			42（1.8%）			
玉髓				116（5.1%）	23（35.4%）		
其他	706（9.7%）			340（14.9%）	1（1.5%）		

注：a）SDG2，SDG12观察的标本数量仅为出土标本的一部分

四、讨论

（一）热处理标本鉴定标准

本文实验结果表明，颜色趋于变红是判断水洞沟石料是否经过热处理的有效标准，光泽、破裂等特征对于水洞沟石料并不适用。这表明不同类型的石料经过热处理后所反映出的外部特征并不完全

相同。此外,肉眼观察具有一定的主观性,因此借助扫描电子显微镜、X射线衍射、热释光、古地磁等方法提高热处理研究结果的客观性是十分必要的。

实验中将石片直接投入火塘中用于模拟无意识加热石制品,这些石片的加热过程与有意识热处理存在较大不同:它们加热的初始温度较高,一般在300 ℃以上;同时加热过程中火焰温度较高,一般在500 ℃以上,本次实验中最高可达650 ℃。高星等[29]在关于12号地点烧石的实验中,使用炉灶加热温度可达800 ℃,而且这种加热方式使石制品直接与燃料接触。综合实验结果,水洞沟无意识热处理石制品主要表现出颜色变浅,如灰白、灰褐色;表面出现龟裂纹,温度过高时破裂成块;部分标本出现油脂状光泽,上述特征通过观察即可识别。

(二)水洞沟的热处理技术

通过对已发现的热处理标本进行石制品分析,我们发现,尽管SDG2与SDG12文化层年代相差1万多年,但其热处理技术所反映的人类行为存在相似性:二者对石料均有较强的选择性,都以白云岩和燧石类等为主(表3),SDG12所反映的选择性更强;同时二者的热处理石制品类型均指示遗址可能存在搬运行为,所不同的是SDG2为石器加工地点,而SDG12为石器使用和修理地点,这种现象也可能是由于遗址发掘区域有限,未能完全揭露所造成;最后,两个地点的热处理技术均较成熟,均未发现过度加热现象,这表明当时人群了解热处理的适宜温度,并能够控制火塘温度。

除此之外,SDG12所发现的热处理石制品似乎反映了更为成熟的热处理技术,主要表现在:古人类对热处理石料的选择性更强，热处理石制品中玉髓的比例与其他考古标本相比更高；其次，SDG12热处理石制品类型以石片、细石叶和石器为主，这些标本大小形态规整，个体间差异较小，同时压制法、软锤法这类利于发挥热处理石料性能优势的打制方法成为主流，整体表现出较为进步的石器制作工艺，石料利用率较低的砸击制品中未发现热处理现象；再次，12号地点古人类针对各种需求，采取不同的热处理策略，比如，热处理完整石片中玉髓和燧石约占82%，所有刮削器几乎都由热处理玉髓加工而成，与之不同的是，白云岩质细石叶占50%以上，玉髓、燧石的比例明显下降。由于白云岩硅质含量较玉髓、燧石低，打制性能较之略差，因此古人类对白云岩进行热处理并剥取细石叶，可以扩大石料的选择面。最后，SDG12古人类利用热处理石片的刃缘会更加锋利坚硬，但脆性增强，适用于小型工具的特性，大量使用热处理石片加工成刮削器或直接使用，能有效提高生产效率。尽管水洞沟不同地点的热处理技术存在区别，但从整体上看，当时古人类已经熟练掌握了热处理技术和火塘控温技术，掌握不同原料间的打制性能的差别，并将之运用于石器制作、使用中，提高石料利用率及生产效率。

（三）热处理所反映的现代人行为

对古人类而言，热处理是一项复杂的技术，它要求生产者在石器制作过程中有预先的设计，并对不同石料的性能特点有足够的了解，从而对其热处理，改变原料特性而最终完成石器制作。同时热处理还要求生产者能够熟练使用火，并控制火塘温度。热处理是人类在原料认知、石器制作、熟练用火等能力均达到一定程度的产物。因此，热处理技术的出现反映了人类较为进步的资源利用能力和石器制作能力，可以将其视为现代人行为特征之一。

SDG2和SDG12发现的热处理石制品表明水洞沟古人类在距今约3万年前已经熟练掌握热处理技术。相比而言，SDG12出土的热处理石制品反映出更进步的石器制作技能和资源利用策略，如清楚认识到热处理石制品的特性，有区别地使用；利用热处理提高细石叶的生产效率；改变石料特性，扩大资源利用范围，这明确反映出人类在为适应环境所做出的行为改变。相比SDG2人类生存时期的阔叶疏林草原环境，SDG12的稀树荒漠草原环境气候变化剧烈，资源减少且难以预测。古人在生存压力下，更为成熟地使用热处理技术，提升石器类型标准化、多样化的程度，提高生产效率。借此，人类活动的机动灵活性与迁徙能力得到加强，活动半径扩大，获取动植物资源效率更高，在严酷环境下的生存能力得到提高。SDG2与SDG12热处理行为的变化正是古人应对环境变化、提高生存能力的产物。热处理作为现代人行为特征的一种，难以反映人类演化进程中行为方式变化的全貌。相信随着出土石制品其他方面研究的深入，我们对水洞沟古人类的行为模式会有更加清晰的认识。

五、结语

水洞沟遗址发现的热处理石制品研究表明，热处理技术不仅仅简单地用于开发原料、改变石料颜色，更重要的是用于提升原料制作性能，提高石器生产效率，是人类为适应环境、提高生存能力所做出的重要行为反应。水洞沟史前人类在距今2万多年前已经掌握了热处理技术，随着体质演化与智力的增长，他们在距今1万多年前已经能够系统、熟练地使用热处理技术。综合水洞沟遗址发现的鸵鸟蛋皮装饰品、骨制品、用火遗存、空间利用行为等，我们认为水洞沟遗址存在较为发达的现代人行为体系。

目前最早的热处理行为发现于南非的Pinnacle Point遗址（距今16.4万~7.2万年）[15]，除非洲外，欧洲也发现数量较多的距今10万~3万年左右的热处理石制品[16,17]。在旧石器时代晚期，热处理技术广泛分布于世界各地，非洲、欧洲、美洲、大洋洲、西亚、中亚、南亚均发现热处理石制品[18,19,36]。水洞沟是东亚地区首次发现存在热处理行为的遗址，热处理石制品的发现不仅填补了区域内热处理研究的空白，也为热处理技术传播模式研究提供了新的材料。

在旧石器时代，石器是人类演化历程中最重要的物质反映，也是人类认知自然、适应环境的技术表现。石制品热处理技术为提高古人类在严苛环境下的生存能力提供了重要技术支撑，并使古人类可以采取更加高效的适应策略。热处理石料为人类石器打制技术的进步提供了物质保证，性能改良的原料使工具规范化、多样化成为可能；精致且量产的石器促进了古人类交换行为的发生；热处理石料呈现的偏红色在一定程度上满足了古人类精神意识层面对颜色的需求，并且提升其交换的价值；成功对石料进行热处理，需具备构建火塘、控制火温的能力。对热处理石制品的深入研究，为我们解读与之相关的现代人行为提供了新的视角与材料。

致谢：美国德州大学奥斯汀分校Michael Collins 和David Madsen为热处理石制品的辨识提供技术指导，皇家安大略博物馆沈辰研究员为热处理研究提供重要指导，在此并致谢忱。

参考文献

[1] Mellars P A. Symbolism, language, and the Neanderthal mind. In: Mellars P, Gibson K R, eds. Modelling the Early Human Mind. Cambridge: McDonald Institute Monographs, 1996: 15-32.

[2] Chase P G, Dibble H L. Middle Paleolithic symbolism: A review of current evidence and interpretations. Journal of Anthropological Archaeology, 1987, 6 (3): 263-296.

[3] Renfrew C. The sapient behaviour paradox. In: Mellars P, Gibson K R, eds. Modelling the Early Human Mind. Cambridge: McDonald Institute Monographs, 1996: 11-14.

[4] Gargett R H. Middle Palaeolithic burial is not a dead issue: The view from Qafzeh, Saint-Césaire, Kebara, Amud, and Dederiyeh. Journal of Human Evolution, 1999, 37 (1): 27-90.

[5] Christopher S H. The origin of modern human behavior: critique of the models and their test implications. Current Anthropology, 2003, 44 (5): 627-651.

[6] Bar-Yosef O. The Upper Paleolithic evolution. Annual Review of Anthropology, 2002, 31 (1): 363-393.

[7] Mellars P A. Major issues in the emergence of modern humans. Current Anthropology, 1989, 30 (3): 349-385.

[8] Mellars P A. Technological changes across the Middle-Upper Paleolithic transition: Economic, social, and cognitive perspectives. In: Mellars P, Stringer C, eds. The Human Revolution: Behavioral and Biological Perspectives on the Origins of Modern Humans. Edinburgh and Princeton: Edinburgh University Press, 1989: 338-365.

[9] Chase P G, Dibble H L. On the emergence of modern humans. Current Anthropology, 1990, 31 (1): 58-59.

[10] Klein R G. Anatomy, behavior, and modern human origins. Journal of World Prehistory, 1995, 9 (2): 167-198.

[11] Ambrose S H. Chronology of the Later Stone Age and food production in East Africa. Journal of Archaeological Science, 1998, 25 (4): 377-392.

[12] Deacon H J. Modern human emergence: An African archaeological perspective. In: Tobias P V, Raath M A, Maggi-Cecchi J, et al, eds. Humanity From African Naissance to Coming Millennia: Colloquia in Human Biology and Palaeoanthropology. Florence: University of Florence Press, 2001: 217-226.

[13] Milo R G. Evidence for hominid predation at Klasies River Mouth, South Africa, and its implications for the behaviour of early modern humans. Journal of Archaeological Science, 1998, 25 (2): 99-133.

[14] Thackeray A L. The Middle Stone Age south of the Limpopo River. Journal of World Prehistory, 1992, 6 (4): 385-440.

[15] Brown K S, Marean C W, Herriés A, et al. Fire as an engineering tool of early modern humans. Science, 2009, 325 (5942): 859-862.

[16] Copeland L. The Middle Paleolithic flint industry of Ras el-Kelb. In: Copeland L, Moloney N, eds. The Mourterian Site of Ras el-Kelb, Lebanon. Oxford: BAR,

[17] Duttine M P. Effects of thermal treatment on TL and EPR of flints and their importance in TL-Dating: Application to French Mousterian sites of Les Forêts (Dordogne) and Jiboui (Drôme). Radiation Measurements, 2005, 39(4): 375-385.

[18] Domanski M, Webb J. A review of heat treatment research. Lithic Technology, 2007, 32: 153-194.

[19] Clark J D, Williams M A. Paleoenvironments and prehistory in North Central India: A preliminary report. In: Jacobson J, ed. Studies in Archaeology of India and Pakistan. New Delhi: American Institute of Indian Studies, 1986: 19-41.

[20] 刘德成, 王旭龙, 高星, 等. 水洞沟遗址地层划分与年代测定新进展. 科学通报, 2009, 54(19): 2879-2885.

[21] 高星, 袁宝印, 裴树文, 等. 水洞沟遗址沉积—地貌演化与古人类生存环境. 科学通报, 2008, 53(10): 1200-1206.

[22] 王春雪. 水洞沟遗址第八地点废片分析和实验研究. 博士学位论文. 北京: 中国科学院研究生院, 2010.

[23] 郑昭昌, 李玉珍. 贺兰山奥陶系研究的新进展. 现代地质, 1991, 5(2): 119-137.

[24] 廖华瑞. 宁夏区域地质基本特征. 中国区域地质, 1989, 4: 314-323.

[25] 宁夏文物考古研究所. 水洞沟: 1980年发掘报告. 北京: 科学出版社, 2003: 1-233.

[26] Madsen D B, Li J, Brantingham P J, et al. Dating Shuidonggou and the Upper Paleolithic blade industry in North China. Antiquity, 2001, 75(290): 706-716.

[27] 高星, 李进增, Madsen D B, 等. 水洞沟的新年代测定及相关问题讨论. 人类学学报, 2002, 21(3): 211-218.

[28] 高星, 裴树文. 中国古人类石器技术与生存模式的考古学阐释. 第四纪研究, 2006, 26(4): 504-513.

[29] 高星, 王惠民, 刘德成, 等. 水洞沟第12地点古人类用火研究. 人类学学报, 2009, 28(4): 329-336.

[30] 高星, 张晓凌, 杨东亚, 等. 现代中国人起源与人类演化的区域性多样化模式. 中国科学: 地球科学: 地球科学, 2009, 40(9): 1287-1300.

[31] Collins M B, Fenwick J M. Heat treating of chert: Methods of interpretation and their application. Plains Anthropologist, 1974, 19(64): 134-145.

[32] Bleed P, Maier M. An objective test of the effects of heat treatment of flakeable stone. American Antiquity, 1980, 45(3): 502-507.

[33] Purdy B A. Investigations concerning the thermal alternation of silica minerals: An archaeological approach. Tebiwa, 1974, 17: 37-66.

[34] Domanski M, Webb J. Effect of heat treatment on siliceous rocks used in prehistoric lithic technology. Journal of Archaeological Science, 1992, 19(6): 601-614.

[35] Joyce D J. Heat treatment of Alibates Chalcedony. Lithic Technology, 1985, 14: 36-40.

[36] Domański M, Webb J, Glaisher R, et al. Heat treatment of polish flints. Journal of Archaeological Science, 2009, 36(7): 1400-1408.

[37] 关莹, 高星, 王惠民, 等. 水洞沟旧石器时代晚期遗址结构的空间利用分析. 科学通报, 2011, 56(33): 2797-2803.

马鞍山旧石器时代遗址古人类行为的动物考古学研究

◎ 张乐　王春雪　张双权　高星

在旧石器时代遗址中，文化遗物往往与动物骨骼一起出土，这些骨骼隐含着许多信息，如远古人类的肉食食谱，他们获取猎物的策略，运移和处理猎物的倾向，等等，对它们进行动物考古学研究可以在一定程度上复原远古人类的行为及其生活场景。长期以来，中国旧石器时代遗址的动物考古研究都是以种属鉴定和特征描述为主，定性分析远远多于定量分析，提取出的信息都是比较宏观的，大量可以反映人类行为的信息常被忽视。本文着重用定量分析的方法，以马鞍山遗址出土的动物骨骼为研究对象，对其种属、部位以及骨骼表面上的痕迹进行系统量化研究，并以此为基础分析远古人类的生存策略，阐释他们的行为变化，探讨变化产生的可能原因。

一、遗址概况

马鞍山遗址位于贵州省桐梓县境内，离县城东南2千米左右（图1），地理坐标约为东经106°49′37″，北纬28°07′18″，系一处洞穴遗址，洞穴地面高出天门河水面约40米，海拔960米，洞穴敞口北偏东[1]。

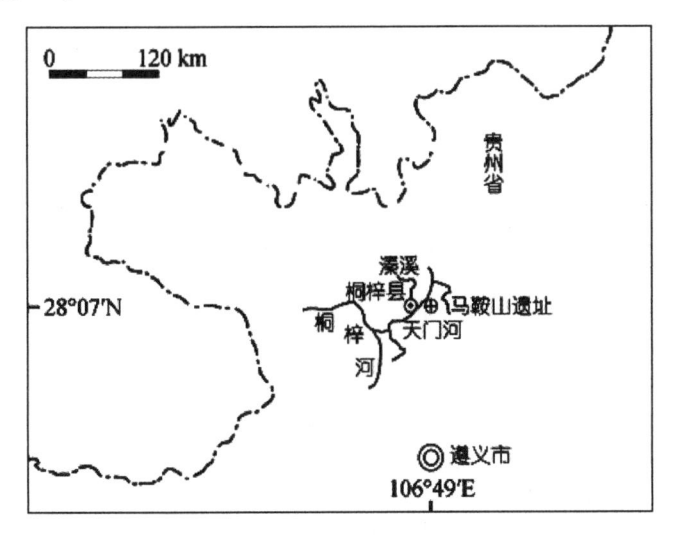

图1　马鞍山遗址位置

该遗址分别于1986年和1990年经历过两次系统发掘[2]，揭露面积约为48平方米，深度约2米。发掘者将堆积分为9个自然层（图2，第9层在遗址底部，未贴标签），自上而下描述如下。

第1层表土层，由颗粒较小而且疏松的灰土和灰黑土组成，部分保存三合土地面，其中夹有小块的角砾（3厘米~5厘米）。该层含陶片和现代遗物，厚5厘米~10厘米。

第2层棕黄色亚黏土夹少量

图2　马鞍山遗址地层

角砾，堆积致密，只见于发掘区域西部。该层含陶片和现代遗物，厚约20厘米。

第3层灰、黑、褐、黄、红等杂色土，不分带，混杂在一起，其中夹有薄层灰烬和较多小块的角砾。该层富含石制品和动物骨骼，厚约30厘米。

第4层黏土角砾层，土色较第3层稍浅，呈淡黄色，堆积致密，含角砾较多，一般长为2厘米~3厘米，5厘米以上的也比较常见。该层含少量的动物碎骨和石制品，厚约25厘米。

第5层深褐色亚黏土层，夹薄层灰烬，并含较多的灰岩角砾，偶见10厘米的次圆角砾。该层含大量的动物碎骨和石制品，厚25厘米~40厘米。

第6层棕褐色黏土层，质细而黏，含角砾极少，质地相当纯，堆积致密，含水分大。该层富含大量的动物碎骨和石制品，厚约25厘米。

第7层角砾层，角砾大小混杂，其中夹粗砂，还有部分次圆角砾和个别的砾石。在上部粗粒砂占10%，往下土量增加，带有黄色风化壳的砾石增多。该层含大量的动物碎骨和石制品，厚约35厘米。

第8层棕黄色亚黏土层夹大量角砾，与第7层界线不十分清楚，此层含大块砾石，最大的可超过52厘米×40厘米×32厘米，长大于20厘米的比较常见，土质很黏，呈团块状。该层含少量化石和石器，厚约25厘米。

第9层灰绿色页岩风化壳。

其中，第6层与第7层之间有清楚的侵蚀面，代表一个沉积间断[3]。原研究者根据遗址出土的人工制品和动物群差异将侵蚀面之下归为下文化层（指第7~8层，第9层为志留系韩家店组灰绿色页岩风化壳，没有文化遗物出土，因此没有归为下文化层），侵蚀面之上归为上文化层（指第3~6层，第1~2层为混杂层，含陶片和现代遗物，因此没有归为上文化层）。其中，下文化层的石器粗大，长度一般超过40毫米，不见磨制骨器，动物化石多属大型有蹄类，如水牛和中国犀等；上文化层的石器长度则多小于40毫米，发现了磨制的骨锥、骨镞和刻纹的骨棒等。

马鞍山遗址的绝对年代是通过铀系和AMS^{14}C测年获得的，表1列出了迄今为止所有测年结果。其中，应用AMS^{14}C测年方法获得第7和第8层的年代比第4~6层都年轻，即出现了年代倒置的现象。原有的铀系法测年显示，第8层的年代在距今5.3万年左右，而AMS^{14}C测年的适用范围是距今5万~0.01万年，因此第8层的年代可能超出了这个范围。此外，第7和第8层的动物骨骼石化比较严重，且被铁锰元素污染，可能不适合进行AMS^{14}C测定，推测这两个因素可能对测年准确度造成了影响，导致了年代倒置现象的产生。上文化层的动物骨骼没有石化；第3，4，5和第6层的年代都在距今5万~0.01万年以内，也没有发生倒置现象，而且第3层的最新测年数据与1988年发表的两个年代数据相差不大，前者为距今1.9295万年，后者为距今1.8万±0.1万年（铀系法）和距今1.51万±0.15万年（AMS^{14}C法）。因此，在最新的AMS^{14}C测年中本文采用第3~6层的测年数据，结合以往发表的数据，认为上文化层的年代在距今3.1万~1.5万年左右，下文化层的年代在距今5.3万年左右。

表1　马鞍山遗址地层测年数据[a]

层位	AMS^{14}C年龄	铀系法年龄
3	距今1.9295万±0.0065万年；距今1.51万±0.15万年	距今1.8万±0.1万年
4	距今2.917万±0.011万年	

续表

层位	AMS^{14}C年龄	铀系法年龄
5	距今2.948万 ± 0.0135万年	
6	距今3.1155万 ± 0.014万年	
7	距今1.926万 ± 0.009万年	
8	距今2.531万 ± 0.0125万年	距今5.3万年

注：a）未标注的数据为本文作者在北京大学^{14}C实验室应用AMS^{14}C测年方法获得

综上，马鞍山遗址上、下文化层在地层堆积、人工制品组成、动物群组成以及年代上都存在一定的差异。本文首先利用量化单元对上、下文化层的动物种属组成进行量化，然后分析这两个动物骨骼组合在骨骼单元分布和骨骼表面痕迹上的异同，以辨别在上、下文化层沉积时期原始居民在猎物选择以及获取、搬运和消费猎物等行为上的差异。

二、远古人类的主要猎食对象

两次发掘出土的大型哺乳动物骨骼包括可鉴定标本［是指可鉴定到骨骼部位的标本，用NISP（the number of identified specimen per taxon）表示］4358件（上文化层2892件，下文化层1466件），其中头骨和头后骨3682件（上文化层2405件，下文化层1277件），牙齿676件（上文化层487件，下文化层189件）。根据对牙齿和角的鉴定，将它们归于5目13科15个种属的动物（表2），并利用MNI量化单元对各种属在遗址中出现的个体数量进行了计算。

表2　马鞍山遗址上、下文化层大型哺乳动物各种属最小个体数的分布

动物名称	上文化层MNI	百分比/%	下文化层MNI	百分比/%
（猕猴）*Macaca* sp.	6	12	3	9.38
（东方剑齿象）*Stegodon orientalis*	2	4	7	21.88
（大灵猫）*Viverra* sp.	1	2		
（獾）*Meles* sp.	1	2		
（小野猫）*Felis microtus*	1	2		
（狼）*Canis* sp.	3	6	1	3.13
（黑熊）*Ursus* sp.	2	4	1	3.13
（大熊猫）*Ailuropoda* sp.	1	2	1	3.13
（麂）*Muntiacus* sp.	3	6	2	6.25
（水鹿）*Cervus unicolor*	19	38	3	9.38
（鬣羚）*Capricornis* sp.	1	2		
（水牛）*Bubalus* sp.	5	10	6	18.75
（猪）*Sus* sp.	1	2	1	3.13
（中国犀）*Rhinoceros sinensis*	3	6	5	15.63
（巨貘）*Megatapirus augustus*	1	2	2	6.25

MNI（the minimum number of individual animals）的中文名称是最小个体数，它的功能是计算一个分类单元中的标本最少代表几个个体。计算方法是判断这类动物骨骼的部位，然后将统计的数量聚拢起来选择最大值[5]。比如，某遗址出土的水鹿骨骼标本中有3个左侧楔状骨和6个右侧楔状骨，并且在所有骨骼部位数中6是最高值，这时水鹿的MNI为6。通过这一量化单元的计算可以在一定程度上统计出各种属的个体数量，从而显示考古遗址中哪种或哪几种动物的个体数量最多，与远古人类的生活最息息相关。

如表2所示，在马鞍山遗址上文化层中，水鹿MNI的百分比达到了38%，远远高于其他种属MNI的百分比。在下文化层中大型动物——水牛、中国犀和东方剑齿象MNI的百分比都高于15%，而其他种属MNI的百分比都低于10%。

为了了解大、中、小型动物的MNI在马鞍山遗址上、下文化层的分布情况，该遗址的动物种属被划分为4个大小等级：第Ⅰ等级麂大小的动物（10千克~50千克活体体重），包括猕猴、大灵猫、獾、小野猫、狼、麂和鬣羚；第Ⅱ等级水鹿大小的动物（100千克~200千克活体体重），包括黑熊、大熊猫、水鹿和猪；第Ⅲ等级水牛大小的动物（300千克~1000千克活体体重），包括水牛和貘；第Ⅳ等级犀牛大小的动物（1000千克~3000千克活体体重），包括中国犀和东方剑齿象。这种方法不仅可以将动物按照体型进行等级划分，还可以将难于分类的碎骨进行容易操作而且主观性较小的归类，从而有利于进一步研究远古人类对动物肉食和油脂开发的特点和能力[6]。

如图3所示，马鞍山遗址上文化层中、小型动物MNI所占比例远远高于大型动物，其中第Ⅱ等级动物MNI所占的比例达46%，仅水鹿的MNI已达到38%，而第Ⅲ、Ⅳ等级动物MNI之和的比例仅占22%；下文化层则是大型动物MNI的比例占优势，第Ⅲ、Ⅳ等级动物MNI之和的比例占62.51%，而水鹿MNI的比例仅占9.38%。因此，马鞍山遗址上、下文化层动物群的个体组成存在显著不同，上文化层中型动物在数量上占优势，而下文化层则是大型动物占优势。

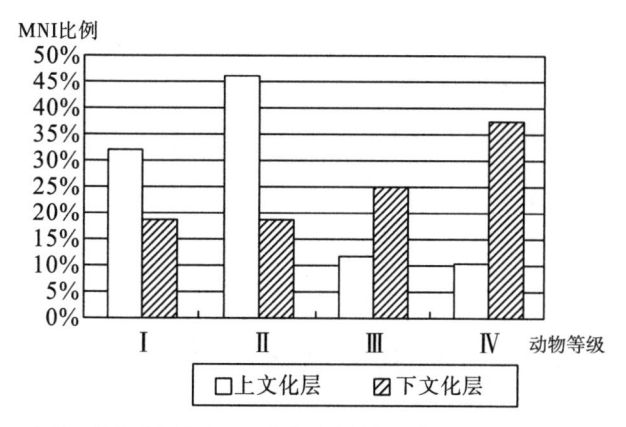

图3 马鞍山遗址上、下文化层各等级动物MNI的分布情况

对动物骨骼表面痕迹的研究显示，该遗址具有啮齿类磨牙痕迹的标本数量较少，其中在上文化层发现20件，约占该层全部标本的0.7%，在下文化层发现34件，约占该层全部标本的2.3%，都远远低于啮齿类洞穴中具有磨牙痕迹的标本比例（22%～100%）[6]；具有食肉动物啃咬痕迹的标本只有5件，占可鉴定痕迹标本总数的0.3%，这一数值远远低于食肉动物啃咬实验获得的数据82%。因此，上、下文化层的动物骨骼应该不是啮齿类和食肉类动物携带到洞穴中的。

沉积物分析显示，第3～6层主要由黏土组成，夹少量角砾，第7～8层主要由角砾组成，各层的角砾棱角分明，没有被磨圆的现象。骨骼组合中也没发现被水流磨蚀过的标本，且各层动物骨骼大小混杂，无明显的分选和定向排列现象。发掘记录显示在各层均发现了集中分布的灰烬堆积，没有被水流改造的痕迹。综上所述，上、下文化层的动物骨骼应该不是水流作用聚集到洞穴的，而是原地埋藏。出土的动物骨骼与大量石制品和灰烬堆积共生，而且还有一定数量的骨骼表面存在切割痕和烧烤痕，表明远古人类在此生活并与这一骨骼组合的形成有密切的关系。

所以，马鞍山遗址上、下文化层动物个体组成的差异应该是远古人类的猎食对象发生了变化，在早期他们可能更倾向于狩猎大型动物，主要对象是水牛、中国犀和东方剑齿象，而晚期则倾向于猎取水鹿和猕猴等。

三、古人类对猎物的选择性搬运

White[5]认为当远古人类面临不能将猎物全部带回驻地的情况时，他们会在屠宰场将猎物肢解，然后倾向于将肉多的部位带回驻地消费，而将肉少的部位处理后丢弃。因此对骨骼各部位的出现情况进行研究能够在一定程度上探知远古人类选择性搬运猎物的倾向。

MAU%是能够表现某类骨骼单元出现频率的量化单元[7, 8]。例如，在对比遗址出土的水鹿肋骨单元与肱骨单元的出现频率时，即应该使用这一量化单元。一个水鹿个体具有28根肋骨、2根肱骨，如果单纯对比肋骨和肱骨的骨骼部位数即会产生肋骨的数量多于肱骨的误解。使用MAU可以解决这一问题，它的计算方法是用遗址中出土的某类骨骼部位数量除以这一部位在一个个体中的出现数量。例如，发现的肱骨骨骼数量为9，则用9除以肱骨在一个个体中的出现数量2，4.5即肱骨的骨骼单元数量。MAU%是对MAU的标准化处理，Binford[7]将一个骨骼组合中MAU的最高值看作是100%，而其他的MAU%值则据其派生出来。譬如，马鞍山遗址上文化层第Ⅱ等级动物MAU的最高值为腕/跗骨21，MAU%则为21÷21×100%=100%；桡骨的MAU为10，则其MAU%值为10÷21×100%≈47.62%。进行这样的标准化处理后，即可以对数量级别不同的组合的骨骼单元分布情况进行对比。

将马鞍山遗址上、下文化层第Ⅰ~Ⅳ等级动物的MAU%值绘入面积图（图4）后发现，上、下文化层动物骨骼单元分布既有相同点，又有不同点。

相同点：（1）椎骨、肋骨、肩胛骨和髋骨的MAU%都不占优势，椎骨中的寰椎和枢椎完全不见，可能是远古人类不倾向于将这些骨骼带回驻地造成的，但也有可能是骨骼密度较小、海绵质的抗破坏能力较差造成的（椎骨、肋骨、肩胛骨和髋骨主要由海绵质组成）。骨骼密度不同，它们抵抗腐蚀和破坏的能力也不同，密度越高越有利于骨骼的保存，骨松质（海绵质）往往没有骨密质保存状况好[9]。（2）第Ⅳ等级动物骨骼组合都以头部和肢端骨骼（肢端包括腕/跗骨、掌/跖骨和指/趾骨）占优势，这可能是远古人类迫于动物体型太大，只能将肉食部分带回驻地，而将大部分骨骼抛弃在猎杀动物的地

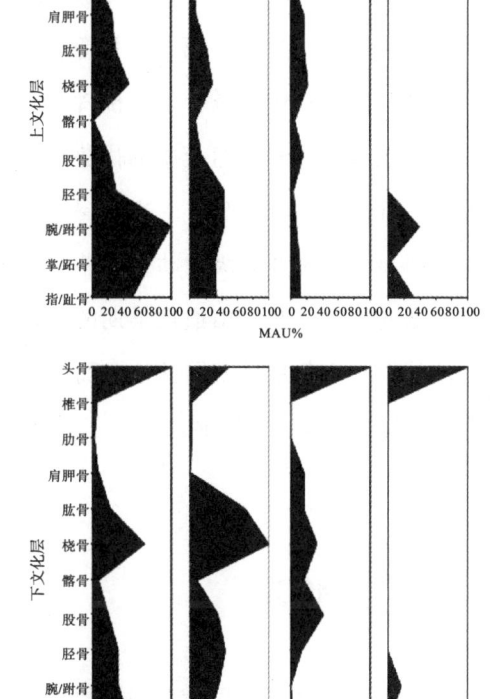

图4 马鞍山遗址上、下文化层的骨骼单元分布

方造成的；肢端骨骼数量较多可能是远古人类将之作为皮容器的把手（handles）被带回洞穴的结果，民族学资料中即有这样的记载，猎物被杀死后猎人常以剥下的兽皮作为运送内脏和碎肉的容器（the meat filled hide），而肢端则被当作运送猎物时把握的部分保留在兽皮上[10]；头部的结构复杂，很难在短时间内对其营养物质进行较为彻底的开发[11]，因此头部单元数量较多可能是远古人类倾向于将之带回驻地再对营养物质进行开发的结果。头部单元的数量高于足部可能是骨骼密度不同造成的：头部的数量由牙齿确定，而牙齿的密度远远高于足部骨骼的密度[12]，所以它们被保存下来的概率更高。

不同点：下文化层第Ⅰ~Ⅲ等级动物上、中部肢骨（上部肢骨指肱骨和股骨；中部肢骨是指桡骨和胫骨，它们富含肌肉和脂肪）的MAU%在各个骨骼组合中的优势地位比较明显，往往仅次于甚至超过头骨部分的MAU%；上文化层上、中部肢骨MAU%的优势地位则不明显，在第Ⅱ等级的动物骨骼组合中甚至低于肢端的MAU%。我们据此推测，马鞍山遗址早期的远古人类更倾向于将富含肉食和骨髓的上、中部肢骨带回驻地，而晚期的远古居民对于上、中部肢骨的选择性搬运则不明显。

四、剔肉行为

远古人类在狩猎后会对动物尸体进行剥皮、肢解和剔肉处理。在这一系列过程中，人类使用的工具会接触到动物骨骼，从而可能在其表面产生切割痕迹。

典型切割痕迹具有以下几个特征：（1）痕迹断口较深，呈V字形,深宽指数较小(深宽指数值为宽:深);(2)痕迹内部往往存在平行于痕迹本身的细小划痕[13](microstriation,由于人类使用的工具边缘上可能存在凹凸,它们与骨骼剐蹭即产生细小划痕,见图5中的c);(3)切割痕迹往往呈近似平行的状态成组出现(见图5中的a,b和c),这可能是远古人类多次重复同一动作造成的结果。

本节研究重点集中在上、中部肢骨骨干(包括肱骨、桡骨、股骨和胫骨)和肋骨骨体部分,因为其他部位或发现的数量较少(如肩胛骨、盆骨和椎骨),缺乏一定的统计意义,或其上主要附着兽皮和筋腱(如掌/跖骨和指/趾骨),很难有效地区分表面的切割痕迹是剥皮、获取筋腱还是剔肉行为造成的。

长骨由骨骺、近骨骺和骨干组成,骨骺部分是关节相连接的部位,肢解动作可能在骨骺处造成切割痕迹;近骨骺部位是指骨骺和骨干过渡的部分,Ca-paldo[14]认为肢解技术不熟练的人往往会在此处造成切割痕迹;Binford[15]认为骨骺和近骨骺

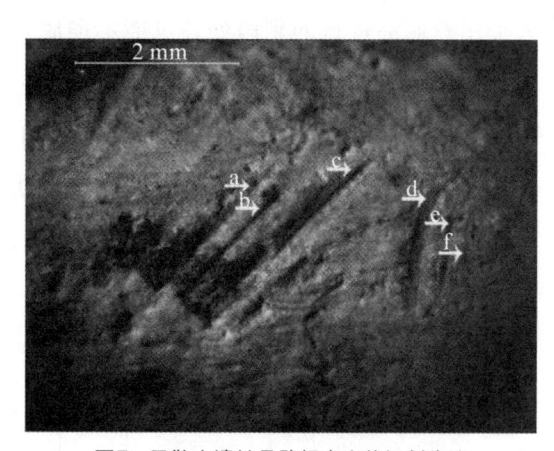

图5 马鞍山遗址骨骼标本上的切割痕迹

处是大量肌肉附着的部位,因此出现在这里的切割痕迹也很有可能是剔肉动作造成的;对于骨干上的切割痕迹学者们普遍将之与剔肉的动作联系在一起,因为骨干上附着大量肌肉,而且距离关节处较远,即使不谙熟屠宰技术的人也很少在肢解时在骨干上造成切割痕迹。因此,有关剔肉行为研究的重点集中在遗址出土的第Ⅱ和第Ⅲ等

级动物上、中部肢骨骨干标本上（发现的第Ⅰ和第Ⅳ等级动物长骨数量较少，某些长骨的标本数量往往只有1~2件，甚至不见，因此没有纳入本次研究）。

实验表明，剔肉越彻底在骨骼表面产生的切割痕迹出现频率越高[16, 17]。Domínguez-Rodrigo[16]雇用了肯尼亚Masai和Mwalangulu的牧人对中型食草类——斑马和角马的腿部进行了彻底剔肉的实验。其中，斑马和角马的活体体重在200千克左右，与马鞍山遗址的第Ⅱ等级动物相似。图6显示，下文化层的数据点全部分布在由Domínguez-Rodrigo的5组实验数据确定的95%置信区间内，而上文化层肱骨、股骨和桡骨骨干的点落在区间外。因此，推测早期远古人类用石制品对猎物上、中部肢骨的剔肉处理比较彻底，而晚期远古人类用石制品进行的剔肉处理可能不彻底。图7显示，马鞍山遗址下文化层第Ⅲ等级动物长骨骨干的切割痕迹出现频率也较高，而且明显高于上文化层，所以，早期远古人类用石制品对第Ⅲ等级猎物上、中部肢骨肉食的开发可能也比晚期远古人类彻底。

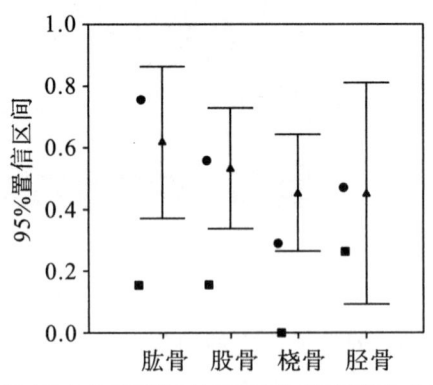

图6　第Ⅱ等级动物长骨骨干部分的切割痕迹出现频率与实验数据的对比
●代表下文化层第Ⅱ等级动物长骨骨干部分的切割痕迹出现频率
■代表上文化层第Ⅱ等级动物长骨骨干部分的切割痕迹出现频率

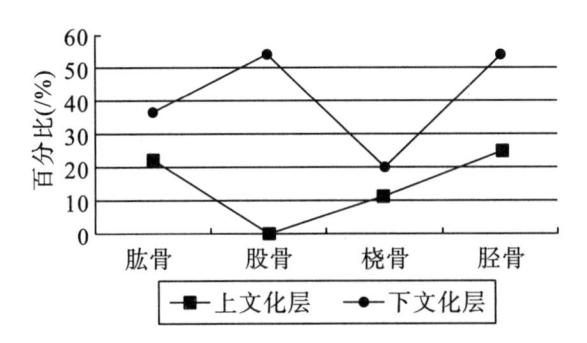

图7 第Ⅲ等级动物长骨骨干部分的切割痕迹出现频率

肋骨与上、中部肢骨都是多肉的部分，对这两部分切割痕迹出现频率进行对比研究可以在一定程度上反映远古人类对它们剔肉时是否存在偏好。在上文化层，第Ⅱ和第Ⅲ等级动物肋骨的切割痕迹出现频率（31.70%和32%）略高于上、中部肢骨切割痕迹出现频率的最高值（26.31%和25%），而在下文化层（27.27%和15.38%）则远远低于上、中部肢骨切割痕迹的最高值（75%和53.85%）。据此推测，晚期远古人类用石制品对多肉的胸部和腿部肉食的开发没有明显偏好，而早期远古人类则更偏重于用石制品对上、中部肢骨进行剔肉处理。

在这里强调"用石制品"进行剔肉，是因为使肉脱骨的方法很多，远古人类对肉食开发完全可以借助其他方式，如用手撕扯和用牙齿啃咬，但是由于相关动作很难在骨骼表面形成可辨的痕迹，因此推测只能终止于用石制品对肉食开发的程度。所以，通过下文化层标本表面切割痕迹的高出现率以及它们与实验数据的对比，可以推测早期远古人类对猎物上、中部肢骨的肉食开发得比较彻底；但根据上文化层标本表面切割痕迹的低出现率则不能完全推断晚期远古人类对猎物的肉食利用得不彻底，因为他们可以通过"用石制品"剔肉以外的方式从骨骼上获得肉食。

五、烤肉行为

Gifford-Gonzalez[18]通过对东非图尔卡纳湖Dass-anetch现代原始民族的相关行为的观察发现：骨骼上烧烤痕迹的位置在一定程度上能够指示骨骼是在肉食被加热阶段还是在消费骨髓阶段与炭火接触的。例如，一件长骨标本只在关节处出现烧烤的痕迹，说明在与炭火接触时，其他的部位是被肉食覆盖的，那么这种痕迹应该是远古人类在处理肉食时产生的。Buikstra和Swegle[19]通过实验获得了相同的结果，发现带肉的骨骼由于某些部分有肉附着，阻隔了炭火的作用，而保持了骨骼原有的颜色，无肉附着的部分则直接暴露在炭火中，呈现被碳化的黑色。因此，根据民族学和实验材料，被部分碳化的骨骼可以与人类烤肉的行为联系在一起。

在马鞍山遗址上文化层，被部分碳化的骨骼（图8）占所有具有烧烤痕迹标本数量的35.96%，在下文化层，被部分碳化的骨骼占所有具有烧烤痕迹标本数量的14.81%，远远低于上文化层。其中，

图8 马鞍山遗址出土的被部分碳化的骨骼标本

上文化层被部分碳化的第Ⅱ等级动物上、中部肢骨标本所占百分比平均值为2.49%，被部分碳化的第Ⅲ等级动物上、中部肢骨标本所占百分比平均值为4.08%。下文化层不存在被部分碳化的第Ⅱ等级动物骨骼，被部分碳化的第Ⅲ等级动物上、中部肢骨标本所占百分比平均值为0.56%，远远低于上文化层的相应数值4.08%。所以，据此推

测马鞍山遗址晚期的远古人类可能比早期的远古人类更倾向于对第Ⅱ和第Ⅲ等级动物的腿部进行带骨烧烤。

烧熟的肌肉会失去大量水分，因而韧性降低，肌纤维容易被割断；由于失水，肌束与肌束之间相隔的肌束膜的韧性也降低，因此即使不用石制品也容易将肌肉沿肌纤维的长轴方向进行分割。所以，从腿骨上获得烧熟的肌肉可能会减少甚至不需要石制品与骨骼表面接触，也就是说，上文化层第Ⅱ和第Ⅲ等级动物长骨骨干部分的切割痕迹出现频率低于下文化层，可能是晚期远古人类比早期远古人类更倾向于对大中型猎物的腿部进行带骨烧烤的结果。

六、讨论

通过动物种属丰度、骨骼单元分布和骨骼表面痕迹分布情况的研究，我们发现马鞍山遗址的早期远古居民主要狩猎水牛、中国犀和东方剑齿象等大型动物，倾向于将上、中部肢骨部分带回驻地，用石制品对上、中部肢骨的肉食开发得比肋骨部分更彻底。晚期原始居民则主要狩猎水鹿和猕猴等中小型动物，他们可能倾向于将猎物的大部分甚至全部都带回居住地，用火对第Ⅱ和第Ⅲ等级动物进行带骨烧烤，用石制品对上、中部肢骨和肋骨等部位进行没有明显偏好的剔肉处理。根据上述研究结果推测，马鞍山遗址的早期远古居民对猎物资源开发得不够充分，具有一定的选择性，而晚期远古人类则对猎物资源利用得比较充分。以下3个假说可能是造成上述差异的原因。

（1）环境变化说，即环境变化影响古人类行为的变化。马鞍山遗址下文化层的年代处于距今5万年左右，属于MIS 3阶段。该阶段是寒冷干燥的末次冰期中的一个间冰阶，其时间大致在距今5.5万~2.5万年之间，研究表明，这一阶段我国气候以增温增雨为主要特征，温暖湿润的气候环境使得动植物资源相对比较容易获取[20]。由于气候适宜，食物丰富，这一时期马鞍山遗址附近的大型食草类动物可能比较繁盛，且数量较多。但在距今3万年左右，中国华南地区间冰阶结束，气候由温暖湿润向干寒方向转化[21]。遗址上文化层的时代主要在此之后，由于气候的变化，对生存环境条件要求较高的大型动物——东方剑齿象、中国犀和水牛等由于迁徙或死亡而数量变少。因此，晚期的远古人类只能选择主要狩猎中小型动物。由于大型动物的减少，猎物资源可能没有早期丰富，所以晚期的远古人类选择将更多的骨骼部位带回驻地以获得充足的营养物质，并倾向于用火处理猎物的肉食。

在全新世，东方剑齿象和中国犀等大型动物已经基本灭绝，即在更新世晚期它们的数量可能就开始减少[22]。但是，以往有关华南地区晚更新世动物群的研究没有记录动物个体的组成和比例情况，因此我们不能判断在间冰阶结束后华南地区大型动物的数量是否在减少，继而不能断定马鞍山遗址远古人类对猎物选择的变化是大型动物减少造成的。

（2）人群迁徙说，即人群迁徙导致古人类行为的差异。间冰阶结束后，北方的气候变得寒冷，可能有一部分人群向南方迁徙，并占领马鞍山遗址。在北方，处于MIS 3阶段的遗址主要有织机洞下文化层（距今5万~3.5万年）[23]、迁安爪村（距今5万~3.7万年）[24]、山顶洞遗址（距今3.4万~2.7万年）[25]、小孤山遗址（距今4万年左右）[26]、和顺当城遗址（距今3万年左右）[27]、峙峪（距今2.8万年左右）[28]、塔水河（距今2.6万年左右）[29]和甘肃环县刘家岔（距今5万~3.5万年）[30]等，这些遗址的动物骨骼都主要属于中小型动物，如鹿、野驴、野马和羚羊等，大部分遗址虽然发现了犀化石，部分遗址发现了象化石，但除甘肃环县刘家岔遗址犀化石数量较多外，其他遗址大型动物的数量似乎都不占优势。因此，早晚两期动物群个体组成的不同可能是人群迁徙造成的，即迁徙来的北方人群或已经吸收了北方技术传统的人群占领马鞍山遗址后，仍然以狩猎中小型动物为主（狩猎技术和狩猎工具使然），所以动物群个体组成情况区别于早期，他们搬运和处理猎物的习惯与早期相比也有所差异。

人工制品的初步研究显示，磨制的骨锥、骨镞和刻纹的骨棒等均出土于上文化层，年代应该不晚于1.5万年前。根据现有发现，这是中国华南地区具有磨制骨器的遗址中年代最早的。骨器的器型以及装饰品的钻孔与小孤山和山顶洞等遗址的骨器都很相似[31, 32]，但是年代晚于后者。因此，马鞍山遗址与山顶洞、小孤山等遗址磨制骨器的相似性和它们年代的早晚关系为人群迁徙导致差异产生的假说提供了有利的证据。对遗址出土石制品的系统研究将为两个文化层石器组合的异同提供更具体的量化证据。

（3）人口增加压力说。研究显示，旧石器晚期偏晚阶段在全世界范围内的考古遗址中发现的动物种类与前期相比增多，尤其是小型动物，种类和数量都存在不同程度的增加，学者们推测这可能是人口增加、生存压力增大导致远古人类的狩猎对象更广泛，逐渐转向捕猎繁殖能力较强、能够提供较为稳定肉食的动物的结果[33, 34]。表2显示，马鞍山遗址上文化层发现的大型哺乳类种类为15种，而下文化层只有11种；而且晚期的小型动物个体数量所占比例也远远高于早期（图3）；此外，在上文化层还发现了鸟类和大量啮齿类动物的骨骼，尤其是竹鼠和豪猪的骨骼，但是下文化层却没有发现此类动物（对啮齿类动物和鸟类进行的系统研究将另文发表）。因此，马鞍山遗址上、下文化层动物种属组成的差异可能是人口增加的压力造成，迫于人口压力，晚期远古人类的狩猎对象范围变宽，对猎物开发得也比早期彻底。但是，狩猎对象范围变宽也可能是狩猎方法改变的结果，研究显示，网捕、套捕和陷阱等非选择性的方法也会造成狩猎对象的庞杂[35]。

以上3种假说都具有支持的证据和局限之处，早、晚两期远古人类在对猎物的选择和处理行为上的显著不同可能是环境变化推动的，也可能是人群迁徙造成的，还可能是人口增加推动的，更可能的是几种因素共同作用的结果。人类行为是非常复杂的，到底是哪种或哪几种动因最终促成了上述的差异，还有待于更系统、更深入地开展相关工作来证明。

致谢：已故的张森水先生以及龙凤骧、安家瑷、王新金、蔡回阳对马鞍山遗址进行了发掘，为本文提供了丰富的研究材料；祁国琴、张兆群、邓涛、同号文研究员和刘金毅老师在动物种属鉴定中给予了帮助；审稿人对本文提出了宝贵意见；在此一并表示衷心的感谢。

参考文献

[1] 张森水. 马鞍山旧石器遗址试掘报告. 人类学学报, 1988, 7(1): 64-73.

[2] 龙凤骧. 马鞍山遗址出土碎骨表面痕迹的分析. 人类学学报, 1992, 11(3): 216-229.

[3] 张森水. 桐梓马鞍山旧石器文化遗址. 见: 中国考古学会编. 中国考古学年鉴1986. 北京: 文物出版社, 1988: 242-243.

[4] 张森水. 中国西南地区旧石器考古的主要成果与文化类型的探讨. 见: 宿白主编. 苏秉琦与当代中国考古学. 北京: 科学出版社, 2001: 386-413.

[5] White T E. A Method of Calculating the Dietary Percentage of Various Food Animals Utilized by Aboriginal Peoples. American Antiquity, 1953, 18: 396-398.

[6] Brain C K. The Hunters or the Hunted? An Introduction to African Cave Taphonomy. Chicago: University of Chicago Press, 1981.

[7] Binford L R. Faunal Remains from Klasies River Mouth. New York: Academic Press, 1984.

[8] 张乐, Christopher J N, 张双权, 等. 量化单元在马鞍山遗址动物骨骼研究中的运用. 人类学学报, 2008, 27(1): 79-90.

[9] Shipman P. Application of scanning electron microscopy to taphonomic problems. In: Cantwell A M, Griffin J B, Rothschild N A, eds. The Research Potential of Anthropological Museum Collections, Annals of the New York Academy of Science. New York: The New York Academy of Sciences, 1981: 357-385.

[10] Perkins J D, Daly P. A hunters' village in Neolithic Turkey. Scientific American, 1968, 219(5): 97-106.

[11] Metcalfe D, Jones K T. A reconsideration of animal body-part utility indices. American Antiquity, 1988, 53(3): 486-504.

[12] Lam Y M, Chen X B, Pearson O M. Intertaxonomic variability in patterns of bone density and the differential representation of bovid, cervid, and equid elements in the archaeological record. American Antiquity, 1999, 64(2): 343-362.

[13] Blumenschine R J, Marean C W, Capaldo S D. Blind tests of inter-analyst correspondence and accuracy in the identification of cut marks, percussion marks, and carnivore tooth marks on bone surfaces. Journal of Archaeological Science, 1996, 23(4): 493-507.

[14] Capaldo S D. Experimental determinations of carcass processing by Plio-Pleistocene hominids and carnivores at FLK 22 (Zinjanthro-pus), Olduvai Gorge, Tanzania. Journal of Human Evolution, 1997, 33(5): 555-598.

[15] Binford L R. Bones: Ancient Men and Modern Myths. New York: Academic Press, 1981.

[16] Domínguez-Rodrigo M. Testing meat-eating in early hominids: analysis of cut-marking processes on defleshed carcasses. Human Evolution, 1997, 12: 169-182.

[17] Selvaggio M M. Carnivore tooth marks and stone tool butchery marks on scavenged bones: archaeological implications. Joural of Human Evolution, 1994, 27(1-3): 215-228.

[18] Gifford-Gonzalez D P. Ethnographic analogues for interpreting modified bones: Some cases from East African. In:

Bonnichsen R, Sorg M H, eds. Bone Modification. Orono: University of Maine Center for the Study of the First Americans, 1989: 179-246.

[19] Buikstra J E, Swegle M. Bone modification due to burning: experimental evidence. In: Bonnichsen R, Sorg M H, eds. Bone Modification. Orono: University of Maine Center for the Study of the First Americans, 1989: 247-258.

[20] 夏正楷, 刘德成, 王幼平, 等. 郑州织机洞遗址 MIS 3 阶段古人类活动的环境背景. 第四纪研究, 2008, 28 (1): 96-102.

[21] 黄镇国, 张伟强. 中国热带第四纪动物群与气候波动. 热带地理, 2006, 26 (1): 6-11.

[22] 斯信强, 刘军, 张汉刚, 等. 盘县大洞发掘简报. 人类学学报, 1993, 12 (2): 113-119.

[23] 张松林, 刘彦锋. 织机洞旧石器时代遗址发掘报告. 人类学学报, 2003, 22 (1): 1-17.

[24] 张森水. 河北迁安县爪村地点发现的旧石器. 人类学学报, 1989, 8 (2): 107-113.

[25] 陈铁梅, R. E. M. Hedges, 袁振新. 山顶洞遗址的第二批加速器质谱 14C 年龄数据与讨论. 人类学学报, 1992, 11 (2): 112-116.

[26] 张镇洪, 傅仁义, 陈宝峰, 等. 辽宁海城小孤山遗址发掘简报. 人类学学报, 1985, 4 (1): 71-79.

[27] 吴志清, 孙炳亮. 山西和顺当城旧石器时代洞穴遗址群初步研究. 人类学学报, 1989, 8 (1): 40-48.

[28] 贾兰坡, 盖培, 尤玉桂. 山西峙峪旧石器时代遗址发掘报告. 考古学报, 1972, 1: 39-58.

[29] 陈哲英. 陵川塔水河的旧石器. 文物季刊, 1989, 2: 1-12, 26.

[30] 甘肃省博物馆. 甘肃环县刘家岔旧石器时代遗址. 考古学报, 1982, 1: 35-48.

[31] 裴文中. 周口店山顶洞之文化. 中国古生物志, 新丁种9号, 1939: 1-58.

[32] 黄慰文, 张镇洪, 傅仁义, 等. 海城小孤山的骨制品和装饰品. 人类学学报, 1986, 5 (3): 259-266.

[33] Stiner M C, Munro N. The Tortoise and the Hare: small-game use, the broad-spectrum revolution, and paleolithic demography. Current Anthropology, 2000, 41: 39-74.

[34] Straus L G, Clark G A. La Riera Cave: Stone Age Hunter-Gatherer Adaptations in Northern Spain (Anthropological Research Paper 36). Tempe: Arizona State University, 1986.

[35] Holliday T. The ecological context of trapping among recent hunter-gatherers: implications for subsistence in terminal Pleistocene Europe. Current Anthropology, 1998, 39: 711-720.

原载于《中国科学D辑：地球科学》2009年第39卷第9期

专题探究

走向现代：东亚现代人的起源与演化

晚更新世东北亚现代人迁移与交流范围的初步研究

◎ 崔哲憇 高星 夏文婷 钟巍

一、引言

晚更新世时期的东北亚地区有着比现在更寒冷的环境条件。尽管这里发现的古人类化石有限，却保留了石器、骨角工具、装饰品、用火痕迹等多种多样的文化遗物与遗迹。晚更新世末期现代人开始形成社会群体（group）和社会网络（network），能够灵活利用黑曜岩等特殊石料，制作并使用具有特定技术形式的有柄尖刃器。早在旧石器时代中期，以色列Qafzeh cave遗址的狩猎采集者就需要移动至45千米~50千米以外的海岸采集贝壳[1]。东北亚地区的黑曜岩使用人群的流动性更强，迁移范围更广，石器制作技术得到了更快、更广泛的传播。近来青海湖附近的几处考古遗址也有黑曜岩石片的出现，调查表明其产地为唐古拉山格拉丹东雪山附近的米提江占木错周边，距离出产黑曜岩石制品的西大滩2号地点和江西沟2号地点分别约416千米和951千米[2]。总体而言，这一地区遗址出土的黑曜岩遗物数量不多，黑曜岩的研究也才刚刚开始，因此研究该区域现代人的迁移性尚有难度。

人类化石能为我们了解现代人的起源与进化提供最直接的证据。但相较于石制品等文化遗物，化石发现极其稀少，通过化石得到的部分年代数据也不确切，因此为了解现代人的生存策略、迁移特点、社会网络等特征，需要更多地依赖考古学及民族学等其他方面的材料与研究。本文将以民族考古学资料为基础，通过分析现代人制作、使用的黑曜岩石制品和有柄尖刃器这一特殊石器的分布范围，来推断MIS 2时期以长白山为活动中心的现代人的直接或间接的活动、交流范围。

二、理论、材料与方法

（一）民族考古学的理论研究

狩猎采集者一般是指以狩猎、采集或渔业为主要生计手段的社会群体。不同研究者对"hunter-gatherer"这一术语有着不同的解释。Bettinger[3]将狩猎采集者区分为具有高迁移性、只寻找大型动物（big game）的"游猎者（traveler）"和具有低迁移性、采集植物性食物为主的"加工者（processor）"；Grove[4]按照生计活动将其区分为"狩猎者（hunters）""采集者（gatherers）"和"渔猎者（fishers）"；也有学者将上述群体都概括为"采食者（forager）"[5,6]。Binford则使用"采食者（forager）"和"集食者（collector）"两个相互对应的概念来区分具有不同居住体系的狩猎采集者[7]。

采食者（forager）群体的迁移方式为全体迁移的"居址迁移（Residential Mobility）"模式；集食者（collector）群体则采用

设立中心营地，暂时从中心营地前往他处筹措食物的"后勤迁移（Logistical Mobility）"模式。

民族考古学研究表明狩猎采集者的迁移方式多受自然环境影响：如果资源呈平均分布状态且可利用食物几乎全年可得的话，容易出现采食者类型；反之则易出现集食者类型[5,6]。后来的研究者们根据Binford的理论，试图通过遗址特征来分辨旧石器时代狩猎采集者的迁移模式与群体类型，但仅通过出土遗物（artifact）是很难做出这种区分的，毕竟大部分狩猎采集者不会一直停留在某一特定地点，他们多进行着反复性的迁移。狩猎采集者在迁移时会遵循一定规律，有在特定时机回到特定地方的倾向。其中决定狩猎采集者年间迁移的频率、距离与停留时间的因素多种多样。狩猎采集者的迁移并不是单一因素的文化行为，而是多种适应行为的共同结果[8]。从演化行为生态学（Evolutionary Behavioral Ecology）的角度来看，反复的迁移被视为提高狩猎采集者的迁移效率和适应度（fitness）的机制（mechanism）[9]，并可以减少传染病在群体内部发生的危险因素。

Kelly[5,6]的民族学研究认为，人群迁移存在多种情况。在南非Kalahari地区的Aise和Kua人群一整年都保持定居（sedentary）状态，不发生迁移；在北美西部地区的Yurok人群一年内的迁移次数不超过两回。与之形成鲜明对比的是，南美北部地区的Nukak人群与北美北部地区的Baffinland Inuit人群，这两个生活环境截然不同的狩猎采集群体却都在一年间进行了高达60~80次的迁移活动。同时，不同的狩猎采集群体每次迁移的平均距离也存在极大差异。平均迁移距离较短的有孟加拉湾Andamanese人群，该人群迁移的平均距离是2.4千米，日本的阿伊努（Ainu）人群为4.3千米；较长的则有北美的Baffinland Inuit人群，其平均迁移距离为720千米，而澳大利亚的Ngadadjara人群的迁移距离更长达1600千米。总体而言，由于活动范围有限，生活在小规模岛屿地区的狩猎采集者尽管迁移次数较频繁，但每次迁移的距离都较短；而生活在极地的人群虽较少进行迁移，但却保持着较长的平均迁移距离。不难看出，显著差异的生存环境导致不同地区的狩猎采集人群形成了多样的生存方式，很难从迁移性这个单一特征来定义狩猎采集群体类型。研究者应该适当选用与研究对象地区条件类似的民族志资料。

本文的研究目的在于了解以长白山为中心的晚更新世狩猎采集者的迁移和交流范围。尽管东北亚地区至今仍存在狩猎采集群体，但专门针对该地区的民族学研究资料却非常稀少。Kelly[5,6]的民族志资料中包含有对西伯利亚地区的Evenki、Yukaghir、Chukchee、Koriak、Itel'men几个人群的研究。除此之外，在黑龙江（Amur River）流域的Nanai、Ulchi两地，俄罗斯远东地区的Dolgan Alyutors、Yakut、Evens、Chuvans等地也存在着狩猎采集社会，但都缺乏相应的民族学研究资料。生活在黑龙江流域这样的河流地区及沿海地带的人群主要以捕鱼为生，同时也猎捕驯鹿等动物。鉴于东北亚地区整体的气候条件与自然环境都较为相似，这里的狩猎采集者在生活方式上并没有很大差别。目前缺乏这些人群详细的迁移范围及其与周围狩猎采集者的具体交流情况，但Kelly有关Yukaghir、Chukchee、Koriak、Itel'men、Evenki等几个人群的研究可以为我们提供重要参考。

（二）黑曜岩石制品遗物

黑曜岩属于火成岩，是火山熔岩喷发过程中由黏滞熔岩快速冷凝而成的玻璃质岩石，也就是说，需要二氧化硅含量在65%以上的黏滞熔岩在急速冷却且无法结晶的情况下才会形成黑曜岩。由于形成条件特殊，目前可以确定的黑曜岩产地在世界范围内也并不多。根据矿物质杂质的不同，黑曜岩中会呈现出黑色、灰色、棕色、红色、绿色、透明等各种不同斑点。在化学构成上，黑曜岩与花岗岩或流纹岩一样，含水量均在1%以下，因此仅从结晶上来分辨黑曜岩有一定难度。

黑曜岩石制品在世界范围内都有所发现，欧洲和非洲古人类最早利用了黑曜岩。对距今13万～10万年的坦桑尼亚Munmba遗址出土的7件黑曜岩石器的XRF和EMP分析表明，这里的黑曜岩都为从320千米以外的地区搬运而来[10]。埃塞俄比亚Gadeb遗址和肯尼亚Kilombe遗址出土了黑曜岩制作的阿舍利手斧，分析显示它们的原料产地为距离遗址100千米的区域[11]。高加索山脉南侧约3万年前的旧石器时代晚期Bondi cave遗址及约3.4万年前的Ortvale Kide遗址都发现了黑曜岩石制品，这些黑曜岩产地既包括距遗址较近的Baksan、Chikiani黑曜岩产地，也有距离较远的Sarikamis、Ikisdere黑曜岩产地。通过这些情况，可以判断出直接取得原料的距离是170千米左右，交换获取的距离是350千米左右[12]。美洲地区黑曜岩使用证据出现较晚。Newlander[13]曾通过黑曜岩的运送范围比较研究了几个狩猎采集群体的年际地域活动范围，结果显示北美中部大盆地地区的南北走向是550千米，东西走向是200千米，运送范围面积是107992平方千米。在中南部安第斯山脉的El Caldén遗址出土了由距离遗址西北方向大概680千米的Huenul黑曜岩产地的黑曜岩制作而成的石核和碎屑，El Caldén遗址的年代数据距今3000～1000年[14]。

日本列岛由于黑曜岩产地众多且相关旧石器时代晚期遗址发现

较多，有关的黑曜岩研究成果也较丰富，但其较小的地理范围也在一定程度上限制了黑曜岩的运输距离。目前发现的属于旧石器时代晚期早段［距今3.5万～2.5万年（校正后）］的Shirataki产地的黑曜岩的最大分布范围为170千米。距今2.5万～2.1万年（校正后）短暂出现60千米的短距离迁移和交流范围，距今1.9万～1.6万年（校正后）增大至380千米，距今1.6万～1万年（校正后）则越过海峡出现了700千米这样广大的分布范围。在日本，尖刃器和有柄尖刃器工业出现在旧石器时代晚期末段，黑曜岩石器的出土范围在750千米以上。也就是说，当时的狩猎采集者已在700千米之内的范围内进行了直接迁移，并且存在社会交流组织。考虑到日本多为岛屿，700千米的分布范围已是相当大了[15]。

黑曜岩产地多分布于构造板块边界附近，因此在四个构造板块碰撞处的日本列岛发现最多。这里的黑曜岩产地主要有九州的Koshidake（越岳），本州的Kirigamine（雾ヶ峰）和Yatsugatake（八ヶ岳），北海道的Shirataki（白滝）、Oketo（置户）、Tokachi（十胜）、Akaigawa（赤井川）等[15]。在日本列岛外的其他东北亚地区，黑曜岩产地较少，主要为俄罗斯远东地区的萨哈林州及堪察加半岛，沿海州的Gladkaya江和Shoktovo高原（basaltic glass），以及黑龙江流域的逊克高原、Obluchie高原（在两处新石器遗址出土有黑曜岩制作的石器[16]）等[17]。此外，中朝边界的长白山地区是东北亚地区另一具有代表性的黑曜岩产地。长白山地区黑曜岩产量丰富，质地优良，非常适于制作精巧的石器。相较于欧洲和非洲，长白山地区黑曜岩的利用到晚更新世晚期才开始，开发利用历史较短。侯哲[18]曾把Renfrew[19]提出的供应区（Supply Zone）和接触区（Contact Zone）概念运用于中国东北地区和朝鲜半岛发现黑曜岩石器的旧石器时代晚期遗址研究中，她认为以长白山为中心，方圆125千米以内的东北地区是黑曜岩原料供应区（Supply Zone），在325千米~650千米范围的朝鲜半岛南部地区是接触区（Contact Zone）。

（三）方法：区分同源（homology）和相似（analogy）

为更好地理解不同地域出土遗物间的关系，我们首先要理解"同源（homology）"与"相似（analogy）"两个概念。尽管很多研究者都认识到了同源与相似的差别，但并未指出区分这两个概念的具体方法。简单来说，同源、相似都意味着不同的事物具有类似的形态，同源认为这个形态源自共同祖先，而相似则指遗传以外的原因造成的类似。可以说，同源指生物学中"遗传"，在考古学中则被称为"传承"。虽然在考古遗存中分辨同源与相似很困难，但是通过细致的遗物分析也不是完全没有可能[20]。目前有学者认为，相似指相距较远的两地文化出现的类似性；同源多指在相距较近的文化之间出现的类似性，但仍缺乏衡量距离远近程度的标准。

Binford[21]在推究文化的同源类似性时，比起文化传播、人群迁移等过程，更关注"相似"的类似，也就是对机能层面的研究。然而文化历史考古学者则多倾向于使用"同源"阐述考古发现，这常被认为是直接历史法（direct historical approach）的应用，即对现有文化进行历史的阐释，或利用民族学资料来直接解释更早时期没有文字记录的同源或密切的考古学文化遗物的办法[22]。与记录丰富的历史考古学相比，直接历史法虽然可以通过倒推得到一些有关史前文化的认识，但很难实现准确仔细。在缺乏判定同源或相似的确切证据的情况下，我们很难对史前考古遗存进行极具说服力的解释。当某种文化特征在两处及以上的遗址中被确认的时候，此项特征就可以成为判别标准。可以通过考察同一起源的特征在遗址中的存在与否、共同存在的特征数量以及具有这些特征的遗址间的距离位置等来判别遗址间关系。对物质文化的细心分析可以在一定程度上区分考古学文化是同源还是相似[22-24]。

克拉克[25]的五种石器技术模式中，模式4阶段以解剖学上的现代人出现、扩散[26]和石叶的出现为标志，并被视为旧石器时代晚期的开端。目前在非洲、欧洲、西亚等地区属于旧石器时代中期的遗址中也发现有石叶的存在，因此将石叶的出现与人类的体质进化混为一谈是有问题的[27-29]。在东北亚地区，石叶制品出土范围广大且存续时间很长，这种情况就很难区别区域内不同遗址间的关系是同源还是类似；与之类似的是细石叶技术遗物，这里的细石叶制品分布范围广，甚至延续到了新石器时代，为准确区分增加了难度，例如在距今2万年左右出现的涌别（Yubetsu）技法，其被确认的地域直到现在依然在扩大[30]。

除了这些在广大地域确认的特征技术外，同样也存在着分布范围有限的技术。比如勒瓦娄哇技术就是很好的区分同源和相似的例子。虽然勒瓦娄哇技术被确认存在于西伯利亚南部或阿尔泰地区的Karabom、Karakul、Denisova、Tolbor等遗址，但迄今为止，其在东北亚地区的发现仍十分有限。虽然在水洞沟遗址和金斯太遗址也发现有勒瓦娄哇技术生产的石叶，但在中国东北地区、俄罗斯远东地区和朝鲜半岛都尚无发现。与上述情况不同，以朝鲜半岛为中心分布的形态特别的有柄尖刃器（Tanged Point），分布范围有限但出土数量巨大。与简单加工并被随意废弃的其他石制品不同，有柄尖刃器这种特殊的石器及其生产技术可以由上一代传承至下一代，因而可能被下一代扩散到更大的地理范围。这些具有特征性的石器存续时间不长，并且分布范围有限，所以跟其他物质材料一起为了解晚更新世狩猎采集者的活动范围提供了重要研究材料。

三、研究结果

（一）狩猎采集者迁移范围

民族学材料只能间接了解晚更新世现代人迁移范围，并不能直接提供答案。目前民族学材料众多，但并非所有材料都适用于研究长白山附近地区的古人类生活方式，因此在研究中要对使用资料有所筛选。虽然北纬41°长白山附近的民族学资料可以为我们的研究提供最为有力的参考，但遗憾的是，目前可获得的民族志材料却多来自北纬45°及更高纬度地区。然而考虑到晚更新世气候较现在更为寒冷，当时古人类的生存环境或更接近现代较高纬度地区人群生存环境，因此我们认为使用高纬度地区的民族志资料也较为合适。

东北亚多地的古环境研究都证明了晚更新世末期东北亚地区拥有比现在更寒冷的自然环境。吉林省辉南县二龙湾玛珥湖沉积物孢粉分析显示，这一地区在距今2.93万~1.26万年期间出现了以桦木属（*Betula*）和云杉属（*Picea*）为主的寒带针叶林，湿度表现出明显降低，到距今2.06万~1.87万年草本植物分布到达顶峰，开始进入寒冷干燥的末次冰盛期[31]。吉林省榆树市周家油坊遗址位于北纬44°附近，这里发现的猛犸象化石（*M. primigenius*）和披毛犀化石（*C. antiquitatis*）的^{14}C年代测定结果为距今22985±715年，距今28910±1185年，距今30900±875年[32]，也说明东北亚地区寒冷的气候环境开始在距今3万~2万年间形成。

东北亚南缘的日本中部地区在这一时期的环境特征也以寒冷干燥为主。孢粉分析显示，在距今3万~2万年（校正后）时期，桦木属（Betula）和松属（Pinus）的花粉含量最高，还发现了少量铁杉属（Tsuga）和云杉属（Picea）花粉，意味着寒冷干燥的气候环境；到距今2万~1.12万年（校正后）时期，则以桦木属（Betula）花粉为主，存在一定的松属（Pinus）、铁杉属（Tsuga）、云杉属（Picea）[33]。

由于北美东部新英格兰（New England）地区与长白山地区气候条件相似，这一区域的Mistassini Cree、Montagnais、Micmac和Waswanipi Cree等族群的民族学资料可为我们的研究提供重要参考。研究显示北美东部的狩猎采集者每次迁移的平均距离为60千米，而地处太平洋沿海的北美西部狩猎采集者的平均迁移距离则只有11千米；但两处区域的狩猎采集者都有着2700平方千米~5200平方千米的广大迁移范围，其中，一年间迁移38次的Crow（apsaalooke）人群的迁移范围则高达61880平方千米。居住于更高纬度的阿拉斯加（Alaska）地区等的北美北部狩猎采集者拥有更长的迁移距离，活动范围为4200平方千米~25000平方千米（表1）。总的来说，狩猎采集者的生活方式及迁移性与气候和自然环境密切相关。目前研究表明北纬45°附近的狩猎采集人群年间平均迁移面积为20000平方千米，但一名狩猎采集者一生的迁移面积可能比这还要大得多。

晚更新世的现代人不仅为了生计而进行迁移，还开始通过与周边的其他群体构建一定的社会组织，从而在新环境中快速扩散开来。与其他狩猎采集群体维持社会关系是现代人群生存的必要因素，通过与其他群体组织的交流，不仅实现了物资和信息的交换，群体间也形成了婚姻关系[34]。得益于此，晚更新世现代人活动范围较从前扩大了许多，这已在民族学资料及黑曜岩等特殊石料的分布特点中得到证实。北美的克洛维斯尖状器（Clovis point）在不到1000年的时间里，就从北美地区扩散至美、墨交界处13000千米外的巴塔哥尼亚地区，这就清晰地说明了晚更新世人群广大的迁移范围[35]。这是在一年的时间内，向南迁移13千米能到达的距离。

Seong[8]参考Hassan[36]的人口规模研究、Kelly[5,6]的狩猎采集者的迁移性研究以及Whallon[37]提出的社会组织模式，推测在晚更新世—早全新世（Late Pleistocene to Early Holocene）时期，朝鲜半岛南部存在着约40个现代人群，人口数超过1000。这是在民族学资料和区域交流的考古学研究的基础上，对当时人群人口、交流范围和生存状况做出的间接推断。

表1　在北纬45°位置的狩猎采集者迁移性材料[5,6]

地理位置	群体	居址迁移次数/年	平均距离/千米	全距离/千米	总面积/平方千米
北亚	Evenki（鄂温克）	—	—	200~400	—
北美北部	Mistassini Cree	10	—	510	3385
北美北部	Montagnais	50	64	—	2700
北美北部	Micmac	—	56	—	1000~5200
北美北部	Waswanipi Cree	—	—	—	4870
北美西北部/阿拉斯加州	Tsimashian	3~5	—	290~450	—
北美西北部/阿拉斯加州	Chilkat Tlingit	>2	—	8~80	2500
北美西北部/阿拉斯加州	Nuuchahnulth（Nootka）	>3	10	5~55	370.5
北美西北部	Makah	2	7.3	15	190
北美西北部	Klamath	11	7.5	84	1058
北美西北部	Crow（Apsaalooke）	38	19.2	640	61880
北美西北部	Haisla	—	—	—	4000

续表

地理位置	群体	居址迁移次数/年	平均距离/千米	全距离/千米	总面积/平方千米
北美西北部	Blackfoot（Siksika）	—	16~24	—	700
北美西北部	Nez perce	—	16~24	—	2000
北美北部	Baffinland Inuit	60	12	720	25000
北美北部	Netsilingmiut	14	16.8	237	6000
阿拉斯加州	Nunamiut	10	69.5	725	4200~25000

Gamble[38]认为有效的最小狩猎采集群体人口规模为10~23人，而为维持婚姻关系等的大型群体组织规模则需要100~400人。Whallon[37]将群体进行的必要迁移分为网络型移动（network mobility）和信息型移动（informational mobility）。他认为六角形模式是社会组织的理想模型，并推测包含25~30名成员狩猎采集群体的平均活动范围约为2500平方千米。六角形社会群体的周边也形成6个类似群体，再加上包围他们的其他6个群体，将共同构成包含475~570名成员的19个社会群体，这被视为是狩猎采集人群进行直接交流的最大可能范围。当我们把这个可直接交流的最大社会群体看作一个群体时，则其附近以六角形形态存在的其他6个大

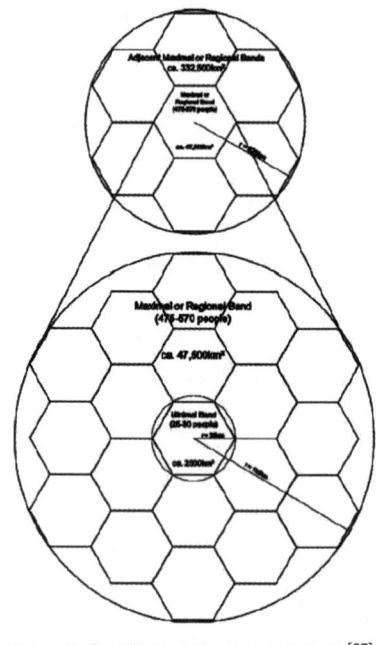

图1 狩猎采集者迁移空间区域模式[37]

的社会群体则被视为可进行间接交流的社会群体。这种六角形的空间模式非常适合推测东北亚地区以长白山为活动中心的现代人的迁移和交流范围。

Whallon[37]模式中狩猎采集群体直接交流的最大可能范围是47500平方千米,间接交流最大的可能范围是332500平方千米(图1)。朝鲜半岛面积约为220840平方千米,韩国面积约为99720平方千米,在狩猎采集人群可实现直接或间接交流的范围以内。借助Whallon的假说,我们可以探讨以长白山为活动中心的晚更新世人群在朝鲜半岛内的直接或间接交流范围。

(二)长白山黑曜岩分布范围

PXRF可以在不破坏石料的情况下通过地化方法快速探测石料来源,尽管部分研究受到质疑,但它仍是目前最为常见的石料产地分析方法[39]。曾有学者利用PXRF方法对长白山附近的17处晚更新世遗址出土的314件黑曜岩石制品进行了分析[17],结果表明这17处遗址发现的黑曜岩标本中都有部分原料来自长白山地区,还有的则来自俄罗斯远东地区Gladkaya和Shoktovo Plateau(basaltic glass)(表2)。

Kuzmin等[40]对俄罗斯远东地区的黑曜岩矿床露头(geological outcrops;北纬80°)和采集所得黑曜岩遗物(archaeological collections, n=110)进行了XRF分析,结果发现在14处旧石器地点中有3处地点为Basaltic plateau黑曜岩石制品与长白山黑曜岩石制品共存。对中国东北地区旧石器遗址出土的黑曜岩石制品分析发现,黑曜岩原料多来自长白山和Gladkaya。对俄罗斯远东地区的黑曜岩遗物的分析表明,14处旧石器地点中有13处地点含有Shoktovo Plateau (basaltic glass)黑曜岩石制品，此外有3处地点存在长白山黑曜岩石制品，仅在Razdolnoye遗址发现了Gladkaya产地的黑曜岩石制品[40]（表2）。

在朝鲜半岛，大量黑曜岩石制品发现于晚更新世晚期旧石器遗址。目前北部地区（朝鲜）仅在潼关镇和万达里两处遗址中确切发现有黑曜岩石制品，但详细情况并不明晰。总的看来，朝鲜半岛迄今出土黑曜岩石制品的旧石器遗址共有34处，石器数量在4900件以上，多数发现来自半岛中部地区。

中国和俄罗斯的研究者多使用XRF或PXRF方法进行石制品产地分析，但韩国的研究者们一直倾向于采用XRF，PXRF，ICP-MS，LA-ICP-MS，PIXE，INAA等多种分析方法。Kim等[41]推测距今2.5万~1.5万年的6处旧石器遗址中，有85%黑曜岩石制品原料来自长白山。最近对中里（Neulgeori）遗址和新北遗址[41]出土的黑曜岩制品产地分析证明了朝鲜半岛旧石器遗址中存在大量长白山黑曜岩石制品，遗址的局部文化层中还发现长白山黑曜岩制品和日本九州黑曜岩制品共存。

从表2可知，遗址中有的黑曜岩石制品产地并不明确，可能存在未知产地[17, 40, 42, 43]。对于这种现象目前有两种解释：其一，黑曜岩产地并不局限于长白山和日本九州，可能在至今尚未发现的朝鲜半岛某处也存在着黑曜岩产地；其二，只存在长白山这一处黑曜岩产地。抱川中里（Youngsujaeyul）遗址的黑曜岩石器的产地分析结果指示6件标本中有4件的原料产地为长白山；其余2件产地不明。研究者认为这是分析试料时发生错误导致的结果，推测它们的原料也来自长白山产地[44]。

总体而言，目前尚未在朝鲜半岛发现任何确切的黑曜岩产地，其即使存在规模也极小，并且跟其他较大规模的产地相比，产出的黑曜岩质地也会有明显差别。有研究者根据少量黑曜岩石制品化学组分的不同，认为在朝鲜半岛还存在其他黑曜岩产地，但即使在同一产地，岩浆形成过程中生成的岩石的化学组分也是不同的[45]。我们认为，在产地不明的黑曜岩标本中，有部分原料肯定来自长白山。同时，近来许多研究发现长白山产地并非笼统的一个产地，而是可以更精确地区分为PNK1、PNK2和PNK3三处产区[46]，也就是说，长白山地区很可能还存在某些尚未发现的产区。可以说，除半岛南部几处地点发现有九州产地的黑曜岩制品外，朝鲜半岛晚更新世时期遗址中的黑曜岩原料都来自长白山地区。

表2　东北亚地区晚更新世旧石器遗址黑曜岩石制品的原料产地分析[17, 40, 42, 43]

序号	地区	遗址	不同原料产地的石制品数量				分析方法
			长白山	Gladkaya/Shoktovo (Russia)	Kyushu (Japan)	Unknown	
1	中国东北	吉林安图立新	10				PXRF
2	中国东北	吉林安图沙金沟	55	2			PXRF
3	中国东北	吉林安图三道	3				PXRF
4	中国东北	吉林和龙石人沟	48	2		1	PXRF
5	中国东北	吉林和龙青头	49				PXRF
6	中国东北	吉林和龙西沟	53	1			PXRF
7	中国东北	吉林和龙柳洞	33	3			PXRF
8	中国东北	吉林和龙大洞	83	6		3	PXRF
9	中国东北	吉林抚松新屯子西山	4				PXRF
10	中国东北	吉林抚松东台	4				PXRF
11	中国东北	吉林辉南邵家店	18				PXRF
12	中国东北	吉林九站西山	1				PXRF
13	中国东北	黑龙江海林炮台山	9	1			PXRF
14	中国东北	黑龙江杨林南山	6				PXRF
15	中国东北	黑龙江秦家东山	4				PXRF

续表

序号	地区	遗址	不同原料产地的石制品数量				分析方法
			长白山	Gladkaya/ Shoktovo (Russia)	Kyushu (Japan)	Unknown	
16	中国东北	吉林延边珲春北山	29	4		2	PXRF
17	朝鲜半岛	全谷里	1				INAA
18	朝鲜半岛	民乐洞				2	ICP-MS
19	朝鲜半岛	抱川中里（Neulgeoru）	18				LA-ICP-MS
20	朝鲜半岛	好坪洞	18			2	PIXE
21	朝鲜半岛	三里	10				PIXE
22	朝鲜半岛	长兴里	3				INAA
23	朝鲜半岛	上丝里	1			5	ICP-MS
24	朝鲜半岛	上无龙里	19			2	INAA
25	朝鲜半岛	下花溪里（Ⅰ）	6				INAA
26	朝鲜半岛	下花溪里（Ⅲ）	3				PIXE
27	朝鲜半岛	垂杨介	8				INAA
28	朝鲜半岛	石壮里				1	INAA
29	朝鲜半岛	月城洞				5	ICP-MS
30	朝鲜半岛	新北	14		7	2	ICP-MS
31	朝鲜半岛	富坪里	10				LA-ICP-MS
32	朝鲜半岛	抱川中里（Youngsujaeyul）	4			2	EPMA/LA-ICP-MS
33	中国东北	吉林省松原大布苏					
34	俄罗斯远东	Timofeevka 1					INAA/EDXRF
35	俄罗斯远东	Gorelaya Sopka					INAA/EDXRF
36	俄罗斯远东	Firsanova Sopka					INAA/EDXRF
37	俄罗斯远东	Ust'Novka 6					INAA/EDXRF
		总计	524 90.82%	19 3.29%	7 1.21%	27 4.68%	577 100%

如前文所说，在中国东北、俄罗斯远东地区、朝鲜半岛南部地区的遗址中都已确定存在长白山黑曜岩。这些遗址以长白山为中

心，向北有吉林九站西山遗址、黑龙江海林炮台山[47]和秦家东山遗址[48]；向东有俄罗斯Ust'Novka 6遗址[49]；向南有位于朝鲜半岛最南部的新北遗址。这些遗址多为晚更新世末期的旧石器时代晚期遗址。中国东北地区的黑曜岩石制品大部分为地表采集或简单试掘所得，因而缺乏精确的年代数据，其出土地层被认为是更新世地层的最上部，年代上大致属于更新世晚期。朝鲜半岛出土黑曜岩石制品的遗址多有绝对测年结果，其存续年代大体为距今2.55万~1.339万年（表3）[41, 50-54]。

表3 朝鲜半岛出土黑曜岩石制品遗址年代数据

遗址	地层	年代（距今）/年	测年方法	样品号	样品类型	参考文献
好坪洞（Hopyeong-dong）	3a	16190 ± 50	AMS^{14}C	GX-29424	sediment	[50]
好坪洞（Hopyeong-dong）	3a	16600 ± 720	AMS^{14}C	GX-29423	sediment	[50]
好坪洞（Hopyeong-dong）	3a	16900 ± 500	AMS^{14}C	SNU02-324	charcoal	[50]
好坪洞（Hopyeong-dong）	3a	17400 ± 400	AMS^{14}C	SNU02-326	charcoal	[50]
好坪洞（Hopyeong-dong）	3a	23900 ± 400	AMS^{14}C	SNU03-841	charcoal	[50]
好坪洞（Hopyeong-dong）	3a	24100 ± 200	AMS^{14}C	SNU03-839	charcoal	[50]
长兴里（Jangheung-ri）	2	24200 ± 600	AMS^{14}C	SNU00-380	charcoal	[51]
下花溪里III（Hahwagye-ri III）	2	13390 ± 60	AMS^{14}C	SNU02-214	charcoal	[52]
石壮里（Seokjang-ri）		20830 ± 1880	AMS^{14}C	AERIK-8	charcoal	[53]
抱川中里（Neulgeo-ri）	2	21240 ± 150	AMS^{14}C	SNU13-373	charcoal	[54]
新北（Sinbuk）		18500 ± 300	AMS^{14}C	SNU03-912	charcoal	[41]
新北（Sinbuk）		25500 ± 100	AMS^{14}C	SNU03-914	charcoal	[41]

(三)有柄尖刃器分布范围

前文曾提到,勒瓦娄哇技术和涌别技法都适于区别相似和同源,并可用于了解当时人群的活动范围,但是勒瓦娄哇技术和涌别技法在广阔地域范围内的分布具有局限性。在适合用于区别相似和同源的类似的事例中,鸡冠状石叶的分布范围比勒瓦娄哇技术和涌别技法的分布范围更具有局限性。目前为止,除了水洞沟遗址第1地点第8文化层出土了27件鸡冠状石叶[55]外,黑龙江省缸窑地点[56]、俄罗斯远东地区的Ust'Novca遗址和朝鲜半岛古礼里、垂杨介遗址都曾出土,但总体上出土数量较少,用于探讨遗址关系的材料不足。有柄尖刃器则有所不同,其以朝鲜半岛为中心分布,是一种广泛发现于日本列岛及俄罗斯远东部分地区的旧石器时代晚期的代表性狩猎工具。这种极具特征性的石器大部分以又长又平的石叶为毛坯打制而成,少部分以石片为制作毛坯;多采用硅质程度较高的石料为原料。统计数据表明该器物平均长度为6厘米,最大者9.6厘米,最小者3厘米,平均厚度在0.7厘米左右;长度一般约为宽度的2.8倍;尖刃(point)部分长于柄部(tanged)两倍以上[57]。

目前韩国境内发现有柄尖刃器的地点有33处,出土标本共305件;日本九州地区在140余处旧石器地点都发现了有柄尖刃器[57, 58],九州以外也有零星发现;俄罗斯远东地区的Ust'Dyuktai遗址发现有为数不多的此类器物[59]。此外,西伯利亚南部地区也发现了有柄尖刃器,但大部分为体积较小的打制石镞;蒙古Rashaan Khad遗址也曾有有柄尖刃器发现的报道[60],但这件器物在形态上与典型有柄尖刃器有明显差别,且仅有一件;韩国和日本的几位学者曾认为周口店遗址第1地点出土的石锥可能为有柄尖刃器,但其全长仅4厘米,宽1.7厘米[61],体积明显小于朝鲜半岛和九州的典型有柄尖刃器。朝鲜地区有柄尖刃器的发现并不明确，但参考韩国的发现，我们推测朝鲜境内极有可能存在有柄尖刃器。以朝鲜半岛为中心，向北囊括中国东北地区与日本北海道地区，向南包含朝鲜半岛和日本九州地区的这一广大地带设定为有柄尖刃器的分布的"回廊"[62]。朝鲜半岛地区有柄尖刃器的盛行时期是距今2.5万～1.5万年，而日本地区有柄尖刃器的出现时间比朝鲜半岛晚且消失时间较早，俄罗斯远东地区出土有柄尖刃器的Ust'Novka 6的遗址年代是距今1.175万～1.155万年[49]。我们据此推断东北亚地区有柄尖刃器的存续时间约为距今2.5万～1万年。

四、讨论

对晚更新世现代人而言，锋利又易成型的黑曜岩是一种特殊的石料。在黑曜岩产地附近，遗址石制品组合中黑曜岩石制品所占比例较高；距离产地越远，黑曜岩石制品的体积就越小。朝鲜半岛出土黑曜岩石制品中以细石核数量为多，没有发现石叶石核和一般石核；在中国东北地区却发现各种类型的黑曜岩石核，特别是石人沟遗址，这里曾出土有较大体积的黑曜岩石叶石核[63]。

黑曜岩作为特殊石料非常适于作为地区间资源交换的物资，有证据显示黑曜岩曾被运送或交换到距产地较远的地方。对又大又重的原石进行远距离搬运绝非易事，所以人们一般选择搬运体积较小的原石，导致这些石料一代就被使用完了。黑曜岩原石在被制作为工具并历经多次修理（retouch）与使用后变为难以继续加工利用的小型石料时被废弃。被废弃的黑曜岩石料也可能被其他人发现，继而被搬运或重新使用，但这种情况并不常见，因为黑曜岩石器的制作技术不像石叶制作技术那样可以在较长的时间里被传播和习得。这种单纯作为石器的石料生命史可能并不长。

Gamble[38]的研究表明在旧石器时代晚期的欧洲，贝类等具象征性意义的物品被搬运的最远距离可能在200千米~600千米。石料的平均搬运距离则较短，在欧洲西南部约为51.6千米，西北部约为82.8千米，北中部约为157.3千米。到了旧石器时代晚期末段，它们则分别扩大至61千米、80.6千米和202.6千米[64]。也就是说，越到晚期，现代人的迁移距离就越长，活动范围也更广。

长白山产地以北新发现的秦家东山遗址[48]，及曾有过调查但未进行黑曜岩产地分析的大布苏遗址[65]，这两处遗址出土的黑曜岩都被认为产自长白山，产地到遗址的直线距离分别是310千米、470千米。长白山产地以东700千米的Ust'Novka 6遗址也发现有长白山黑曜岩；以南830千米则有新北遗址。而在长白山产地附近的石人沟、柳洞、沙金沟、西沟、大洞等遗址则发现了俄罗斯远东地区的黑曜岩（表2，图2），这说明即使遗址距离黑曜岩产地不远，古人类也并不容易获得质地优良的石料，因而存在使用其他较远产地的黑曜岩的情况。目前在朝鲜和中国东北地区西南部的辽宁省几乎没有晚更新世时期（MIS 2）的黑曜岩遗址的发现。在辽宁省，较早时期的庙后山、金牛山等旧石器遗址和较晚时期的小孤山等遗址都没有发现黑曜岩。约距今1.5万年的沈阳柏家沟西遗址曾采集有几片黑曜岩石片[66]，虽然未有详细的产地分析，但因遗址距长白山较近，该遗址发现的黑曜岩很可能也来自长白山产地。

朝鲜半岛南部的新北遗址同时发现有长白山黑曜岩与九州黑曜岩，我们认为这意味着该遗址是这两处产地的黑曜岩可被迁移与交流的最远距离，也暗示了新北遗址是长白山黑曜岩与九州黑曜岩产地的中间地点。末次盛冰期时，黄海盆地横亘于朝鲜半岛与中国大陆之间；朝鲜半岛与日本列岛间的朝鲜海峡海平面下降，也形成了一条长约150千米，宽12千米～15千米，深10米～30米的狭长水道[43]，这些地理屏障都在一定程度上阻碍了当时古人类的迁移。新北遗址与九州产地之间的直线距离不及与长白山产地之间距离的一半。如果能够确认在早期古人类曾将石器制作技术由朝鲜半岛传到日本列岛，那么后期两个区域间发生黑曜岩运输也并不意外。在朝鲜半岛，新石器时代遗址出土的黑曜岩比长白山与九州产地的要更多。如果黑曜岩的运输是现代人的单方面迁移的话，长白山附近的现代人向朝鲜半岛南部迁移也是有可能的。

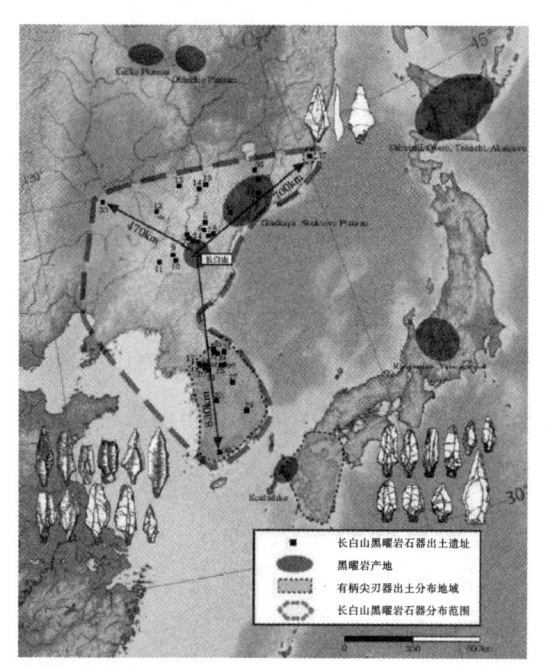

图2 晚更新世（MIS 2）东北亚现代人迁移和活动范围

有柄尖刃器的分布范围是本文的另一关注点。在特定时期出现的有柄尖刃器，其地理分布间接地反映了当时古人类的迁移范围。根据现有材料，可以确认有柄尖刃器的最大分布范围是19.3万平方千米，而长白山产地黑曜岩的最大分布范围是52万平方千米，我们认为这就是晚更新世现代人在东北亚地区的活动范围（图2）。狩猎采集者虽然会反复迁移，但资料表明他们会在特定时期回到迁徙过的地区，因此其每次迁移的距离都在一定范围内。我们认为，晚更新世时期东北亚地区的狩猎采集者为了生存、物资交换等，活动于与朝鲜半岛相当或是朝鲜半岛两倍的面积范围以内。在MIS 2时期，东北亚古人类开始利用黑曜岩制作石器，其中掌握有柄尖刃器制作技术的人群拥有更广阔的迁移与交流范围，实现了短时间内大范围的快速扩散。

五、结语

民族考古学采用类比的方法，通过研究多地狩猎采集群体的生存行为与迁移特点，为我们研究晚更新世时期现代人的迁移性提供了重要参考。东北亚地区有着与欧洲、非洲截然不同的自然环境，旧石器时代晚期的遗址数量多，区域石器制作技术有所不同，因此相较于直接采纳西方考古学研究结论，更应当探究适合这一地区的特殊研究方法。随着东北亚地区黑曜岩石制品出土遗址数量的增加，黑曜岩产地分析研究也日益增多，其中有关长白山黑曜岩产地的研究资料已有一定积累，这为我们研究东北亚地区晚更新世时期现代人的活动范围提供了材料。民族学研究认为，生活于相似环境的不同人群也会呈现出多种多样的迁移方式与迁移范围，因此生活在东北亚地区的不同的现代人群，可能存在着多样的迁移方式和不同的迁移范围。

本文通过分析有柄尖刃器的出现时间与分布范围，以及MIS 2时期长白山产地黑曜岩石制品遗物的分布范围，推测了晚更新世时期中国东北地区和朝鲜半岛的现代人的基本活动范围，并认为当时现代人在广阔的地域范围内进行了直接或间接的交流。同时，根据朝鲜半岛南部遗址中出土的长白山黑曜岩石制品，我们判断现代人群可能是从朝鲜半岛的北部向南部进行直接迁移，而非南、北两地人群间简单交流。

民族学资料与考古学材料的结合，有助于我们了解晚更新世现代人的迁移和活动的基础范围，也为后续区域间的石器技术对比研究提供了参考。但这项研究的材料依据仍然有限，且仅采用了简单的理论推导，希望在将来的工作中能够继续累积资料，更进一步结合实证来完善相关研究。

参考文献

[1] Bar-Yosef Mayer D E, Vandermeersch B, Bar-Yosef O. Shells and ochre in Middle Paleolithic Qafzeh Cave, Israel: indications for modern behavior. Journal of Human Evolution, 2009, 56 (3): 307-314.

[2] 吕红亮. 更新世晚期到全新世中期青藏高原的狩猎采集者——考古发现与西藏文明史. 北京：科学出版社，2015：45-88.

[3] Bettinger R L. Hunter-Gatherers: Archaeological and Evolutionary Theory. New York: Plenum Press, 1991.

[4] Grove M. Hunter-Gatherer Movement Patterns: Causes and Constraints, Journal of Anthropological Archaeology, 2009, 28 (2): 222-233.

[5] Kelly R L. The Foraging Spectrum:

Diversity in Hunter-Gatherer Lifeways. Washington, D.C.: Smithsonian, 1995.

[6] Kelly R L. The Lifeways of Hunter-gatherers. Cambridge: Cambridge University Press, 2013.

[7] Binford L R. Willow smoke and dogs' tails: Hunter-gatherer settlement and archaeological site formation. American Antiquity, 1980, 45: 4-20.

[8] Seong C T. Hunter-Gatherer Mobility and Postglacial Cultural Change in the Southern Korean Peninsula. Hanguk Gogo Hakbo, 2009, 72: 4-35.

[9] Bird D W, O'Connell J F. Behavioral ecology and archaeology. Journal of Archaeological Research, 2006, 14(2): 143-188.

[10] Merrick H V, Brown F H. Obsidian sources and patterns of source utilization in Kenya and northern Tanzania: Some initial findings. African Archaeological Review, 1984, 2(1): 129-152.

[11] Gamble C. Origins and Revolutions: Human Identity in Earliest Prehistory. Cambridge: Cambridge University Press, 2007.

[12] Le Bourdonnec F, Nomade S, Poupeau G, et al. Multiple origins of Bondi Cave and Ortvale Klde (NW Georgia) obsidians and human mobility in Transcaucasia during. Journal of Archaeological Science, 2012, 39(5): 1317-1339.

[13] Newlander K. Exchange, Embedded Procurement, and Hunter-Gatherer Mobility: A Case Study from the North American Great Basin. Ann Arbor: The University of Michigan, 2012.

[14] Barberena R, Hajduk A, Gil A, et al. Obsidian in the south-central Andes: Geological, geochemical, and archaeological assessment of north Patagonian sources (Argentina). Quaternary International, 2011, 245(1): 25-36.

[15] Yakushige M, Sato H. Shirataki obsidian exploitation and circulation in prehistoric northern Japan. Journal of Lithic Studies, 2014, 1: 319-342.

[16] Glascock M D, Kuzmin Y V, Grebennikov A V, et al. Obsidian provenance for prehistoric complexes in the Amur River basin (Russian Far East). Journal of Archaeological Science, 2011, 38(8): 1832-1841.

[17] Jia P W, Doelman T, Chen C J, et al. Moving sources: A preliminary study of volcanic glass artifact distributions in northeast China using PXRF. Journal of Archaeological Science, 2010, 37(7): 1670-1677.

[18] 侯哲. 旧石器时代晚期黑曜岩石器研究——以中国东北地区与南韩地区比较为中心. 首尔: 庆熙大学, 2015.

[19] Renfrew C, Dixon J E, Cann J R. Further analysis of Near Eastern Obsidian. Proceedings of the Prehistoric Society, 1968, 34(9): 319-331.

[20] O'Brien M J, Lyman R L. Applying Evolutionary Archaeology: A Systematic Approach. New York: Kluwer, 2000.

[21] Binford L R. Archaeological perspectives. In: New perspectives in Archaeology. New York: Aldine, 1968.

[22] Trigger B G. A History of

Archaeological Thought. 2nd. Cambridge: Cambridge University Press, 2006.

[23] Steward J H. Diffusion and independent invention: a critique of logic. American Anthropologist, 1929, 31(3): 491-495.

[24] Kroeber A L. Historical reconstruction of culture growths and organic evolution. American Anthropologist, 1931, 33(2): 149-156.

[25] Clark G. World Prehistory: A new outline. 2nd. Cambridge: Cambride University Press, 1969.

[26] Foley R A, Lahr M. Mode 3 technologies and the evolution of modern humans. Cambridge Archaeological Journal, 1997, 7(1): 3-36.

[27] Bar-Yosef O, Kuhn S L. The big deal about blades: Laminar technologies and human evolution. American Anthropologist, 1999, 101: 322-338.

[28] Klein R G. The human career: Human biological and cultural origins. 3rd. Chicago: University of Chicago Press, 2009.

[29] Derevianko A P. Blade and microblade industries in northern, eastern, and central asia. Scenario 1: African orijin and spread to the near east. Archaeology, Ethnology and Anthropology of Eurasia, 2015, 43(2): 3-22.

[30] 木村英明. 総論—旧石器時代の日本列島とサハリン・沿海州. 考古学ジャーナル, 2006, 40: 3-6.

[31] 刘玉英, 张淑芹, 刘嘉麒, 等. 东北二龙湾玛珥湖晚更新世晚期植被与环境变化的孢粉记录. 微体古生物学报, 2008, 25(3): 274-280.

[32] 文物保护科学技术研究所^{14}C实验室. ^{14}C年代测定报告(WB)I. 见: 第四纪冰川与第四纪地质论文集第四集: 碳十四专集. 北京: 地质出版社, 1987: 13-15.

[33] Akihiro Y, kudo Y, Shimada K, et al. Impact of landscape changes on obsidian exploitation since the Plaeolithic in the central highland of Japan. Veget History and Archaeobotany, 2016, 25(1): 45-55.

[34] Bar-Yosef O. The dispersal of modern humans in Eurasia: a cultural interpretation, In Rethinking Human Revolution. Cambridge: McDonald Institute for Archaeological Research, 2007.

[35] Diamond J. Guns, Germs, and Steel: The Fates of Human Societies. New York: W. W. Norton & Company, 1999.

[36] Hassan F A. Population dynamics, In: Companion Encyclopedia of Archaeology. London: Routledge, 1999.

[37] Whallon R. Social networks and information: Non-"utilitarian" mobility among hunter-gatherers. Journal of Anthropological Archaeology, 2006, 25(2): 259-270.

[38] Gamble C. The Palaeolithic societies of Europe. Cambridge: Cambridge University Press, 1999.

[39] Phillips S C, Speakman R J. Initial source evaluation of archaeological obsidian from the Kuril Islands of the Russian Far East using portable XRF. Journal of Archaeological Science, 2009, 36(6): 1256-1263.

[40] Kuzmin Y V, Popov V K, Glascock MD, et al. Sources of archaeological volcanic glass in the Primorye (Maritime) province, Russian Far East. Archaeometry,

2002, 44(4): 505-515.

[41] Kim D K, Youn M, Yun C C, et al. PIXE Provenancing of Obsidian Artefacts from Paleolithic Sites in Korea. Bulletin of the Indo-Pacific Prehistory Association, 2007, 27: 122-128.

[42] Lee G K, Kim J C. Obsidians from the Sinbuk archaeological site in Korea-Evidences for strait crossing and long-distance exchange of raw material in Paleolithic Age. Journal of Archaeological science: Reports 2015, 2: 458-466.

[43] Chang Y J. Human activity and lithic technology between Korea and Japan from MIS 3 to MIS 2 in the Late Paleolithic period. Quaternary International, 2013, 308-309: 13-26.

[44] Gyeore Institute Of Cultural Heritage, II Youngsujaeyul, Jung-ri Site, Phocheon, Gyeore Institute Of Cultural Heritage, 2016: 1-980.

[45] Yi S B, Jwa Y J. On Provenance of the Prehistoric Obsidian Artifacts in Korea. Hanguk Guseokgi Hakbo, 2015, 31: 156-180.

[46] Popov V K, Sakhno V G, Kuzmin Y V, et al. Geochemistry of volcanic glasses from the Paektusan volcano. Doklady Earth Science, 2005, 403: 803-807.

[47] 陈全家, 田禾, 陈晓颖, 等. 海林炮台山旧石器遗址发现的石器研究. 边疆考古研究, 2010, 9: 9-24.

[48] 陈全家, 田禾, 陈晓颖, 等. 秦家东山旧石器地点发现的石器研究. 北方文物, 2014, 2: 3-11.

[49] 薰科哲男, 東村武信. 石器の原材産地分析. 日本文化財科学会第15回大会研究発表要旨集. 日本文化財科学会, 1998.

[50] Hong M Y, Kononenko N. Obsidian use at Hopyeong-dong site, Namyangju. Journal of the Korean Palaeolithic Society, 2005, 12: 91-105.

[51] Gangwon Institute for archaeology. Jangheung-ri Paleolithic site. Gangwon Institute for archaeology, 2001: 1-243.

[52] Gangwon Institute for archaeology. Hahwagye-ri III Paleolithic, Mesolithic Site, Hongcheon (III). Gangwon Institute for archaeology, 2004: 1-264.

[53] Sohn P K. Paleoenvironment of Middle and Upper Pleistocene Korea. In: Paleoenvironment of East Asia from the Mid-Tertiary. Hong Kong, 1983.

[54] Giho Culture Heritage Research Center. Report on the Excavation of Jung-ri Neulgeori Site in Phocheon. Giho Culture Heritage Research Center, 2016: 1-576.

[55] 宁夏文物考古研究所. 水洞沟: 1980年发掘报告. 北京: 科学出版社, 2003: 212-215.

[56] 于汇历, 邹向前. 黑龙江省龙江县缸窑地点的细石器遗存. 北方文物, 1992, 8: 15.

[57] 崔哲憼, 侯哲, 高星. 朝鲜半岛旧石器时代晚期有柄尖刃器相关研究. 人类学学报, 2017, 36(4): 465-477.

[58] 荻原博文. ナイフ形石器文化後半期の集団領域. 考古研究, 2004, 51(2): 35-54.

[59] Lee H J. A study of cultural character and changing process of the end of late paleolithic in northeast asia. Journal of the Korean Palaeolithic Society, 1998, 39: 58-88.

[60] 李鲜馥, 李婷银, Basra. 蒙古

Rashaan Khad遗址调查发掘成果. 见: 朝鲜半岛中部内陆的旧石器模样——第11回韩国旧石器学会定期学术大会. 韩国旧石器学会, 2011.

[61] 张森水. 周口店地区旧石器遗址的发现与研究, 中国考古学研究的世纪回顾——旧石器时代考古卷. 北京: 科学出版社, 2004: 29-71.

[62] 安蒜政雄. 剝片尖頭器, 湧別技法, 黑曜石: 日本海を巡る旧石器時代回廊. 考古學ジャーナル, 2005: 527.

[63] 陈全家, 赵海龙, 方启, 等. 延边和龙石人沟旧石器遗址2005年试掘报告. 人类学学报, 2010, 29 (2): 105-114.

[64] Kuhn SL. Upper Paleolithic raw material economies at Üçagizli cave, Turkey. Journal of Anthropological Archaeology. 2004, 23 (4): 431-448.

[65] 董祝安. 大布苏的细石器. 人类学学报, 1989, 8 (1): 49-59.

[66] 付永平, 陈全家, 袁文明. 沈阳柏家沟西山旧石器地点石器研究. 文物春秋, 2015 (1): 3-29.

原载于《人类学学报》2021年第40卷第1期

细石叶技术在中国北方地区的兴衰
◎ 仪明洁　高星

旧石器时代晚期是人类社会蓬勃发展的阶段，出现了一系列新技术，社会组织结构更复杂，人类的生存领域扩展，认知能力有了突破。细石叶技术即该阶段极具特征性的石器生产技术，涉及有针对性的原料选择、石核预制、软锤及间接剥片技术的运用等，是该阶段人类实现适应生存的重要手段。

根据形态特征和地理分布，细石器技术产品分为两大类：一类是几何形细石（geometric microlith），主要分布于北非、欧洲、近东及大洋洲等地区；另一种是细石叶细石器（microblade / microbladecore），主要分布于东北亚、北美地区[1]。本文所讨论的细石器属于后者。

细石叶技术在中国的研究历史已经超过了100年，从最早阶段西方学者在西北地区的调查（例如，斯文赫定在新疆地区的探险活动），到现代发掘、记录，测年手段在发掘、研究中的运用，我国发现的细石器遗存数量日渐增多，研究的内容也涉及细石器的原料利用、技术分析、源流、遗址年代与环境、人群间文化传播及扩散等多个层次。旧石器时代晚期的东北亚地区是细石叶技术的大舞台，其中中国北方地区的细石叶技术大发展的形势更是国内考古学界所共知的,尤其是旧石器时代晚期末段,华北地区的细石器遗存如雨后春笋,遍地开花。相较人类的漫长演化史而言,旧石器时代晚期只是短暂的一个阶段,但是新出现的、与中国传统的直接锤击剥片技术相比具有先进生产理念的细石叶技术,却在这短暂的阶段内展现了一个近乎完整的兴衰过程,显示了人类生计模式的迅速转变。在讨论细石叶技术源流、该技术隐含的人类适应策略等问题之前,了解细石叶技术在中国北方地区古人类发展过程中兴衰的时间框架是一个基本前提。近年来,国内典型遗址的发掘、年代的系列测定工作、相关研究成果的连续报道等,使笔者有可能扼要地做此项年代梳理。

一、萌芽期

到目前为止,年代早于距今2万年的细石器遗存数量并不多。贾兰坡[2]在对峙峪遗址的研究中指出,华北旧石器时代文化的发展有两个系统,其中"周口店第1地点—峙峪系在更新世中期到更新世晚期这段时间是一个丰富多彩的文化系统,在华北地区分布很广,它是华北新石器时代的细石器文化的先驱。峙峪遗址的意义恰恰就在于它是北京人文化与细石器文化的联系环节之一","虽然可以把这一传统(第1地点—峙峪系)的细石器的起源,追溯到北京人石器,但和'中石器时代'及其以后的细石器文化最接近的是峙峪文化"。此观点的形成,与峙峪遗址的文化面貌不无关系。该遗址的文化组合中有细石器遗存中伴生的石镞、拇指盖状刮削器、扇形石核、长石片等。虽然很多遗物的形制并不规整,特征也不够明显,但形制上具有细石器组合的雏形。这样一来，年代测定值达到距今28945±1370年（未校正）的峙峪遗址就成为华北地区早期细石器遗存的代表。无独有偶，这样的认识也同样存在于水洞沟第1地点下文化层和小南海遗址[2,3]的石制品研究中。一定程度上，长形石片与细石叶具有了类似的涵义。

随着研究的持续，学界对细石叶技术产品的理解逐渐从简单的形状对比向技术分析转变。越来越多的学者意识到细石叶技术并非简单的石制品小型化，某些遗址中偶然出现的长形石片与细石器产品的原料开发理念、生产技术有根本性的区别[4]。再次系统观察了小南海遗址出土的石制品之后，Chen[5]明确了小南海石器工业与中国北方的细石叶技术的发展并没有相关性。

年代测定值比较早的遗址还有柴寺遗址。1978年发掘的柴寺遗址有两个年代数据，分别为距今26400±800年（未校正）和>40000年，巨大的差异引发了学术界的争议[6,7]。在细石叶技术研究中有重要地位的下川遗址年代同样是存在争议的[6]，仅有的四个^{14}C测定值间的跨度达到了距今7500年。该阶段虽然是细石叶技术萌芽期，但已经呈现为较发达的状态，细石核的预制程度高，细石叶的剥制连续、规整，显示其源头当为更早阶段。但目前未有相关发现，故本文不做讨论。

细石叶技术在中国北方地区的使用历史悠久，虽然柴寺遗址的年代存疑，但近年来发现的龙王辿遗址、柿子滩遗址S29及S14地点、西施遗址、彭阳03地点，为我们展现了一幅更为可靠的早期细石叶技术发展图，说明新技术出现的时间不晚于距今2.5万年，甚至可能超过距今2.7万年或更早阶段。此后直至距今1.8万年前后，细石叶技术并未在华北地区大规模传播。该阶段的细石器遗存数量少，零星分布，是细石叶技术在中国北方地区的萌芽期。

（一）龙王辿遗址

龙王辿遗址位于陕西省宜川县壶口镇龙王辿村北约580米处的黄河二级阶地上，地理坐标为东经110° 26′ 31″，北纬36° 09′ 74″，包括第1地点和第2地点两处地点。在约46平方米的发掘面积内出土石制品、动物骨骼20000余件，发现火塘及石制品密集分布区域20余处[8]。

第1地点从上而下可以划分为6层，其中第4~6层为旧石器时代晚期文化层，是典型的马兰黄土堆积。石制品原料多为河滩砾石，包括燧石、石英、脉石英、页岩、硬质砂岩等，类型包括打制石器、细石核、细石叶、石器、数量较少的磨盘、研磨石和装饰品等。细石核的原料主要是燧石和石英，形态以锥形为最多，其次是半锥形和柱形石核，楔形石核的数量极少（图1）[1, 9]。

图1　龙王辿遗址出土的细石核[9]

通过对遗址第4~6层的10个炭屑进行AMS^{14}C测年，对比15个光释光测年数据，龙王辿遗址的年代约为距今2.9万~2.1万年，相当于MIS 3晚段到MIS 2早段，是末次冰期的一个较为干冷的阶段，此时冬季风显著加强，在遗址剖面上显示为沉积粒度从下而上逐渐变大。尽管AMS^{14}C和光释光年代值有一定差异,但二者的结果显示遗址年代至少是从距今2.7万年开始的[9]。

龙王辿遗址是目前中国发现的含典型细石叶技术产品年代最早的遗址之一,其生产技术成熟、稳定,暗示了细石叶技术的起源应该在年代更早的遗址中。该遗址仅有少量打制类工具,加工简单,少量修整刃部;细石核形态以锥形、半锥形和柱形石核为主,几乎不见楔形石核。

(二) 柿子滩遗址S29和S14地点

柿子滩遗址位于山西省临汾市吉县清水河流域的中下游。2009年至2010年,柿子滩考古队对S29地点开展发掘,发掘区总面积1200平方米,发掘深度15米,自上而下共发现8个文化层,清理出文化遗物3万余件,火塘285处,其中232个火塘周边分布石制品、化石、蚌壳和鸵鸟蛋壳穿孔装饰品、研磨石及磨盘等原生埋藏的文化遗物。石制品原料以燧石为主,其次为石英岩;工具类型包括石矛头、石镞、细石核、细石叶等多种[10]。宋艳花[11]对S29第6-1文化层的测年进行了详细、系统的报道,AMS^{14}C年代学显示该地点年龄为距今2.4万~1.3万年(校正后),更早层位的年代数据尚在实验室分析中。该地点的堆积厚,延续性强,遗物丰富,虽然目前尚无系统资料的发表,但笔者有幸于2010年考察柿子滩遗址S29地点发掘现场,了解到该地点的第7层仍有细石叶技术产品的出土。这是龙王辿遗址以外中国较早期另一处细石器遗存,为解读中国细石叶技术的源流提供重要资料。

沉积年代在距今2.3万~1.8万年阶段的S14地点是柿子滩遗址中另一个以细石叶技术为主导的地点,其石制品组合有小型端刮器、刮削器、尖状器、琢背刀、研磨工具、细石核、细石叶等，大量存在的燧石碎屑是压剥技术的副产品[12]。

（三）西施遗址

西施遗址位于河南省登封市大冶镇洧水河左岸的二级阶地上，包含上下两个文化层。其中：②b层为上文化层，该层仅出土1件燧石的石片；②c层为下文化层，该层在距地表2.5米～2.8米的深度范围内集中出土了8000余件石制品，是人类在较短时间内打制加工石器的结果，构成西施旧石器遗址的主要文化层。石制品中除石叶等产品外，还包括数件细石核和一些细石叶。细石核呈柱状，表面留有连续剥取细石叶的多个片疤。

采自西施遗址下文化层的3个^{14}C年代数据均为距今2.2万年左右，经过校正后的实际年龄应为距今2.5万年前后。同层的光释光测年也得到了相近的数据[13]。

（四）彭阳03地点

彭阳03地点位于宁夏回族自治区彭阳县白阳镇姚河村岭儿队，地理坐标为东经106°38′24″，北纬35°49′48″，发现于2002年。该地点的地层剖面可划分为5个自然层，其中第3层为黄褐色马兰黄土层，文化遗存位于该层的底部。从石制品旁边获得的炭屑样品AMS^{14}C测年数据为距今22080±400年（校正后）。该地点并未进行系统的发掘，仅从暴露的文化层中采集到1件楔形石核和2件细石叶，细石叶技术面貌上具有一定的原始性[14]。

二、扩散期

细石叶技术在中国北方逐渐扩散的时间为距今1.8万~1.4万年。

中国北方旧石器时代，直接打击的、以小石片制品为主的主工业长期存在，可见其于旧石器时代的早期到晚期，发展连续、滞缓[15]。到旧石器时代晚期，随着新技术因素的出现，华北地区的石器面貌开始转变。这些新技术因素中，细石叶技术是其中的典型之一。虽然其产品在出土遗物中并不占绝对比重，但遗址的数量渐多、分布区域扩大、技术日渐成熟。在以泥河湾盆地为代表的区域，出现了同时期内传统打制石器技术与细石叶技术并存的现象，前者表现为梅沟地点、苇地坡地点、西白马营遗址[16,17]，后者的代表为二道梁遗址。类似的情况在大地湾遗址的相关层位也有反映。

（一）柿子滩遗址S1和S9地点

S1下文化层出土粗大的打制石制品12件和1件性质不明的槽型砾石；上文化层包括细石器产品755件，打制石器1020件，磨盘及磨石等砾石石器18件，另有少量蚌饰、赤铁矿石等；发现10种动物骨骼化石，其中最多的是羚羊，共有数百枚羚羊牙齿。细石核以楔形石核和船形石核为主，另有部分锥形石核和漏斗形石核。该地点的^{14}C年代约为距今1.8万~1.1万年（校正后）[11,18]。

S9地点自上而下分为8个自然层，其中第1、3、4层有遗物出土，共有文化遗物2359件。出土石制品类型丰富，包括石核、石片、细石核、细石叶、工具类等共1646件，石磨盘和石磨棒各2件，颜料块和研磨石各1件。在2001年发掘中从第2层黑垆土下部发现临时性的小面积火塘。遗址年代约距今1.38万~0.85万年（校正后）[11,19]。

（二）大地湾遗址

大地湾遗址位于甘肃省秦安县五营乡邵店村，地理坐标为东经105°54′，北纬35°01′，早期的工作发现了大地湾一至五期文化遗存[20-25]。2004年至2006年，考古工作者在大地湾遗址的发掘中发现了从旧石器时代晚期延续到新石器时代的连续地层，遗址的年代扩展到距今6万年前，较完整地揭示了大地湾地区"人类依次经历了原始采集狩猎、先进采集狩猎、早期农作物栽培和成熟农业4个不同的经济发展阶段，建立了中国北方人类由采集狩猎经济到旱作农业经济发展的基本过程"[26]，自下而上六个文化层见表1[26-29]。

表1 大地湾遗址遗物构成[27]

文化层	1	2	3	4	5	6	合计
年代	距今6万~4.2万年	距今4.2万~3.3万年	距今3.3万~2万年	距今2万~1.3万年	距今1.3万~0.7万年	距今0.7万~0.57万年	
仰韶晚期陶片	*	*	*	*	*	0.18	0.07
半坡晚期陶片	*	*	*	0.02 a)	0.021	0.51	0.19
大地湾晚期陶片	*	*	*	0.02 a)	0.11	0.12	0.09
细石叶技术产品	*	*	0.12 a)	0.13	0.38	0.02	0.20
打制石器	1.00	1.00	0.88	0.80	0.48	0.17	0.46
标本数量	31	72	25	261	756	624	1769
标本数/立方米	10.2	36.2	8.1	54.9	124.3	273.7	

注：a)表示地层存疑，可能从地层裂隙或鼠洞中混入；*表示无。

第1文化层距今6万~4.2万年，遗物均为中国北方传统的石器打制方法产生的石制品；

第2文化层距今4.2万~3.3万年，与第1文化层相同，该阶段遗物均为中国北方传统的石器打制方法产生的石制品；

第3文化层的年代为距今3.3万~2万年（校正后），发现极少量石制品，无细石叶技术产品，是人类活动的一个低潮期，很可能是由于末次盛冰期环境条件的恶化造成食物匮乏而导致人口减少或迁徙；

第4文化层的年代为距今2万~1.3万年（校正后），遗物数量增加，暗示着该区域重新为人利用；该阶段的石制品仍以锤击法剥片技术为主，但细石器大量出现，在石制品中所占比重达到16%；

第5文化层年代是距今1.3万~0.7万年（校正后），该阶段细石叶技术产品的比重一跃达到38%，同时新石器时代早期的陶器也有一定数量的发现，该层仅发现少量植物遗存；

第6文化层已经完全进入了新石器时代，年代为距今0.7万~0.57万年（校正后），随着陶器产品的增多，细石器产品已经逐渐淡出。

（三）薛关遗址

薛关遗址位于山西省蒲县薛关村西1000米昕水河左岸，地理坐标为东经111°，北纬36°27′，1979年至1980年发掘，获得石制品4777件和部分哺乳动物化石。

自上而下可划分为四层，其中第2层的灰黄色粉砂土是文化层所在。石制品包括打制石器、细石器产品、石器、断块、残片等，细石核中船形石核占绝对比重，其次为楔形石核，也有部分半锥形石核、漏斗形石核等。工具加工精致，主要类型有刮削器、尖状器等，有部分矛头状尖状器通体加工，尖部锐利、端正，两侧缘锐利，总体呈三棱状、桂叶状。^{14}C年代测定为距今16100±440年（校正后）[30]。

（四）二道梁遗址

二道梁遗址位于河北省阳原县大田洼乡岑家湾村西南4千米处，地理坐标为东经114°39′，北纬40°13′，发现并发掘于2002年，发掘面积20平方米。

二道梁遗址出土普通石核、石片、细石核、细石叶及碎屑等石制品共1918件，有很高的拼合率。细石核均为船形石核，细石叶近端和远端被截去以方便镶嵌复合工具。制类工具加工精致，修疤规整，排列密集有序。利用动物骨骼进行^{14}C测得的年代为距今18085±235年（校正后），属于旧石器时代晚期[31, 32]。

（五）鸽子山遗址

鸽子山遗址位于宁夏回族自治区青铜峡市黄河西侧的鸽子山盆地，地理坐标为东经105°51′，北纬38°2′24″，1995年至1996年连续发掘。该遗址可分为上下两个文化层，中间过渡层为新仙女木事件干冷气候形成的风成沉积。两个文化层的文化面貌有极大区别：下文化层主体为打制石器技术，细石叶技术产品极少；上文化层细石叶技术产品激增，为主要石制品构成（表2）[33-36]。

表2 鸽子山遗址遗物构成[27]

遗物	下文化层 距今1.5万~1.35万年（校正后）	过渡层	上文化层 距今1.2万~1.16万年（校正后）	合计
细石核	2%	2%	2%	2%
细石叶	5%	2%	35%	22%

续表

遗物	下文化层 距今1.5万~1.35万年（校正后）	过渡层	上文化层 距今1.2万~1.16万年（校正后）	合计
细石器碎屑	14%	3%	31%	22%
打制石器产品	79%	93%	32%	53%
标本总数	199件	98件	425件	722件

三、爆发期

细石叶技术在中国北方逐渐扩散的时间为距今1.4万~1万年前后。

目前为止，该阶段中国北方地区经过系统发掘、测年的以传统打制石器技术为主体的遗址较为罕见，与之不同的是细石器遗存的大量出现。多数细石器遗存的年代也由于遗址暴露于地表而无法测定，但不与陶器大量共生的状况、部分堆积厚度大的遗址年代测定可让我们初步判断处于地表的遗址的年代应当是旧石器时代晚期末段。处于爆发期的细石器遗存常以地点群的形式出现[37]，除了上述的柿子滩遗址、鸽子山遗址、大地湾遗址的相关层位外，还有以虎头梁遗址、籍箕滩遗址为代表的一批遗址。此外，近年来在青海湖周边区域也发现了处于这一阶段的大量细石器遗存[38]，显示了新技术在中国北方地区存在的普遍性。

（一）虎头梁遗址

虎头梁遗址群包括一批旧石器时代晚期的遗址，经过多次调查、发掘，其代表性地点包括于家沟遗址和马鞍山遗址。

1. 于家沟遗址

于家沟遗址，即虎头梁65039地点，位于河北省阳原县东城乡虎头梁村西南500米的于家沟内，地理坐标是东经114°29′，北纬40°10′，从1965年开始进行了多次发掘。1995年至1997年发掘120平方米，出土石制品4万多件，石制品类型有石核、石片、细石核、细石叶、打制类工具、磨制石器等。工具类型有砍砸器、尖状器、刮削器、雕刻器、石矛头、石镞、锛状器、磨光石斧、磨盘、磨棒等。细石核中楔形石核占有绝对比重，其工艺稳定规范、制作精美，剥片过程中各个阶段的标本都可以找到，能够复原剥片工艺流程。部分细石叶也存在将近端和远端截去、只保留中段的现象，研究者推测这是为了制作复合工具。

该遗址的剥片技术主要是压制技术和锤击技术，砸击法很少使用。石器加工修理多采用软锤和压制技术，石器形态规则，刃口锐利，器表平整，工艺水平达到了旧石器时代的高峰期[31, 32]。

对虎头梁遗址以往出土的动物骨骼的^{14}C测年获得的绝对年代约为距今1.1万年[39]。北京大学环境学院对遗址剖面的系统采样和热释光测定显示，于家沟遗址的年龄约为距今1.37万～0.66万年[40]。第3a层出土的陶片热释光年龄约为距今1.17万年，显示了与剖面年代的吻合[32]。

2. 马鞍山遗址

马鞍山遗址位于河北省阳原县西水地村西南方一个形似马鞍的土岗南侧，地理坐标为东经114°28′，北纬40°10′。火塘中可见烧过的残骨和灰烬，在其外侧发现多处石制品密集区，包括大量石料、碎片、细石核、细石叶，还有许多工具毛坯、半毛坯及成品，石制品最丰富处的堆积厚达20余厘米，说明此处是人类加工、制作石器和消费食物的场所。石制品类型有石核、石片、细石核、细石叶、石器等，其原料、制作技术、形态特征、器物组合等与于家沟遗址相近。出土的300多件细石核均为楔形石核，完整地展示了细石核的预制毛坯、剥片、废弃过程。

AMS^{14}C方法对用火遗迹测年显示，马鞍山遗址的年代为距今13080±120年（校正后），该结果与地层及文化特征相符[31, 32]。

（二）籍箕滩遗址

籍箕滩遗址位于河北省阳原县籍箕滩村北约100米处桑干河南岸，地理坐标为东经114°26′，北纬40°06′，与虎头梁遗址群隔河相望。石制品类型有石核、石片、细石核、细石叶、石器、断块、残片等。121件细石核中有117件楔形石核。工具类型主要为凹缺刮器、刮削器和锛状器。端刮器、尖状器、雕刻器、石镞、石矛头等数量虽少，但器型规整，显示了较高的工艺水平。遗址中未见磨盘、磨棒等研磨类工具。

从地层及文化特征上推测，籍箕滩遗址的年代与于家沟遗址、马鞍山遗址的年代较为接近，都属于旧石器时代晚期末段[31]。

四、衰落期

进入早期新石器时代后，随着人群流动性的减弱和定居性的增强，动植物资源的广谱化和驯化在一定程度上满足了人类的食物需求，狩猎在经济生活中所占比重减小，人群流动中所需的生产、生活工具需求量减少。新石器时代，陶器的使用渐多，细石叶技术产品的比重逐渐降低，呈现从巅峰到衰落的变化。除大地湾遗址剖面清晰地显示了细石叶技术的衰落外，东胡林遗址、转年遗址、李家沟遗址也是其中的代表。在李家沟遗址连续的旧—新石器时代堆积中能清晰看到细石叶技术的衰落过程。

（一）李家沟遗址

李家沟遗址位于河南省新密市岳村镇李家沟村西约100米处，地理坐标为东经113°23′24″，北纬34°22′48″。遗址地层堆积跨越旧石器时代晚期到新石器时代早期。

李家沟遗址的旧石器文化遗存主要发现在南区第6层，在北区第7层也有发现。李家沟的细石器生产技术反映了其居民有精湛的石器加工技术，生产的工具类型有端刮器、琢背刀、石镞、雕刻器。在旧石器层位，发现烧制火候低、表面无装饰的夹粗砂陶片，还有数量较多的人工搬运石块。

该遗址新石器时代的文化层明显增厚，细石器数量剧减，说明该技术已经衰落。精致修理的工具类型也不复见，权宜型工具增多，磨盘类工具多见。

对采自南区第6层的木炭样品进行AMS ^{14}C年代测定，校正后的结果显示其年代为距今约1.05万~1.03万年。采自北区的木炭样品的测年结果的树轮校正值分别是：第6层，距今约1万年；第5层，距今约0.9万年；第4层，距今约0.86万年[41]。

（二）东胡林遗址和转年遗址

东胡林遗址位于北京市门头沟区斋堂镇东胡林村西清水河北

岸，地理坐标为东经115°43′36″，北纬39°58′48″。2001年至2006年的4次发掘揭露逾270平方米，发现灰堆14座，灰坑9座，火塘10余处，疑似房址2座，石制品14000余件，陶片60余片，动物骨骼15000件左右。自上而下可将地层划分为9层：第4、6、7层为自然堆积；第2、3、5、8、9层为人类活动层位，均为新石器时代早期文化层，^{14}C年代结果校正后为距今1.1万～0.9万年。

石制品以打制类为多，细石叶技术产品所占比重不足5%，磨制石器数量少。细石核以柱形和楔形为主；磨制石器多为局部磨光的小型斧、锛状器。发现的骨器包括骨锥、骨鱼镖、骨柄石刃刀等[42,43]。

转年遗址位于北京怀柔区宝山寺乡，其文化内涵与东胡林遗址基本一致，年代约为距今0.98万年[44]。

五、讨论与结论

细石叶技术在中国北方地区有悠久的历史，在传播的同时与当地资源、生态、文化传统融合产生不同工艺类型。尽管不同工艺类型可能代表了人群及石器生产策略的差异，但归根结底，各类细石核在预制、生产、使用过程等方面有一致或相似之处，体现在优质原料的选取、台面及核体的预制、软锤和压制技术的采用、单一台面同向连续剥片等多方面。各工艺类型当为同一技术传统下不同人群在有差异的环境及资源条件下的不同文化变种。与中国传统的打制技术相比，不同工艺类型的细石器生产技术从利用和节省优质原料、提高有效刃缘的产生率、制作和使用复合工具等角度具有相同性。因此，在大范围讨论细石叶技术的流传与扩散时，工艺类型的差异并不构成根本性影响。据上述材料，我们可以得出细石叶技术在中国北方地区出现、扩散、流行、衰落的一个时间框架。

以往有学者认为，柴寺遗址（即丁村7701地点）是具有细石叶技术较早的遗址之一，其年代可能在距今4万年之前[7]。关于此年代数据及遗址文化性质，学者们持有不同意见，笔者也有所存疑。近年来发掘的龙王辿遗址、柿子滩遗址、西施遗址有连续的地层沉积和测年基础，据这些遗址的数据可以初步判断，在距今2.9万～2.1万年（校正后）阶段细石叶技术已经在中国北方出现并有很成熟的剥片体系[9, 11]。此后一段时间，细石叶技术在华北地区虽有应用，但数量极少且年代上并不连续，未形成全面扩散的局面。泥河湾盆地的西白马营遗址有两个TL（热释光）年代数据：距今1.5万±0.1万年、距今1.8万±0.1万年，同时代的还有梅沟及苇地坡地点。这三处遗址均属于中国北方传统的小石器工业体系，该体系对石器的加工制作具有简单、随意、程度浅的特点[45]，在泥河湾盆地从旧石器时代早期一直延续。与这三处遗址同时期的泥河湾盆地中出现较发达的细石叶技术的遗址的典型代表即二道梁遗址。这些同时期的遗址中存在截然不同的技术传统，暗示着此时是一个细石叶技术与传统打制石器技术并重的阶段，掌握了两种技术的人群发生交汇。到籍箕滩遗址、虎头梁遗址群阶段的泥河湾盆地，细石叶技术已呈蓬勃之势，成为石器技术的主体。

国内学者在西北地区开展的旧石器考古工作少，且由于部分地区风化、破坏严重造成文化层残存少，不具备考古发掘或年代测定的条件，故该区域发现较早阶段的细石叶技术遗存少，但少数遗址的发现仍显示了与华北地区相似的发展过程。彭阳03地点少量细石器产品的出土表明早在距今2.2万年甚至更早时候，该地区的人类已经能够利用这项技术[14]。传统打制石器技术在大地湾遗址延续了几万年，在其距今2万～1.3万年（校正后）的第4文化层中，细石叶技术兴起[26]。鸽子山遗址、大地湾遗址的发掘材料显示，在距今1.3万～1.1万年细石叶技术愈发引人青睐，其所占的比重越来越高[27, 33]。距今1.3万年以来，细石叶技术成为石器技术主体，鸽子山上文化层、SDG12、大地湾第5文化层是其中的代表。随着新石器时代的来临，细石器产品的比重急剧下降，显示其在定居、半定居社会中的重要性降低，代表性遗址为大地湾第5文化层晚段及第6文化层。

泥河湾盆地中发现上百处旧石器时代遗址，石器技术有连续的发展序列。从打制石器技术为唯一生产技术，到打制石器技术与细石叶技术并存，到细石叶技术成为技术主体，到最终淡出历史舞台，泥河湾盆地为揭示细石叶技术在中国北方的兴衰提供了很好的素材。西北地区的考古材料也显示了与泥河湾盆地相似的发展历程。综合旧石器时代晚期的发现，广大中国北方地区细石叶技术的应用有可能与泥河湾盆地、西北地区有一致的时间过程，有一条从萌芽、扩散、爆发到最后衰落的时间线。这个过程反映了人类适应策略的转变，这与环境、资源、人群因素的变化有密切的关系，笔者将另撰文讨论。

注　释

[1] 安志敏．中国细石器研究的开拓和成果——纪念裴文中教授逝世20周年．第四纪研究．2002, 22（1）：6-10.

[2] 贾兰坡, 盖培, 尤玉柱．山西峙峪旧

石器时代遗址发掘报告. 考古学报, 1972 (1): 39-58.

[3] 安志敏. 河南安阳小南海旧石器时代洞穴堆积的试掘. 考古学报, 1965 (1): 1-27.

[4] 朱之男, 虎头梁遗址石制品研究. 博士学位论文. 北京: 中国科学院研究生院, 2006.

[5] Chen C., An J, Chen H. Analysis of the Xiaonanhai Lithic Assemblage, Excavated in 1978. Quaternary International, 2010 (211): 75-85.

[6] 安志敏. 中国晚期旧石器的碳-14断代和问题. 人类学学报, 1983, 2 (4): 342-351.

[7] 王建. 关于下川遗址和丁村遗址群7701地点的时代、性质问题——与安志敏先生讨论. 人类学学报, 1986, 5 (2): 172-178.

[8] 尹申平, 王小庆. 陕西宜川县龙王辿旧石器时代遗址. 考古, 2007 (7): 3-8.

[9] Zhang J F, Wang X Q, Qiu W L, et al. The Paleolithic Site of Longwangchan in the Middle Yellow River, China: Chronology, Paleoenvironment and Implications. Journal of Archaeological Science, 2011 (38): 1537-1550.

[10] 石金鸣. 山西重要考古发现——吉县柿子滩旧石器时代遗址. 中国文物报, 2011-1-7 (6-7).

[11] 宋艳花. 山西吉县柿子滩遗址石英岩石制品研究. 博士学位论文. 北京: 中国科学院研究生院, 2011.

[12] 柿子滩考古队. 山西吉县柿子滩旧石器时代遗址S14地点2002~2005年发掘简报. 考古, 2013 (2): 23-13.

[13] 北京大学考古文博学院, 郑州市文物考古研究院. 中原腹地首次发现石叶工业——河南登封西施遗址旧石器时代考古获重大突破. 中国文物报, 2011-2-25 (4).

[14] 吉笃学, 陈发虎, R. L. Bettinger, 等. 末次盛冰期环境恶化对中国北方旧石器文化的影响. 人类学学报, 2005, 24 (4): 270-282.

[15] 张森水, 中国北方旧石器工业的区域渐进与文化交流. 人类学学报, 1990, 9 (4): 322-333.

[16] 梅惠杰. 泥河湾盆地梅沟和苇地坡旧石器时代晚期地点. 人类学学报, 2006, 25 (4): 299-307.

[17] 谢飞, 于淑凤. 河北阳原西白马营晚期旧石器研究. 文物春秋, 1989 (3): 13-26.

[18] 山西省临汾行署文化局. 山西吉县柿子滩中石器文化遗址. 考古学报, 1989 (3): 305-323.

[19] 石金鸣, 宋艳花. 山西吉县柿子滩遗址第九地点发掘简报. 考古, 2010 (10): 7-17.

[20] 郎树德. 甘肃秦安县大地湾遗址聚落形态及其演变. 考古, 2003 (6): 83-89.

[21] 甘肃省文物考古研究所. 甘肃秦安大地湾遗址仰韶文化早期聚落发掘简报. 考古, 2003 (6): 19-31.

[22] 甘肃省文物考古研究所, 秦安大地湾新石器时代遗址发掘报告. 北京: 文物出版社, 2006.

[23] 甘肃省博物馆文物工作队. 1980年秦安大地湾一期文化遗存发掘简报. 考古与文物, 1982 (2): 1-8.

[24] 甘肃省博物馆文物工作队. 甘肃秦安大地湾遗址1978至1982年发掘的主要收获. 文物, 1983 (11): 21-30.

[25] 甘肃省博物馆, 秦安县文化馆大地湾发掘小组. 甘肃秦安大地湾新石器时代

早期遗存. 文物, 1981（4）: 1-8.

[26] 张东菊, 陈发虎, R. L. Bettinger, 等. 甘肃大地湾遗址距今6万年来的考古记录与旱作农业起源. 科学通报, 2010, 55（10）: 887-894.

[27] Bettinger R L, Barton L, Morgan C T, et al. The Transition to Agriculture at Dadiwan, People's Republic of China. Current Anthropology, 2010a, 51（5）: 703-714.

[28] Bettinger R L, Barton L, Morgan C T. The Origins of Food Production in North China: A Different Kind of Agricultural Revolution. Evolutionary Anthropology, 2010b（19）: 9-21.

[29] Barton L. Early Food Production in China & Western Loess Plateau, PhD Thesis, University of California Davis, 2009.

[30] 王向前, 丁建平, 陶富海. 山西蒲县薛关细石器. 人类学学报, 1983, 2（2）: 162-171.

[31] 谢飞, 李珺, 刘连强. 泥河湾旧石器文化. 石家庄: 花山文艺出版社, 2006.

[32] 梅惠杰. 泥河湾盆地旧、新石器时代的过渡——阳原于家沟遗址的发现与研究. 博士学位论文. 北京: 北京大学, 2007.

[33] Elston, R G, Xu C, Madsen D B, et al. New Dates for the North China Mesolithic. Antiquity, 1997, 71（274）: 985-993.

[34] Madsen D B, Li J Z, Elston R G, et al. The Loess/Paleosol Record and the Nature of the Younger Dryas Climate in Central China. Geoarchaeology, 1998, 13（8）: 847-869.

[35] Elston R G, Dong G H, Zhang D J. Late Pleistocene Intensification Technologies in NorthernChina. Quaternary International, 2011（242）: 401-415.

[36] Yi M J, Barton L, Morgan C, et al. Microblade Technology and the Rise of Serial Specialists in North-Central China. Journal of Anthropological Archaeology, 2013, 32（2）: 212-223.

[37] 陈胜前. 细石叶工艺产品废弃的文化过程研究. 人类学学报, 2008, 27（3）: 210-222.

[38] 仪明洁, 高星, 张晓凌, 等. 青藏高原边缘地区史前遗址2009年调查试掘报告. 人类学学报, 2011, 30（2）: 124-136.

[39] 卫奇. 泥河湾盆地考古地质学框架. 演化的实证——纪念杨钟健教授百年诞辰论文集. 北京: 海洋出版社, 1997: 193-207.

[40] 夏正楷, 陈福友, 陈戈, 等. 我国北方泥河湾盆地新—旧石器文化过渡的环境背景. 中国科学（D辑）2001, 31（5）: 393-400.

[41] 郑州市文物考古研究院, 北京大学考古文博学院. 新密李家沟遗址发掘的主要收获. 中原文物, 2011（1）: 4-6.

[42] 赵朝洪. 北京市门头沟区东胡林史前遗址. 考古, 2006（7）: 3-8.

[43] 崔天兴. 东胡林遗址石制品研究——旧新石器时代过渡时期的石器工业和人类行为. 博士学位论文. 北京: 北京大学, 2010.

[44] 李超荣, 郁金城, 冯兴无. 北京地区旧石器考古新进展. 人类学学报, 1998, 17（2）: 137-146.

[45] 高星, 裴树文. 中国古人类石器技术与生存模式的考古学阐释. 第四纪研究, 2006, 26（4）: 504-513.

原载于《边疆考古研究（第16辑）》, 科学出版社, 2014年

青藏高原边缘地区晚更新世人类遗存与生存模式
◎ 高星　周振宇　关莹

一、引言

晚更新世是人类演化的关键时期。在此阶段，人类扩散到地球可供生存的各个角落，开发了前人未能涉足的许多领地，加快了区域间的迁徙和交流；现代人类在这一阶段完成了从直立人和早期智人向晚期智人的进化，在生物特征上形成了现代人的体质架构，在行为与文化上实现了智能与技术的飞跃，为日后从狩猎采集经济向定居农业的转变奠定了智能与社会的基础；此段时期地球上大部分地区处在末次冰期的环境之下，人类的演化经历了严寒气候和冷暖、干湿的波动，不同地区的人类演化过程、生存方式和文化技术受到当地环境的制约，表现出不同的适应生存特点，区域文化特色显著增强；由于体能的增进、智能与技术的提高和人口的增加，人类对生存资源的开发程度加剧，人类活动对环境的改造与破坏作用更加显现[1-3]。青藏高原边缘地区（指青藏高原东北缘，海拔处于2000米～4500米的区域）地域广袤，生态环境相对恶劣，对古人类的迁徙和地域开发构成挑战。目前的证据表明，人类可能在晚更新世晚期才扩散到这一区域，他们留下的遗存大多不超过距今3万年[4,5]。随着气候的波动和环境变化，这些早期开发者在这里经历了领地扩张和收缩[6]，其生存模式也发生了相应的改变。

早在20世纪20年代，瑞典考古学家安特生就曾在甘青地区进行考古调查，并发现了一批遗址[7]，对青藏高原边缘地区的史前考古遗存做了最早的区系文化研究。1948年夏，中国旧石器时代考古学之父裴文中先生对青海湟水地区进行了考古调查，在新石器时代考古方面取得重要成就[8]。至今，在青藏高原边缘地区已发现大批史前遗址，其中主要属新石器时代，据此建立起相对完整的考古学文化序列，包括马家窑文化、宗日文化和齐家文化[9]。而旧石器时代的遗存发现较少，在很长一段时间内，于20世纪80年代初发现于柴达木盆地边缘的小柴旦地点是为世人所知的唯一一处可能的旧石器时代遗址[10]。进入21世纪，对人类开发极端环境地区的过程、机制和人与环境耦合关系研究的重视，使该地区进入考古学家和古环境学家的视野，科学考察接踵而至，旧石器考古研究取得长足的进展。数年来，中国科学院古脊椎动物与古人类研究所、中国科学院青海盐湖研究所、兰州大学等机构与美国沙漠研究所、得克萨斯大学、加利福尼亚大学等科研单位合作，对青藏高原边缘地区进行了长期而系统的野外考察，发现了一系列旧石器遗址，获得珍贵的远古人类生存资料。尤其在青海湖附近的青藏高原北部边缘（海拔高度3000米~4000米）发现多处距今1.5万~1万年的人类活动遗存，包括石制品、动物碎骨、用火遗迹和生活面，对人类征服高原地区的时间、方式以及人类行为与环境的关系等课题取得新的认识[11,12]。

二、青藏高原晚更新世以来气候变化

古环境变迁对古人类体质进化和旧石器文化演变起到了十分重要的制约和影响作用。

由于对黄土和冰芯的研究积累,我们得以知晓青藏高原晚更新世以来的气候与环境变化的大致过程。自距今13万年倒数第二次冰期结束、转入广义的末次间冰期(MIS 5阶段)以来,青藏高原经历了完整的冰期—间冰期轮回,可以清楚地划出各个亚阶段(末次间冰期5a~5e,末次冰期4阶段、3阶段和2阶段,全新世早期、中期和晚期)[13]。末次间冰期(MIS 5)期间,夏季风势力强大、气候温暖湿润成为青藏高原东部的主要气候特征;末次冰期早期(MIS 4),气候冷湿;末次冰期间冰段(MIS 3)经历了夏季风强大、减弱、再增强的过程,总体上气候温暖湿润,适合人类生存;进入末次盛冰期(MIS 2),冬季风极为强大、气候干旱寒冷,出现荒漠景观[14,15],不利人类生存。本阶段晚期夏季风开始加强,标志着末次冰消期的到来[15]。该时期末期存在一次冬季风迅速加强事件,推断应与新仙女木事件相当[15]。青藏高原在MIS 5e阶段(距今12.5万年)和MIS 3阶段后期(距今3.5万年),平均温度高出现代5℃(全球平均值只高1~2℃)[13]。在这两个阶段,高原成为强热源,吸引南亚夏季风强有力的入侵,季风降水几乎惠及整个区域,特别是高原东部降水丰沛,森林植被得以扩展到高原中部[13]。这应该是古人类开发的有利时机。在冷期,如末次冰期最盛期(LGM),该地区较现代降温平均达7℃,显著大于全球平均值(5℃),此时除夏季以外高原基本上为冰雪覆盖[13],人类难以生存。根据古里雅冰芯的研究结果,几个主要的暖期到冷期(如5e阶段至5d阶段,5a阶段至4阶段，3阶段至2阶段）都是突变过渡，3000年左右时间急剧降温10℃以上，从冷期到暖期变化稍为和缓[16]。与此相对应，青藏高原东北部的古植被经历了高寒荒原、草原、草甸、暗针叶林等7个演化阶段[17]。

青藏高原东北边缘的青海湖沿岸是古人类遗存、旧石器考古遗址的密集分布区。晚更新世晚期，这里的湖泊水域一度扩大，湖水变深，气候湿润，沉积了粉砂质黏土及黏土层，微细层理很发育；距今1.82万年（校正后）左右为末次冰期盛冰阶进入晚冰期的界限，青海湖水域缩小，湖水变浅，湖滨砂砾层取代深湖相沉积，显然这是由于气候变干所致；晚冰期气候不稳定，相对的冷暖波动十分频繁[18]。自距今1.54万年（校正后）起，气候开始向暖湿化发展，距今0.74万年（校正后）时达到暖湿组合的鼎盛期。距今1.54万~1.41万年（校正后）和距今1.37万~1.29万年（校正后）之间为两次相对暖湿事件；距今1.6万~1.54万年（校正后），距今1.41万~1.37万年（校正后）和距今1.29万~1.21万年（校正后）期间为3次冷干事件[18-23]。尽管关于青藏高原的泛湖期和青海湖高湖面的研究仍有不同意见[24-28]，但是晚更新世以来青藏高原边缘地区确实存在数个气候湿润、湖水扩张的时期[14]。随着高分辨率气候指标、精确测年方法的出现，发现大尺度—长时间的环境变化背景下，存在着若干小尺度—短时期的暖湿期和冷干期。这些变化对古人类的迁徙和适应生存都产生着重要的影响。正是伴随着这些气候条件变化的节奏，远古先民们踏上了"进军"高原的征途。

三、主要遗址介绍

迄今已经在青藏高原边缘地区发现数十处旧石器时代遗址（图1）。除小柴旦遗址发现于20世纪80年代之外，其余地点都是近年发现的。初步研究显示这些遗址出土的石制品、动物化石、其他文化遗存和埋藏情况、地层年代及环境信息对于探讨古人类扩散的时空范围、生存模式、技术传统、文化特征以及当地古环境演变等一系列关键学术问题都具有非常重要的研究价值。以下简要介绍主要旧石器地点。

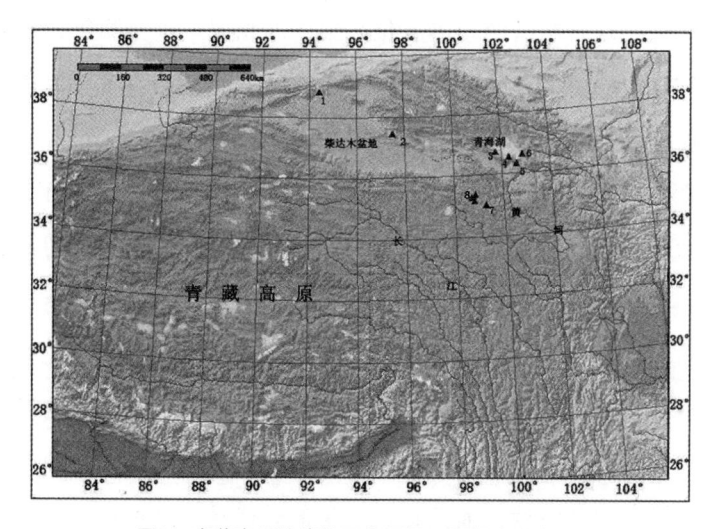

图1　青藏高原边缘地区主要旧石器地点分布图
1.冷湖[5]；2.小柴旦[5,10]；3.黑马河[11]；4.江西沟[11]；5.沟后水库（GH001）；
6.娄拉水库；7.下大武；8.冬格措纳湖诸地点

1.小柴旦遗址

1982年发现于柴达木盆地边缘，随后进行过进一步的调查，采集到石制品160件，被认为是青藏高原地区确定的第一处旧石器时代遗址[10]。石制品出自小柴旦湖东南岸高出湖面（海拔3170米）8

米~13米的湖滨阶地上部的砂砾层中。石制品包括石核、石片、砍砸器、刮削器、端刮器、石钻、雕刻器等。该地点的石制品组合接近华北的传统石片工业[29]，未见预制石核或修理台面技术，也不见石叶和细石叶制品。石器基本以石片为毛坯，形体较小。原料主要为石英岩砾石。用^{14}C方法测得年代数据显示，该遗址的时代为距今3万年左右[10]。

2. 冷湖1号地点

发现于青海省海西蒙古族藏族自治州冷湖镇。该地点海拔2804米，石制品埋藏于保存良好的滩脊之内，调查时进行地表采集，未发掘。对发现石制品的相应层位采集的湖相泥炭进行测年，结果为距今3.721万±0.113万年（校正后）[5]。该地点为青藏高原边缘地区发现的有准确年代数据的最早的旧石器时代遗址。

调查采集的石制品共3件，包括2件石核和1件石叶。所有石制品均以细腻的灰绿色石英岩为原料，石核与石叶均体现了与勒瓦娄哇石叶剥制技术相似的风格，这种技术特点与宁夏水洞沟遗址出土的石制品[30]相近似，年代也大体接近甚至更早，似乎让人窥见有这种技术标识的人类群体向高海拔地区探索的步履。但由于该地点石制品数量太少，对其组合特征和技术特点及其反映的古人类种群属性尚无法做更多的解读；而且在这样早的时代具有这种技术风格的遗址目前在该地区还只发现这一处，做有关史前人类迁徙与交流的推断尤当谨慎。

3. 黑马河1号地点

1988年1月7日《人民日报》刊载消息，地质学家于青海湖南岸黑马河附近黄土阶地地面以下110米~115米的黄土中发现石制品和骨制品[4]。2004年中美考察人员在青海省共和县黑马河镇发现黑马河1号地点。该地点海拔3210米，埋藏于青海湖西南缘黑马河阶地的黄土内。考察队员在该地点进行了小规模试掘，面积约14平方米，发现古人类的生活面及灰堆等遗迹。主灰堆由带有火烧痕迹的花岗岩砾石、闪长岩砾石、炭屑及灰烬组成，花岗岩和闪长岩砾石堆砌成圆圈状半切入黄土中，中间为大量的炭屑和部分文化遗物。次灰堆位于主灰堆南侧约1米处，也发现有火烧痕迹的砾石、炭屑、灰烬和未烧过的石制品。由于此灰堆之下地面无火烧氧化痕迹，推测此灰堆系由主灰堆扰动产生。

发现的石制品包括1件石英岩石核，2件细石叶残片，1件两面修理的刮削器及数件石片，同时还发现可能用于研磨植物或者磨制骨器、木器的圆形砾石。从文化层中发现48件碎骨，无法鉴定种属，推测为中型哺乳动物，从碎骨的破裂程度及破碎方式判断它们是古人类敲骨吸髓的产物。此外还发现蛋壳的碎片（0.7毫米厚）。

剖面黄土中部发现有微弱发育但清晰可辨的古土壤，经过^{14}C测年判断该古土壤晚于距今1.25万年（校正后）[11]，代表了稍早于新仙女木事件的一段时间。遗迹及遗物位于该层古土壤之下，通过用灰堆及文化层内发现的炭屑进行测年，测定文化层的年代为距今1.31万~1.29万年（校正后）[11]。

根据发现的文化遗迹和遗物，我们推测黑马河1号遗址由一次古人类的小规模宿营形成；古人类在此加工，食用了类似于羚羊一类的中型哺乳动物及蛋类。推测他们使用烧热的砾石将肉类加工至熟。石器技术包括了细石叶打制技术和两面加工技术[11]。

4. 江西沟1号地点

2004年发现，遗存埋藏于海拔3300米的青海湖古湖岸之上的风成沙丘的具有交错层理的细砂层中。遗址紧挨江西沟，向北415千米即为现代青海湖湖岸。经过试掘，发现两个文化层，主要遗迹为两个不同层位的灰堆（图2）。

图2　江西沟1号地点地层剖面

上文化层灰堆位于沙丘顶部35厘米之下，其下2米为沙丘底部，推测当时人类在沙质地表上用火、并未挖灶坑。该灰堆为长50厘米、厚2厘米的透镜体，保留炭屑、灰烬条带。灰堆旁发现2件花岗岩砾石。发现的石制品包括2件剥制细石叶产生的碎片，1件细石叶，2件中型哺乳动物的长骨碎片。通过灰堆中发现的炭屑测年，得出距今1.48万~1.416万年（校正后）的数据[11]。

下文化层灰堆位于上层灰堆之下55厘米处。发现范围约为60厘米×110厘米大小的古人类生活面，形状不规则。灰堆以炭屑和灰烬为主，直径65厘米，厚约1厘米。通过对灰堆中发现的炭屑测年，得知文化层形成于距今1.492万~1.42万年（校正后）[11]。下文化层出土石制品107件，其中78件以细腻的黑灰色变质岩为原料，20件以中等颗粒的粉红色花岗岩为原料，9件以红褐色燧石为原料。大部分石制品长度在5毫米~10毫米，多为普通的石片和碎片。另发现一些因受热破碎的小型砾石和4件大型石英岩砾石（长轴大于25厘米）。

从石制品体积和技术特征推断它们为预制石核、修理或加工工具的产物。虽然未直接发现细石叶，但根据技术分析，石片多为预制细石核的副产品。大部分花岗岩石片应为加热食物的烧石或石砧的副产品。文化遗物还包括109件碎骨，多为长骨及肋骨的碎片（块）。其中1件表面发现切割痕迹，另1件发现砸击痕迹，推测为古人类敲骨吸髓的产物[31]。

黑马河1号地点和江西沟1号地点都显示了更新世晚期古人类在青海湖湖岸地区短时间、小规模的宿营活动以及针对中小型哺乳动物的消费行为。

5.娄拉水库地点

2007年6月发现于青海省海北洲娄拉水库西侧，海拔3395米。该地点埋藏于黄土下的风成沙丘中，由于修建娄拉水库时取土、取沙，导致文化遗迹和遗物暴露。我们对其进行了调查、记录，但未做发掘。采用区域调查法，以发现的一处灰堆为中心，布10米×10米探方，搜集探方内地表的所有文化遗物并记录遗迹现象。

灰堆平面呈30厘米×30厘米的不规则形，主要包含物为炭屑、灰烬、烧骨和石制品。灰堆以圆形砾石堆砌环绕而成，砾石有火烧痕迹。探方区域内发现的石制品以灰堆为中心向外扩散分布，中心处分布密集。石制品类型主要包括石片、碎屑和断块，另有少量细石叶残片。主要原料为石英。

初步判断该遗址形成年代为距今1.3万年，具体的年代数据仍在实验室分析中。

6.沟后001地点

2007年6月发现于青海省共和县沟后水库附近，海拔3056米。该地点位于共和盆地边缘沟后峡的高河漫滩内。由于沟后水库的修建，该河流已基本干涸。
该地点经过了小规模试
掘，试掘面积1米×3米。
文化层位于距地表1.5米
深处，主要遗迹为分布面
积25厘米×25厘米的灰堆
（图3），由炭屑、灰烬和
砾石组成。石制品数量不
多，仅从文化层堆积物中
筛选出数件细石叶残片，
主要原料为燧石和石英。
灰堆中的砾石零散分布，
多有火烧痕迹，其中2件因
加热而断裂，应该是用来
加热食物的烧石。

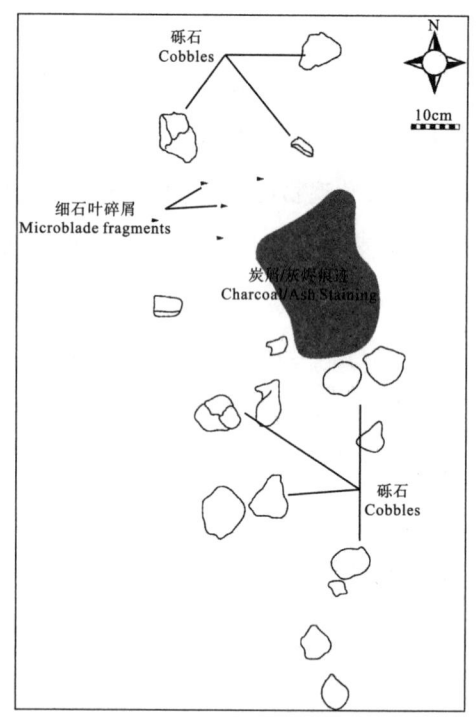

图3 沟后001地点灰堆遗迹平面图

　　剖面由上至下堆积物分别为：黄土、古土壤、细砂和粗砂交错层。文化层位于黄土和古土壤之下的砂层中，推测古人类在当时河流的河漫滩进行了短暂的宿营。具体年代的测定工作仍在进行中，根据遗址所处的地貌位置和地层推断其形成年代不早于距今1万年。

　　7. 下大武地点

　　2007年7月发现于青海省玛沁县下大武乡，海拔3992米，未进行发掘。文化遗物主要分布于清水河一级阶地砾石层之上的黄土堆积内，黄土堆积最厚处达4米。地表可采集到大量石制品，包括细石核、细石叶和刮削器等，大多以细腻的黑色石英砂岩和燧石为原料，在当地老乡取土遗留的黄土剖面上也发现保留在原生层位的石制品。在一处位于砾石层之上的灰堆中采集了土样和炭屑进行年代测定，实验室分析仍在进行中。

该地点地貌部位清晰，地层保存完整，文化遗物丰富，有考古发掘与研究的巨大潜力。

8. 冬格措纳湖1~5号地点

2007年7月发现于青海省玛沁县冬格措纳湖湖岸阶地顶部，海拔4106米，未进行发掘。文化遗物主要分布于古湖岸堆积顶部，经过拉网式调查，共发现5处富含石制品的地点，主要类型包括普通石核、细石核、细石叶、石叶、刮削器、石片和经过加工的工具。石制品均经历了一定程度的风化磨蚀。

目前可见的两级湖岸阶地均发现有石制品，阶地高度5米~10米不等，古人类可能根据湖水的涨落有选择地生活于此，相信该地点具有很大的研究潜力。

四、初步研究成果与讨论

迄今为止获得的旧石器考古材料及相关研究表明，青藏高原边缘地区至少在距今3万年前就有人类活动。到目前为止，所做的工作主要是针对重点区域开展旧石器调查、采集，对重要地点进行试掘，对发现的石制品、动物化石进行鉴定、分析研究，同时对部分遗址进行年代和环境分析。通过一系列野外工作和测试，我们对该地区旧石器文化面貌、技术传统及人类生存模式等学术问题有了初步的认识。

（一）石制品组合

由于目前掌握的材料零散、有限，难以反映整个地区的旧石器文化面貌。发现的石制品类型包括：石核、细石核、石片、石叶、细石叶、刮削器，修理石叶及修理石片等（图4）；还有一些用于堆砌火塘及作为烧石的砾石。整体上看，石制品基本为小型者，既有普通石核与石片的组合，也存在石叶、细石叶组合。大部分石核具有修理台面的技术特征。石片、石叶以及细石叶数量最多，一部分被加工修理成刮削器等工具类型。有的遗址当中，普通石片技术与石叶技术并存，普通石片传统与细石叶工艺并存，石叶技术与细石叶工艺共存，或者三者同时存在，这既可能与地表采集难以区分层位有关，另一方面也可能部分反映了石器组合的面貌和由此隐含的工具多样化功能。石制品主要以优质、细腻的燧石、石英岩和石英为主，选自于附近的河滩砾石或岩脉的露头。作为烧石和石砧等其他用途的砾石则主要以花岗岩为主，为就地取材，因地制宜。

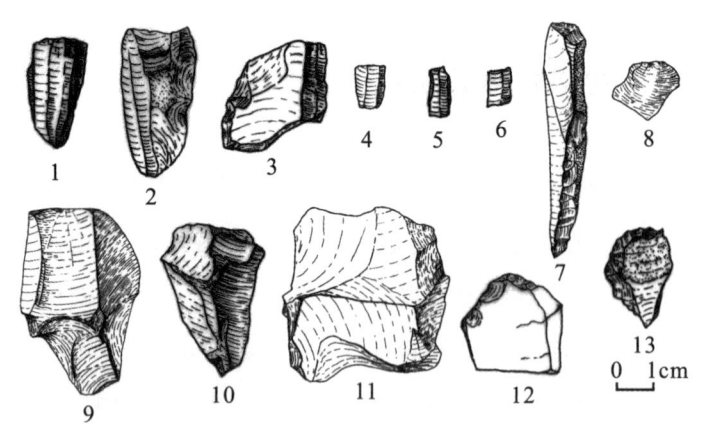

图4　青藏高原边缘地区发现的晚更新世石制品
1~3.细石核；　4~6.细石叶断片；　7.鸡冠状石叶；　8.石片；　9.石核；
10.石片；　11.有修理痕迹的石片；　12、13.刮削器；
1，2，3，5，6，10，12，13.冬格措纳湖地点；
4，7，8，9，11.下大武地点

（二）文化源流

有很多学者做过中国北方旧石器时代晚期石器工业类型研究，并以此探讨晚更新世人类技术的发展和不同地区间人群的迁徙或文化交流。张森水认为小石器为主的文化传统与长石片—细石器为主的文化传统代表了华北旧石器时代晚期石器工业的主要变体[29]，黄慰文将其划分为小石器传统、石叶工业和细石器工业[4]，李炎贤[32]和林圣龙[33]也做了相似的划分和归类。总体上，学术界基本一致地将北方旧石器时代晚期石器工业划分为小石片工业、石叶工业和细石叶工业3个类型，但对其传承关系和各自的渊源则存在不同的认知[4, 29, 32, 33]。根据目前发现的有限的考古学材料，我们认为青藏高原边缘地区旧石器时代晚期文化面貌与中国北方其他地区同时期的石器工业基本一致，反映当时活跃在中国北方地区的主体人群和其技术与生存行为方式具有同一性。从冷湖1号地点发现的寥寥几件具有预制技术特征的石叶产品与宁夏水洞沟遗址出土者具有相似的风格[30]，小柴旦遗址出土的小石片工具组合与华北源远流长的小石器[29]传统吻合，而若干晚于距今1.5万年遗址发现的细石器遗存则与华北距今2万年以后出现的细石器[29]工业雷同。我们知道，在旧石器时代晚期，人类智能发生飞跃，石器制作技术和人类生存模式发生革命性的改变，人口膨胀、扩散[34]。古人类迁徙辐射的同时也将旧石器文化带到了不同的地区。水洞沟具有莫斯特技术特征的石叶工业被认为是中西方人群迁徙或文化交流的产物[35]，华北细石器工艺的起源也有"本土说"[36]和"北来说"[37]。目前在青藏高原的边缘地区发现小石片工具、石叶工具和细石叶工具3种组合，后者显然晚于前二者。而当细石叶出现以后，小石片和石叶遗存仍隐约可见。由此推测，该地区的古人类迁徙与技术发展并非是单向直线式的，而是错综复杂的。可能在不同的时段、不同的区域有过不同人群的开发行为。他们是否有过互动，有过怎样的互动，我们尚不得而知。

目前在青藏高原的边缘地区发现的古人类遗存十分零散，年代相对较晚，在石器文化方面基本属于中国北方的文化体系。与华北丰富而呈现连续发展的旧石器时代工业相比，后者当为区域性的古人类演化和文化发展的中心，而青藏高原的旧石器文化是其辐射、衍生的结果；二者间具有一脉相承的关系。需要指出的是，青藏高原是具有强烈自身环境特点的地理单元，对气候变化更加敏感，晚更新世环境变化在这里可能呈现被放大的效应，对古人类适应生存的影响作用会更加显著，因此应该存在着与中国北方其他地区不同的人类扩张、缩退和生存方式演变模式，区域文化也应具有自己的特点。

（三）人类生存模式与环境制约

作为世界屋脊的青藏高原，海拔越高的地区越不适宜人类生存；高寒缺氧、生物资源稀少、食物资源分布不均匀等原因都制约着古人类的迁徙、开发和技术发展。根据目前的发现，末次冰期间冰段（MIS 3）后期，温暖湿润的环境使得狩猎—采集者首次出现在该地区。他们的人数可能很少，留下的遗存十分有限，我们对他们的了解也如盲人摸象一般。他们中有的群体可能拥有当时较为先进的石叶技术，可以用锋尖利刃的石叶工具狩猎捕食。他们的生存行为以湖泊为中心，因为这里富积着他们需要的水源和动植物食物资源。适宜的环境，缺少争食竞争者，应该使他们的生存变得容易。但是否有生理上的不适应或其他的自然阻力，我们疏于考证。

随着末次冰期最盛期的到来，湖水退缩，生物资源减少，以湖泊为中心的资源带变小，之间的距离拉大。恶化的环境可能使得一部分人群消亡了，另一些人迁徙到相对暖湿、生物资源相对丰富的地域。于是我们很少能发现这一时期人类在这里生存的遗迹。

末次冰期冰后期，气温慢慢回升，适宜的气候条件和生存环境再现，人类重新回到高原的边缘地区[12,38,39]。这时的人类开发活动似乎更具规模，更加系统深入，开发者拥有了细石器技术和由此带来的复合工具，狩猎采集的能力增强，生存领地扩大，不再局限于湖泊的周围，在一些河岸也出现了他们征服的足迹。黑马河、江西沟、娄拉水库、沟后、下大武、冬格措纳湖等一系列分布相对密集、年代在距今1.5万年之后的遗址的出现便是明证。但较之华北腹地，这里的人们还是留下了在特殊环境下以特定的生存模式遗存下的印记：大多遗址表现为短时营地的特点，大多遗址保留古人类用火的遗迹，有的遗址存在的碎骨体现出古人类敲骨吸髓的特征。这些说明古人类是处于高频迁徙移动的状态以利用稀薄的食物资源；他们必须借助火的热度取暖和熟食；而一旦得到食物，就要将其消费至穷尽。这正是古人类对所处环境适应、应变，变不利为有利的结果。

当然，由于目前掌握的材料相当有限，对古人类生存模式的推测与阐释尚需更加翔实的考古材料加以验证。

致谢：感谢青海考察组其他成员在野外工作中做出的贡献和对本文写作给予的支持和建议。他们包括：兰州大学陈发虎教授，中国科学院青海盐湖研究所马海州研究员，美国得克萨斯大学David B.Madsen教授，美国沙漠研究所Robert G. Elston和David Rhode博士，美国加州大学洛杉矶分校P. Jeffrey Brantingham博士，美国亚利桑那大学John W. Olsen教授等。

参考文献

[1] Dawson A G. Ice Age Earth: Late Quaternary Geology and Climate. London: Routledge, 1992: 293.

[2] 刘东生. 开展"人类世"环境研究，做新时代地学的开拓者——纪念黄汲清先生的地学创新精神. 第四纪研究, 2004, 24（4）: 369-378.

[3] 吴新智. 与中国现代人起源问题有联系的分子生物学研究成果的讨论. 人类学学报, 2005, 24（4）: 259-269.

[4] 黄慰文. 中国旧石器晚期文化. 见: 吴汝康, 吴新智, 张森水主编. 中国远古人类. 北京: 科学出版社, 1989: 222-232, 236.

[5] Brantingham P J, Gao X, Olsen J W, et al. A short chronology for the peopling of the Tibetan Plateau. In: Madsen D B, Chen Fahu, Gao Xing eds. Late Quaternary Climate Change and Human Adaptation in Arid China (Developments in Quaternary Science). Amsterdam: Elsevier, 2007: 129-150.

[6] Brantingham P J, Kerry K W, Krivoshapkin A I, et al. Time 2 space dynamics in the early Upper Paleolithic of North East Asia. In: Madsen D B ed. Entering America: North East Asia and Beringia Before the Last Glacial Maximum. Salt Lake City: University of Utah Press, 2004: 255-284.

[7] Andersson J G. Researches into the prehistory of the Chinese. BMFEA, 1943, 15: 1-304.

[8] PeiWenchung. Archaeology research in Kansu. Peking Natural History Bulletin, 1948, 16（3-4）: 231-238.

[9] 许新国. 青海考古的回顾与展望. 考古, 2002,（12）: 1059-1067.

[10] 黄慰文, 陈克造, 袁宝印. 青海小柴达木湖的旧石器. 见: 中国科学院中澳第四纪合作研究组编. 中国—澳大利亚第四纪学术讨论会论文集. 北京: 科学出版社, 1987: 168-175.

[11] Madsen D B, Ma Haizhou, Brantingham P J, et al. The late Upper Paleolithic occupation of the northern Tibetan Plateau margin. Journal of Archaeological Science, 2006, 33（10）: 1433-1444.

[12] Brantingham P J, Gao Xing. Peopling of the northern Tibetan Plateau. World Archaeology, 2006, 38（3）: 387-414.

[13] 施雅风, 李吉均, 李炳元主编. 青藏高原晚新生代隆升与环境变化. 广州: 广东科技出版社, 1998: 417-442.

[14] Herzschuh U. Palaeo-moisture evolution in monsoonal Central Asia during the last 500000 years. Quaternary Science

Reviews, 2006, 25 (1-2): 163-178.

[15] 潘保田, 王建民. 末次间冰期以来青藏高原东部季风演化的黄土沉积记录. 第四纪研究, 1999, 4: 332-335.

[16] 姚檀栋. 末次冰期青藏高原的气候突变——古里雅冰芯与格陵兰GRIP冰芯对比研究. 中国科学 (D辑), 1999, 29 (2): 175-184.

[17] 阎革, 王富葆, 韩辉友, 等. 青藏高原东北部30ka以来的古植被与古气候演变序列. 中国科学 (D辑), 1996, 26 (2): 111-117.

[18] 沈吉, 刘兴起, Matsumoto R, 等. 晚冰期以来青海湖沉积物多指标高分辨率的古气候演化. 中国科学 (D辑), 2004, 34 (6): 582-589.

[19] 山发寿, 杜乃秋, 孔昭宸. 青海湖盆地35万年来的植被演化及环境变迁. 湖泊科学, 1993, 5 (1): 9-17.

[20] 刘兴起, 沈吉, 王苏民, 等. 16ka以来青海湖湖相自生碳酸盐沉积记录的古气候. 高校地质学报, 2003, 9 (1): 38-46.

[21] Colman SM, Yu Shiyong, An Zhisheng. Late Cenozoic climate changes in China's western interior: A review of research on Lake Qinghai and comparison with other records. Quaternary Science Reviews, 2007, 26 (17-18): 2281-2300.

[22] 刘兴起, 王苏民, 沈吉. 青海湖QH-2000钻孔沉积物粒度组成的古气候古环境意义. 湖泊科学, 2003, 15 (2): 112-117.

[23] 陈克造, Bowler J M, Kelts K. 四万年来青藏高原的气候变迁. 第四纪研究, 1990, 1: 21-31.

[24] 郑绵平, 袁鹤然, 赵希涛, 等. 青藏高原第四纪泛湖期与古气候. 地质学报, 2006, 80 (2): 169-180.

[25] 贾玉连, 施雅风, 范云崎. 四万年以来青海湖的三期高湖面及其降水量研究. 湖泊科学, 2000, 12 (3): 211-218.

[26] 赵希涛, 朱大岗, 严富华, 等. 西藏纳木错末次间冰期以来的气候变迁与湖面变化. 第四纪研究, 2003, 23 (1): 41-52.

[27] 李世杰, 张宏亮, 施雅风, 等. 青藏高原甜水海盆地MIS 3阶段湖泊沉积与环境变化. 第四纪研究, 2008, 28 (1): 122-131.

[28] Madsen D B, Ma Haizhou, Rhode D, et al. Age constraints on the Late Quaternary evolution of Qinghai Lake, Tibetan Plateau. Quaternary Research, 2008, 69 (2): 316-325.

[29] 张森水. 中国北方旧石器工业的区域渐进与文化交流. 人类学学报, 1990, 9 (4): 322-333.

[30] Breuil H. Archéologie. In: Boule M, Breuil H, Licent E, et al. eds. Le Paleolitique de la Chine. Paris: Masson, 1928: 103-136.

[31] Madsen D B, Ma Haizhou, Brantingham P J, et al. The late Upper Paleolithic occupation of the northern Tibetan Plateau margin. Journal of Archaeological Science, 2006, 33 (10): 1433-1444.

[32] 李炎贤. 中国旧石器时代晚期文化的划分. 人类学学报, 1993, 12 (3): 214-223.

[33] 林圣龙. 中西方旧石器文化中的技术模式的比较. 人类学学报, 1996, 15 (1): 1-20.

[34] 陈胜前. 中国北方晚更新世人类的适应变迁与辐射. 第四纪研究, 2006, 26 (4): 522-533.

[35] 宁夏文物考古研究所. 水洞沟: 1980年发掘报告. 北京: 科学出版社, 2003: 209-219.

[36] 贾兰坡. 中国细石器的特征和它的传统、起源与分布. 古脊椎动物与古人类, 1978, 16 (2): 137-143.

[37] 裴文中. 中国史前时期之研究. 上海: 商务印书馆, 1948: 1-235.

[38] Brantingham P J, Ma Haizhou, Olsen J W, et al. Speculation on the timing and nature of Late Pleistocene hunter-gatherer colonization of the Tibetan Plateau. Chinese Science Bulletin, 2003, 48 (14): 1510-1516.

[39] 周笃珺, 马海州, Brantingham P J, 等. 晚更新世以来青海北部的人类活动与湖泊演变. 盐湖研究, 2003, 11 (2): 8-13.

原载于《第四纪研究》2008年第28卷第6期

MIS 3晚期阶段的现代人行为与"广谱革命"：来自水洞沟遗址的证据

◎ 关莹　高星　李锋　裴树文　陈福友　周振宇

　　更新世最后一个阶段，晚期智人在全球范围内扩散，逐渐占据了除南极洲以外的各个大洲，孕育出了丰富多彩的旧石器时代晚期文化[1-4]。在中国，旧石器时代晚期文化体现为北方以小型石片石器为主体工业、南方以大型砾石工具为主体工业的二元分布格局[5-7]，同时在北方夹杂着勒瓦娄哇石制品、石叶、细石叶制品等文化因素的小类群。这些主体与小类群共同形成了中国大陆有别于北美、中亚、西亚、欧洲和非洲旧石器时代晚期文化的独特风貌[1,8]。

　　与这些物质文化现象相关的是更新世晚期自然环境、气候条件的频繁波动。末次冰期约10万年前开始发生，结束于全新世之肇始，其间约6万年前进入末次冰期间冰阶，气候由冰期的干旱寒冷转向了相对的温暖湿润，全球范围内的植被和动物群都因此受到了极大的影响，导致了北半球许多动植物种的迁徙、新增和消亡。然而间冰阶内，小尺度的气候事件不断发生，干冷和暖湿又在不同的地理范围及不同的时间段频繁交替，使北半球中高纬度地区的物种产生了不同的响应。在诸多物种之中，人类是对环境的应对最为积极者，并由此产生了相应的文化遗存。Bar-Yosef[9,10]总结出若干项在全球范围内具有普遍文化意义的"旧石器时代晚期特征":石叶技术的系统使用,石器类型的标准化和多样化,骨—角—牙器的普遍使用,磨石和捣杵器的出现,人体装饰品使用的系统化,远距离物品交换行为的出现,弓箭等高级狩猎工具的使用,雕像、壁画等艺术品的出现,食物储藏技术的发明,对火塘的系统使用,对生存空间复杂的功能性组织,营生模式的较大转变和对死者埋葬行为的普及等。这些特征也被当成早期现代人群的行为标识,表明人类演化进入了新的阶段,同时也提供了人类认知演进的客观指标。而对于古人类的营生行为研究领域,20世纪60年代,Flannery[11]就根据更新世晚期在环境和人口的双重压力下发生的古人类营生方式的转变提出了"广谱革命"假说(Broad Spectrum Revolution,简称BSR),认为古人类在面临困境的情况下主动地拓宽了取食资源范围,许多以前未被注意或重视的动植物资源,如野生谷物、水生软体动物等被人们用于日常生活[11,12],即人类食谱的广谱化,同时伴随的现象还有狩猎、食物加工、食物储藏等技术的进步和人类对所居住空间利用的日益复杂化等[13]。随着新发现不断增多,BSR可能发生的时间被提前至末次冰期最盛期来临之前,即距今2.3万年左右[14—16]。

上述理论和假说为开展旧石器时代晚期遗址的研究架设了坐标和框架,本研究借此对宁夏水洞沟遗址2号地点(SDG Loc.2)的古人类技术、智能和生存方式开展分析,以此对深海氧同位素3阶段(MIS 3)晚期阶段生存在该遗址的早期现代人群的身份加以论证,并通过人类行为生态学模型阐释其营生方式的转变和"广谱革命"发生的过程及机制。

一、遗址及出土材料

水洞沟遗址2号点位于宁夏回族自治区灵武县,东距黄河18千米,长期以来被认为是中国北方典型的旧石器时代晚期遗址。有关遗址的基本情况已有许多文献发表[17-20],此处不再赘述。测年结果显示,SDG Loc.2古人类活动的大致时间为距今3万~2万年[20-22],即MIS 3晚期。其中,第4自然层为浅黄色粉砂,含有石制品、动物化石和灰烬等,其中包含了SDG Loc.2第1文化层(CL1),最大厚度约20厘米,OSL测年为距今2.03万±0.1万年;第6自然层为浅黄色粉砂,含有石制品、动物化石和灰烬等,其中包含SDG Loc.2第2文化层(CL 2),最大厚度约30厘米,AMS^{14}C和OSL测年结果集中于距今2.8万~2.5万年。这两个文化层发掘面积最大,出土遗迹、遗物最为丰富,成为对遗址进行综合研究的理想材料。

二、遗址出土物反映的现代人行为

SDG Loc.2第1和2文化层出土了上万件包括石制品、哺乳动物骨骼、鸵鸟蛋皮装饰品等在内的标本,另外还伴生8个规模不等的火塘遗迹,这些出土物和遗迹为遗址性质的判定提供了可靠依据。将出土遗迹、遗物表达的信息与前述旧石器时代晚期遗址特征相对照,总结出6项显著的早期现代人行为特征。

图1　SDG Loc.2出土的端刮器和刮削器

（1）石器类型的多样化和标准化。SDG Loc.2石器组合中出现了典型的刮削器、端刮器、尖状器、钻器、雕刻器和少量的砍砸器，除端刮器以外，其他器型虽在中国境内早期遗址中有所呈现，但形制远不如水洞沟的标本规范、典型。丰富的类型指示了SDG Loc.2石器"多样化"的特征。另一方面，石器从形制和制作技术上均体现了高度的标准化，以端刮器为例，此类工具以长型、带有背脊的石片为毛坯，加工部位以一端为主，两侧为辅，从石片劈裂面向背面加工，修疤长而深，刃角厚钝（60°以上），刃缘被修整成圆钝的弧形，制作这些石器的原料均为燧石［图1，（1）~（4）］；刮削器中也具有高度标准化的亚型，如远端及两侧被修整为刃缘的汇聚刃亚型和远端被修整为平直刃缘的端刃亚型，制作刮削器的石料以燧石为主，白云岩为辅，另有少量其他类型原料［图1，（5）~（10）］。

（2）骨器的使用。SDG Loc.2第2文化层北部火塘边缘出土了1

枚骨针，表明了对骨—角—牙类材料的开发利用。磨制骨器在欧洲旧石器时代晚期文化中普遍存在，但在中国境内的发现还较少，此前已发表的与之相似的骨针只见于辽宁海城小孤山遗址[23, 24]和北京周口店山顶洞遗址。骨针代表了古人类两方面的认知水平：①制作骨针的工艺包括选择骨料、截取骨料、刮磨成型以及对钻针眼等工艺，需要综合采用锯切、刮磨和钻孔等技术[25]，表明了古人类对原料物理性能有了很好的掌握，理性思维已经发展到了较高的水平；②骨针的出现间接指示了缝纫介质和缝制对象的存在。缝纫介质有可能是植物纤维和动物毛发等，而缝纫对象有可能为动物皮和植物表皮或叶片。无论介质和对象为何物，缝制的最终产品应为衣物和其他保暖物品。这是晚期智人在寒冷环境下发展出来的重要生存手段，为其在中国北方的生存演化提供了物质保证。

（3）鸵鸟蛋皮串珠饰品的大量出现。SDG Loc.2第2文化层的最大特色为出土大量的鸵鸟蛋皮串珠饰品及鸵鸟蛋皮碎屑（图2、图3）。鸵鸟蛋皮串珠饰品代表了人体装饰现象和审美追求，这种现象不见于旧石器时代早期。人体装饰被认为可以传达自我意识，是个人身份和群体地位的标识[10, 26]，同时，这种串珠饰品普遍被染色，指示了此阶段古人类对染料的大量使用。我们对染料的来源进行了两种推测：①为本地存在的如赤铁矿一类的原料，遗址居民采用某种方式开采并加工成粉末状染料，对装饰品或其他物品进行染色；②本地不存在该原料，古人采用物品交换的方式从其他地区人群中获得。尽管目前没有定论，但可以认为SDG Loc.2古人类至少掌握了矿物开采和物品交换中的一项技能，这是社会结构和人类意识与行为发展到一定程度的产物。

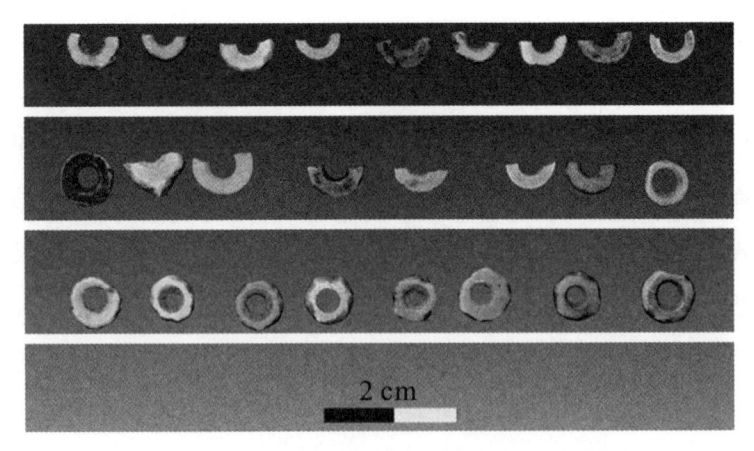

图2 SDG Loc.2第2文化层出土的鸵鸟蛋皮串珠装饰品

（4）对火塘的大规模使用。SDG Loc.2第1和第2文化层共出土8个红烧土及灰烬密集的火塘遗迹，面积为1平方米～4平方米不等。这些火塘并无石块堆砌，而是以在地面上挖浅坑的方式构筑。对火的人为使用可以上溯至旧石器时代早期，然而，系统化、复杂化地利用火，使之除取暖、驱赶猎物、烧烤食物以外，新增加对岩石原料的热处理、对骨—角—牙原料进行辅助加工、成为人们日常活动交流的中心区，甚至成为某些宗教活动的基础条件，这些现象都普遍存在于旧石器时代晚期。对火塘的大规模使用，是早期现代人最重要的行为标识之一。

（5）遗址空间发生功能性分化。通过对第1和第2文化层出土遗迹、遗物的空间分布进行复原，得到了不同标本在文化层中的分布细节。其中第1文化层石核、石片和碎屑的分布带有较大指示意义（图3）：石核和石片大多分布在中心火塘周围，尤其以西南角居多；而碎屑密度最大处则位于距火塘较远的北部发掘区。对于这种分布状态，一种解释为：居民围绕中心火塘进行石片的剥制，然后将石片带至距火塘较远处加工制作石器，同时对石器的维修和护理也发生在相同区域，因此该区域仅出土少量的完整石片，却呈现了大量的片状碎屑，即发掘区北部可能就是一处"加工维修区"。还存在一种解释，即北部为"垃圾区"，当中心火塘周围积累的废片碎屑影响了居民正常的生产生活后，这些"垃圾"便被堆放在距火塘较远的无活动区，造成了北部碎屑及废片的异常密集。

对遗址南部T1发掘区分散分布的103件石制品进行了植物残留物分析，其中第1文化层火塘西南部30余件石制品表面发现植物的淀粉粒、器官碎屑等残骸，指示了古人类在此处进行了对植物的加工活动。结合上述石制品的分布情况，认为第1文化层居住面存在一定的功能分区，居民选择一定的区域进行专门活动，其功能分区包括"食物加工区""石片剥制区""石制品加工维修区"或"垃圾区"等。

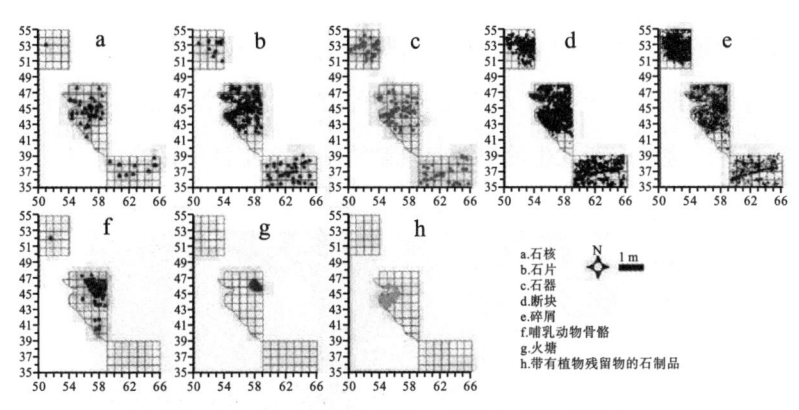

图3　SDG Loc.2第1文化层出土遗迹、遗物的分布
横纵坐标数字表示探方编号

（6）禾本科植物种子体现的营生模式的转变。经过对SDG Loc.2第1和第2文化层部分石制品刃部的植物残留物分析，发现了大

量的禾本科植物种子淀粉粒，经过系统分类和与现生植物淀粉粒数据库以及发表文献中淀粉粒数据的对比，在9件石制品表面发现了35颗野生小麦族（*Triticeae*）植物种子淀粉粒（图4）。小麦族植物种子即为我们熟知的谷物，如大麦属、小麦属、黑麦属等，还包括现在通常称为牧草的山羊草属、冰草属、披碱草属等，鉴定结果表明了SDG Loc.2先民对上述植物种子的采集和加工行为。同时，在样品中还发现了产生异常破损和失去消光十字的类型，表明种子经历过研磨、加热或其他方式的加工。研磨所对应的可能为种子的脱壳或将种子磨粉，而加热所对应的则是将谷物以某种方式烧熟，以满足人体消化系统的需求。这种对谷物类系统的加工涉及许多复杂的现代人行为，提供了SDG Loc.2先民在植物资源开发方面有关技术储备的信息。因此判断，SDG Loc.2古人类已经积累了采集野生谷物方面的知识，认识到了谷物在营养成分、可储藏性等方面的优势，奠定了植物种植行为的认知基础。同时，对禾本科植物种子的大量采集及消费指示了古人类对食谱的拓宽，体现了营生模式的转变——旧石器时代早期和中期，古人类几乎不开发此类需要较高能量投入的食物原料，这种改变发生的原因与机制将在后文中详细讨论。

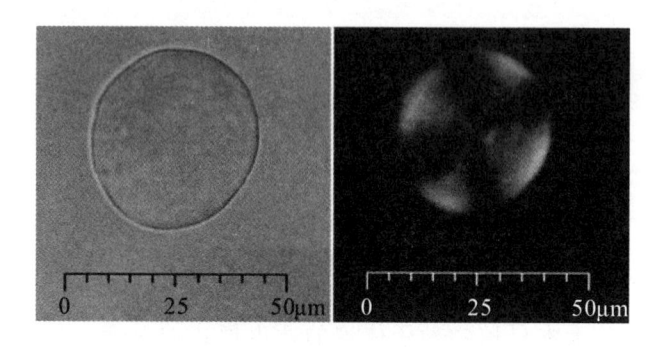

图4　SDG Loc.2发现的小麦族植物淀粉类

综上所述，SDG Loc.2出土材料赋存6项重要的旧石器时代晚期文化特征，表现出鲜明的早期现代人行为特点，这不仅从时间框架上，更从文化因素上将SDG Loc.2纳入了具有全球意义的更新世末早期现代人群生存体系中。

三、关于营生模式转变的理论探讨

（一）"行为组"所代表的晚期智人行为特征

正如人类演化过程中，体质特征的进化存在镶嵌现象[27]一样，文化的演进同样存在着"古老"与"现代"因素的镶嵌现象，即某些现代人行为因素可能产生于解剖学上的现代人类出现以前。因此，单独和偶然的行为因素并不能可靠地代表晚期智人行为，而多个因素的组合才构成较为稳定的指标。

古人类营生模式的转变，是旧石器时代晚期文化特征中的一项，同时，这个特征的内涵也较为广泛，覆盖了古人类对食物资源的选择、狩猎采集方式、生产工具类型、食物加工方式、原始社会组织形态等一系列因素发生的改变，因此，可以视其为一个"行为组"，对该行为组发生原因及机制的讨论，在一定程度上是对晚期智人整体行为特征的解读与阐释。

目前，西亚和欧洲此方面工作展开较多，已发现了大量的考古学证据，并建立了详细的理论框架与假说。然而，东亚地区全新世以前古人类对植物的利用方法与模式目前还不清楚，先民对植物的选择与利用方式还没有被梳理清晰，我国北方干旱地带的野生植物利用历史因此成了重要的科学问题。SDG Loc.2发现的对禾本科植物种子的采集和加工现象表明，古人类（晚期智人）在距今3万~2万年已经拓宽了食谱范围，植物采集目标已从低投入、高回报转向了高投入、高回报。结合遗址空间发生功能性分化现象，我们认为，"广谱革命"在该阶段的水洞沟（SDG）地区已经发生，并对中国西北部古人类对野生植物的选择与开发造成了一定的影响。

（二）"广谱革命"与史前植物资源利用

人类对植物的开发与利用是漫长但趋于复杂化与系统化的过程。在旧石器时代早期，古人类对植物的采集带有很大随机性，目前尚未发现该阶段古人类有系统地设计和组织植物采集活动的证据，人类掌握高等级食物的分布及生长规律的时间节点仍不确定。有学者对旧石器时代中期欧洲古人类植物采集对象进行过推测，认为当时人类已经掌握了对植物地下储藏器官，即块根、块茎等资源的开发[28]；而到了旧石器时代晚期，诸多考古证据表明，古人类不仅掌握了一定的植物营养价值和成熟季节性的知识、逐步完善了植物性食物原材料的加工和储藏技术，而且还在末次冰期气候频繁波动和人口增长的双重压力下主动扩大了食谱范围，将对处理和加工要求较高的野生禾本科植物种子加入了采集范围，并不断地增加它的比重，在某个阶段开始了少量的以取食为目的的植物种植，但规模和数量都应非常低，且无组织性和规律性。BSR理论认为，在某些资源不充足的地区，人们是为了满足生存的需要，被迫采取了植物种植的策略[11, 12, 29]，由此在全新世产生了原始农业（图5）。

以西亚黎凡特地区为例，在更新世的最后一个阶段，西亚地区史前人类的生存在很大程度上依赖采集的野生植物资源，包括野生谷物，如野生小麦、野生大麦和野生黑麦，坚果及野生豆类[29]。

这些野生种类逐渐演变为后来本地的栽培作物。最新的考古学证据表明，对这些资源的加工和利用最晚出现在末次冰期最盛期以前[14-16, 30]。

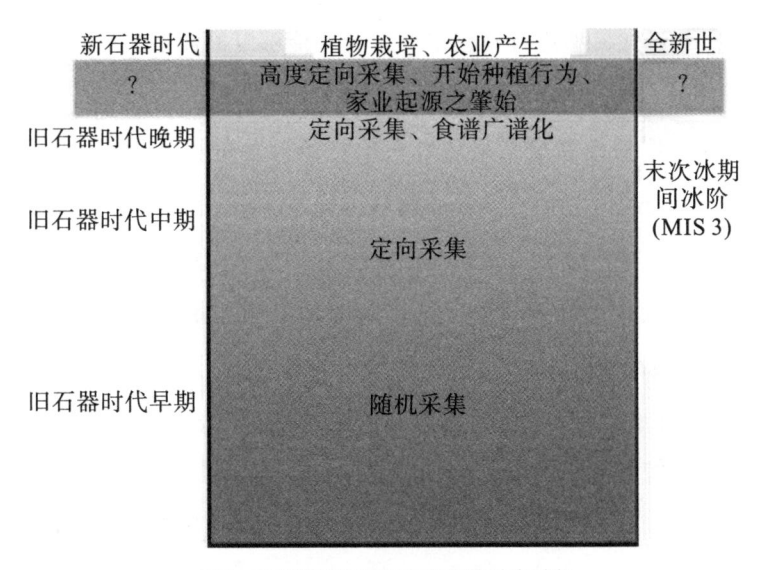

新石器时代	植物栽培、农业产生	全新世
?	高度定向采集、开始种植行为、家业起源之肇始	?
旧石器时代晚期	定向采集、食谱广谱化	
旧石器时代中期	定向采集	末次冰期间冰阶 (MIS 3)
旧石器时代早期	随机采集	

图5　史前植物资源开发利用的动态过程

（三）基于人类行为生态学的理论阐释

人类行为生态学（human behavioral ecology，简称HBE）理论源自生物学中的觅食方式行为生态学，其中"最优化（Optimization）"定理是服务于行为生态学分析的最重要前提[31, 32]。植物的定向采集和种植是人类采集行为发展至一定程度的结果，但同时也是"最优化"定理控制下的人类行为的产物。就SDG Loc.2遗址而言，小麦族植物种子的出现体现了古人类对食谱的拓宽。这种类型的食物原料，在食用前需要进行相对多的处理，通过研磨等方式去掉种子外部的颖壳，还要加热使其内部的淀粉发生糊化以易于人体吸收。如若因此耗费更多的时间和精力，在理想状态下古人类是不会选择这样的资源。因此，扩大采集目标必然出于某种原因，并遵循一定的规律。我们引入了人类行为生态学中的"食物广谱模型"（the diet breadth model，简称DBM，或称最佳食谱模型，optimal diet model），将遗址情况通过此模型进行检测推导，希望能够复原食谱拓宽的原因及方式。

食物广谱模型定义采食者根据资源的总量、单位资源的能量数、采集资源所消耗的能量数和取得资源所用的时间这几个因素来组织行为策略，随着在相同地点获得资源数量的增多，单位资源搜寻时间降低，但处理和采集这些资源的时间总量上升，其最优势点，即"最优化"点，必定落在中间的某个位置（图6）。该模型假定的前提是采食者在一定时间内会开发带有最高回报率的资源[31, 33]。所有的资源根据其能量回报率进行排序，通俗地说，在同一采集地，古人类会选择能量更高、更易于采集和处理的食物，而非将所见资源全部带走。

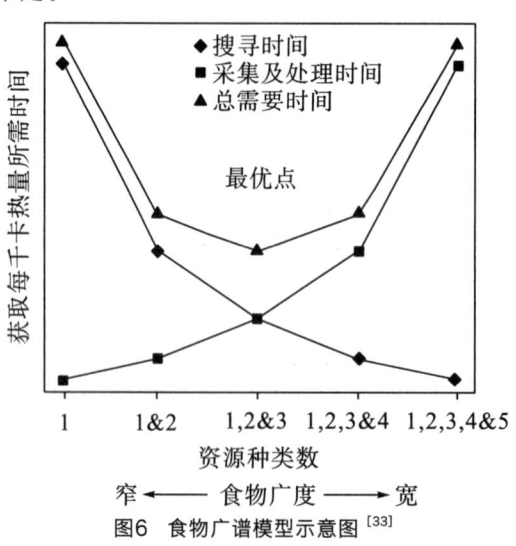

图6 食物广谱模型示意图[33]

在此模型中，SDG Loc.2 先民应当对当地所有可获得的资源进行了排序，然而，该排序和对植物的选择与采集并不是直接与单位资源所含热量相关，而是取决于单位资源的回报率（Return Rate），即单位时间消费者所能获取的热量，具体测算为：

热量比 × 质量 ÷ 总消耗时间

其中，热量比为不同类型资源的热量比；质量即为所获得资源的质量；时间为搜寻资源的时间（searching time，简称S）和采集、收获及处理的时间（handling time，简称H）的总和（foraging time，简称F）。这就揭示了采集行为中另外两项重要的参数：S和H。就S而言，最直接的影响因素就是资源的分布情况——如果某种资源分布较为密集，相对容易被发现，搜寻时间就会大大降低，导致总体消耗时间下降，提高最终的回报率；相反，如该资源分布稀疏而分散，需要较长时间搜寻，就会导致总体消耗时间上升，降低了该资源的回报率[32]（在历史时期，出现骑马或乘其他代步工具狩猎或采集的行为也极大地影响了搜寻时间，但这种因素在旧石器时代可以忽略不计）。而另一个参数H，则强烈地受到当时古人类掌握的技术的影响，例如采用镰刀进行野生谷物收割，效率就要高于徒手采集[32]。SDG Loc.2 遗址在距今3万~2万年期间，遗址出土石制品并未出现明显的技术学和形态学上的变化，属于同一文化传统，因此排除了采集和处理技术上出现大变革的情况，可以假设H恒定不变。那么在植物资源所含热量没有发生转变的情况下，所要考虑的就只有S代表的搜寻时间，即植物的分布状况了。

根据此前一些学者记录的民族学数据[34-38]，在假设S=0的情况下，包括30种植物的5大类植物资源类型平均能量回报率（Post-Encounter Return Rate，热量比 × 质量 ÷ H）如下（表1）：

表1 当S=0时各类型植物能量平均回报率[a]

类型	USO	坚果	豆类	谷物	果实
平均回报率（$S=0$）	1853.11	1337.43	989.5	697.83	250

注：a）根据30种中高纬度地带植物资源测算

　　这样的结果表明，在理想状态下，古人类会按表1中的顺序来选择所要采集的植物资源。然而，在末次冰期间冰阶的背景下，气候不断波动变化，SDG地区的雨热条件可能在不同年份有着很大的变异，导致了一些本地物种的稀少甚至消亡，这直接体现为某些植物分布密度的降低，增加了对该资源的搜寻时间（S），降低了该资源的总体回报率。坚果类便是首当其冲的物种——降雨量的减少或大幅波动会导致阔叶及针叶乔木的减少，加之SDG地区原本即为疏林草原面貌，古人类对坚果类食物的采集变得愈发困难，坚果难以作为稳定的热量来源被常规使用；植物地下储藏器官则因其生长性质，增加了搜寻时间，并且也可能因为气候波动的原因，造成不同物种的稀少。在这种情况下，禾本科许多种类植物的优势凸显出来：环境适应力强、抗旱、抗碱性、分布广、多数无毒害性、产生淀粉质营养丰富的种子等，随着前列资源回报率的降低，禾本科植物种子逐渐成为古人类青睐的资源。

　　以植物地下储藏器官（USO）、坚果和谷物这3类资源为例（图7）。在搜寻时间相同或不考虑搜寻时间的情况下，其回报率排序为USO、坚果和谷物。因外界因素影响，前两位资源分布变得愈发稀疏，导致搜寻时间延长，回报率逐渐下降。而野生禾本科植物因对环境的强适应能力而基本保持分布情况不变化或仅有较小变化，因此假设其搜寻时间保持不变。（1）当搜寻时间到达S1时，USO的能量回报率达到与谷物相同值；（2）当搜寻时间达到S2时，坚果的能量回报率也达到了与谷物相同的值；（3）当搜寻时间继续增长时，谷物的能量回报率便处于上风。

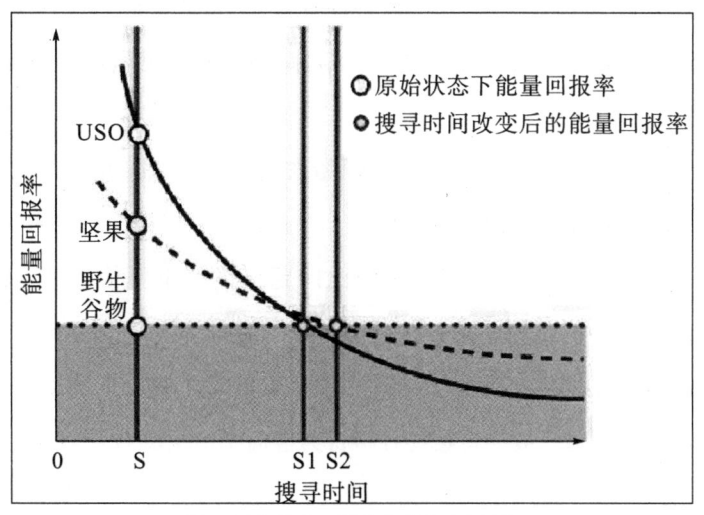

图7　资源能量回报率变化的动态过程

四、结语

经过对遗址存在的文化因素的逐一剖析，对SDG Loc.2 MIS 3阶段居民的生存策略及行为方式得出这样的认识：以遗址为中心营地进行一系列复杂的行为活动，包括围绕中心火塘制造多样化、标准化的石器，制作和使用精致的骨器，制作装饰品，缝制衣物等保暖物件；居址有复杂的使用方式和功能分区；随着人口或环境压力的增大，越来越多的资源被纳入取食消费范围，营生方式发生了明显的改变。这是在我国旧石器时代考古遗址中，从文化与行为角度可以确认的最早的一支现代人群。

古人类的认知随着智力的演进而不断深入，从旧石器时代的某个时段开始，古人类掌握了不同植物所含能量的高低，开始定向地采集USO、坚果等资源，而随着这些高等级资源分布密度的变化，古人类又根据不同资源的能量回报率而逐渐拓宽食谱。可以说，这种食物的广谱化是在环境中能量承载率下降的条件下人类主动地调节营生策略的表现。

野生谷物的采集与加工，与原始农业的起源息息相关。我国西北地区旱作农业的起源时间与模式至今仍在热烈探讨中，SDG Loc.2野生小麦族淀粉粒的发现为讨论此问题提供了重要依据和参考。"广谱革命"不是简单的一次性事件，而是时间跨度长达数万年的复杂过程，并发生于世界上的许多地区，推动了史前人类对野生植物的开发与利用，最终将植物种植行为推向了历史舞台。

致谢：对遗址发掘和材料整理做出贡献的还有宁夏文物考古研究所王惠民、钟侃，中国科学院古脊椎动物与古人类研究所冯兴无、张双权、罗志刚、张乐、张晓凌等，作者深表感谢。

参考文献

[1] 高星，张晓凌，杨东亚，等. 现代中国人起源与人类演化的区域性多样化模式. 中国科学：地球科学, 2010, 40（9）: 1287-1300.

[2] Dennell R. The Palaeolithic Settlement of Asia. Cambridge: Cambridge University Press, 2009.

[3] Straus L G, Eriksen B V, Erlandson J M, et al. Human at the End of the Ice Age. New York: Plenum, 1996.

[4] Wolpoff M, Wu X, Thorne A. Modern homo sapiens origins: A general theory of hominid evolution involving the fossil evidence from East Asia. In: Smith

F, Spencer F, eds. The Origin of Modern Humans. New York: Alan R Liss Inc, 1984: 411-483.

[5] 张森水. 中国北方旧石器工业的区域渐进与文化交流. 人类学学报, 1990, 9 (4): 322-333.

[6] 张森水. 中国旧石器文化. 天津: 天津科学技术出版社, 1987.

[7] 张森水. 管窥新中国旧石器考古学的重大发现. 人类学学报, 1999, 18 (3): 193-214.

[8] 高星, 裴树文. 中国古人类石器技术与生存模式的考古学阐释. 第四纪研究, 2006, 26 (4): 504-513.

[9] Bar-Yosef O. The Archaeological Framework of the Upper Paleolithic Revolution. Diogenes, 2007, 54 (2): 3-18.

[10] Bar-Yosef O. The Upper Paleolithic revolution. Annual Review of Anthropology, 2002, 31: 363-393.

[11] Flannery K V. Origins and ecological effects of early domestication in Iran and the Near East. In: Ucko P J, Dimbleby G W, eds. The Domestication and Exploitation of Plants and Animals. Chicago: Aldine Publishing Company, 1969: 73-100.

[12] Binford L R. Archaeological perspectives. In: Binford S R, ed. New Perspectives in Archaeology. Chicago: Aldine Publishing Company, 1968: 5-32.

[13] Stiner M C. Thirty years on the "Broad Spectrum Revolution" and paleolithic demography. Proceedings of the National Academy of Sciences of the United States of America, 2001, 98: 6993-6996.

[14] Weiss E, Wetterstrom W, Nadel D, et al. The broad spectrum revisited: Evidence from plant remains. Proceedings of the National Academy of Sciences of the United States of America, 2004, 101: 9551-9555.

[15] Piperno D R, Weiss E, Holst I, et al. Processing of wild cereal grains in the Upper Palaeolithic revealed by starch grain analysis. Nature, 2004, 430: 670-673.

[16] Weiss E, Kislev M E, Simchoni O, et al. Small-Grained wild grasses as staple food at the 23000-year-old site of Ohalo II, Israel. Economic Botany, 2004, 58: S125-S134.

[17] 宁夏博物馆, 宁夏地质局区域地质调查队. 1980年水洞沟遗址发掘报告. 考古学报, 1987, 6 (4): 439-449.

[18] 宁夏文物考古研究所. 水洞沟: 1980年发掘报告. 北京: 科学出版社, 2003.

[19] 周昆叔, 胡继兰. 水洞沟遗址的环境与地层. 人类学学报, 1988, 7 (3): 263-269.

[20] 刘德成, 王旭龙, 高星, 等. 水洞沟遗址地层划分与年代测定新进展. 科学通报, 2009, 54 (19): 2879-2885.

[21] 高星, 袁宝印, 裴树文, 等. 水洞沟遗址沉积—地貌演化与古人类生存环境. 科学通报, 2008 (10), 53: 1200-1206.

[22] 高星, 李进增, Madsen J. 水洞沟的新年代测定及相关问题讨论. 人类学学报, 2002, 21 (3): 211-218.

[23] 张镇洪, 傅仁义, 陈宝峰, 等. 辽宁海城小孤山遗址发掘简报. 人类学学报, 1985, 4 (1): 70-79.

[24] 黄慰文, 张镇洪, 傅仁义, 等. 海城小孤山的骨制品和装饰品. 人类学学报, 1986, 5 (3): 259-266.

[25] 黄蕴平. 小孤山骨针的制作和使用

研究. 考古, 1993, 3(3): 260-268.

[26] 王春雪, 张乐, 高星, 等. 水洞沟遗址采集的鸵鸟蛋皮装饰品研究. 科学通报, 2009, 54(19): 2886-2894.

[27] 吴新智. 中国远古人类的进化. 人类学学报, 1990, 9(4): 312-321.

[28] Hardy B L. Climatic variability and plant food distribution in Pleistocene Europe: Implications for Neanderthal diet and subsistence. Quaternary Science Reviews, 2010, 29: 662-679.

[29] Flannery K V. The origins of agriculture. Annual Review of Anthropology, 1973, 2: 271-310.

[30] Weiss E, Kislev M E, Simchoni O, et al. Plant-food preparation area on an Upper Paleolithic brush hut floor at Ohalo II, Israel. Journal of Archaeological Science, 2008, 35: 2400-2414.

[31] Shennan S. Genes, Memes and Human History: Darwinian Archaeology and Cultural Evolution. London: Thames and Hudson, 2002.

[32] Kelly L R. The Foraging Spectrum: Diversity in Hunter-Gatherer Lifeways. Washington D. C.: Smithsonian Institution Press, 1995.

[33] Bettinger R L. Hunter-Gatherers: Archaeological and Evolutionary Theory. New York: Plenum Press, 1991.

[34] Cane S. Australian aboriginal subsistence in the Western Desert. Human Ecology, 1987, 15: 391-434.

[35] O'Connell J F, Hawkes K. Alyawara plant use and optimal foraging theory. In: Winterhalder B, Smith E A, eds. Hunter-Gatherer Foraging Strategies. Chicago: University of Chicago Press, 1981: 99-125.

[36] Simms S. Behavioral Ecology and Hunter-Gatherer Foraging: An Example from the Great Basin. Oxford: British Archaeological Reports, International Series 381, 1987.

[37] Couture M D, Ricks M F, Housley L. Foraging behavior of a contemporary Northern Great Basin population. Journal of California & Great Basin Anthropology, 1986, 8: 150-160.

[38] Winterhalder B. Foraging strategies in the Boreal Forest: An analysis of Cree hunting and gathering. In: Winterhalder B, Smith E A, eds. Hunter-Gatherer Foraging Strategies. Chicago: University of Chicago Press, 1981: 66-98.

原载于《科学通报》2012年第57卷第1期

晚更新世晚期中国古人类的广谱适应生存
——动物考古学的证据

◎ 张双权　张乐　栗静舒　高星

一、引言

晚更新世晚期（距今约4万~1万年）是地球气候、环境变化极为频繁的时期。多个千年尺度的气候波动事件如Dansgaard-Oeschger旋回（DO 1~DO 8）、Heinrich冷事件（H1~H4）、YD冷事件等在北大西洋、格陵兰及其周边多个地区的沉积记录中被捕捉到（Bond等，1993；Bond和Lotti，1995）。中国黄土高原风成沉积记录（Porter和An，1995；郭正堂等，1996）、南方高分辨率石笋（Wang等，2001，2008）以及日本海（Tada等，1999；Li等，2001）等深海沉积记录也印证了上述气候事件在东亚地区的普遍存在，表明这一时期全球气候的不稳定性并非局部现象，而是具有全球意义（或半球性）的短周期振荡事件（Hemming，2004）。

气候波动可能会对古人类的文化发展与生存方略产生重要影响。由于气候、植被、地貌等周边环境的变化，古人类赖以生存的动植物资源也会发生相应的改变。对于欧亚地区而言，这一时期可能存在人口规模的急剧增加，包括外来人群与土著居民之间的竞争、交流与融合等，可能也在一定程度上促进了古人类生存行为的调整与演化。根据区域范围内生态条件以及文化传统（包括技术手段）的差别，古人类可能会采取不同的适应生存策略，比如食谱范围拓展、资源利用强化、迁徙领域扩大、技术装备更新、群体规范调整等（张东菊和陈发虎，2013；Barton等，2007）。

20世纪末21世纪初，欧美考古学家研究发现，在法国南部以及地中海地区，晚更新世晚期史前人类的生存策略发生了较为明显的改变（Grayson和Delpech，1998，2002，2003；Stiner，2001；Stiner等，1999，2000）。在对意大利、以色列、土耳其等地中海附近的几十个年代跨度从距今20万~1万年的考古遗址进行对比研究时，Stiner在综合考虑避敌能力、种群繁殖与更新速率等生态差别的基础之上将考古遗址中出现的小型动物进一步划分成了慢速型猎物（如龟鳖、贝类）以及快速型的哺乳动物（如兔子）与鸟类等，并且据此从地中海地区旧石器时代的考古遗存中成功辨识出了古人类生存行为方面的一系列重要变化（Stiner，2001；Stiner和Munro，2002；Stiner等，1999，2000）。此外，研究结果表明，兔子、鸟类等低档食物种类随时间推移被纳入古人类食谱的这一动态过程与该地区气候、环境变化以及石制品技术发展之间的关系并不明显；相反，史前人类的群体规模变化可能才是导致地中海地区"广谱革命"事件早期发生的最主要因素（Stiner，2001；Stiner和Munro，2002；Stiner等，1999，2000）。

此后，相继有学者采用这一新的分类体系对希腊、葡萄牙等多个地区的旧石器时代晚期的动物遗存进行了考古学研究，并且证实了世界范围内这一时段古人类食谱的广谱化过程，亦即从早期的大型猎物占主导地位过渡到快速型小动物大幅增加（Bicho，1994；

Starkovich，2011，2012；Stiner和Munro，2011；Stiner等，2012）。与"广谱革命"理论通常联系在一起的还有另外一个概念——"资源强化"，亦即古人类对原有资源种类的更高强度、更高效率的利用（Zeder，2012）。这一现象在Levant地区的动物考古学研究中同样得到了很好的体现（Munro，2004；Munro和Bar-Oz，2005）。

在广谱革命理论介绍、评析及个案分析方面，目前已有国内学者做了一些有益的工作（陈淳，1995；崔天兴，2011；关莹等，2012；潘艳和陈淳，2011；张乐等，2013）。然而，相对于地中海地区而言，中国晚更新世晚期古人类食谱变化方面的考古研究工作依然显得非常零散与孤立。

二、材料与方法

目前，已有考古学证据（植物遗存方面的直接证据以及加工工具类的间接证据等）表明，与动物资源一样，植物资源也是旧石器时代古人类食谱的一个组成部分（关莹等，2012；Elston等，2011；Pryor，2008）。对于新、旧石器时代之交的"广谱革命"理论研究而言，学者们更多强调的甚至还是史前人类在植物资源拓展与强化利用方面的种种变化（Bar-Yosef和Meadow，1995；Binford，1968；Flannery，1969；Kennett和Winterhalder，2006；Unger-Hamilton，1989）。然而，民族学研究显示，在现代狩猎采集群体中，相对于动物性资源而言，植物资源在人类食谱总量中所占的比例往往都会更小一些，甚至可以达到几近忽略不计的程度（1%~5%）（Cordain等，2002）。古环境重建研究发现，植物资源在晚更新世晚期的漫长冷季中几乎是难觅踪迹的（Barron等，2003）；同位素分析也证明了欧洲尼安德特人与早期现代人是以动物性资源为其主要食物来源的（Lee-Thorp，2008；Richards，2009；Richards等，2000，2001）。因此，相对于在古人类饮食组成方面贡献甚微的植物性资源而言，动物遗存至少在旧石器时代中晚期之交古人类食谱变化的研究方面有着更为重要的价值（Morin，2012）。

有鉴于此，本文以旧石器时代晚期中国北方水洞沟遗址、南方马鞍山遗址出土的动物骨骼为研究对象，针对考古遗存中各动物属种的相对数量变化情况、各骨骼部位的差异利用情况以及骨骼表面人工改造痕迹（如切割痕迹和火烧痕迹）的分布状况等动物考古学指标分别进行观察、统计和对比分析，重点关注其中蕴藏的古人类食谱变化方面的科学信息，以期成功分辨出史前人类食谱扩展与资源强化利用方面的考古学证据。上述遗址的一个共同特点，即是动物遗存丰富且都经过系统的埋藏学与动物考古学分析。此外，这些遗址在发掘过程中基本上都采用了筛选或类似的技术，从而确保了小型动物骨骼的有效收集。需要说明的是，中国旧石器时代晚期的某些重要遗址，比如萨拉乌苏与峙峪等也有丰富的动物遗存发现。但是，由于埋藏学与动物考古学方面研究成果的缺乏，目前还无从得知遗址中出现的大量动物骨骼是古人类生存行为（狩猎、肢解等）的直接结果还是自然营力导致的考古材料富集。出于以上考虑，此类遗址并未包含在本文讨论范围之列。需要特别说明的是，本文涉及的水洞沟及马鞍山遗址的动物考古学资料，除部分已明确标注引用的数据之外，其余则来源于对遗址出土骨骼化石的重新观察、分析与提炼。

三、结果与分析

（一）水洞沟遗址

水洞沟遗址位于宁夏回族自治区银川市东南约28千米处，地理坐标为东经106°30′21″，北纬38°17′52″，海拔1205米。自20世纪初法国科学家发现水洞沟第1地点以来，先后数次较大规模的调查、发掘又相继揭露了多处旧石器时代晚期考古遗址，其中第7、第12等地点都有较为丰富的脊椎动物化石产出（高星等，2013a，2013b）。

水洞沟遗址第7地点（SDG7）2003年至2005年发掘出土石制品、动物化石及装饰品等古人类活动遗物万余件。光释光测年结果表明，古人类在该地点活动的年代大致发生在距今2.7万~2.5万年（高星等，2013b；裴树文等，2014）。SDG7的动物遗存以蒙古野驴（*Equus hemionus*）、普氏原羚（*Procapra przewalskii*）、水牛（*Bubalus* sp.）、披毛犀（*Coelodonta antiquitatis*）为其主要组成。脊椎动物埋藏学的初步研究发现，这一遗址出土的动物骨骼标本表面基本未见食肉类啃咬痕迹及啮齿类啃咬痕迹、水流磨蚀等埋藏学指标，表明这一动物骨骼组合应当不是食肉类、啮齿类与水流等自然性营力带入遗址的；遗址动物群中一定比例的具切割痕骨骼标本的出现表明了古人类在动物群富集过程中的主导地位（张双权等，2014）。水洞沟遗址第12地点（SDG12）发现于2005年，并于2007年进行了系统发掘。AMS^{14}C测年结果表明这一地点的年代约为距今1.22万~1.1万年（校正后），出土石制品组合包括细石核、细石叶、刮削器、局部磨光的石器、石磨盘、石磨棒和石杵等，并以细石核、细石叶和其他小型石制品占据主导地位（高星等，2013b）。在石制品之外，这一遗址还有包括骨锥、骨针和可镶嵌石叶、有刻槽的复合骨制工具在内的多件精美骨制品的发现（高星等，2009；Yi等，2013）。SDG12出土动物骨骼万余件，初步鉴定包括：兔（*Lepus* sp.）、獾（*Meles meles*）、小野猫（*Felis microtus*）、鹿（Cervidae）、普氏原羚（*Procapra przewalskyi*）、野猪（*Sus* sp.）、蒙古野驴（*Equus hemionus*）、水牛（*Bubalus* sp.）以及鸟类、爬行类和啮齿类等。埋藏学研究表明，SDG12的动物遗存应是古人类生存行为的结果，自然营力在动物骨骼的富集过程中并没有发挥明显的作用（张乐等，2013）。

1. SDG7与SDG12各动物属种的数量对比

史前时期的食谱扩展并不意味着必须有新的动物种类进入人类的食物范畴；事实上，广谱化事件的最重要证据在于人类食谱中低档次（低回馈率）猎物种类的更高比例出现（Kelly，1995；Starkovich和Stiner，2010；Stephens和Krebs，1986）。在SDG7与SDG12的动物组合面貌对比方面，一个较为显著的特点即是前者以野驴、羚羊等较大型动物占据主导地位，而后者则以小型动物野兔为其主要代表属种，野驴、羚羊等较大型动物的相应比例则出现了明显的下降，并且出现鸟类、小型食肉类等动物类别（图1）。这一结果表明，SDG12时期的古人类可能已经更多地把小型动物纳入了他们的食谱范畴。

依照Stiner等学者的新分类体系，将SDG7与SDG12中的各动物种属又进行了相应的统计分析。结果表明，SDG12古人类的食谱中尽管缺乏龟类、贝类等行动缓慢的小型动物，但是兔子、鸟类等快速型小动物在整个动物组合中的比例（61.07%），则与SDG7形成了明显的对照（在后者出土的动物遗存中，这一比例仅为15%左右）。

总之，无论是依据传统的动物分类体系还是Stiner等学者的新的分类系统，与SDG7相比，SDG12的古人类在其食谱范围中已经更多地加入了高投入低回馈率的动物类型，表现出了一种较为明显的广谱化的生存策略。

2. SDG7与SDG12动物骨骼表面人工改造痕迹的分布状况

在猎物资源的广谱化趋势之外，史前人类对于原有动物资源的强化利用与加工提取同样可以为我们提供其适应生存方面的重要信息（Bar-Oz和Munro，2007；Munro，2009；Munro和Bar-Oz，2005；Prendergast等，2009）。本文以SDG7与SDG12出土的动物遗存为研究目标，分别观察、统计动物骨骼表面的各种人工改造痕迹，以期能够发现其中可能存在的史前人类对猎物资源更高强度、更高效率利用的客观证据。

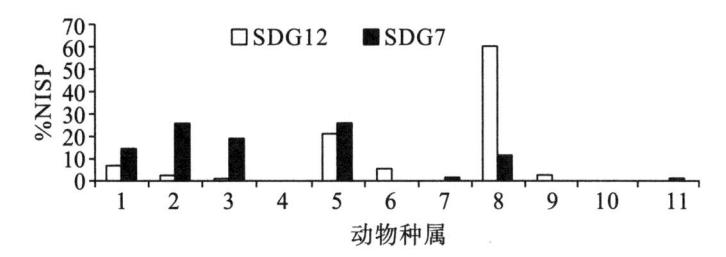

图1　SDG7与SDG12各动物属种的数量对比（% NISP）

1.*Bubalus* sp.；2.*Equus hemionus*；3.Cervidae；4.*Sus scrofa*；5.*Procapra przewalskyi*；6.*Meles meles*；7.*Vulpes vulgaris*；8.*Lepus* sp.；9.*Aves*；10.*Reptilia*；11.*Mollusca*

（1）切割痕迹。SDG7的动物遗存中只有13件标本表面有人工切割痕或砍痕（占所有标本数的约10.92%）的出现。其中，蒙古野驴这一大型动物有8件骨骼保留有人工痕迹（占其相应标本数的约23.3%）且多分布于营养物质丰富的长骨类材料；体型相对更小的普氏羚羊仅有2件骨骼表面有人工切割痕迹（占其相应标本数的约

6.45%）。相对于SDG7而言，SDG12出土的动物（尤其是遗址中体型相对更大的羚羊）骨骼表面，人工切割痕迹的出现比例明显增高且广泛分布于包括营养物质明显缺乏的掌跖骨、指趾骨在内的多个骨骼部位（表1）。这一观察结果表明，SDG12的古人类对猎物营养物质的加工、利用强度已经有了很大程度的提升；此前存在于SDG7骨骼材料中的粗犷型的资源利用模式已被更为精细、彻底的加工提取方式所取代。

对SDG12遗存中优势动物属种——兔子骨骼表面痕迹的观察显示，其肋骨、肱骨、髋骨、桡/尺骨和胫骨上均发现有切割痕迹（表1）。值得注意的是，相对于遗址中羚羊类动物而言，SDG12中兔子骨骼表面的切割痕比例明显偏低。这一现象已在地中海地区的多个动物遗存地点中得到了记录，其产生原因主要在于兔子相对更小的体型，因而在其肢解与剔肉过程中石制品等工具的参与程度一般都会远远低于较大型的动物类别。此外，SDG12中兔子骨骼表面的切割痕迹明显较深，表明这些动物或者至少是其中的部分个体的皮毛并非是古人类首要的加工目标。因为在后一种情况下，人类在肢解过程中考虑的主要问题即是维持皮毛的完整性与可用性，此时需要的相对轻柔、准确的切割动作显然难以在骨骼表面留下如此深刻的加工痕迹。

小型肉食类动物在SDG12中较少发现，但引人注意的则是其相对较高的切割痕迹比例。以遗址中相对数量较多的獾类动物为例，在其肩胛骨、桡/尺骨等肌肉附着丰富的骨骼部位，出现切割痕的骨骼比例为50%［图2（a1），表1］。这一观察结果表明，SDG12中古人类对于獾等小型肉食类动物的利用可能与其营养价值高低有着更为明显的关系，而不是以其皮毛为主要加工目的。

表1　SDG12动物骨骼表面的切割痕分布情况

骨骼部位	羚羊			兔子			獾		
	具切割痕标本数	标本总数(NISP)	百分比/%	具切割痕标本数	标本总数(NISP)	百分比/%	具切割痕标本数	标本总数(NISP)	百分比/%
下颌	3	23	13.04	0	41	0	0	4	0
肋骨	5	81	6.17	2	201	1.0	0	18	0
肩胛骨	0	12	0	0	65	0	1	2	50
椎骨	2	25	8	0	9	0	0	4	0
肱骨	5	19	26.32	4	80	5	0	3	0
髋骨	0	0	0	1	33	3.03	0	0	0
桡/尺骨	5	29	17.24	1	42	2.38	4	8	50
股骨	3	12	25	0	54	0	0	4	0
胫骨	4	24	16.67	1	50	2	0	5	0
腕/跗骨	2	44	4.55	0	82	0	0	1	0
掌/跖骨	13	66	19.70	0	269	0	1	37	2.7
指/趾骨	5	26	19.23	0	60	0	0	13	0

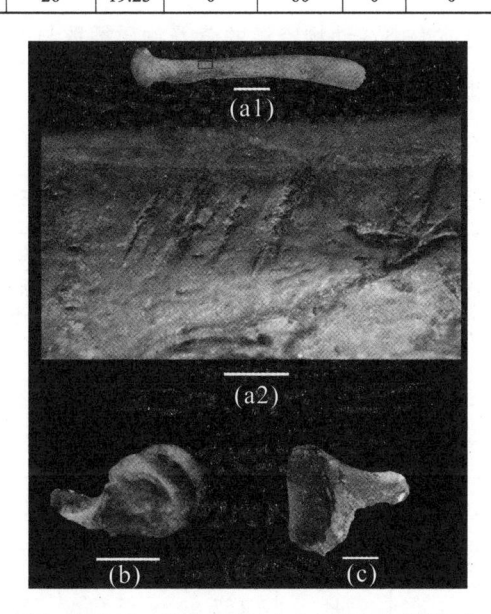

图2　SDG12、马鞍山遗址上文化层出土典型标本

(a1) 具切割痕小型食肉类桡骨（SDG12）；(b) 火烧标本（SDG12）；(c) 火烧标本（马鞍山上文化层）；比例尺：(a1) (c) 为1厘米；(a2) 为1毫米；(b) 为0.5厘米；(a2) 为 (a1) 方框内部分的微观放大

（2）火烧痕迹。SDG7中具火烧痕迹的标本数量很少，因而无法进行相应的统计分析。SDG12遗存中羚羊骨骼表面的火烧痕迹比例并不高，但却广泛分布于多个部位。SDG12羚羊长骨类标本中火烧痕迹主要分布在骨骺端，而鲜见于骨干部分。这一观察表明，遗址中动物骨骼表面的火烧痕迹是古人类烧烤活动的有力证据而并非自然原因（如野火等）形成，因为后者产生的痕迹往往在长骨的骨骺与骨干部位有着较为均一的分布。

相对于其他长骨而言，掌/跖骨和指/趾骨等部位的营养物质含量较少且附着致密，在不借助于火力烧烤的情况下人类往往难以有效提取其营养组分。与其他骨骼部位相比，SDG12中羚羊的掌/跖骨、指/趾骨等骨骼部位有着更高的火烧痕迹比例（表2）。这一现象表明SDG12时期的史前人类在动物资源的营养物质攫取与强化利用方面已经达到了相当彻底、精细的程度。

表2　SDG12羚羊与兔子骨骼表面火烧痕迹分布情况

骨骼部位	羚羊			兔子		
	具火烧痕迹标本数	标本总数（NISP）	百分比/%	具火烧痕迹标本数	标本总数（NISP）	百分比/%
椎骨	2	25	8	1	9	11.11
肩胛骨	0	12	0	2	65	3.08
肋骨	1	81	1.23	3	201	1.49
肱骨	1	19	5.26	13	80	16.25
桡/尺骨	1	29	3.45	4	42	9.52
股骨	1	12	8.33	5	54	9.26
掌/跖骨	15	66	22.73	13	269	4.83
腕/跗骨	1	44	2.27	5	82	6.10
指/趾骨	4	26	15.38	5	58	8.62

SDG12遗存中兔类化石表面的火烧痕迹在其各骨骼部位均有发现，表现出了一种较高强度的肉食资源利用模式（表2）。此外，与遗址中羚羊的情况相同，兔子长骨类标本的火烧痕迹也是分布于其两端骨骺而骨干部分未见［图（2b）］。

（二）马鞍山遗址

马鞍山遗址位于贵州省桐梓县境内，地理坐标为东经106°49′37″，北纬28°07′18″，海拔960米。该遗址历经1986年和1990年两次系统发掘，揭露面积约为48平方米，深度约2米。自上至下，马鞍山遗址的地层可分为多个自然层。根据出土人工制品及动物群面貌的差异状况，研究者将遗址的第7~8层划归为下文化层，第3~6层则相应被划归为了上文化层。在石制品类型方面，上文化层的石器工具主要以石片为毛坯，大多数工具长度小于40毫米，器型主要包括刮削器、尖状器和砍砸器，打片主要用锤击法，偶用砸击法；下文化层的工具也以石片为毛坯，器型组合也是刮削器、尖状器和砍砸器，但是工具较大，一般长度超过40毫米，未见砸击石片（张森水，1988）。此外，马鞍山遗址下文化层未见磨制骨器；上文化层则有磨制骨锥、骨镞和刻纹的骨棒等发现。马鞍山遗址上文化层AMS^{14}C测年结果为距今3.5万~1.8万年（校正后），下文化层铀系测定距今约为5.3万年（张乐，2008，2009；Zhang等，2016）。马鞍山遗址上文化层中出现的动物骨骼大多来源于遗址的第5~6层［距今3.5万~3.3万年（校正后）］；埋藏学分析显示，遗址上、下文化层中各主要动物门类的骨骼材料基本都是古人类狩猎、搬运以及肢解、利用等生存行为的结果（张乐，2008，2009）。

1. 马鞍山遗址上、下文化层动物属种组成对比

在古人类食物广谱化的过程中：一方面是更多的动物或植物种类被纳入了人类的食物范畴；另一方面则是体型更小、回馈率更低的动物种属在古人类食谱中所占的比重越来越大（Kelly，1995；Starkovich和Stiner，2010；Stephens和Krebs，1986）。参Brain（1981）的经典方案，马鞍山遗址的大中型哺乳类动物可划分为4个级别：其中第Ⅰ等级动物的体重为10千克～50千克，包括麂（*Muntiacus* sp.）、鬣羚（*Capricornis* sp.）等；第Ⅱ等级体重为100千克～200千克，主要包括水鹿（*Cervus unicolor*）、猪（*Sus* sp.）等；第Ⅲ等级体重300千克～1000千克左右，主要为水牛（*Bubalus* sp.）；第Ⅳ等级体重为1000千克～3000千克，包括犀（*Rhinoceros sinensis*）、剑齿象（*Stegodon orientalis*）等（张乐等，2009）。动物考古学研究显示，马鞍山遗址下文化层中体型较大的第Ⅲ等级动物占据绝对数量优势（63.78%），而上文化层则是体型相对较小的第Ⅱ等级动物的数量明显更多一些（76.35%）。这一现象说明，相对于下文化层而言，马鞍山遗址上文化层的史前人类开始更多地以体型较小的动物为其猎捕对象（张乐等，2009）等。马鞍山遗址上文化层中食谱拓展的另外一个证据则是来自于史前人类对小型哺乳类动物和鸟类的猎捕与食用，特别是其中居于绝对数量优势的竹鼠（*Rhyzomys* sp.）（占所有小动物可鉴定标本数的79%）（张乐等，2009）。

2. 马鞍山遗址上、下文化层大中型动物肢端骨骼单元的分布情况

狩猎—采集人群在面临搬运选择时，大中型有蹄类动物各骨骼部位在营养价值方面的差异往往是他们需要考虑的一个重要因素（Bartram，1993；Binford，1978；Metcalfe和Jones，1988）。在第Ⅱ与第Ⅲ等级动物骨骼单元的搬运选择方面，马鞍山遗址下文化层的

史前人类更加倾向于将富含肌肉和骨髓的上、中部肢骨（肱骨、股骨、桡骨和胫骨等）带回他们居住的洞穴，营养值相对更低的下部肢骨（掌/跖骨）以及腕/跗骨、指/趾骨一般则会被弃掷于狩猎屠宰场所而不带回洞内。相对于下文化层而言，马鞍山遗址上文化层的古人类不仅对高营养值的骨骼单元进行了搬运，而且也将腕/跗骨、指/趾骨等营养成分很低的骨骼单元搬运回了驻地并且予以相应程度的加工与食用（张乐等，2009）。

3.马鞍山遗址上、下文化层大中型动物骨骼表面痕迹的分布情况

（1）切割痕迹。在动物资源的强化利用方面，古人类对于低营养值骨骼部位的加工利用与否能够为我们提供一些有益的线索（Bar-Oz和Munro，2007；Munro，2009；Munro和Bar-Oz，2005；Prendergast等，2009）。动物考古学观察发现，马鞍山遗址上文化层中营养物质含量较低的动物指/趾节骨的切割痕迹出现比例为11.94%；而下文化层中该骨骼表面却没有发现切割痕等古人类提取营养物质的证据。这一观察可能反映了上文化层时期史前人类对于动物指/趾节骨等低价值骨骼之上附着的营养物质更高程度的重视与利用。

（2）敲砸疤与骨骼完整系数。在猎物资源相对丰富的条件下，史前人类大多不会对跟骨、距骨、指/趾骨等髓腔小、附着肌肉组织少的低营养价值的骨骼部位进行砍砸与食用；反之，当在营养物质匮乏的情况之下，人类却会将更多的精力（如砍砸以提取骨髓等）投入在这些低价值的骨骼之上，从而也就导致了它们更高的破碎率（与此相应的则是骨骼完整程度或比例的下降）（Munro，2009；Munro和Bar-Oz，2005）。在马鞍山遗址中，动物考古学研究发现，对于上述几个骨骼部位而言，下文化层的完整系数几乎都是明显高

于上文化层的,说明史前人类在下文化层时期对低营养值骨骼部位的利用程度要明显弱于上文化层(张乐,2008)。

在敲砸疤的数量表现方面,下文化层的相应比例基本也是低于上文化层的。这一观察也在一定程度上印证了古人类在上文化层时期更加彻底、精细的营养提取策略(特别是在骨髓的强化利用方面)。当然,由于遗址中具敲砸疤的标本数量相对较少,这一结果显然还需要其他方面证据的支持。

(3)火烧痕迹。动物骨骼表面的火烧痕迹能够提供古人类在猎物营养资源强化利用方面的某些重要证据(Morin,2012)。马鞍山遗址中,上文化层第Ⅱ等级动物骨骼上的火烧痕迹分布相当广泛,除髋骨外,其余各骨骼部位都有一定数量的标本保留有史前人类烧烤活动的证据[表3,图2(c)]。与此形成对照的是,下文化层第Ⅱ等级动物骨骼表面的火烧痕迹分布却明显没有上文化层那么广泛:除下颌、肋骨、肱骨等营养值较高的骨骼之外,其他部位都鲜见火烧痕迹(表3)。这一现象表明,相对于下文化层而言,上文化层的史前人类可能更多采用了火烧技术以辅助提取动物骨骼上附着的各种营养物质。

表3 马鞍山遗址第Ⅱ等级动物骨骼表面烧烤痕迹的分布情况

骨骼单元	层位	标本总数(NISP)	具火烧痕迹标本数	百分比/%
头骨	上文化层	7	1	14.29
	下文化层	4	0	0
下颌骨	上文化层	56	8	14.29
	下文化层	8	1	12.5
椎骨	上文化层	93	4	4.3
	下文化层	11	0	0
肩胛骨	上文化层	15	1	6.67
	下文化层	1	0	0

续表

骨骼单元	层位	标本总数（NISP）	具火烧痕迹标本数	百分比/%
髋骨	上文化层	4	0	0
	下文化层	2	0	0
肋骨	上文化层	276	18	6.52
	下文化层	43	5	11.63
肱骨	上文化层	123	12	9.76
	下文化层	26	1	3.85
股骨	上文化层	59	5	8.47
	下文化层	19	0	0
桡/尺骨	上文化层	144	10	6.94
	下文化层	53	0	0
胫骨	上文化层	75	5	6.67
	下文化层	38	0	0
腕/跗骨	上文化层	190	7	3.68
	下文化层	13	0	0
掌/跖骨	上文化层	457	47	10.28
	下文化层	62	7	11.29
指/趾骨	上文化层	298	9	3.02
	下文化层	30	0	0

四、讨论

目前，在世界范围内的多个区域都已发现了史前人类食物获取范畴内广谱适应与资源强化利用事件的多期次记录，尽管在其发生时间、方式、强度以及驱动机制等方面，各个地区之间可能还是有所区别的（Hockett和Haws，2002；Speth，2004；Speth和Tchernov，2002；Starkovich，2011，2012；Stiner和Munro，2011；Stiner等，2012；Villaverde等，1996）。

在我国旧石器时代晚期的考古记录中，已有学者基于同位素分析结果揭示了华北地区距今约4万年前后发生的一次早期食物广谱化事件（Hu等，2009）；植物考古也为西北地区MIS 3晚期阶段古人类的食谱扩展提供了有益的参考（关莹等，2012）。在动物考古学研究领域，Prendergast等（2009）较为成功地记录了相对晚近时期的湖南玉蟾岩遗址史前人类对鹿类等猎物资源强化利用的系列证据；水洞沟遗址各动物群的均衡度（辛普森指数）分析也初步揭示了这一地区在古人类食谱扩展趋势研究方面的重要潜力（张乐等，2013）。

本文则是基于SDG7和SDG12两个考古地点在动物群组分以及骨骼表面人工改造痕迹方面的重要差别，从动物考古学的观察视角较为系统地揭示了晚更新世晚期广谱适应事件的发生：相对于更早时期的SDG7古人类而言，SDG12时期的古人类主要对遗址附近低回馈率的快速型小动物，如兔子、獾等进行了猎捕、肢解与利用。此外，对于羚羊等稍大型动物而言，SDG12史前人类开始更多地提取与食用掌/跖骨、指/趾骨等骨骼部位上附着的微量营养成分，显示了对于原有资源种类较高程度的强化利用趋势。

小型动物数量在旧石器时代晚期考古遗址中的增加或许可以归因于这一阶段古人类技术能力、水平的较大幅度提高（Lupo和Schmitt，2005）。与SDG7相比，SDG12中骨针以及大量细石器产品的出现可能代表了古人类技术与装备能力的一次重要提升。这些新的文化要素或许能在一定程度上促进SDG12古人类对于快速型小动物（如兔子、獾、鸟类等）的猎取与利用；但是，它们却显然无从解释遗址中广泛出现的古人类对于羚羊等较高等级猎物资源的强化利用趋势。值得注意的是，在地中海地区的考古记录中，已有研究发现，史前人类对于快速型小动物的较大规模猎取活动是早于技术系统的更新与进步的，说明史前人类在兔子等动物的猎取活动方面并未受到技术手段的制约与局限（Stiner，2001；Stiner和Munro，2002；Stiner等，1999，2000）。因此，对于水洞沟地区的古人类而言，技术因素显然不是促使其采取广谱化生存策略的主要原因。

GISP2冰岩芯的氧同位素记录显示（Grootes和Stuiver，1997），相对于SDG12［距今1.22万~1.1万年（校正后）］而言，SDG7地层堆积时期（距今2.7万~2.5万年）的气候条件可能相对更为偏冷一些（图3）。古环境分析同样表明，SDG7阶段水洞沟地区植被覆盖度低，气温较为冷干（刘德成等，2009）。在这一食物资源可能相对匮乏的环境下，SDG7的远古人类却忽略了对于小型动物的猎捕与食用，反而以大中型有蹄类动物为其主要猎捕对象；与此同时，他们在猎物肢端部分的利用程度方面也相对弱一些。与SDG7形成鲜明对照的是，在气候条件相对暖湿（刘德成等，2008）、食物资源可能更加丰富的SDG12时期，古人类却主要选择猎捕回馈率较低的快速型小动物。这一现象表明，水洞沟地区古人类在生存模式方面的上述转变可能与古气候、古环境等自然因素的振荡与变化没有直接的联系。

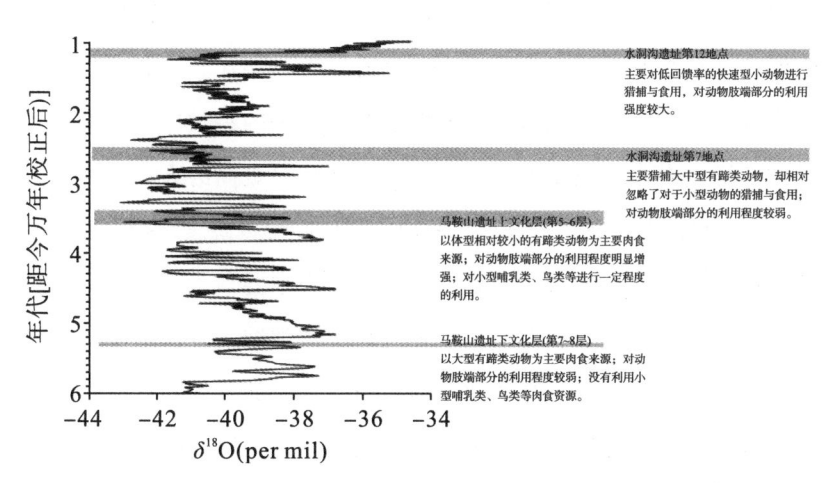

图3 距今约6万~1万年阶段GISP2氧同位素曲线及水洞沟、马鞍山遗址古人类食谱变化状况

在技术与古环境因素之外，有学者提出人口密度和食物资源发展的不平衡可能是导致广谱革命事件产生的主要原因，亦即人口数量的增加导致原有的资源开发方略不能提供足够的食物，因此史前人类不再局限于传统的优质食物资源，转而开始拓宽其食谱范围以缓解人口增长所带来的生存压力（Binford，1968；Flannery，1969；Stiner和Munro，2002；Stiner等，1999）。

在史前人口规模的研究与重建方面，基因学分析，考古遗址的数量、密度、规模大小及其分布状况已在新石器时代等更为晚近阶段的考古记录中得到了较好的应用与体现（Wagner等，2013；Zheng等，2011；Li等，2009；Tarasov等，2006）。遗憾的是，对于旧石器时代而言，目前似乎还很难找到一个能够用来衡量古人类群体规模变化的有效指标，尽管近来已有学者从遗址测年数据的密度分布方面做了一些有益的尝试（Shennan和Edinborough，2007；Wang等，2014）。

综上所述，在目前学界较为普遍认可的几种潜在因素中，古人类技术装备能力的提升以及古环境的震荡与变化已然难以解释SDG12时期水洞沟地区广谱适应现象的发生与存在。因此，我们有理由推测，这一阶段人口规模的增加及其带来的持续压力或许才是导致广谱生存事件发生的最主要原因。在相对更高的人口密度压力下，SDG12古人类在猎物选择与利用方面已经难以继续维持早期人群以高回馈率动物（如野驴、鹿、羚羊等）为主要猎食对象的狩猎模式，转而开始将更多相对低档位置的猎物种类纳入食物范畴；与此同时，在遗址中相对较高回馈率的动物类别（如羚羊）的营养资源利用方面，史前人类也采取了相当程度的强化提取措施，比如对低营养值的末端肢骨以及指/趾骨的烧烤、切割与食用等。SDG12史前人类采取的上述策略与措施较为有效地缓冲或抑制了人口增长等客观因素带来的巨大生存压力，进而也在条件恶劣的气候条件下延续了他们的生命与文化。

与水洞沟遗址的情况较为类似，马鞍山遗址上、下文化层中各动物种属在其数量和相对比例方面也有着比较显著的区别：下文化层是以水牛等为代表的大型动物（第III等级）为主，上文化层中则是以相对较小的水鹿为代表的第II等级动物的比例急剧增加，并且成为其优势属种。这一差别表明，相对于早期居民而言，马鞍山遗址上文化层时期的史前人类开始更多地以体型较小的动物为其肉食来源；小型哺乳动物如竹鼠、鸟类等在上文化层中的出现与利用，可能也是古人类食谱拓展的最终反映（张乐等，2009）。此外，在上文化层沉积时期，马鞍山遗址的古人类对于大中型猎物营养价值相对较低的肢端骨骼的利用强度明显增强，这一现象不仅体现在史前人类对上述骨骼单元的选择搬运方面，而且也在表面痕迹研究方面得到了较好的显示（比如对于这些低营养值骨骼单元的更高程度的烧烤、切割与食用等）。

孢粉分析结果显示，马鞍山遗址的古气候、古植被在上、下文化层之间并无太大的区别（张乐，2008，2009）。但是，与GISP2冰岩芯氧同位素记录（Grootes和Stuiver，1997）的对比则表明，相对于下文化层而言（距今5.3万年），马鞍山遗址上文化层主体堆积时期［距今3.5万～3.3万年（校正后）］的气候条件可能相对会更干冷一些（图3）。这一明显的气候变化很有可能影响到了包括马鞍山在内的贵州大部地区的植被与动物群面貌。温暖湿润的气候环境使得动植物资源的获取相对变得容易，因此马鞍山遗址下文化层的古人类主要以大型动物为其狩猎对象，对于猎物资源的开发、利用也不够彻底与充分。与此相反，在马鞍山遗址上文化层时期，古人类需要面对的生存压力或许已经增加了许多。由于气候的变冷变干，原有的大型动物如第III等级的水牛或是因不适应气候的骤变而大批死亡，或是被迫迁徙至更为湿暖的其他地区，从而导致了这一区域大型动物数量的较大规模衰减。古人类也不得不改变了原有的生存策略，转而以相对更加小型化的动物为其猎捕对象，并且在肉食资源的提取与利用方面也变得更加彻底和充分。因此，与SDG12的情况有所不同，对于马鞍山遗址上文化层中出现的这一古人类的广谱生存事件而言，或许更为简约的一个解释即古气候与古环境的变化及其潜在影响。

五、结论

宁夏水洞沟、贵州马鞍山遗址出土骨骼材料的动物考古学研究揭示了SDG12以及马鞍山遗址上文化层堆积时期古人类对于较大型猎物资源的强化利用以及对小型猎物如兔子、竹鼠、鸟类等快速类型动物的持续猎捕与食用。这一观察结果表明，晚更新世晚期中国古人类在食物资源获取方面的广谱化适应策略最晚可能已在距今3.5万～3.3万年（校正后）（马鞍山上文化层）前后的考古记录中有所体现。而在此后的时间段内，尤其是在晚更新世的最末阶段，这一现象在包括水洞沟、山顶洞、玉蟾岩在内的多个考古遗存中得到了更为广泛的记录与表现（关莹等，2012；Elston等，2011；Norton，2005；Prendergast等，2009）。

值得注意的，在史前人类广谱适应事件的潜在驱动力方面，

SDG12与马鞍山遗址上文化层之间却有着较为重要的差别：前者可能与史前人类群体规模的增加有着更为直接的联系，后者则与区域气候、环境的变迁等自然因素的关系更为紧密一些。毋庸讳言，由于早年发掘中可能存在的某些技术方面的问题（比如没有进行筛选）以及众多考古遗址出土动物骨骼（尤其是小型动物）埋藏学研究工作的欠缺，目前我们能够获知的有关晚更新世晚期史前人类食物获取领域的广谱适应策略还是相对零散而割裂的。相信未来更多学者的广泛参与和研究能够使这一古人类重大适应事件的科学图景变得更加清晰与完整。

致谢：中国科学院古脊椎动物与古人类研究所的同事与研究生以及宁夏文物考古研究所的多位同志参加了2003~2008年水洞沟第7、第12地点的发掘工作。在本文撰写过程中曾与赵克良博士进行过有益的交流；审稿人对本文提出了中肯的修改意见与建议。作者在此谨致谢忱！

参考文献

[1] 陈淳. 谈中石器时代. 人类学学报, 1995, 14（1）: 82-90.
[2] 崔天兴. "广谱革命"及其研究新进展. 华夏考古, 2011, 1: 119-125.
[3] 高星, 王惠民, 关莹. 水洞沟旧石器考古研究的新进展与新认识. 人类学学报, 2013, 32（2）: 121-132.
[4] 高星, 王惠民, 刘德成, 等. 水洞沟第12地点古人类用火研究. 人类学学报, 2009, 28（4）: 329-336.
[5] 宁夏文物考古研究所, 中国科学院古脊椎动物与古人类研究所. 水洞沟: 2003~2007年度考古发掘与研究报告. 2013, 北京: 科学出版社.
[6] 关莹, 高星, 李锋, 等. MIS 3晚期阶段的现代人行为与"广谱革命"：来自水洞沟遗址的证据. 科学通报, 2012, 57（1）: 65-72.

[7] 郭正堂, 刘东生, 吴乃琴, 等. 最后两个冰期黄土中记录的Heinrich型气候节拍. 第四纪研究, 1996, 16（1）: 21-30.
[8] 刘德成, 陈福友, 张晓凌, 等. 水洞沟12号地点的古环境研究. 人类学学报, 2008, 27（4）: 295-303.
[9] 刘德成, 王旭龙, 高星, 等. 水洞沟遗址地层划分与年代测定新进展. 科学通报, 2009, 54（19）: 2879-2885.
[10] 潘艳, 陈淳. 农业起源与"广谱革命"理论的变迁. 东南文化, 2011, 4: 26-34.
[11] 裴树文, 牛东伟, 高星, 等. 宁夏水洞沟遗址第7地点发掘报告. 人类学学报, 2014, 33（1）: 1-16.
[12] 张东菊, 陈发虎. 中国北方地区旧石器时代环境考古学研究进展. 海洋地质与第四纪地质, 2013, 33（4）: 55-66.
[13] 张乐. 马鞍山遗址古人类行为的动物考古学研究. 博士学位论文. 北京: 中国科学院研究生院, 2008
[14] 张乐, 王春雪, 张双权, 等. 马鞍山旧石器时代遗址古人类行为的动物考古学研究. 中国科学: 地球科学, 2009, 39（9）: 1256-1265.
[15] 张乐, 张双权, 徐欣, 等. 中国更新世末全新世初广谱革命的新视角: 水洞沟第12地点的动物考古学研究. 中国科学: 地球科学, 2013, 43（4）: 628-633.
[16] 张森水. 马鞍山旧石器遗址试掘报告. 人类学学报, 1988, 7（1）: 64-74.
[17] 张双权, 裴树文, 张乐, 等. 水洞沟遗址第7地点动物化石初步研究. 人类学学报, 2014, 33（3）: 343-354.
[18] Bar-Oz G, Munro N D. Gazelle bone marrow yields and Epipalaeolithic carcass exploitation strategies in the southern Levant. American Journal of Human Genetics, 2007, 34: 946-956.
[19] Bar-Yosef O, Meadow R H. The origins of agriculture in the Near East. In: Price T D, Gebauer A B, eds. Last Hunters, First Farmers: New Perspectives on the Prehistoric Transition to Agriculture. Santa Fe: School of American Research Press, 1995: 39-94.
[20] Barron E, Andel T H V, Pollard D. Glacial environments II. Reconstructing the climate of Europe in the Last Glaciation. In: Ande T H V, Davies W, eds. Neanderthals and Modern Humans in the European Landscape during the Last. Glaciation: Archaeological Results of the Stage 3 Project. Cambridge: McDonald Institute for Archaeological Research, 2003: 57-78.
[21] Barton L, Brantingham P J, Ji D X. Late Pleistocene climate change and Paleolithic cultural evolution in northern China: implications from the Last Glacial Maximum. In: Madsen D B, Gao X, Chen F, eds. Late Quaternary Climate Change and Human Adaptation in Arid China. Amsterdam: Elsevier, 2007: 105-128.
[22] Bartram L E. Perspectives on skeletal part profiles and utility curves from Eastern Kalahari ethnoarchaeology. In: Hudson J, ed. From Bones to Behavior: Ethnoarchaeological and Experimental Contributions to the Interpretations of Faunal Remains. Carbondale: Southern Illinois University Press, 1993: 115-137.
[23] Bicho N F. The end of the Paleolithic and the Mesolithic in Portugal. Current Anthropology, 1994, 35: 664-674.

[24] Binford L R. Post-Pleistocene adaptions. In: Binford S R, Binford L R, eds. New Perspectives in Archaeology. Chicago: Aldine Publishing Company, 1968: 313-341.

[25] Binford L R. Nunamiut Ethnoarchaeology. New York: Academic Press. Bond G, Broecker W, Johnsen S, McManus J, Labeyrie L, Jouzel J, Bonani G. 1993. Correlations between climate records from North Atlantic sediments and Greenland ice. Nature, 1978, 365: 143-147.

[26] Bond G, Lotti R. Iceberg discharge into the North Atlantic on millennial time scales during the last Glaciation. Science, 1995, 267: 1005-1010.

[27] Brain C K. 1981. The Hunters or the Hunted ? An Introduction to African Cave Taphonomy. Chicago: University of Chicago Press.

[28] Cordain L, Eaton S, Miller J, et al. The paradoxical nature of hunter-gatherer diets: Meat-based, yet non-atherogenic. European Journal of Clinical Nutrition, 2002, 56: S42-S52.

[29] Elston R G, Dong G H, Zhang D J. Late Pleistocene intensification technologies in Northern China. Quaternary International, 2011, 242: 401-415.

[30] Flannery K V. The domestication and exploitataion of plants and animals. In: Ucko P J, Dimbleby G W, eds. The Rise and Fall of Civilizations: Modern Archaeological Approaches to Ancient Cultures. New York: Aldine Publishing Company, 1969.

[31] Grayson D K, Delpech F. Changing Diet Breadth in the Early Upper Palaeolithic of Southwestern France. Journal of Archaeological Science, 1998, 25: 1119-1129.

[32] Grayson D K, Delpech F. Specialized Early Upper Palaeolithic Hunters in Southwestern France ? Journal of Archaeological Science, 2002, 29: 1439-1449.

[33] Grayson D K, Delpech F. Ungulates and the Middle-to-Upper Paleolithic transition at Grotte XVI (Dordogne, France). Journal of Archaeological Science, 2003, 30: 1633-1648.

[34] Grootes P, Stuiver M. Oxygen 18/16 variability in Greenland snow and ice with 103- to 105 - year time resolution. Journal of Geophysical Research-Oceans, 1997, 102: 26455-26470.

[35] Hemming S R. Heinrich events: Massive late Pleistocene detritus layers of the North Atlantic and their global climate imprint. Reviews of Geophysics, 2004, 42: 1-43.

[36] Hockett B, Haws J. Taphonomic and Methodological Perspectives of Leporid Hunting During the Upper Paleolithic of the Western Mediterranean Basin. Journal of Archaeological Method and Theory, 2002, 9: 269-302

[37] Hu Y W, Shang H, Tong H W, et al. Stable isotope dietary analysis of the Tianyuan 1 early modern human. Proceedings of the National Academy of Sciences of the United States of America, 2009, 106: 10971-10974.

[38] Kelly R L. The Foraging Spectrum: Diversity in HunterGatherer Lifeways. Washington D. C. : Smithsonian

Institution Press, 1995.

[39] Kennett D J, Winterhalder B. Behavioral Ecology and the Transition to Agriculture. Berkeley: University of California Press Lee-Thorp J A. 2008. On isotopes and old bones. Archaeometry, 2006, 50: 925-950.

[40] Li T G, Liu Z X, Hall M A, et al. Heinrich event imprints in the Okinawa Trough: Evidence from oxygen isotope and planktonic foraminifera. Paleogeogr Paleoclimatol Paleoecol, 2001, 176: 133-146.

[41] Li X Q, Dodson J, Zhou J, et al. Increases of population and expansion of rice agriculture in Asia, and anthropogenic methane emissions since 5000 BP. Quaternary International, 2009, 202: 41-50.

[42] Lupo K D, Schmitt D N. Small prey hunting technology and zooarchaeological measures of taxonomic diversity and abundance: Ethnoarchaeological evidence from Central African forest foragers. Journal of Anthropological Archaeology, 2005, 24: 335-353.

[43] Metcalfe D, Jones K T. A reconsideration of animal body-part utility indices. American Antiquity, 1988, 53: 486-504.

[44] Morin E. Reassessing Paleolithic Subsistence: The Neandertal and Modern Human Foragers of Saint-Césaire. Cambridge: Cambridge University Press, 2012.

[45] Munro N D. Zooarchae-ological Measures of Hunting Pressure and Occupation Intensity in the Natufian: Implications for Agricultural Origins. Current Anthropology, 2004. 45: S5-S34.

[46] Munro N D. Epipaleolithic subsistence intensification in the Southern Levant: The faunal evidence. In: Hublin J-J, Richards MP, eds. Evolution of Hominin Diets: Integrating Approaches to the Study of Palaeolithic Subsistence. Berlin: Springer Science & Business Media, 2009: 141-155.

[47] Munro N D, Bar-Oz G. Gazelle bone fat processing in the Levantine Epipalaeolithic. Journal of Archaeological Science, 2005, 32: 223-239.

[48] Norton C J. Taphonomic perspectives on the subsistence patterns of late Paleolithic hunter-gatherers in Northeast Asia. Doctor Dissertation. New Jersey: Rutgers-the State University of New Jersey, 2005.

[49] Porter S C, An Z. Correlation between climate events in the North Atlantic and China during the last glaciation. Nature, 1995, 375: 305-308.

[50] Prendergast M E, Yuan J R, Bar-Yosef O. Resource intensification in the Late Upper Paleolithic: A view from southern China. Journal of Archaeological Science, 2009, 36: 1027-1037.

[51] Pryor A J E. Following the fat: Food and mobility in the European Upper Palaeolithic 45000 to 18000 BP. Archaeological Review from Cambridge, 2008, 23: 161-179.

[52] Richards M P. Stable isotope evidence for European Upper Paleolithic human diets. In: Hublin J-J, Richards M P, eds. The Evolution of Hominin

Diets: Integrating Approaches to the Study of Palaeolithic Subsistence. Netherlands: Springer, 2009: 251-257.

[53] Richards M P, Pettitt P B, Stiner M C, et al. Stable isotope evidence for increasing dietary breadth in the European mid-Upper Paleolithic. Proceedings of the National Academy of Sciences of the United States of America, 2001, 98: 6528-6532.

[54] Richards M P, Pettitt P B, Trinkaus E, et al. Neanderthal diet at Vindija and Neanderthal predation: The evidence from stable isotopes. Proceedings of the National Academy of Sciences of the United States of America, 2000, 97: 7663-7666.

[55] Shennan S, Edinborough K. Prehistoric population history: From the Late Glacial to the Late Neolithic in Central and Northern Europe. Journal of Archaeological Science, 2007, 34: 1339-1345.

[56] Speth J D. Hunting pressure, subsistence intensification, and demographic change in the Levantine Late Middle Paleolithic. In: Goren-Inbar N, Speth J D, eds. Human Paleoecology in the Levantine Corridor. Oxford: Oxbow Press, 2004: 149-166.

[57] Speth J D, Tchernov E. Middle Paleolithic Tortoise Use at Kebara Cave (Israel). Journal of Archaeological Science, 2002, 29: 471-483.

[58] Starkovich B M. Trends in Subsistence from the Middle Paleolithic through Mesolithic at Klissoura Cave 1 (Peloponnese, Greece). Doctor Dissertation. Arizona: The University of Arizona, 2011.

[59] Starkovich B M. Intensification of Small Game Resources at Klissoura Cave 1 (Peloponnese, Greece) from the Middle Paleolithic to Mesolithic. Quaternary International, 2012, 264: 17-31.

[60] Starkovich B M, Stiner M C. Upper Palaeolithic Animal Exploitation at Klissoura Cave 1 in Southern Greece: Dietary Trends and Mammal Taphonomy. Eurasian Prehistory, 2010, 7: 107-132.

[61] Stephens D W, Krebs J R. Foraging Theory. Princeton: Princeton University Press Stiner M C. 2001. Thirty years on the "Broad Spectrum Revolution" and paleolithic demography. Proceedings of the National Academy of Sciences of the United States of America, 1986, 98: 6993-6996.

[62] Stiner M C, Munro N D. Approaches to prehistoric diet breadth, demography, and prey ranking systems in time and space. Journal of Archaeological Method and Theory, 2002, 9: 181-214.

[63] Stiner M C, Munro N D. On the evolution of diet and landscape during the Upper Paleolithic through Mesolithic at Franchthi Cave (Peloponnese, Greece). Journal of Human Evolution, 2011, 60: 618-636.

[64] Stiner M C, Munro N D, Starkovich B M. Material input rates and dietary breadth during the Upper Paleolithic through Mesolithic at Franchthi and Klissoura 1 Caves (Peloponnese, Greece). Quaternary International, 2012, 275: 30-42.

[65] Stiner M C, Munro N D, Surovell T A. The Tortoise and the Hare: Small-Game Use, the Broad-Spectrum Revolution, and Paleolithic Demography. Current

Anthropology, 2000, 41: 39-79.

[66] Stiner M C, Munro N D, Surovell T A, et al. Paleolithic population growth pulses evidenced by small animal exploitation. Science, 1999, 283: 190-194.

[67] Tada R, Irino T, Koizumi I. Land-ocean linkages over orbital and millennial timescales recorded in Late Quaternary sediments of the Japan Sea. Paleoceanography, 1999, 14: 236-247.

[68] Tarasov P, Jin G, Wagner M. Mid-Holocene environmental and human dynamics in northeastern China reconstructed from pollen and archaeological data. Paleogeogr Paleoclimatol Paleoecol, 2006, 241: 284-300.

[69] Unger-Hamilton R. The Epi-Palaeolithic Southern Levant and the origins of cultivation. Current Anthropology, 1989, 30: 88-103.

[70] Villaverde B V, Martínez V R, Guillem C, et al. Mobility and the role of small game in the Middle Paleolithic of the central region of the spanish mediterranean: A comparison of Cova Negra with other paleolithic deposits. In: Carbonell E, Vaquero M, eds. The Last Neandertals, the first anatomically modern humans: A tale about the human diversity. Tarragona: Universitat Rovira i Virgili, 1996: 267-288.

[71] Wagner M, Tarasov P, Hosner D, et al. Mapping of the spatial and temporal distribution of archaeological sites of northern China during the Neolithic and Bronze Age. Quaternary International, 2013, 290: 344-357.

[72] Wang C, Lu H Y, Zhang J P, et al. Prehistoric demographic fluctuations in China inferred from radiocarbon data and their linkage with climate change over the past 50000 years. Quaternary Science Reviews, 2014, 98: 45-59.

[73] Wang Y J, Cheng H, Edwards R L, et al. A High-Resolution Absolute-Dated Late Pleistocene Monsoon Record from Hulu Cave, China. Science, 2001, 294: 2345-2348.

[74] Wang Y J, Cheng H, Edwards R L, et al. Millennial and orbital-scale changes in the East Asian monsoon over the past 224000 years. Nature, 2008, 451: 1090-1093.

[75] Yi M J, Barton L, Morgan C, et al. Microblade technology and the rise of serial specialists in north-central China. Journal of Anthropological Archaeology, 2013, 32: 212-223.

[76] Zeder M A. The Broad Spectrum Revolution at 40: Resource diversity, intensification, and an alternative to optimal foraging explanations. Journal of Anthropological Archaeology, 2012, 31: 241-264.

[77] Zhang S Q, d'Errico F, Backwell L R, et al. Ma'anshan cave and the origin of bone tool technology in China. Journal of Archaeological Science, 2016, 65: 57-69.

[78] Zheng H X, Yan S, Qin Z D, et al. Major population expansion of East Asians began before neolithic time: evidence of mtDNA genomes. PLoS One, 2011.

原载于《中国科学：地球科学》2016年第46卷第1期

微痕分析确认万年前的复合工具与其功能

◎ 张晓凌　沈辰　高星　陈福友　王春雪

文化是人类一种超肌体（extra-somatic）的适应方式[1]。在漫长的演化过程中，人类对环境的适应是通过体质和文化两种方式进行的。旧石器时代的文化适应就表现在人类当时的主要工具和武器——石器上。石器所蕴含的人类行为信息主要包括制作和使用两个方面。长期以来，石器研究以类型学为主，根据其形态特征进行分类和比较。这种研究方式对于揭示石器的风格样式和制作技术具有重要意义；但对于其功能和使用方式而言，根据石器形状特别是刃口的形态，同时结合民族学材料做出的推测，既是主观的又具有局限性。由于石器功能的无法确证，很多考古学问题悬而未决。锛状器的定名就是一例。

在旧石器时代末期，中国北方出现了一种新的石器类型，它们与锛十分形似，为上窄下宽的梯形或三角形，腹面平坦，背面隆凸，宽厚的底端为一条陡斜的单面刃，部分标本在较窄的顶端有修薄处理。王建、谢飞等[2-4]将其确定为一种独立的石器类型——锛状器（图1）。作为一种至今仍普遍使用的工具，锛的特征为长方形或梯形、单面刃、装在柄上做加工木料之用。那么锛状器与锛的关系如何？锛状器是磨制石锛的毛坯，还是它的雏形？除形态相似之外，锛状器是否用于加工木材？如何使用？有无经过装柄？以前由于研究手段的缺失，对这类工具的功能无法做出客观分析，只能根据形态做主观臆测，锛状器的系统地位无法判断。现在由于微痕分析技术的发展，我们有望在此方面取得创新和突破。

图1　锛状器形态及定位示意
(a), (b) 虎头梁锛状器（P5084）的平面和侧面；(c) 龙山文化的磨制石锛[4]

微痕分析始于20世纪中叶的苏联学者西蒙诺夫，于20世纪80年代至90年代在美国发展成熟。它在中国考古学中的引入和应用一波三折，直到21世纪才开始较为系统地开展。该方法是在显微镜下识别石器上的细微痕迹，对比模拟实验中产生的痕迹，来判断考古标本的使用过程，进而推断其功能[5-10]。微痕分析结合了显微观察和模拟实验，将今论古、由已知推未知，以实证的方法和思路提取石器上的功能信息。它不仅仅能够鉴别石器使用的具体方式和加工对象，更重要的是为研究考古现象、了解人类行为、理解古代社会提供了新的视角和手段[10]。

本文采用微痕分析的方法对虎头梁的锛状器进行功能研究，探索这类形制特别的工具的使用方式，推断更新世和全新世之交我国北方居民的生活方式和生存策略。虎头梁遗址是迄今为止国内发现锛状器类型最丰富、数量最多的一处旧石器时代晚期遗址[11]，它于20世纪70年代在河北泥河湾盆地被发现，其绝对年代为距今1.1万~1万年[11-16]，处于新仙女木期全球变冷的气候条件下。遗址由10千米范围内的9个地点组成，其石制品组合除锛状器外还包括大量的细石器和制作精良的刮削器、尖刃器等[12]。

一、方法与材料

微痕分析根据观察对象侧重点和所用显微镜的不同，可以分为高倍法和低倍法两种。虎头梁石制品的原料呈现多样性，其中大部分质地粗糙，难以进行以光泽为主要观察对象的高倍法分析，因此本项研究工作采取低倍法，使用Nikon SMZ1500体视显微镜（放大倍数为7.5~180倍），以破损和磨圆为主要观察对象，重点记录标本刃缘的磨圆程度和破损微疤，辅以对光泽和条痕的观察。

根据前述微痕特征的分布位置、具体形态和组合形式，我们可以对其形成原因进行分析，以此判断考古标本的使用过程。这一从静态数据推断动态过程的阐释基础是研究者在模拟实验中积累的微痕标本和数据（共计200件）[17, 18]以及其他学者发表的可对比资料[19, 20]。研究者选择与考古标本相近的原料打制成石器并进行各种使用实验，观察其表面留存下的使用痕迹。由此在各种运动方式（如砍、刨、刺、钻、刮、切）及不同加工对象（如木头、肉类、骨头、皮革）和使用痕迹之间建立起对应关系。张晓凌和沈辰[18]分别进行过"盲测"，微痕分析的准确率为84%和82%。

根据前人的类型学研究，在虎头梁遗址中共有锛状器25件[11, 21]，本次微痕分析对全部标本进行了观察。这些锛状器的原料以硅质岩为主（20件），其次为石英岩（4件）和火山角砾岩（1件）[11]，其质地较粗并且不够均质。从整体形态上看，可以分为长方形、梯形和三角形3类，在尺寸和质量上也存在较大的变异（表1）。

表1　锛状器基本情况[11]

	最大值	最小值	平均值	标准偏差值
长度/毫米	127.3	30.2	61.21	19.67
宽度/毫米	73.3	25	44.69	11.45
厚度/毫米	28.1	11	17.77	4.58
质量/克	210.7	10.8	63.58	45.38

二、锛状器的微痕分析

微痕观察显示，在25件锛状器中共有14件存在确定的微痕（包括使用痕迹和装柄痕迹），其中7件标本上同时具有使用痕迹和装柄痕迹，3件标本上仅识别出使用痕迹，4件标本上只发现装柄痕迹（图2）。此外，1件标本上存在疑似装柄痕迹的破损，但由于石料质地粗糙且痕迹孤立存在，难以确定它的性质，因此暂不计入统计范围。6件标本上存在超过1处的微痕。因此在这14件标本上，共有32处微痕分布于石器的不同部位。其中使用痕迹集中分布在顶部刃尖和底部刃缘，装柄痕迹则主要见于左右两侧边。

（一）装柄的复合工具

有装柄痕迹的标本共计11件，这说明44%的锛状器是安装在手柄上作为复合工具使用的（图2）。装柄痕迹共计21处，在全部32处微痕中所占比例约高达66%，是虎头梁锛状器微痕的主要组成部分。装柄痕迹的形态特征主要分以下两种：第一，在侧边、顶端和背面隆凸处可见装柄产生的磨圆，侧边的破损疤形态比较多样，兼有折断式和羽翼式终端（图3）；另外一种，侧边磨圆清晰，在背面鼓起的中脊处呈现出不同程度的磨圆，折断式终端的梯形片疤层叠分布于侧边刃脊之上，片疤间的交界处也呈现出一定的磨圆[19, 20]（图4）。

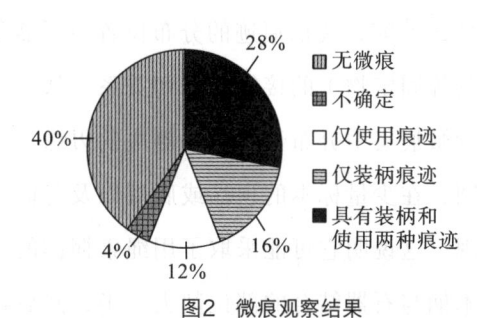

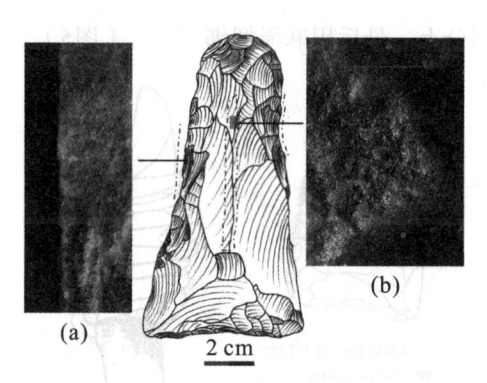

图2 微痕观察结果

图3 装柄痕迹（标本P5084）
(a) 磨圆和多种终端形态的破损疤；(b) 背脊上的磨圆。点画线表示装柄痕迹分布的位置。

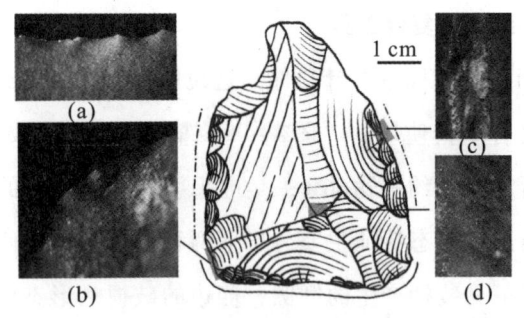

图4 锛的使用和装柄痕迹（标本P5048）

(a) 实验标本（USE096）加工干杏树树枝形成的使用痕迹，连续分布的羽翼式终端的片疤[23]；(b) 使用形成的磨圆和羽翼式、折断式终端片疤；(c) 装柄形成的磨圆和阶梯式终端片疤层叠分布；(d) 捆绑装柄在背脊上形成的磨圆。实线表示使用痕迹分布的位置，点画线表示装柄痕迹分布的位置。

根据模拟实验的研究，装柄痕迹的分布位置与石器和装柄材料间（手柄和绳、胶等固定物）的接触有密切关系。从微痕观察结果看，锛状器的装柄微痕集中分布于石器两侧边的刃缘上，表现为破损和中—重度磨圆，在少量标本的顶端或底端以及背面隆起的中脊上也可见磨圆出现。这说明它可能采取了用绳索捆绑的"倚靠式"装柄方式。即将木柄与石器结合的部位削去一半，然后将工具依靠在剩下的那一部分上，最后用麻绳捆绑[19, 22]（图5）。

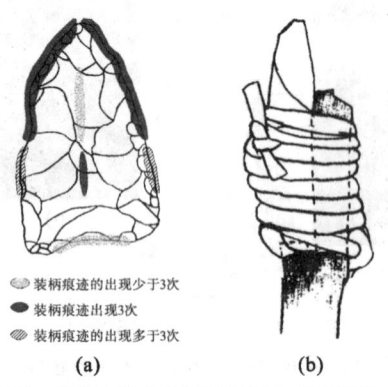

图5 装柄痕迹分布以及装柄方式示意图
(a) 装柄痕迹分布位置和出现频率；(b) "倚靠式"装柄[22]

（二）原始的锛

根据微痕分析结果，锛状器中确有一组标本可以被称之为锛，它与后期的磨制石锛甚至金属锛虽然制作技术不同，但有着相似而略显原始的形态和相同的功能，是锛的雏形和源头。

6件标本的微痕特征指示它们曾经使用过底部直刃，即底部保存有使用痕迹，其中4件在顶部和两侧边上相应的可以识别出作为捆绑痕迹的破损和磨圆。

分布在底部刃缘的使用痕迹以磨圆和片疤为主。磨圆为轻—中度，片疤以中型为主，分布形式有双面和背面两种，终端形态以阶梯式、羽翼式为主，偶有卷边式出现。这种特征组合明显区别于刮削使用的小型破损疤单面分布的微痕[23,24]，与模拟实验中砍刨使用所产生的阶梯式、卷边式终端疤两面分布的微痕特征是一致的[18]。

在兼具装柄和使用痕迹的标本中，P5048的微痕最为典型。底刃呈现磨圆，特别是底刃与侧边的两个夹角处磨圆更加强烈且夹杂有小的片疤，呈羽翼式终端，兼有阶梯式终端，在腹面分布有几个稍大的羽翼式终端的片疤，刃缘中段呈现强烈的破损。这种磨圆与片疤伴生、中型羽翼式和阶梯式片疤在背腹两面不均匀分布的组合特征指示了该件石器对木质材料进行砍刨的加工方式[24]，也就是通常所理解的锛的使用方式（图4）。

（三）似锛非锛的工具

微痕分析结果表明，除石锛之外，虎头梁锛状器中还存在另外两种不同的工具：一种是利用尖刃进行戳刺和锥钻的尖刃器，共3件；第二种是分别在侧边和底刃两个部位进行过刮削的多刃器，仅1件。这两类器物与石锛形似但又具有不同的使用方式。

（1）装柄尖刃器。这类标本共有3件，其中2件被识别出曾用于肉类加工。它们的共同点在于尖部有集中而明确的使用痕迹，侧边和底部分布有装柄痕迹。

标本P5042，尖端为较大的阶梯式终端的片疤，而接近尖部的位置则分布有相对比较小的、深浅不一的中小型羽翼式疤，轻度磨圆，为加工鲜肉类材料的使用痕迹[24]。右侧边的下部和底端刃的左侧均有单层小型羽翼式片疤分布，磨圆较好，是与木质材料接触的典型微痕[24]，我们推测它是与装柄材料接触并相互摩擦产生的（图6）。

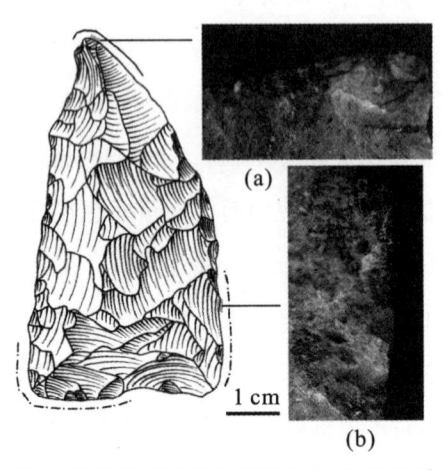

图6　尖刃器的使用和装柄痕迹（标本P5042）
(a) 阶梯式终端的大片疤和深浅不一的中小型羽翼式、阶梯式片疤以及轻度磨圆；
(b) 单层小型羽翼式片疤和磨圆。实线表示使用痕迹分布的位置，点画线表示装柄痕迹分布的位置。

（2）多刃器。有1件标本存在使用痕迹，但是没有固定的使用方式。P5041在右侧边接近尖部的位置有磨圆和单面分散分布的浅平羽翼式片疤，这是刮削新鲜木材形成的使用痕迹。底部直刃有很好的磨圆，连续分布的中型阶梯式片疤单面分布，是处理干硬木材形成的[24]。从形态看，这件标本既有尖刃又有底部宽平的陡刃，从类型学上将其命名为尖刃器或锛均可，但是微痕分析结果显示，它没有专门的用途，属于随机使用的多功能器（图7）。

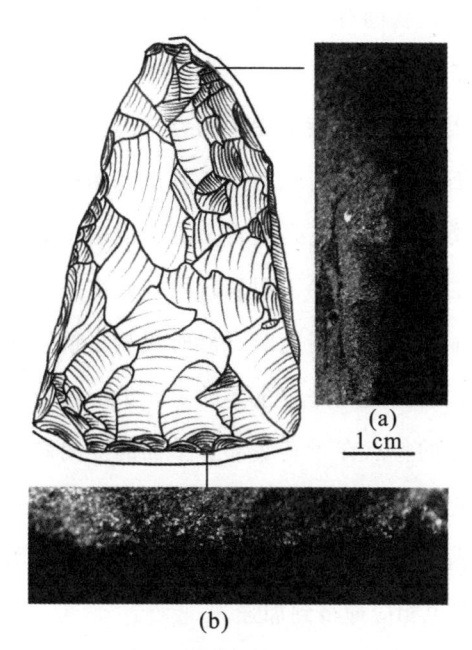

图7 多刃器的使用痕迹（标本P5041）
（a）分散分布的浅平羽翼式片疤；（b）连续分布的中型阶梯式片疤。
实线表示使用痕迹分布的位置。

三、结论与讨论

本文通过微痕分析对虎头梁25件锛状器的功能和使用方式、加工对象进行了实证性的研究。根据标本上保存下来的装柄和使用痕迹，我们确认锛状器是经过装柄的复合工具；从功能角度看，它可以分为两个主要的类别：石镞和尖刃器，此外还存在极少数多刃器。

（一）装柄的复杂技术

与依据石器形态做出的假设性推测不同，本次研究根据装柄留在石器上的痕迹，在我国首次通过实证手段确认了万年前旧石器时代复合工具的存在。

石镞和尖刃器都采取了装柄使用的方式。前者是在旧石器时代末期出现的新的石器类型，与晚期的工具形态相似。以前研究者根据民族学资料和类型学推测它是复合工具，但由于缺乏实证手段和相关证据，这样的推测一直处于假说阶段。此次微痕研究为这一推论提出了有力的证据。尖刃器是旧石器时代从早期到晚期都普遍存在的工具类型。锐利的尖端是它主要的工作刃，用于戳刺和钻孔。本次研究的尖刃器的特点在于其底部有单面的陡向修理，这种形态特征曾被误认为是石镞的刃口，微痕分析结果表明它其实是对装柄部位所进行的修薄处理。由手握到装柄，尖刃器在使用方式上出现巨大的进步，功能也相应地得到加强。

给石器装柄，将独立的工作刃和手柄组合在一起的工具被称为复合工具。这可以提高其工具效能并且加强石料的利用率，它要求生产者具有预先的设计，并包括制作、组合和维修等一系列复杂的程序，捆绑和黏接所用的材料和采取的方式也具有复杂性。这种工具反映了人类较为进步的认知和行为能力。因此，从人类演化的角度讲，装柄和复合工具通常被认为是现代人（晚期智人）行为的重要特征[25, 26]。

由于复合工具的手柄主要由木头和骨头等有机质制成，在考古遗址中很难保存下来，目前仅有零星的发现。在新石器时代，东胡林遗址中曾发现过一件复合工具——骨柄石刀，石片镶嵌在骨质的手柄中[27]；良渚文化时期的遗址中也发现过装有木柄的石锛[28]。但是在旧石器时代，由于历时长久，有机质手柄保存的可能性更低，目前我国尚无此类发现。因此对于这一时段内古人类的装柄行为的识别需要借助保存在石器上的痕迹来进行。在非洲、欧洲和西亚地区的旧石器时代遗址研究中，都曾根据石器上的装柄痕迹确认了复合工具的存在。特别是在苏丹的8-B-11遗址，研究者根据石器上的装柄微痕将人类利用复合工具的历史前推到20万年前，大大丰富了对早期现代人行为能力的认识[20, 25, 29, 30]。因此在我国的石器研究中，应该拓宽研究思路，重视并加强对装柄痕迹的识别，从现有的发现中提取更多的信息，最大程度复原人类演化的历史。

（二）石锛的功能与定位

虎头梁锛状器的使用过程得到微痕证据的确认，可以排除其作为磨制石锛毛坯或其他处于预制阶段石器的可能性，说明它是制作完成后投入使用的成品。使用痕迹指示锛状器砍刨木材的用途，装柄痕迹反映它安装了把柄，这些都与锛的使用方式相同[31]。云南独龙族现在仍使用石锛，它主要用于木材粗料的修枝去皮，整木挖槽；其捆绑方式和本项研究中的微痕分析结果基本吻合。因此，我们可以将虎头梁遗址中出土的安装在木柄上、利用底端宽直陡钝的单面刃加工木料的器物称为旧石器时代的打制石锛。

锛是一种很常见的工具，金属出现之前，它以石头制作而成。石锛的普遍使用可以上溯到史前时代。在中国南方的新石器时代考古遗址中，磨制石锛十分常见。在欧洲，打制石锛出现于中石器时代晚期。在东南亚，特别是湄公河盆地的史前居民们也使用这种工具。在埃及、新西兰、美洲西北海岸也都有锛的发现。但是旧石器时代尚未发现足够的证据来证明石锛的存在。除相似的形态外，还需要功能和装柄的证据支持。本项研究恰好利用石器微痕填补了这两方面的空白，证明打制石锛早在旧石器时代就已经存在，它与后期的锛在形态、功能和装柄使用三方面都是一脉相承的。新石器时代的磨制石锛并非无本之木，它源自旧石器时代的打制石锛，在制作技术上从打制发展为磨制。

从旧石器时代开始，由于对木材的利用日益增多，古人设计出一种对其进行处理的专门工具——锛。它在新旧大陆广泛被使用，19世纪仍然能够在澳洲、非洲、波利尼西亚地区的一些土著族群中发现。根据民族学材料的记录，石锛多用于制作木质的生活用具和武器[31-33]。从我国目前的考古发现看，锛状器多与细石器遗存共出，有学者根据其共存关系推测锛用于加工复合工具的木柄[3]，我们的微痕分析工作支持这一观点。但是单纯的制作木柄的需求并不足以产生专门的木工工具（锛）。加工木材可能是为修建房屋进行的。虎头梁处于新仙女木事件的寒冷期，作为旷野遗址，没有洞穴和岩厦可以为古人遮风挡雨。而在相近或更早的时期，在邻近的西伯利亚地区已经有多处房屋遗址的发现[34]，因此我们有理由推测，石锛所加工的大量木材多是用于修盖房舍的，这类石器的出现与人类为御寒避险而兴建住所有关。希望在今后的工作中，可以获得更多的证据支持这一假说。

综合这25件锛状器，石锛用于加工木料，尖刃器用于处理肉类，石器在功能上存在明确的分工。从石器的制作和修理方式看，这组标本都进行了精致加工并安装手柄。从锛状器较大的尺寸和质量变异范围看，这组标本从最初使用到最后废弃经过很长的时间和复杂的不断维修反复使用的过程，其整体形态也随之发生变化，逐渐变轻变小。这类石器已具有功能分化，其制作经过预先设计和较为复杂的工序，并且在使用过程中不断整修，这些都指示虎头梁地区的古人类采取了一种比较复杂的、有规划的技术组织方式[35, 36]。同时，尖刃器、多刃器和石锛，这3类形似而功能迥异的器物于同时同地出现，恰好反映了石器功能转化的动态过程，说明最初打制石锛的出现是人类在适应环境过程中不断转换石器使用功能的结果。在这一时期，气候变化剧烈，环境资源难以预测，食物资源压力增加[15]，古人在严酷的自然环境和生存压力下应变出改进工具和提高组织程度的生存适应方式。

在两百多万年的旧石器时代，石器使用始终是人类适应环境的主要文化手段，其上蕴含着丰富的人类信息，记录了人类演化的历史。石器功能的开发作为人类适应和改造环境过程中利用工具完成的某种特殊工作，与生计模式紧密相关，反映人类的生存能力和适应策略。以往的石器研究，着重以形态描述和技术分析的手段来研究石器的制作和加工，对石器功能的解读处于空白或主观臆测阶段。微痕分析为我们提供了科学方法，强化了石器功能研究的薄弱环节，在研究石器和理解人类行为、认知能力之间架起一道桥梁。微痕分析在考古学领域将进一步推动石器研究向更加客观、全面的方向发展。通过科学地应用这一方法，我们可以从已有的考古材料中提取更多的信息，从而达到透物见人的目的。

致谢：表1和图3、6、7中的标本线图引自朱之勇博士论文，在文章撰写过程中与中国社会科学院考古研究所陈星灿、皇家安大略博物馆秦小丽、复旦大学陈虹以及中国科学院古脊椎动物与古人类研究所梅惠杰、刘德成、关莹、李锋等进行了有益的讨论，在此并致谢忱。

参考文献

[1] White A L. The Evolution of Culture. New York: McGraw-Hill Book Company, 1959: 8.
[2] 王健，王向前，陈哲英. 下川文化——山西下川遗址调查报告. 考古学报, 1978（3）: 259-288.
[3] 谢飞，李珺，石金鸣. 中国旧石器时代晚期锛状器之研究. 见: 韩国国立忠北大学校先史文化研究所，中国辽宁省文物考古研究所编. 东北亚旧石器文化. 汉城: 白山文化出版社，1996: 179-195.
[4] 兰玉富. 山东泗水县戈山发现一组龙山文化石器. 考古，2008，5: 92-94.
[5] Semenov S A. Prehistoric Technology. London: Cory, Adams and Mackay, 1964.
[6] Keeley L H. Experimental Determination of Stone Tool Uses: a Microwear Analysis. Chicago: The University of Chicago Press, 1980.
[7] Odell G H. Stone Tools and Mobility in the Illinois Valley: From Hunter-gatherer Camps to Agricultural Villages. Michigan: International Monographs in Prehistory, Ann Arbor, 1996.
[8] 沈辰，陈淳. 微痕研究（低倍法）的探索与实践——兼谈小长梁遗址石制品的微痕观察. 考古，2001，7: 62-73.
[9] 张森水. 述评《石器使用的试验鉴定——微磨损分析》一书. 人类学学报，1986，4: 392-395.
[10] 高星，沈辰. 石器微痕分析在中国考古学中的应用与发展前景. 见: 高星，沈辰主编. 石器微痕分析的考古学实验研究. 北京: 科学出版社，2008: 1-22.
[11] 朱之勇. 虎头梁遗址石制品研究. 博士学位论文. 北京: 中国科学院古脊椎动物与古人类研究所，2006: 98-109.
[12] 盖培，卫奇. 虎头梁旧石器时代晚期遗址的发现. 古脊椎动物与古人类，1977，15（4）: 287-300.
[13] 黎兴国，刘光联，许国英，等（中国科学院古脊椎动物与古人类研究所^{14}C实验室）. ^{14}C年代测定报告（PV）I. 见: 中国第四纪研究委员会碳十四年代学组编. 第四纪冰川与第四纪地质论文集第四集（碳十四专集）. 北京: 地质出版社，1987: 16-38.
[14] Gai P. Microblade tradition around the Northern Pacific rim: A Chinese perspective. 见: 古脊椎动物与古人类研究所编. 中国科学院古脊椎动物与古人类研究所参加第十三届国际第四纪大会论文选. 北京: 北京科学技术出版社，1991: 21-31.
[15] 夏正楷，陈福友，陈戈，等. 我国北方泥河湾盆地新—旧石器文化过渡的环境背景. 中国科学D辑: 地球科学，2001，31（5）: 393-400.

[16] 谢飞, 李珺, 刘连强. 泥河湾旧石器文化. 石家庄: 花山文艺出版社, 2006: 162-176.
[17] 高星, 沈辰主编. 石器微痕分析的考古学实验研究. 北京: 科学出版社, 2008.
[18] Shen C. The Lithic Production System of the Princess Point Complex during the Transition to Agriculture in Southwestern Ontario, Canada. BAR International Series 991, 2001: 45-53.
[19] Rots V. Prehensile Wear on Flint Tools. Lithic Technology, 2004, 29: 7-32.
[20] Rots V, Philip V P. Early evidence of complexity in lithic economy: Core-axe production, hafting and use at Late Middle Pleistocene site 8-B-11, Sai Island (Sudan). Journal Archaeological Science, 2006, 33: 360-371.
[21] 朱之勇. 虎头梁遗址中的锛状器. 北方文物, 2008, 2: 3-8.
[22] 赵静芳, 宋艳花, 陈虹, 等. 石器捆绑实验与微痕分析报告. 见: 高星, 沈辰主编. 石器微痕分析的考古学实验研究. 北京: 科学出版社, 2008: 145-176.
[23] 张晓凌, 王春雪, 张乐, 等. 刮削运动方式实验与微痕分析报告. 见: 高星, 沈辰主编. 石器微痕分析的考古学实验研究. 北京: 科学出版社, 2008: 83-106.
[24] 陈福友, 曹明明, 关莹, 等. 木质加工对象实验与微痕分析报告. 见: 高星, 沈辰主编. 石器微痕分析的考古学实验研究. 北京: 科学出版社, 2008: 41-60.
[25] Lombard M. Evidence of hunting and hafting during the Middle Stone Age at Sibidu Cave, KwaZulu-Natal, South Africa: A multianalytical approach. Journal of Human Evolution, 2005, 48: 279-300.
[26] Klein R G. Archaeology and the evolution of human behaviour. Evolutionary Anthropology, 2000, 9: 17-36.
[27] 北京大学考古文博学院, 北京大学考古研究中心, 北京市文物研究所. 北京市门头沟区东胡林史前遗址. 考古, 2006, 7: 3-8.
[28] 肖梦龙. 试论石斧石锛的安柄与使用——从溧阳沙河出土的带木柄石斧和石锛谈起. 农业考古, 1982, 2: 108-113.
[29] Gibson N E, Wadley L, Williamson B S. Microscopic residues as evidence of hafting on backed tools from the 60000 to 68000 year-old Howiesons Poort layers of Rose Cottage Cave, South Africa. Southern African Human, 2004, 16: 1-11.
[30] Büller J. Handling, hafting and ochre stains. In: Beyries S, ed. Industries Lithiques Tracéologie et. Technologie Vol. 1: Aspects archéologiques. Oxford: BAR International Series 411, 1988: 5-32.
[31] Mitchell S R. The woodworking tools of the Australian Aborigines. J Roy Anthropol Instit Great Britain Ireland, 1959, 89: 191-199.
[32] Clark J D. Some Stone Age woodworking tools in Southern Africa. Southern Africa Archaeological Bull, 1958, 13: 144-152.
[33] Clark G. Traffic in stone axe and adze blades. Economic History Review, 1965, 18: 1-28.
[34] 冯恩学. 俄国东西伯利亚与远东考古. 长春: 吉林大学出版社, 2002: 1-92.
[35] Binford L R. Organization and formation processes: Looking at curated technologies. Journal of Anthropological

Research, 1979, 35: 255-273.

[36] Nelson M. The study of technological organization. In: Schiffer M, ed. Archaeological Method and Theory. Tucson: The University of Arizona Press, 1992: 57-100.

原载于《科学通报》2010年第55卷第3期